《殷虚书契续编》考释

Study and Explanation of *Yin Xu Shu Qi Xu Bian*

叶正渤 著

上海古籍出版社

2020年度国家社科基金后期资助项目

（项目编号：20FYYA005）

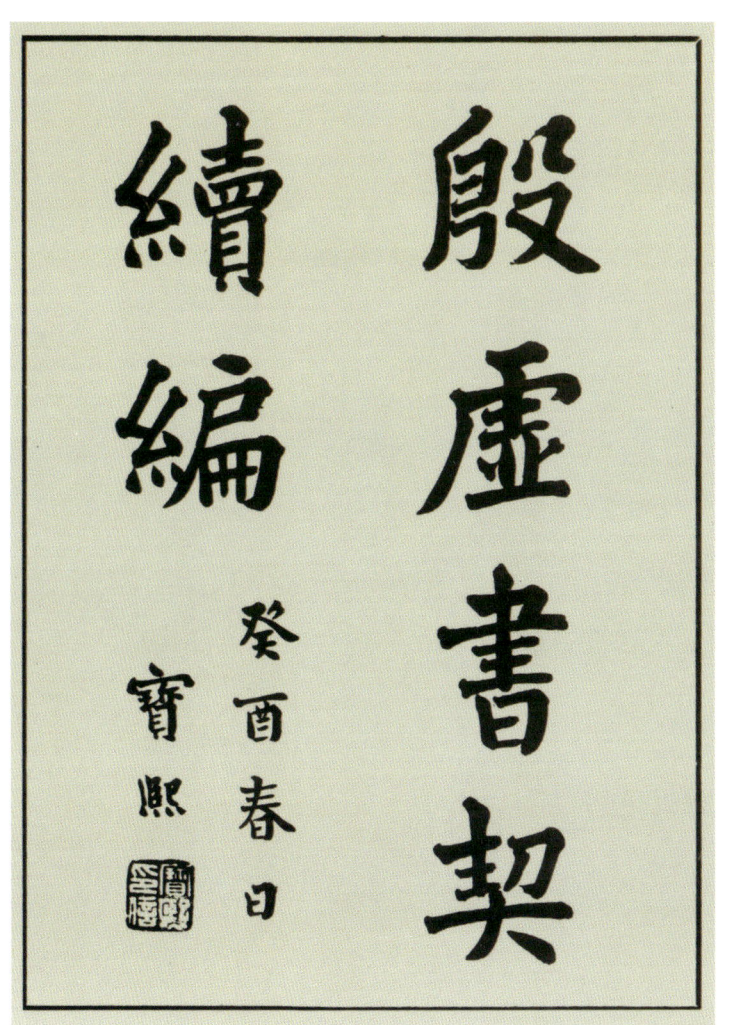

原书部分书影（采自《殷虚书契五种》）

序

自光緒己亥殷商貞卜遺文出于洹水之故虛越歲辛丑予就丹徒劉氏所藏鐵雲藏龜此為殷虛遺文傳世之始又十年辛亥經國變避地海東其明年編殷虛書契前編八卷歲甲寅為之考釋丙辰復編後編二卷皆就予篋衍所藏手施氈墨其海內諸家所藏不能得墨本蓋甲骨古脆得者珍惜不忍施墨懼損文字也然用是故予乃百計搆求十餘年間復得墨本約三千紙欲為類次以續兩編顧返國居津門人事冗迫不如在海東之多暇致斯願久不克償比移居邊東每一展觀輒歎甲骨文字與古金文石刻不同石刻可拓至數千百本古金文則視石刻墨本傳世者千百之一二而已若甲骨文則施墨者不過二三本其墨本可寶不殊寶物倘不精印以傳而聽其漸減憾孰甚焉反是將墨

原书部分书影（采自《殷虚书契五种》）

本付精印化一為倍蓰什佰快又孰甚焉每欲發憤編次辛阻于人事匆匆又三四年邇來奔走道途之日一歲中恆過半失此不圖悔將無及乃以一月之刀就此三千餘紙選三之二成書六卷往昔前後兩編約得三千餘紙合以此編總得五千餘紙雖不敢謂殷虛菁華悉萃于是然亦略備矣此二千紙中大率為丹徒劉氏天津王氏北京大學四明馬氏所藏其什之一則每見估人所售於千百中遴選一二而手拓以存之者至其中可備考證者將別為考釋其文字不可識者將別紙傳錄以補往者考釋及待問編之不備彼蒼者天其假我數年以卒成此志乎時癸酉仲春上虞羅振玉書于遼東寓居之殷禮在斯堂

原书部分书影（采自《殷虛書契五種》）

国家社科基金后期资助项目
出版说明

后期资助项目是国家社科基金设立的一类重要项目,旨在鼓励广大社科研究者潜心治学,支持基础研究多出优秀成果。它是经过严格评审,从接近完成的科研成果中遴选立项的。为扩大后期资助项目的影响,更好地推动学术发展,促进成果转化,全国哲学社会科学工作办公室按照"统一设计、统一标识、统一版式、形成系列"的总体要求,组织出版国家社科基金后期资助项目成果。

全国哲学社会科学工作办公室

前　　言

《殷虚书契续编》六卷，是晚清罗振玉继《殷虚书契前编》《殷虚书契菁华》和《殷虚书契后编》之后，将自己及他人所藏的甲骨拓片整理编辑而成的四部著录性著作之一。该书收录甲骨拓片2 016片，按祭祀、帝系、农业、征伐、方国、往来、田猎、干支、天象、旬夕、疾病、人名、杂卜、卜旬、卜王等次序编排，1933年出版，线装六卷全六册。该书为甲骨文字考释和殷商史研究提供了重要的资料。

2015年，中华书局将《殷虚书契前编》《殷虚书契菁华》《殷虚书契后编》和《殷虚书契续编》四种甲骨著作，加上经罗福颐、罗福葆、张永山、罗琨诸位先生墨拓手编的《殷虚书契四编》合为一编，名曰《殷虚书契五种》，予以出版。

《殷虚书契续编》（以下简称《续编》）自1933年出版以后，甲骨学界在研究甲骨文时多引用该书的资料。台湾学者严一萍的《殷虚书契续编研究》，则是对该书进行研究的影响较大的一部著作（艺文印书馆1978年版）。

严一萍在《殷虚书契续编研究》一书中做了五个方面的研究工作：一、临摹拓片，二、文字隶定，三、查重，四、缀合，五、分期断代。

不过，严一萍在做文字隶定（释文）时，并没有对卜辞中的文字、疑难语词乃至卜辞所记录的历史文化现象等内容作分析探讨，也没有对冷僻字或疑难字作隶定，只是照样描摹，更没有对字形作分析探讨。此外，释文也没有断句（加标点），只分条列出。所以，该书仅是对《续编》一书的简单研究，未对《续编》所收甲骨拓片上的文字、语词、历史和地理等具体内容进行探讨与研究。

目前古文字学界尚未有对《续编》所收甲骨文字材料进行全面考释的专书，本书将起到为古文字学界研究甲骨文作参考的作用，同时也能丰富甲骨学史的研究。《续编》所收甲骨拓片已被后来成书的《甲骨文合集》收录，拓片相对清晰，且胡厚宣先生对《甲骨文合集》做了释文。因此，本书在研究时多参考引用《甲骨文合集》。

甲骨文和金文等古文字材料的考释，内容主要包括：隶定（即做释文），这是一项最基本的研究；第二是探讨单字的形音义，尤其是一些冷僻字；第三是分析篇章结构；第四是对所载的历史事件、方国地理、人物关系、天文气象、文化观念等诸多方面作探讨和研究。本书也主要从以上四个方面对《续编》作详细的考释。

本书的考释，以中华书局2015年版《殷虚书契五种》中的《殷虚书契续编》为工作底本，参考严一萍《殷虚书契续编研究》，兼及罗振玉《殷虚书契考释》（三种）（中华书局2006年版）、陈梦家《殷虚卜辞综述》（中华书局1992年版）、郭沫若主编、胡厚宣总编辑、中国社会科学院历史研究所编《甲骨文合集》（中华书局1978—1982年版）、于省吾主编《甲骨文字诂林》（中华书局1996年版）、何景成编撰《甲骨文字诂林补编》（中华书局2017年版），以及叶正渤《〈殷虚书契后编〉考释》（商务印书馆2019年版）等相关著作。由于《续编》收录拓片数量较多，为节省篇幅，加之《殷虚书契五种》出版不久，市面上容易见到，故原书甲骨拓片一概不附，读者可参阅《殷虚书契五种》一书。

考释过程中，本着先繁后简的原则，凡是古文字学界都认可的常用甲骨文字，原则上初次、再次出现时作分析考释，其后则直接用通行字书写，即直接隶定，或作简要的解释。遇有冷僻字或笔画残缺的字，则截取原拓片字形，再作字形分析探讨，并对其在卜辞中的用法和意义作分析研究。这样，如果按顺序从前往后阅读本书，循序渐进，必将获得系统而又丰富的相关知识。

同时，在考释过程中，参考学术界（包括作者本人）所取得的最新研究成果，尽量使最新研究成果在考释中有所反映。不过，囿于作者见闻和客观条件所限（作者业已退休数年且移居于南京），不可能将时贤研究的全部新成果都收进本书，加之本书的考释不属于集释性质，只能有选择地采用前贤和时贤的某些观点或说法。所以，学海遗珠、挂一漏万的情况在所难免，尚祈请学界同仁见谅。

本书所做的主要工作以及创新之处，略呈几点。

首先，研究内容创新。《续编》自1933年出版以来，尚无一部全面深入研究该书所收甲骨文资料的论著。严一萍的研究属于总括性的对《续编》内容方面的研究，而不是对《续编》所收甲骨文本身的考释研究。

其次，研究的深度难度创新。本书侧重对《续编》所收甲骨文字本身的考释与探讨，同时涉及历史事件、方国地理、人物关系、天文气象、文化观念等诸多方面，可供参考的资料很少，所以，研究的深度和难度都很大。

第三，研究的广度创新。本书的考释工作，不限于对具体卜辞的隶定和对甲骨文单字的考释，同时还涉及殷商历史文化、天文地理等诸多方面。既然是考释，甲骨文具体材料所涉及的内容，无论其程度多深，范围多广，本书都尽量去作相应的研究与探讨，给出较为合理的令人信服的解释。下面略举数例。

卷一1·3：庚午卜，☒（燊、祓）雨于☒（岳）。一。

[庚]午卜，☒（方）☒（帝）三豕，业犬，卯于土☒（牢），☒（燊、祓）雨。三月。

本片是《合集》12855。卜辞中的岳应指太岳山，今称太行山，位于殷墟安阳的西北；卜辞中的河特指黄河，位于殷墟的西、南和东。在商人的观念中，因为岳与河能降风雨（因特殊地形而形成的风雨，现代地理学称之为地形雨），所以在商人心目中是两种至高无上的自然神，是重要的祭祀对象，故被年之祭多祭之。

卷一7·4：辛亥卜，出贞，其鼓，彡（肜），告于唐，九牛。一月。

一月，据文献记载，商代以丑月（汉代以后的农历十二月）为正月，即一月；周代以子月（汉代以后的农历十一月，冬至所在月）为正月；夏代以农历的寅月为正月，现代农历正月与之同。这就是传世文献所说的"三正"。阅读商周时期的甲骨卜辞和青铜器铭文涉及月份名，需要注意其时代和具体含义。

第四，提出自己的解释和看法。在对文字隶定、甲骨文单字形音义和特殊语词的探讨过程中，虽然有些内容学者已提出过看法或解释，但本书不盲从，遇有不同意见，常提出自己的解释和看法。例如：

☒（歆），"日歆""月又歆"的"歆"，当指日晕和月晕。日晕，傍晚时太阳周围呈黄色晕圈；月晕，月出后月亮周围呈黄色晕圈。农谚有"日晕雨，月晕风"的说法。由于日晕和月晕是很常见的天气现象，所以卜辞多记之。

☒（覃），其含义和用法，陈梦家早已指出："因武丁卜辞☒字只有两个用法：一为用牲之法，一为夕覃。"（参阅《综述》第246页）或告近年有人专门撰文提出，此字应释为"皿"，读为"向"（即繁体"嚮"字），其义相当于《诗·小雅·庭燎》"夜鄉（向）晨"之"向"。此观点目前已得到许多学者的赞同，如李学勤、彭裕商、黄天树等。本书根据具体卜辞采用陈梦家之说，并略做新解，将☒（覃）释作"晕"，是一种天象，而不是由前一干支日向后一干支日过渡的时间词。

☒，从廾（双手）奉一物（似豆），《合集》7301释文作"薦"（荐），读作"荐一人"，该字应是"登"字的简体。"登人"，征召人员。

☒（☒），读作"冒"，冒祭。何谓冒祭，曩之学者无说。本书以为，冒或通赗。《说文》贝部："赗，赠死者。从贝从冒。冒者，衣衾覆冒之意。"《公羊传·隐公元年》："赗者何？丧事有赗。赗者盖以马，以乘马束帛。车马曰赗，货财曰赙，衣被曰襚。"则赗祭是向死者赠车马之祭。此说若成立，则其礼之由来亦久远矣。至今民间清明节上坟时，还有烧纸糊的车马祭奠亡祖的习俗。

卷五33·6：贞，不……，☒（蠃）。二。

贞，不隹（唯）☒（虝），隹（唯）……。

卜辞中有两个冷僻字。☒，象身体卷曲的虫形，无角，或释作"蠃"，蠃虫。卜辞有"疾蠃"之语，本书以为，当是说因蠃虫而致病，既不是所谓病情加重的意思，也不是《合集》按语所说"而应是病情好转"的意思，卜辞讲的是得病的起因，而非病情的轻重。

☒，叶玉森释作虝，从虎从匕，匕亦声，是"牝"字的异构，意为母虎；或释作"虐"。《诂林》第1673条按语曰："释'虐'可从。然……唯此辞仍当是虝，为猎获之兽名，当是'牝虎'合文。"本书以为，就字形以及本辞而言，当释虝（牝）为是。卜辞"不隹虝（牝），隹……"，大意是：不仅捕获虝（母）虎，还捕获其他种类的虎或兽。

更为重要的是，对那些冷僻字或疑难字，大多数论著只是临摹原字形，既未隶定，亦未给予适当的解释，本书则尽可能地加以隶定，并用"或是""当是"这些谨慎的说法给出自己的解释，提出看法，因为这才是要研究的东西。

羣，从亯从羊，或读作"敦"；或释作"郭"，读作"虢"。参阅《诂林》第1986条和第1987条。卜辞是武丁时地名。本书以为，羣象城垣有门楼之形，是"墉"字。《说文》："墉，城垣也。从土庸声。羣，古文墉。"《说文》古文羣字中的回象四方形内外城，即所谓的瓮城，外城有南北相对的城楼形，即《说文》训"民所度居"之墉。地名之羣，即《诗经·鄘风》之鄘。鄘在河南省汲县（今卫辉市）北，新乡西北一带。

另外，在卜辞中羣还用作动词，有筑城的意思。例如：

卷三10·1：辛丑卜，争贞，曰：吾（贡）方☒（凡）☒（皇）于土。其羣（墉）☒（瑗），允其羣（墉）。三月。

☒（瑗），上从爪，下从○，象环形玉器，王国维释作"瑗"。《说文》玉部："瑗，大孔璧，人君上除陛以相引。从玉爱声。"参阅《诂林》第0955条。卜辞疑借作城垣之"垣"，因城垣也是环形的，似大孔的玉璧，因以为喻，且"瑗、垣"音相近，可以假借，故下文言"允其羣（墉）"，意为果然筑城于土。

据此来看,▢(垣)不是地名,喻指城垣(环形城墙)。

不▢▢,学界或释作"不玄黽",或释作"不予黽"。参阅《诂林补编》第986页。本书据字形分析认为:▢象悬空吊着东西形,▢是蜘蛛的象形,合起来释作"不玄鼋",即"不悬蛛"。不▢▢,从不与卜辞正文连读。参阅卷一第34·2片考释。▢,卷三第27·1片写作▢(关),象人伸直两腿双手上举形,属于特例。

卷一7·5:乙亥卜,宄贞,窒(傧)唐。▢(史、使)▢(且、徂),不遘雨。
　　　　七月。一。

▢▢(史且),严一萍未释,作为合书描摹。本书以为是"史且"二字。史,读作"使";且,读作"徂",前往义。

第五,在考释过程中,本书往往有新的发现和收获。略举几例。

卷二31·4:甲辰卜,▢(雀)受侯又(佑)。

在研究过程中,发现本片是《合集》33071右侧半片,左侧还有卜辞。全辞是:

……乎父丙……▢(戎)……。

甲辰卜:侯▢(岬)雀。一。

甲辰卜:雀受侯又(佑)。一。(以上三辞是本片)

甲辰卜:雀▢(线、蔑)▢(殳)侯。二。

□辰卜:▢(殳)侯▢(线、蔑)雀。(以上是拓片左侧刻辞)

子雀,是小乙之子,武丁诸兄弟之一。本片卜辞内容涉及子雀与侯岬(郷)以及与殳侯的关系。若理解不误的话,从第二第三辞来看,子雀与侯▢(岬)关系不错,子雀受到侯▢(岬)的佑助。但从第四、第五辞来看,子雀与▢(殳)侯的关系很不融洽,相互排挤,处于水火不容的关系。弟兄一多,相互间必然会出现亲密与不和睦的现象。记录这些信息的卜辞很罕见,因此本片卜辞弥足珍贵。幸亏《合集》保存了较为完整的拓片。这是本书的新发现之一。

考释过程中搞清楚了子雀、子渔、子商和武丁是兄弟关系,而不是父子关系。

卷一30·4"贞,来乙丑勿乎(呼)子▢(雀)屮(侑)于父乙",则子雀是小乙之子无可置疑,与武丁是兄弟关系。

《殷虚书契后编》卷上27·2:"贞,子渔亡其从。"池田茉莉《殷虚书契后编释文稿》说是武丁子之一。丁山谓:"由'御子渔于父乙'(小乙)与告子渔疾于父乙诸辞看,他定死于武丁之前,可能也是小乙的儿子。子渔之后,是为渔氏。由字面推寻,渔氏采地,宜在今河北密云县境。"(《氏族制度》第76页)

据《续编》卷一20·5："贞，乎（子渔）屮（侑）于祖丁。二。"

据《史记·殷本纪》，子渔是小乙之子，小乙是小辛之弟、祖丁之子，则子渔是祖丁之孙，子渔与武丁是同父兄弟。

据《续编》卷一28·5："子商屮（侑），嚣（告）于父乙，乎酢。"子商应是小乙之子，与子渔、武丁是兄弟。《释文稿》说是武丁诸子之一，非是。

本片中的嚣，从册，从口，或从曰，隶作嚣或嚣。《说文》曰部："嚣，告也。从曰从册，册亦声。"据《说文》的解释，是"告"义，是一种祭仪，祭而告之也。据《诂林》第2937条，或读作"删"，犹今言"砍"，表用牲之数；或读作刑戮的"刑"，有杀义，则本辞子商侑祭，刑于父乙，乎酢（以酒祭也），于情于理显然是讲不通的。所以，以释"告"为宜，告于父乙，乎酢，语义顺畅。

德国哲学家施莱尔马赫在释义学循环理论中指出："在一给定文本中需要充分确定的每一个内容，只有根据文本的作者及当时公众所处的语言环境才能确定"，"在一给定段落中的每个词的意义，只有根据其周围共存的其他词的意义才能确定"。

当然，甲骨文毕竟是三千多年前商代人创造和使用的文字，语言文字本身与现代差异很大，且时代背景、文化观念与今亦大不相同。所以，于今释古，难度可想而知，必然存在难以解释的某些现象。随便打开一部古文字论著，对某个具体的古文字往往有几种甚至多种不同的解释，这也不足为奇。于此特予说明。

作者　谨识

二〇二一年十二月于南京寓所

目　录

前言	1
卷一	1
卷二	107
卷三	155
卷四	221
卷五	280
卷六	332
参考文献	377
附录　商先公先王及配偶世系表（约公元前16—前11世纪）	378

卷 一

1·1：▨（甲）▨（子）卜，▨（古）……▨（尞）于▨（夒、夋）。

按：甲子，严一萍释文作"甲子"，而《合集》释文等皆释作"壬子"。拓片有斑蚀，当以释"甲子"为是。本片甲子的"子"，与第二片丁子（巳）中"子"字的写法不同，说明这两片可能不是同一个卜人所写。严一萍定本片为第四期卜辞。▨，从口或囗，从丨，或从中在口上，隶作甴，读作"古"，或读作"由"；或释作"畄"，训作"载"；或读作"咎"，祸忧义。参阅于省吾主编《甲骨文字诂林》第0732条。① 古，武丁早期贞人名。

▨，从木，象木柴燃烧火星四射形，隶作"尞"，即"燎"，此处为祭名。参阅《诂林》第1526条。燎祭，燔柏木松柴之祭。《说文》火部："尞，柴祭天也。从火从眘。眘，古文慎字。祭天所以慎也。"《说文》释义则是，释形则非。《礼记·郊特牲》："天神在上，非燔柴不足以达之；地示在下，非瘗埋不足以达之。"所以燎祭是祭天。本辞记燎祭高祖夒，商人相信其祖先死后亡灵升于天，故祭祖与祭天都用燎祭。卜辞也燎祭河与岳。

▨，拓片有斑蚀，其他拓片或作▨、▨、▨等形，象侧视的猿猴，隶作夒，即"夋"字。卜辞有高祖夒，王国维《殷卜辞中所见先公先王考》曰："卜辞惟王亥称高祖王亥，或高祖亥；大乙称高祖乙，则夒必为殷先祖之最显赫者。以声类求之，盖即帝喾也。"② 夒是帝喾，名夋，是商先祖契之父，故其地位显赫。③《史记·殷本纪》："殷契，母曰简狄，有娀氏之女，为帝喾次妃。三人行浴，见玄鸟堕其卵，简狄取吞之，因孕生契。"《今本竹书纪年》："帝喾高辛氏生而骈齿，有圣德，初封辛侯，代高阳氏王天下。……元年，帝即位，居亳。（《尚书序》：'汤始居亳，从先王居。'孔传：'契父帝喾，都亳。'《水经·谷水注》引皇甫谧曰：'帝喾作都于亳。'）……六十三年，陟。帝子挚立，九年而

---

① 于省吾主编：《甲骨文字诂林》，中华书局，1996年。以下简称《诂林》，所引只注编号。
② 王国维：《观堂集林》，中华书局，1961年，第412页。以下凡引该书，只注页码。
③ 叶正渤：《殷虚书契后编考释》，商务印书馆，2019年，第180页。以下凡引该书，只注页码。

废。"(转引自王国维《今本竹书纪年疏证》)《史记·五帝本纪》:"帝喾高辛者,黄帝之曾孙也……高辛生而神灵,自言其名。普施利物,不于其身。聪以知远,明以察微……帝喾娶陈锋氏女,生放勋。娶娵訾氏女,生挚。帝喾崩,而挚代立。帝挚立,不善,而弟放勋立,是为帝尧。"①

1·2:□□卜,뷰(古)▨[贞],……▨(夒)……
　　　丁▨(巳)卜,争[贞],十뷰▨(御)……▨(上甲)于▨(且、祖)
　　　▨丁十▨(牛)。二。

按:뷰,读作"古",据陈梦家《殷虚卜辞综述》②"卜人表"(第206页),古,武丁早期贞人名。▨,象龟腹甲形,是"贞"字。贞,问也。不同时期写法略有不同,或写作▨、▨、▨。

▨,象手里拿着东西吃侧视猿猴形,隶作"夒",与第一片中"夒"字的写法略异。据王国维研究,夒是帝喾,是商先祖契之父。参阅本卷第1·1片考释。

▨,象裹在襁褓里两手在外面的幼子形,释作"子",此处用作地支字,读作"巳"。争,武丁早期贞人名,拓片不太清晰。参阅本卷第1·5片考释。

뷰,构形不明,在卜辞中的用法有多种,或读作"有",或读作"侑",或读作"佑",或读作"又"等。唐钰明说,直到1980年,黄锡全才以比较充分的证据论证了"뷰"是牛头的象形,牛头表示富有,故뷰为"有"字的初文。唐钰明认为뷰字不是象形,而是从中从一会意,"一"是供板(或盛器),"中"才是牛头。这种构成方式与后起的"有"字以手持肉遥相吻合。参阅何景成编撰《甲骨文字诂林补编》③第866页。

本辞十뷰,读作"十又"。词句不全。▨,从卩(坐人形),午声,是"御"字的初文。左侧或从彳。闻宥曰:"此午实为声,卩象人跪而迎迓之形。行,道也,迎迓于道是为御。"④后加表意偏旁"示"作"禦"。《说文》示部:"禦,祀也。从示,御声。"卜辞中的御祭,指祈求禳除灾祸之祭。参阅《后编考释》第190—191页。

▨,从十在囗(wéi)中,但十在囗内四面不靠,有的上面还有一短横,是

---

① 司马迁:《史记》,中华书局点校本,1985年,第1页。
② 陈梦家:《殷虚卜辞综述》,中华书局,1992年,第206页。以下简称《综述》,只注页码。
③ 何景成编撰:《甲骨文字诂林补编》,中华书局,2017年,第866页。以下简称《诂林补编》,只注页码。
④ 转引自张玉金《释甲骨文中的"御"》,《古文字研究》第二十四辑,中华书局,第71页。

商先祖上甲微的专字。参阅本卷下文第5·3片。于，介词，介出动词涉及的对象。⃞，隶作"且"，《说文》且部："且，荐也。从几，足有二横，一其下地也。"卜辞读作祖先的"祖"。郭沫若《甲骨文字研究·释祖妣》一文说是雄性生殖器的象形。阮元《揅经室一集》"释且"："古文'祖'皆'且'字。"引《礼记·檀弓》："曾子曰：'夫祖者，且也。且胡为其不可以反宿也。'"小篆于左侧加"示"作"祖"，《说文》示部："祖，始庙也。从示，且声。""祖"是加形表义字，"且"不是声符。或释作"俎"，《说文》且部："俎，礼俎也。从半肉在且上。"俎象中间有隔的矮足托盘，上面放置祭祀用的肉。王国维《说俎上》有考释(《观堂集林》第156页)。卜辞是祭名，或读作"宜"，即宜祭。《论语·卫灵公》："俎豆之事则尝闻之矣，军旅之事未之学也。"王蕴智《"宜""俎"同源证说》也做了详细考释。① 参阅《后编考释》第255页。或曰"且"象供奉亡人的牌位，而牌位也取象于雄性生殖器之形。

⃞，象口，但不是嘴巴的口，是干支甲乙丙丁的"丁"字。且丁，即祖丁。《史记·殷本纪》："帝沃甲崩，立沃甲兄祖辛之子祖丁，是为帝祖丁。帝祖丁崩，立弟沃甲之子南庚，是为帝南庚。帝南庚崩，立帝祖丁之子阳甲，是为帝阳甲。帝阳甲之时，殷衰。"(《史记》第101页)《殷本纪》的这一段文字记载，不仅反映出商代君王所谓兄终弟及的继承关系，还反映出叔侄反复轮流继位的复杂关系。商代实行王位由王弟与王子继承并用的制度。传弟按年龄长幼依次继承，兄终弟及；传子有传兄之子、传弟之子和传嫡子。参阅王国维《殷周制度论》②和本书末所附"商先公先王及配偶世系表"。

⃞，从正面看，是牛角、牛耳和牛脸的象形，字形为"牛"字。这是以局部代整体的造字方法。

本片是《合集》1827。

1·3：……雨……。
　　庚午卜，⃞(蓁、祓)雨于⃞(岳)。一。
　　[庚]午卜，⃞(方)⃞(帝)三豕，虫犬，卯于土⃞(牢)，⃞(蓁、祓)雨。三月。
　　按：⃞(蓁)，象拔起的草根形，或说即"茇"字，《说文》艸部："茇，艸根也。"或释作"求"，或读作"祷"。本书读作"祓"。《说文》示部："祓，除恶祭也。从示，犮声。"祈求禳除灾祸之祭，卜辞常用来表示祈雨祈年的祭祀。关

---

① 王蕴智：《"宜""俎"同源证说》，载《字学论集》，河南美术出版社，2004年，第275页。
② 王国维：《观堂集林》卷十，中华书局，1983年。

于该字的隶定与意义,学界有诸多不同的解释。①

[字],上从丘,下从山,孙诒让始释作"岳"。卜辞之岳,或说是嵩高山,或说是太岳山。陈梦家在《综述》中对卜辞中的河、岳这两个重要的被年祭祀对象多次加以论证说明(《综述》第342—361页)。本书以为,卜辞中的岳应指太岳山,在山西省中部,大致为东北—西南走向,位于殷墟安阳的西北;卜辞中的河特指黄河,位于殷墟安阳的西、南和东。在商人的观念中以其能降风雨,所以是至高无上的两种自然神,是重要的祭祀对象,故被年之祭和求雨之祭多祭之。

[字](方),徐中舒以为象耒形。耒是古代挖地的农具,在文献中常耒耜并称。

[字](帝),象花蒂之形。卜辞读作"禘",大合祭曰禘祭。《说文》示部:"禘,谛祭也。从示,帝声。《周礼》曰:'五岁一禘。'"沈培认为"方帝"之"方"是动词,"方帝"可能就是"按'方'的形式进行帝祭"的意思。参阅《诂林补编》第771—774页。

三豕,用三头猪作祭祀的牺牲(祭品)。㞢犬,读作"侑犬",用犬作祭祀的牺牲(祭品),后世所谓杀牲以祭也。卯,象老式的手铐形,引申而有杀义。"卯"的杀义保留在合体字"劉"字的形体中。"劉"由卯、金、刀三个构件组成:卯加金,表明卯的材质是由金属做成;再加刀,表明其用途是杀。此外,还保留在先秦时期的辞书《尔雅》里。《尔雅·释诂》:"劉、狄、斩、刺,杀也。"其用例,如《逸周书·世俘》:"越若来二月既死魄,越五日甲子朝,至接于商。则咸刘商王纣,执矢恶臣百人。"孔晁注:"咸刘,杀也。"由于"劉"是两汉时期皇家的姓(西汉开国皇帝刘邦,东汉开国皇帝刘秀),所以,在《说文》一书中没有收录"劉"这个常用字,避皇家讳也。从造字的角度来说,"卯"是象形字,"劉"属于加形表义字。

土,象土块立于地面之形,卜辞读作"社",是祭祀土地神的场所,古代有春社和秋社等祭祀活动。《说文》示部:"社,地主也。从示、土。《春秋传》曰:'共工之子句龙为社神。'《周礼》:'二十五家为社,各树其土所宜之木。'"

[字],从羊在宀下,隶作宰,是从牛"牢"字的异构。刘一曼说,我们认为,"牢""宰"是指特别圈养供祭祀的牛和羊,用"牢""宰"祭祀较用牛、羊隆重。② 本书以为,宰当是指骟过而没有膻味的专门饲养供食用和祭祀的

---

① 参阅叶正渤《殷虚书契后编考释》,商务印书馆,2019年,第166页。
② 刘一曼:《殷墟考古与甲骨学研究》,云南人民出版社,2019年,第232页。

羊,所以卜辞既有用宰作牺牲,又有用牢(牛)作牺牲的不同记载。

桒(祓)雨,求雨祭也。上古时期人们种地是望天收,若遇到风调雨顺,则获得丰收,卜辞称为"有年"或"大有年"。若遇到洪涝干旱,有可能颗粒无收。在古人看来,风雨是上天掌握的,人无法抗拒,只能祈求上天的恩赐保佑。所以古代人敬畏天地神祇,重视祭天帝和地神的行为。直到两千多年后的清代,还建了天坛和地坛,就是用来祭天祭地的。这是经久不衰的中华传统文化内涵之一。

本片是《合集》12855。

1·4: 贞于土,桒(祓)。

　　贞,尞▨(鬯),㞢(侑)豕。

　　㞢(侑)且(祖)□。

　　按:土,读作"社",即土地庙,是祭祀的场所。参阅上文第1·3片考释。桒,祓祭,是禳除灾祸之祭。尞,燎祭,燃柴之祭。▨,或作▨,异体较多,象器皿中有香草秬米之类的作料,释作"鬯"。秬鬯,用秬(黑黍米)和香草等酿制的一种香酒,即鬯酒,用于祭祀。在燔柏木松柴祭祀时,浇上鬯酒,让鬯酒的香气随柏木松柴之烟上升达于天庭,亡祖的在天之灵得以享用,是为尞鬯,是祭祀的一种仪式。鬯酒的单位是卣,一种盛酒器。天子祭祀祖先所用之酒为何曰鬯酒?《说苑·修文》曰:"鬯者,百草之本也。上畅于天,下畅于地,无所不畅,故天子以鬯为贽(礼品)。"按此说,结合商代甲骨卜辞,则其礼由来已久。㞢(侑)豕,祭祀时用豕作牺牲。祖□,严一萍释文作"祖(乙)"。

　　严一萍说,本片的上段是卷一第15·1片。参阅第15·1片考释。

　　本片是《合集》1506正面下半段。

1·5: 壬戌卜,▨(争)贞,▨(既)出▨(狋),尞于土,牢。

　　贞,尞于土,一牛,▨(俎、宜)牢。

　　贞,㞢(侑)于大甲。

　　按:▨(争),象上下两手争物之形,卜辞是武丁早期贞人名。▨,从旡(人扭过头形),从皀(一豆饭食),是"既"字。人面对一豆饭食却扭过头去,表示已食,故"既"有已经的意思。出,从止(足)向凵之外。先民穴地而居,凵象地穴之形,故"出"字从止向凵外而构。▨,上从斤(斧),下从犬,是"狋"字。《说文》犬部:"狋,犬吠声。从犬斤声。"卜辞疑作犬的代称,用犬作牺牲祭祀。尞于土,燎祭于社(宗庙)。牢,祭品。

⊿（俎、宜），象隔盘里盛有肉之形，隶作"俎"，即礼俎；或隶作"宜"，卜辞用作祭名。参阅商代作册般甗铭文和周初貉子卣铭文。宜牢，宜祭用牢（牛）。

大甲，即太甲。《史记·殷本纪》："帝中壬即位四年，崩，伊尹乃立太丁之子太甲。太甲，成汤適（嫡）长孙也，是为帝太甲。帝太甲元年，伊尹作《伊训》，作《肆命》，作《徂后》。"参阅陈梦家《综述》"《殷本纪》世系表"（第368页），董作宾《中国年历简谱》《殷历谱》"殷商王年表"等文献。①

本片是《合集》14396。

2·1：贞，尞于王亥。

贞，尞九牛。

贞，⊿（登）王亥，⊿（羌）。

贞，九羌，卯九牛。

贞，十羌，卯十牛。（本辞据《合集补编》4130补）

按：王亥，卜辞中称之为"高且（祖）亥""王亥""高且（祖）王亥"，《山海经·大荒东经》中也称作"王亥"，其辞曰："有人曰王亥，两手操鸟，方食其头。王亥托于有易、河伯。仆牛，有易杀王亥，取仆牛。"今本《竹书纪年》作"王子亥"或"殷侯子亥"。王国维《殷卜辞中所见先公先王考》曰："卜辞惟王亥称高祖王亥，或高祖亥；大乙称高祖乙，则夒必为殷先祖之最显赫者。以声类求之，盖即帝喾也。"②王国维在该文中考证王亥就是《史记·殷本纪》及《三代世表》中的振，而《殷本纪》中的振是上甲微之父。

今本《竹书纪年》"夏纪"："帝泄元年辛未，帝即位。""十六年，殷侯微以河伯之师伐有易，杀其君绵臣。""殷侯子亥宾于有易而淫焉。有易之君绵臣杀而放之。故殷上甲微假师于河伯，以伐有易，灭之，遂杀其君绵臣。"

殷侯微，即上甲微，夏朝时封为侯爵。殷侯子亥，即王亥，名振。宾，作宾客。历来说法不一，或以为指殷侯子亥到有易国入赘为婿，或以为指殷侯子亥到有易国做牛羊交易（仆牛）。至于王亥被有易国杀害的原因，《竹书纪年》仅用一个词"淫焉"来描述，"焉"，于此，意思是淫于有易国。关键是"淫"，历来理解不同，或说亥不守为婿之道，因而被有易国国君绵臣所杀；或说王亥趁机扩大势力范围，妄图占而有之，阴谋败露，因而被有易国国君绵

---

① 董作宾：《中国年历简谱》，艺文印书馆，1992年；《殷历谱》，载《董作宾先生全集》甲编第一册，艺文印书馆，1978年。

② 王国维：《观堂集林》，中华书局，1984年，第412页。以下凡引该书只注页码。

臣所杀。参阅《后编考释》第165页，及本卷第1·1片考释。又见于卷六第16·6片等。

⟨图⟩，从収（双手），从豆（一种食器），象双手持器皿形，隶作"登"，卜辞是祭名。登祭，进黍食祭也，即烝尝之祭，为秋祭，用新收获的粮食祭祀祖先亡灵。参阅《后编考释》第188页。

⟨图⟩（羌），象人头戴羊角帽形（至今仍如此），是"羌"字。羌是居于殷都之西及西北一带的少数部族之一，经常与商王室发生战争。卜辞中的羌，一般指战争中被俘虏的羌俘，经常被用作祭祀的牺牲。九羌，卯九个羌俘，蒙下文"卯九牛"省"卯"字，杀九个羌俘用于登祭王亥。十羌，卯十个羌俘。

本片卜辞大意是，贞问用燎柴祭先祖王亥时还要用九牛。在登祭王亥时要用羌俘作牺牲，要杀九个羌俘和九头牛作牺牲。杀俘虏与牛羊等牲畜用来祭祀先祖亡灵，且用甲骨卜辞记录下来。这是商代用战俘（活人）和牲畜祭祀的事实。

本片是《合集》358。

2·2：庚□［卜］，⟨图⟩（殻）贞，□王亥，橐（祓）年。

按：⟨图⟩（殻），从殳从壴，壴象磬之类的乐器，上像装饰，下是悬吊着的器身；殳象手持敲打乐器的木槌，隶作"殻"，或隶作"殻"，是武丁早期贞人。卜辞大意是，祭祀王亥，祈求丰年。

本片是《合集》10107。

2·3：高且（祖）亥。

按："高"字上部残缺，据残笔看应是"高"字。高祖亥，就是王亥，名振。参阅王国维《殷卜辞中所见先公先王考》及本卷第2·1片考释。

2·4：癸卯卜，贞，乙⟨图⟩（巳）酒、橐（祓），⟨图⟩（自）⟨图⟩（上甲）廿⟨图⟩（示），一牛，二示羊，⟨图⟩（土）燎牢，三戈甗，三戈㹚。

丙辰卜，⟨图⟩（橐、廓）⟨图⟩（斩、剪）。二。

壬戌卜，贞，王⟨图⟩（生月）橐（廓）⟨图⟩（首）⟨图⟩（斩、剪）⟨图⟩（不、丕）。

按：本片卜辞行款有些凌乱，且拓片边缘字迹也不清晰，诸家的释文略有不同。第一辞释文及解释据陈梦家《综述》第578页。

乙⟨图⟩（巳），二字刻在酒、橐（祓）的右侧。⟨图⟩，象裹在襁褓里两手在外面的幼子形，释作"子"，卜辞用作地支字，读作"巳"。酒，从酉，从彡，酉是酒坛，卜辞也代指酒，彡是酒水晃动的影子。酒，以酒行祭也。卜辞中的酒祭,学界已多有探讨。参阅《后编考释》第168页。 ■（自）,象人的鼻子形。当人对他人讲述自己如何如何时,习惯用手指着自己的鼻子,故用鼻代指"自"。 ■,口中的十与四边不靠,卜辞读作"上甲",是商的先祖名,字或写作田。据《史记·殷本纪》记载,上甲,名微,是商先祖契的七世孙,商开国君主成汤的六世祖,在卜辞中的地位显赫。

示,甲骨文写作一横,下面着一竖的 ■,象祭台形;或写作丁,象祭台上有祭品形,因而有祭祀义。参阅《诂林》第1118条以及《后编考释》第167页。

廿示,表示所祭先祖的世系数,示,犹如今言世或代。陈梦家说本片是文丁卜辞,"自上甲廿示指上甲至武乙廿世的直系。卜辞习见'自上甲至于多后'是指上甲以后的直系旁系,与此但指直系的不同。上甲廿示与下示为对,所以下示不是大示"(《综述》第465页)。"廿示一牛",表示祭祀廿代先祖公用一牛作牺牲。 ■,象地面上有土块形,释作"土",有些释文照样描摹,未作隶定和解释。本书以为卜辞读作"社",即土地庙,是祭祀的场所,古代有春社和秋社活动。

麑,《说文》丮部:"麑,豕也。后蹄废谓之麑。从丮矢声;从二匕,麑足与鹿足同。"

■,上从亯,下从羊,隶作羍,或读作"敦",或释作"郭",或读作"虢"。卜辞是武丁时地名。曾宪通先生考辨说:"羍字从亯从羊,即烹羊为孰,会意,义同于鬻,故《说文》云然。"①在该文中曾宪通先生详细地考辨了亯与羍、亯与鬲(郭)、亯与亶(墉)的形音义演变及混同情况,言之有据,其说可参。

■,从戈才声,常读作"哉"（语气词）,或"灾"。或隶作戋,从戈从中,中或倒书像挂在戈上,卜辞读作斩伐的"斩",或翦灭的"翦"。伍仕谦始分为两个不同的字,前者是"哉"字的初文,后者他认为应释作"折",有伤害义,断也,截也。参阅《后编考释》第220页。冯时考释认为,戋从中从戈,中是人首的象形。他说,"中"象人首,是意符,"戈"为声;戋就是金文中的"馘"字。参阅《诂林补编》第592页。吴振武则赞同刘翔等在《商周古文字读本》中指其"象以戈断人首"的说法最为合理,认为是"杀"字的初文。参阅《诂林补编》第596页。本书赞同戋"象以戈断人首"的说法,是会意字。李学勤先生赞同管燮初读作大捷的"捷"的说法。参阅《诂林补编》第600页。

■,此字上从生,下从月,以往释文或描摹字形而无考释,或曰是"生

---

① 曾宪通:《"亯"及相关诸字考辨》,《古文字研究》第二十二辑,中华书局,2000年,第270—274页。

月"的合书,或分书,是月名。陈梦家以为是指下月而言。又见于本卷第 6·7 等片。

☐（旹），以往释文只描摹字形未作考释,本书以为当释作"旹",或"蔑"。周本良说,卜辞用法同语气词"惟",读作"越";赵平安说,战国文字中的 ☐,可能从甲骨文演变而来,"战国文字中此字多用为'向',卜辞中此字多数情况下可以读为'尚'","'☐'读为尚,作副词,用在动词前,表示事情的继续或存在状态。可译成'还''还是'或'仍然'等"。参阅《诂林补编》第 156—162 页。末一字 ☐（丕），象艸木之根形。本辞读作"丕",地名,从卜辞内容方面来考察,丕与辜（郎）相距当不远,抑或邻近,故辜（郎）能斩伐之。且丕与佚、面等方国也邻近,此丕不是位于苏鲁交界处的邳（汉代称下邳）,而是位于晋南的丕。参阅本卷第 9·8 片考释。另外,丕也见于《合集》6834,其辞曰：

庚申卜,王贞,余伐不（丕）。三月。一。
庚申卜,王贞,余弜（勿）伐不（丕）。一。二告。
庚申卜,王贞,余伐不（丕）。一。
庚申卜,王贞,余弜（勿）伐不（丕）。一。

又见于《合集》20421,其辞曰：

戊申卜,今日方品（围）不（丕），昃,其雨,自北。
丁未（卜），今日方品（围）不（丕）。

方,方国名。陈梦家说："敦在沁阳田猎区,故此所谓方当在沁阳之北、太行山以北的山西南部。"又曰："方所出之地曰唐曰甌曰涂,皆在今山西中部和南部。"（《综述》第 270、272 页）方国丕也当与方邻近,在山西南部。

本片是《合集》34120。第三辞《合集释文》作"不正（征）……",可参。

2·5：庚□,贞,（酚）、☐（彳、示）、☐（岁）于帚（上甲）。
庚戌,［贞］,今日又（侑）于妣庚羊。

按：酚、☐（彳）、岁,都是祭名。彳,或反书,象右手握物形。吴其昌以为象手执祭品之形,亦是殷代祀典之一种。严一萍释文皆隶作"彳",非是。本人曾隶作"示"。参阅《后编考释》第 185 页。钟柏生释作"勺",刘桓释作"巴",读作"把",以手握持之义。参阅《诂林补编》第 863、865 页。或隶作

"付",读作"祔"。《说文》示部:"祔,后死者合食于先祖。从示,付声。"据《说文》的解释也是祭名。▨(岁),岁星,《说文》步部:"岁,木星也。越历二十八宿,宣遍阴阳,十二月一次。从步戌声。律历书名五星为五步。"甲骨文▨(岁)字或作▨,象斧钺形,上有二小孔,不从步,也不从戌声,小篆始从步戌声。前之学者有多种解释,或说是祭名,即岁祭;或说是岁星,或说是迎岁之祭。本书以为本辞当理解为岁祭,祭名,本辞表示岁祭上甲。

本片与本卷第3·4片重复。本片是《合集》32361。

2·6: 至[上甲王]受[又]。

至▨(囟、上甲),王受又(佑)。

按:第一辞残缺,据第二辞类推,第一辞所缺应是囟(上甲)。▨、▨上有一横,隶作囟,是"上甲"二字的合书,是商代先祖上甲(微)的专用字。在商代世系中,最重要的先祖先王有契、王亥、上甲微和大乙成汤四位,前三位属于先祖或先公,大乙成汤属于先王。又,读作佑助的"佑"。

3·1: 丁丑卜,贞,秦(祓)年于▨(上甲),尞三小牢,卯三牛。一月。一。

丁酉卜,亏贞,翌庚子酻母庚,牢。二。

▨(勿)▨(擎、肇、逆)年,㞢(有)雨。二。

……亡……二。

按:拓片斑蚀较重。亏,武丁早期贞人。秦(祓)年于▨(上甲),意思是向上甲微祈求丰年。尞三小牢,意思是柴祭时用三种小家畜豕、羊和犬作牺牲。翌,叶玉森《殷契钩沉》谓"惟其字多肖虫翼或鸟翼形",或从日,或从立,本字乃是"翼"字。其说是也。翌,象片羽之形,或从日,或从立,是"翊"字初文。卜辞一般指次日,也包括在十日之内,本片是在丁酉后的第三日庚子。参阅《后编考释》第170页。酻,以酒祭也。参阅上文第2·4片考释以及《后编考释》第168页。

翌庚子酻母庚,于某个干支日祭祀以相同日干为庙号的某位先祖先妣,这是商代特有的周祭制度。所谓周祭制度,陈梦家说:"祖甲时代法定配偶的成立是与谨严的周祭制度的建立同时的。周祭制度是一种有定则的轮番祭祀,先王先妣的祭序是有一定的,因此不可能容纳所有的先妣。在先妣之中,只有直系的先妣可以入祀,我们称之为'法定配偶'。它需符合下述三个条件:(1)必须称某祖之奭某妣,如'示壬奭妣庚';(2)必须出现在周祭系统之内,如'王侯大戊奭妣壬羽日',羽日是周祭的一种;(3)必须在先妣所名之日致祭,如祭'大甲奭妣辛'必在辛日。"(《综述》第380页)

周祭是指翌、祭、叠、劦(肜)、彡(肜)五种形式的祭祀周期。每种祭祀形式为一旬,五种周祭形式结束后空一旬,然后又重复进行,称为周祭。五种周祭形式,有说从翌祭开始,到彡祭结束;有说从彡祭开始,到劦(肜)祭结束。由此推断,五种周祭加上结束后所空的一旬,则一周祭是六旬,六周祭就是三百六十日,这就是殷代一祀(即一年)的总天数。如果遇到闰月(卜辞称十三月),再加上三十日,则一祀有三百九十日。

这种周祭制度,大致从商代中期偏后的祖甲、廪辛时开始,一个王世接着一个王世持续不断地举行。文丁、帝乙、帝辛时期的黄组卜辞中记录用五祀典对殷之先公先王轮番祭祀一周,需要三十六旬或三十七旬,即两个祭祀周期与两个太阳年的时间相当。① 关于晚殷周祭制度可参阅董作宾《殷历谱》、陈梦家《殷虚卜辞综述》(第380页)、常玉芝《商代周祭制度》、许进雄《第五期五种祭祀谱的复原——兼谈晚商的历法》(《古文字研究》第十八辑)、《后编考释》(第169—170页)等文献。

母庚,据陈梦家研究,母庚是小乙的法定配偶,故武丁卜辞称其为母庚(《综述》第452页)。

第三辞的 ,郭沫若说:"勿乃笏之初文,古人于笏上书事以备忘,字正像其形。"卜辞用作否定副词"弗、不"。或曰"勿"为"撥(拨)"之初文,象弓弦被拨动震动之形。或告曰:学界多从为"刎"之初文之说。本书以为,释"刎"之字从刀从几个血点的 ![]、![],不是从弓的 ![] 或 ![] 字,但也读作"勿"。参阅本卷第30·5片和第30·6片考释。

![],拓片有斑蚀。上从丯(辛,"辛"字的初文),下从月,异体较多,下或从口,或从自,不知其构形理据,释作"孽"或"孼",或释作"薛"。王国维释作"孽"(孼),卜辞有灾祸义。据本辞文义来看,本书以为,当读作"逆",是违背义。勿逆年,犹今言不要违背天意。因贞卜得知某日有雨,故不要举行 ![]年(有违天意)的祭祀。

拓片右下角尚有"……亡……二"两个残字。

本片是《合集》10109。

3·2: 丙午卜,��(古)贞,令……

[壬]戌卜,争贞,告于 ……

癸亥卜,古贞,丁用。三月。

[癸]亥卜,古贞,![]于唐……

---

① 叶正渤:《![]其卣三器铭文及晚殷历法研究》,《故宫博物院院刊》2001年第6期。

庚午卜，宕贞，令征（延）▨（䌛、䌛）。

按：㞢（古）、争，武丁早期贞人名。宕，从宀从万（不是简体字"万"），读作"宾"，武丁早期贞人名。该字张玉金有详细的考证和论说。参阅《诂林补编》第504—507页。▨，口中有蚀斑，当是⊕（上甲）字。

▨（肁），从戈从户，以戈击户也，释作"肁"。《说文》支部："肁，击也。从攴，肁省声。"结合下一句卜辞来看，"肁"，始也，表示某种祭祀仪式始于某先祖。据方稚松考释，该字或作▨，黄天树说此也从戈，或作▨、▨，从户从攴，刘一曼释为"奉献""给予"义，方稚松考释认为卜辞有致送、送诣的意思。参阅《诂林补编》第586页。第三辞"肁丁用"，始于丁（日干名）而用（颂）也。用，郭沫若说当读作"颂"。郭沫若《殷契粹编考释》曰："'叀册用'与'叀祝用'为对贞，祝与册之别，盖祝以辞告，册以策告也。《书·洛诰》'作册逸祝册'，乃兼用二者，旧解失之。第二辞'祝'与'用'复分施于二祖，则'用'当读为诵若颂，言以歌乐侑神也。"①据贞人名，本片是武丁早期卜辞，因此所祭对象之丁当是武丁的祖父祖丁或称四祖丁。参阅文末所附"商先公先王及配偶世系表"。

第四辞"肁于唐"，始于唐也。唐，即传世文献所记的大乙成汤，或作成唐，是商代开国君主。卜辞有"告于唐"，即祭告于成唐。按刘一曼的解释，则第三辞意为敬献丁颂，第四辞意为敬献于唐。

令，或读作"命"，使令动词。征，从彳从止，读作"延"，延及。卜辞有"征弓"一语（《后编》卷下第13·17片），指一般的延长、引延。▨（䌛、䌛），斑蚀较重，上从爪（手掌向下），下从二糸，或三糸，糸是丝的象形，象以手治丝形，䌛是《说文》籀文"系"字。卜辞当是祭名。关于䌛字，裘锡圭《释䌛及从䌛诸字》一文以为很可能是遮阑的"阑"古字。黄德宽《"䌛"及相关字的再讨论》一文从字形、语音、文献用例等几个方面进行了详细论证，认为䌛即系联之"系"的古体，原象联聚众丝之形，故可有连系、连属和连续等义；其一音读"系"，另一音读"联"；䌛由"系"派生出"联"字，是同形异音字。②

本片是《合集补编》15515。

3·3：……▨（彳、示）、岁……菁𠂤（上甲），▨（彡）。

按：▨（彳、示）、岁，都是祭名。参阅本卷第2·5片考释。菁，象积材

---

① 郭沫若：《殷契粹编》，科学出版社，1965年，第344页。
② 黄德宽：《开启中华文明的管钥——汉字的释读与探索》，北京师范大学出版社，2011年，第166—173页。

（栋梁）对交之形，读作"遘"，意思是遇到。本辞或表示正巧遇到肜祭上甲。▨（彡），读作"肜"，或作彡，即肜祭，晚殷五种周祭仪式之一。笔者曾撰文指出："彡，即肜日，祭了又祭。《尔雅·释天》：'绎，又祭也。周曰绎，商曰肜，夏曰复胙。'孙炎注曰：'彡为肜日之本字。'肜祭，据字形分析，当指伐鼓之祭。……商人迷信，以为人死了灵魂尚存，于是祭祀频繁，并形成一套定则，今人称之为周祭制度。"① 参阅《后编考释》第173页。

3·4：庚□[卜]，贞，[酌]、彳(示)、岁于畐(上甲)。

　　庚戌，[贞]，今日又(侑)于妣庚羊。

　　本片是本卷第2·5片的重出。可资参阅。

4·1：辛子(巳)卜，贞，一牛示，桒(祓)自畐(上甲)一牛，▨(豚)唯羊，▨(豚)唯▨(豙)。

　　按：▨，右从豕，左侧不知所从，或是"豚"字。《说文》豚部："豚，小豕也。从彖省，象形。从又持肉，以给祠祀。"此处或是指小豕，故下文言"唯豙"。或释作"彖"，修豪兽，身上长着长毛的猪。

　　豕肚子上着一横，隶作"豙"，或隶作"㺇"。母猪或大猪叫豙。《说文》豕部："豕，豙也。竭其尾，故谓之豕。象毛足而后有尾。读与豨同。"《说文》"豕"与"豙"互训，都指猪，两者略有区别。㺇，《说文》八部："㺇，从意也，从八豕声。""㺇"有听从义，是"遂"字的初文，"豕"是声符，故释"㺇"非是。卜辞大意是，祓祭从上甲用一牛，如用豚，只用羊；如用豚，只用豙。

　　本片是《合集》14358。

4·2：壬戌卜，即贞，畐(上甲)，桒(祓)二牛。

　　贞，三牛。

　　按：即，是祖甲时贞人(《综述》第206页)。卜辞大意是，贞问祓祭上甲用二牛还是用三牛。

4·3：癸□……王……在……午……。二。

　　……▨(典)，其▨(彳、尤)。

　　癸酉卜，贞，王旬亡▨(畎、祸)。在七月。甲戌，翌日畐(上甲)。

---

① 叶正渤：《𠂤其卣三器铭文及晚殷历法研究》，《故宫博物院院刊》2001年第6期。

按：严一萍据董作宾《殷历谱》帝乙祀谱补为帝乙二十一祀。补足为：

癸［巳卜，贞］，王［旬无畎］，在［六月甲］午，［彡日，羌甲］。
［癸丑卜，贞，王旬无畎（祸）。在六月。甲寅，工］典，其夆。
癸酉卜，贞，王旬亡畎（祸）。在七月。甲戌，翌日昰（上甲）。

所有释文严一萍均未断句，未加标点，标点是本书所加。下同。而《合集》35397 第一辞释文作"彡日，祖甲"；第二辞"其夆"，作"其幼"；月份缺。

工典，"工"字或作"工"，或作丅，王襄释作"工"；■（典）字从収（双手）持册置于丌上，或作■（见本卷第 5·1 片）。《说文》丌部："典，五帝之书也。从册在丌上，尊阁之也。庄都说，典，大册也。"甲骨文"典"字正如许慎所说。工典，读作贡典，祭祀时敬献典册。根据晚殷周祭制度，工典是每一轮周祭开始时（第一旬）使用这个术语，表明一周祭开始，或说皆是从甲日祭上甲微开始。参阅《后编考释》第 217—218 页。

范毓周认为丅（或倒书），不是"工"字，而是"示"字的或体。工典，读作"示典"，意为视典，是察验、检视的意思。参阅《诂林补编》第 717 页。

其■（夆、尤），严一萍隶作"其夆"，拓片作■，从又（手），上竖一指，指上着一小划，释作"尤"，读作"忧"，《合集》35397 释作"幼"。■，黄德宽《古汉字发展论》一书释作"肘"。① 李宗焜把■释作厷（肱），把加了指事符号的■、■释作"肘"。参阅《诂林补编》第 255 页。贞卜"旬亡祸"，武丁时期就开始有了，只是"祸"字的写法不同时期有所不同。

甲戌，翌日昰（上甲），本句卜辞疑多刻一"日"字，当作"甲戌，翌上甲"，翌是翌祭，五种周祭形式之一，据字形分析当属于舞羽之祭，歌舞祭之一种。根据语法习惯，如果"翌"后面是干支，则表示时间；如果后面是某先公先王的庙号，则"翌"是祭名。但卜辞多数情况下用"翌日"加某先公先王的庙号，似与今日语言表述有所不同。参阅本卷第 3·1 片和第 4·4 片。

■（祸），左从骨，右从犬，是第五期帝乙、帝辛时期表示祸忧的专字。

4·4：□□，王卜，贞，田■（麌），［往来］亡■（灾），王固（占）曰：吉。
［在□］月。遘大丁■（奭）妣戊翌日。
□□，王卜，贞，田■（麌），［往来］亡灾，王曰：吉。
□□，王卜，贞，田■（麌），［往来］亡灾，王固（占）曰：吉。

---

① 黄德宽：《古汉字发展论》，商务印书馆，2014 年，第 72 页。

按：田，卜辞中的"田"指田猎。本辞中"田"字后省略介词"于"。■，上从叀，下从口，隶作"叀"，字不识。下部一小竖是斑蚀，不是刻划，卜辞是田猎地名。参阅卷三第15·6片和第16·10等片的考释。陈梦家说："此田猎区以沁阳为中心，西不过垣曲县东之邵源镇，东及于原武，北界为获嘉、修武、济源，南以大河为界。是在太行山沁水与黄河之间，东西150公里，南北50公里，地处山麓与薮泽之间。殷城在其中，南界偃师之西亳，而殷王所都之邢丘与傲，均在区中，田猎所及之召亦有宗庙。东北距朝歌不远。"（《综述》第262页）刘钊把该字上部释作"弋"，下从口，以为该字可能是"叔"字异体；而谢明文则认为该字下面所从的口是地面，该字是"叔"字，卜辞读作"周"，是田猎地名。参阅《诂林补编》第287和第289页。"叔"与"周"，古音似乎没有联系，不能通假，且周也不是田猎地名，不在陈梦家所说的商王田猎区范围之内。

■，象河川被壅塞形，因而泛滥成灾，释作灾害的"灾"，引申指一般的灾害。往来亡灾，是卜辞中常见的语句，卜问王某行动往来是否顺利、无灾祸。卜的结果是往往是吉。固，读作"占"，占卜。吉，象玉圭形，上锐下方。《说文》："吉，善也，从士口。"《说文》释义是，然据小篆释形则非。吉，吉利，善也。《诂林》第0731条引文说是像勾兵，非是。

大丁，二字合书，成汤之子，未立为王，早死，是太甲之父。《史记·殷本纪》："汤崩，太子太丁未立而卒，于是乃立太丁之弟外丙，是为帝外丙。帝外丙即位三年，崩，立外丙之弟中壬，是为帝中壬。帝中壬即位四年，崩，伊尹乃立太丁之子太甲。太甲，成汤適（嫡）长孙也，是为帝太甲。"① ■（奭），这个字在商代甲骨文和金文（如戊辰彝铭文）中异体较多。或释作"舞"，读作"母"，或释作"奭"，于省吾释作"爽"。"奭"是举行周祭时表示殷先王配偶的专用字，陈梦家说"乙辛卜辞的奭假借作后妃之后"。本书据字形相同相近的原则隶作"奭"。商代先王之法定配偶及周祭制度，详见陈梦家《综述》第379至399页。参阅本卷第3·1片考释。匕戊，即妣戊，大丁的配偶。卜辞反复贞问王田猎于叀是否往来亡灾，结果都是吉。翌日，翌祭之日。

本片是《合集》36203。

4·5：甲寅［贞］，自祖乙［至］■（毓、后）。
戊午贞，■（祐）多■（宁、贮），■（目、以）■（鬯）自田（上甲）。

---

① 司马迁：《史记》，中华书局点校本，1985年，第98页。

……又……▢(上甲),……大乙……大……▢(羌)。

按:第一辞▢,下半部残,严一萍隶作"母",当是"毓"字,读作"后",是君主的意思,不是君主的配偶的后。关于卜辞"后"的意义和用法,朱凤瀚说有六种,曹定云说有四种。参阅《诂林补编》第551—555页。学界或对他们的说法有不同看法。兹不赘引。参阅《诂林补编》第555—557页。

第二辞▢,从示从又,读作"祐",卜辞用作祭名,或读作"祭"。▢,或谓象仓储形,隶作"宁"(不是简体字安宁的"宁"),是"贮"字的初文。《合集》隶作商贾的"贾"。结合下文,本书以为,卜辞读作"贮"为宜。▢,拓片有斑蚀,即▢,或说是厶的象形,或说后加人旁作▢(氐),孙诒让释作目,读作"以",用也,已成定论。▢,是"鬯"字的简略写法。按照黄天树的说法,"鬯"字如此写法,似乎本辞属于妇女卜辞,且前辞也符合妇女卜辞的特征。① 鬯、鬯酒,用秬(黑黍米)酿制的一种香酒。参阅本卷第1·4片考释。本句表示祐祭多用贮藏(祭品),自上甲用鬯酒行祭。

第三辞残,其义不详,似与祭祀上甲、大乙和用牲有关。末一字▢上半部残缺,像是"羌"字,或表示用羌俘作牺牲祭祀大乙。

本片是《合集》32115。

4·6:壬午卜,亘贞,告▢(舌、贡)方于▢(上甲)。

□□[卜],殻贞,舌(贡)方其至于▢(畗)。

……[告]舌(贡)方于示壬。

□□[卜],殻贞,王往▢(自、次)于▢(湄)。

……于▢(上甲)。(以上是《合集》6131正面)

[王]占曰:己其虫(有)▢(孽、蘖)。

……吉,匚(报)乙。(以上二辞是《合集》6131反面)

按:亘、殻,都是武丁早期贞人。▢,唐兰隶作"舌",舌方,读作贡方,方国名。赵平安释作"曷",读作"羯"。曷方,即羯方,位于晋西南。② ▢(畗),从𦥑(匊,双手朝下形)从由(土块),象翻地的某种农具形。王襄释作"关",杨树达释作"䅣",然与字形不似。本书据陈梦家《综述》释作"畗",形体较为贴近。《说文》臼部:"畗,舂去麦皮也。从臼,干所以畗之。"根据《说文》的解释,畗就是用杵在石臼里舂粮食的舂。不过,《说文》在解

---

① 黄天树:《黄天树古文字论集》,学苑出版社,2006年,第118页。
② 赵平安:《甲骨文"▢"即"曷"字说——兼谈羯的族源》,载赵平安《新出简帛与古文字古文献研究》,商务印书馆,2009年,第65—76页。又见于何景成《甲骨文字诂林补编》,中华书局,2017年,第225页。

释"敉"字时说:"诚也。舀地曰敉。"还有其他字亦与舀地有关。很显然,舀就像翻地的一种农具,或与杵臼同形。卜辞中的舀是方国名,其地与鬼方、舌方邻近,武丁时常侵犯商王室而被征伐(《综述》第316页)。严一萍释文漏释"舀"。

(皀),严一萍释文作"自一",本书据卜辞文义读作"次",师旅临时驻扎曰"次"。,左从水,右从每声,"每"下部残。根据其声符"每",本书读作"湄"。《说文》水部:"水艸交为湄。从水眉声。"《诗·秦风·蒹葭》:"所谓伊人,在水之湄。"卜辞有"北湄",是水边的意思。或读作从水虖声的"滹",水名,即滹沱河,发源于山西省,流入河北省。(孼),王国维释作"孼"(孽),卜辞有灾祸义。参阅上文第3·1片考释。

本片是《合集》6131正面。

5·1: 癸酉,王卜,贞,旬亡畎(祸)。王占曰:吉。在十月又一。甲戌,妹工(典)其(祭、冒)。唯王三祀。

癸未,王卜,贞,旬亡祸。王占曰:吉。在[十]月又二。甲申,(祭、冒),酚、祭甶(上甲)。(以上是本片,以下是缀合)

癸巳,王卜,贞,旬亡祸。王占曰:吉。在十月又二。甲午,(酱)甶(上甲)。

癸卯,王卜,贞,旬亡祸。王占曰:吉。在十又二月。甲辰,祭大甲、(叠、刕)甶(上甲)。

癸丑,王卜,贞,旬亡祸。王占曰:吉。在正月。甲寅,祭小甲、(酱)大甲。

[癸亥,王卜,贞,旬]亡祸。王占曰:吉。在[□月]。甲子,(叠、刕)……

按:第一辞,从女未声,是"妹"字,读作"昧",即昧爽,天将明未明之时。,是"典"字。工典,是在每一轮周祭开始时(第一旬)使用这个术语,表明一周祭开始,或说皆是从甲日祭上甲微开始。参阅本卷第4·3片考释。

唯王三祀,董作宾《殷历谱》推定本片属于帝乙三祀。祀,卜辞除了表示祭祀义,用在数词后相当于"年",三祀,犹第三年。

商代晚期的纪时方式是:日干支+记事+所在月份+祀周年数,如本片即为:癸巳+贞问占卜的内容+在六月+唯王三祀。陈梦家称"这种纪时法是农历与祀周的混合"(《综述》第235页)。

(祭),读作"冒",冒祭。何谓冒祭,曩之学者无说。本书以为,

"冒"或通"赗"。《说文》贝部："赗，赠死者。从贝从冒。冒者，衣衾覆冒之意。"《公羊传·隐公元年》："赗者何？丧事有赗。赗者盖以马，以乘马束帛。车马曰赗，货财曰赙，衣被曰襚。"则赗祭是向死者赠车马之祭也。此说若成立，则其礼商代已有之，其来久远矣。参阅《后编考释》第 260 页。

第二辞漏刻十月之▨（十）。第六辞甲子的"子"写作▨，象幼子置于丌上形，实际上是陈尸形，是商末周初通行的写法（见西周初利簋铭文），几无例外。从第一辞到第六辞，干支相续，则帝乙三祀十二月是甲戌（干支序是 11）朔，四祀正月是甲辰（干支序是 41）朔。

▨（肜），或作▨，下从皀（豆中盛有食物形），上从屮从宀，异体较多，肜是帝乙、帝辛时期周祭卜辞的一种仪式。在《䢔其卣三器铭文及晚殷历法研究》一文中，笔者根据字形从皀（豆中盛饭食之形），认为肜祭当是进黍稷之祭，类似于秋尝。陈剑认为该字当从"史"声。参阅《诂林补编》第 670 页。

▨、▨，从劦从口，《说文》所无，隶作旪或勰，读作"协"，即协祭。陈梦家说："所谓'旪'祀季是联合'祭、肜、旪'三种祭法参差交叠而行的，皆始于祭上甲，而分别于第一第二第三旬开始之，故其终了较之'彡''羽'晚两旬。"（《综述》第 391 页）

本片是《合集补编》第 10943 片（《合集》37840+《合集》35529）。

5·2：[甲]□卜，贞，王……田（上甲）▨（肜），亡▨（尤、忧）。

按：亡▨（尤、尤），无祸忧。卜辞大意是，在王以黍稷祭祀上甲时无祸忧。

5·3：贞，御王自田（上甲）▨（▨、眘）大示。

按：本片斑蚀较重，与笔画混杂，难以看清。御，御祭，指祈求禳除灾祸之祭。参阅本卷第 1·2 片考释。▨，拓片不清晰，严一萍摹作▨，不准确；陈梦家隶作眒，从目丂声，或是。《合集》14847 此字写作▨，《合集》280 写作▨，当是同字，左下似从目，右侧似从丂，于省吾释作"眘"。刘桓释作"挚"，谓其用有三：一用作挚见礼物的本义，二用作人名、地名，三假借作"致"，致以群神；陈剑释作有总括义的"率""皆"，读作"兼"；沈培以为是"弥"字，有遍、尽义，也有绵延义，也含有遍布所有对象而终尽义。参阅《诂林补编》第 144—155 页。或隶作睫毛的"睫"，从字形结构来看恐不像。

大示，陈梦家指出："（1）大示自上甲起，终于父王，与直系同。（2）大示与小示并卜于一辞，大示常用牛牲，小示常用羊牲：……自上甲廿示常用牛牲，与大示一致。"(《综述》第 466、467 页)本片大意是说，王从上甲开始举行大示。

本片是《合集》14848。

5·4：贞，▨(凡、般)河于▨(上甲)。

按：▨，象侧立的盘形，隶作"凡"，读作"盘"或"般"。据语法关系用作祭名，本辞指于河岸向▨(上甲)举行某种形式的祭祀。河，特指黄河。本辞"凡(般)河于上甲"，不知是以何种仪式祭祀上甲。

本片是《合集》1204。

5·5：御于▨(上甲)。三月。

按：御，御祭。

5·6：癸卯卜，[贞]，王旬[亡祸]。在十月[又一。甲辰，]翌日▨甲。

癸卯卜，贞，王旬亡㞢(祸)。在正月。甲辰，酯、▨(冒)、[祭]▨(上甲)。

[癸]囗卜，贞，[王旬]亡[祸]……。

按：▨，冒祭，或是向死者赠车马衣服之祭。参阅本卷第 5·1 片考释。从本片来看，正月甲辰日，祭祀上甲时既要用酯祭(进酒食之祭)，又要举行冒祭，可见上甲微地位之显赫。但《史记·殷本纪》："振卒，子微立。微卒，子报丁立。"(《史记》第 92 页)仅记上甲微的世系关系，并无任何懿德善行记载。

5·7：甲囗[卜]，囗贞，……彡(肜)……。

甲申卜，豕贞，王窑(傧)，叙，亡尤(忧)。(以上二辞补)

己丑卜，豕贞，王傧▨(▨、报丁)，彡(肜)，亡尤(忧)。

己丑卜，[贞]，王傧……亡尤(忧)。(以上二辞是本片)

按：豕，武丁晚期贞人。窑，从宀从止，读作"傧"。《说文》人部："傧，导也。从人宾声。"傧，也叫傧相，是祭祀时负责接待的神职人员，祭祀前负责导引商王室祖先在天之灵降临和众宾客，傧是一种接待礼仪。本辞王傧，指祭祀开始时王亲自恭敬地接待祖先在天之灵降临，其具体仪式已不得而知。字也用作人名，是武丁时期贞人。

▨，读作"报丁"，是报丁的专用字。《史记·殷本纪》："振卒，子微立。微卒，子报丁立。报丁卒，子报乙立。……主癸卒，子天乙立，是为成汤。"(《史记》第 92 页)报丁是上甲微之子。彡，或作彡，即肜祭，属于击鼓之祭,或曰祭了又祭。《合集释文》释 ▨ 作"雝己"(雍己)。雍己是商代第八位先王,而不是先祖,其在位时殷道衰微,诸侯都不来朝拜,恐无德受此祭了又祭的殊荣。《史记·殷本纪》:"子帝小甲立。帝小甲崩,弟雍己立,是为帝雍己。殷道衰,诸侯或不至。帝雍己崩,弟太戊立,是为帝太戊。"

本辞指:先由王接待报丁在天之灵降临,然后举行肜祭。亡尤,读作"无忧",无祸忧。

本片是《合集》22815。

5·8: ▨(品)毌(上甲)十,▨(报乙)三,……[示]壬三,示癸三,……[大]甲十,大……。

按:▨,上从叩,下从口,呈倒"品"字,陈梦家《综述》读作"品"。卜辞当是祭名。先公先王名字之后的数目指祭祀时所需的用牲数。报乙、示壬、示癸,是商诸先公,成汤以后诸王后世习惯上称先王。参阅上条卜辞考释。

严一萍说,本片与《后编》卷上第 8·14 片(甲)、《殷契粹编》第 112 片(丙)缀合。缀合后参阅郭沫若《卜辞通纂》第 626 页。① 缀合后是《合集》32384,释文如下:

……乙未,酒▨(繅、联)品▨(上甲)十、▨(报乙)三、▨(报丙)三、▨(报丁)三、示壬三、示癸三、大乙十、大丁十、大甲十、大庚七、小甲三、大……戋(甲)三、且(祖)乙……

5·9: 乙卯卜,贞,王侯▨(报乙),祭,亡尤(忧)。

□□[卜],贞,王侯▨(报乙),▨(叙),亡尤(忧)。

按:报乙,商王室的先公之一,是上甲微的孙子辈。参阅《史记·殷本纪》。▨,从又持束薪置于示上,象柴祭(燃柴祭天)之状,隶作叙,抑或是"祭"等字的异构。屈万里说是荐(进献)束修之祭。《礼记·祭法》:"燔柴于泰坛,祭天也;瘗埋于泰折,祭地也;用骍犊。埋少牢于泰昭,祭时也;相近于坎坛,祭寒暑也。"参阅《后编考释》第 203 页。

6·1:贞,来庚戌业(侑)于示壬妾妣[乙]牝白豭(豝)。

贞,勿[戠]。二。

按:来,指来日,即庚戌。示壬,大乙成汤之前的先祖之一,或即《殷本

---

① 郭沫若:《卜辞通纂》,中国社会科学出版社,1983 年。

纪》"微卒,子报丁立。报丁卒,子报乙立。报乙卒,子报丙立。报丙卒,子主壬立。主壬卒,子主癸立。主癸卒,子天乙立,是为成汤"所记的主壬。商人先公配偶入祀者始自示壬,终于示癸。由本片可证也。

第一辞后半句及第二辞字迹不清晰,又有斑蚀,几乎无法辨识。"白"下一字严一萍隶作豺,从豕匕声,指母猪。《合集》2385 释作"豝"。据《说文》的解释,豝既指母猪,也指二岁小猪。或隶作刟,从豕从刀,恐非。第二辞缺字《合集》释文作戠。

本片是《合集》2385。

6·2：癸亥,贞,其又(侑)🖿(乇、示)示壬,卯三牛。
　　　癸亥,贞,其又(侑)🖿(乇、示)示壬,尞三小牢。

按：🖿(乇),或反书,象右手握物形,也是殷代祀典之一种。本书曾以为是"示"字的异体,金文中也有此字(《整理与研究》第 166 页)。① 或说乇当隶作"付",读作"祔"。参阅本卷第 2·5 片考释。小牢,即少牢,与大牢(太牢)相对,祭祀时用小家畜犬、豕、羊各一作牺牲。《礼记·王制》："天子社稷皆太牢,诸侯社稷皆少牢。"少牢(小牢)是诸侯祭祀时所用的牺牲等级。

6·3：……[告]舌方于示壬。

按：告,告知。舌方,方国名,即贡方。叶玉森《殷契钩沉》卷甲曰："舌方殆即苦国,其国出矢。《后编》卷上第十七叶'(缺)于王曰勾舌方矢',勾,求也。苦方以矢著名,故殷求之,所谓楛矢是也。"叶玉森以舌方为苦国(《整理与研究》第 15 页)。贡方,据甲骨卜辞是武丁至祖庚时期长期寇扰殷商边境的一个比较大的方国,或说即鬼方,大约于武丁晚期被商王室征服。《易卦·爻辞·既济》："高宗(武丁)伐鬼方,三年克之。"

关于贡方的地望,学者众说纷纭,比较可信的说法是位于殷之西北。王国维以为贡方在殷之西,饶宗颐以为即耆,也即《尚书·西伯戡黎》之黎,孔安国注："黎在上党东北,即今之黎亭是也。"据孔安国注,黎在今山西长治市东北,或即黎城县故地,位于太行山脉南段东翼。参阅《后编考释》第 241 页。示壬,商先祖之一。本辞是上文第 4·6 片中的一句。

6·4：[癸□]卜,贞,[王旬]示癸,畀,[亡]尤。

---

① 叶正渤：《叶玉森甲骨学论著整理与研究》,线装书局,2008 年,第 82 页。以下简称《整理与研究》。

按：示癸，二字合书，是商先祖之一。耏，是乙辛时期周祭卜辞的一种祭祀仪式。参阅本卷第5·1片考释。

6·5：贞于大丁，告舌[方]。

贞于大甲，告[舌方]。

贞于唐，告[舌方]。

贞，▨（勿）于大□[告]。

按：唐，成唐，或称成汤，商王朝的开国君主。大丁、大甲，读作太丁、太甲，是商代诸先祖。前三辞分别贞问于大丁、大甲和成唐，第四辞贞之后是问的内容，故用逗号隔开。▨（勿），或隶作弜，读作"勿"或"弗"，义同"不"。▨，不从二弓。参阅本卷第3·1片考释。

6·6：乙巳卜，殻贞，王其▨（取）唐▨（祰），[受]㞢（有）又（佑）。二。

……弗[其受㞢又]。二。

按：殻，武丁早期贞人。▨，拓片有斑蚀。左从又，右从耳，是"取"字，方向与"取"的正常写法相反。本片是《合集》1295，《合集》1294和1293也有相同的辞句，"取"字作▨和▨。《说文》又部："取，捕取也。从又从耳。《周礼》：'获者取左耳。'《司马法》曰：'载献聝。'聝者，耳也。"本辞的"取"，当表示一种祭祀仪式，即"归福"。① 卜辞用作祭名，郭沫若谓是椒省。或读作"樜"，《说文》木部："樜，积木燎之也。从木从火，酉声。"是古代一种祭祀仪式。

▨，从倒隹（短尾鸟）置于示（祭台）上，隶作祰。其异体较多，《说文》无。《诂林》第1775条按语曰："……祰均同名，所从之'祰'或倒或正，卜辞'祰'祭多于田猎之前后进行，田猎之前进行'祰'祭，乃为祷多获禽牲；在既获禽牲之后，则以所获得之禽牲进献于先祖以祈福佑。"按此说，则祰表示敬献禽牲之祭名。詹鄞鑫通过字形分析和读音系联，认为该字是从示从隻、隻亦表音的祓，读音同"隻"（获），祓祭的实质就是献获（献禽）。参阅《诂林补编》第435—438页。本辞"王其取唐祰"，大意或是指用祰（禽牲）祭祀成唐，然后取回祭品祰分给其他人享用，叫"归福"，由此会受到（唐的）佑助。第二辞残，贞问或许不会受到佑助吧。

6·7：癸丑卜，史贞，其▨（陞、奠），壴，告于唐，▨（一牛）。三。

贞，▨（叀）雨。

---

① 叶正渤：《"归福"本义考源》，《辞书研究》1999年第5期。

……贞,……。
……贞,……。
……贞,……。

按：史,武丁晚期贞人。⬛,左从阜(土山),右从奠,隶作隞。甲骨文和金文中常见该字,一般释作"尊",非是,当释作"奠",是祭奠皇天后土的意思。⬛,"奠"或不从阜,就像酒樽置于祭台上。参阅卷四第12·5片考释。此为是祭名。壴,《说文》壴部："陈乐立而上见也。从屮从豆。"所谓的屮,是鼓上的装饰物;所谓的豆,是鼓的侧面形,壴就象立鼓形。此处读作"鼓",是一种祭祀仪式,击鼓奏乐以祭。可见在商代祭祀先祖先王时不仅要陈设祭品,还要击鼓奏乐,让先祖或先王在天之灵像活着的时候一样享受娱乐生活。告于唐,祭告成唐。⬛,在牛角上着一横划,是"一牛"二字的合书。⬛,是"叀"字,读作"唯"。或读作"惠",非是。如本辞"贞叀雨",若读作"贞惠雨",不成辞。

7·1：贞,我受⬛(黍)年。
……于唐。
……□……⬛(妟)。二告。

按：我,指商王室。受黍年,大意是说贞问的结果今年种黍子将获得丰收。从水的"黍",郭旭东释作"稻"。参阅《诂林补编》第381—385页。本书以为,在安阳等北方地区以种植旱谷作物为主,黍是普遍种植的庄稼,商周时北方恐怕还没有栽种水稻的能力。所以,仍当释作"黍"为是。《尚书》《诗经》和《左传》等文献中常黍稷连言,如《书·君陈》"黍稷非馨,明德惟馨",《诗·王风·黍离》"彼黍离离,彼稷之苗",《左传》"黍稷馨香"等。

⬛,《合集》9948按语曰"……□……妟"是倒刻,其说是也。笔画不清晰,上部不知所从,下从女,疑是"妟"字。卜辞是人名,据说是武丁诸妇之一。参阅卷五第16·3片考释。

二告,商承祚在《福氏所藏甲骨文字》中说："卜辞每于辞下刻二告、小告,乃纪当日之册告也。"本书以为,"告"读作"祮",《说文》示部："祮,告祭也。从示,从告声。"即告祭、祝告、祷告。"二"表示当天祝告的次数。

本片是《合集》9948。

7·2：贞,告舌方于唐。三。

按：卜辞大意是,向成唐祭告舌方来犯我的消息。

7·3：戊戌卜，壴贞，告自丁，陟。

……贞，告自唐，降。

按：壴，廪辛时贞人，本片字残，或释作"喜"。丁，商先祖名。陟，从低处往高处登、升曰陟。降，从高处下来曰降，"降"字的构形和意义与"陟"字正好相反。卜辞指先祖丁在天上的灵魂上升，先王成唐在天之灵降临，享受后辈的祭告。

7·4：辛亥卜，出贞，其鼓，彡（肜），告于唐，九牛。一月。

按：出，祖庚时贞人。鼓，伐鼓之祭。彡，象击鼓时鼓声的震荡波，祭了又祭曰肜祭，是五种周祭形式之一。卜辞大意是，鼓祭、肜祭，告于唐，用九牛。

一月，据文献记载，商代以丑月（汉代以后的农历十二月）为正月，即一月；周代以子月（汉代以后的农历十一月，冬至所在月）为正月；夏代以农历的寅月为正月，现代正月与之同。这就是传世文献所说的"三正"。班固《白虎通义·三正》曰："十一月之时，阳气始养根株，黄泉之下，万物皆赤。赤者，盛阳之气也，故周为天正，色尚赤也。十二月之时，万物始牙而白。白者阴气，故殷为地正，色尚白也。十三月之时，万物始达，孚由而出，皆黑，人得加功，故夏为人正，色尚黑。《尚书大传》曰：'夏以孟春月为正，殷以季冬月为正，周以仲冬月为正。夏以十三月为正，色尚黑，以平旦为朔。殷以十二月为正，色尚白，以鸡鸣为朔。周以十一月为正，色尚赤，以夜半为朔。'"阅读商周时期的甲骨卜辞和青铜器铭文涉及月份名，需要注意其时代和具体含义。

7·5：乙亥卜，宂贞，儐唐。☒（史、使）且（徂），不遘雨。七月。一。

……☒（吉）……。

按：宂，廪辛时贞人。陈梦家《综述》隶作"何"（第 206 页），与武丁时期的贞人"何"同名，严一萍隶作"宂"。儐唐，恭敬地接待成唐（成汤）在天之灵降临。☒，或作☒（史且），严一萍未释，作为合书描摹。胡厚宣《甲骨文合集释文》亦未释，摹作☒。本书以为或是"史且"二字。史，读作"使"；且，读作"徂"，是前往的意思。不遘雨，没有遇雨。

第二辞☒，拓片有斑蚀，严一萍隶作"告"，《合集》27152 隶作"吉"，从字形结构来看，隶作"吉"是也。姚萱释作𡷨，子𡷨是人名。参阅《诂林补编》第 876 页。

7·6：叀（唯）唐☒（集），王受又₌。

叀（唯）武唐用，王受又₌。

按：▨，从三隹，隶作"雥"。《说文》雥部："雥，群鸟也。从三隹。"是"集"字初文。《说文》雥部："雧，群鸟在木上也。从雥从木。"隶变以后简写作"集"。刘钊考证说，"集"有的象一隹(鸟)在木上，有的象从三隹在木上，有的隹并不与木相接，其义有三：隹不与木相接者表示隹将要降落于木，隹与木相接者表示鸟栖止于木，三隹接于木者表示群鸟聚集、群聚。① 本书以为卜辞用作祭名，或以群鸟作牺牲行祭。或释作"枭"。参阅本卷第45·3片。

第一辞"唯唐集"，或指唯祭祀成唐用群鸟作牺牲。第二辞"唯武唐用"的"用"，当如郭沫若所说读作"诵"，若"颂"。参阅本卷第3·2片考释。

7·7：……桒(祓)，乙未，其……大乙宗[即]……

按：大乙宗，祭祀大乙的庙室。残字像是"即"字。辞残，其义不详。

7·8：……[又]大乙，三牢。王[受又]。

按：首字或是"又"字，读作"侑"，祭名。"王"字下辞亦残。本片卜辞所记当是祭祀大乙时要用三牢。本片与卷二第20·3片重复。

8·1：……大乙，三牢。

按：参阅上片考释。唯本片字体较粗，与第7·8片字体纤细略有不同。

8·2：丙申卜，贞，王侯大乙奭妣丙□，亡尤。

按：拓片字迹不太清晰，隐约可辨。参阅《合集》36201，拓片也不太清楚。卜辞大意是，丙申占卜，贞问王侯接大乙的配偶妣丙某在天之灵降临，无祸忧。

8·3：乙亥卜，贞，王侯，岁，亡尤。

乙亥卜，贞，王侯▨(大乙)，▨(濩)，亡尤。

按：岁，祭名。▨，是"大乙"二字合书，拓片有裂纹。王侯大乙，王恭敬地接待大乙在天之灵降临。"大乙"下一字▨，笔画不太清晰，严一萍释

---

① 刘钊：《"集"字的形音义》，载《中国语文》2018年第1期，收入刘钊《书馨集续编：出土文献与古文字论丛》，中西书局，2018年，第240—261页。本条承蒙刘洪涛教授和王森博士提供信息，特致谢意。

文空缺，《合集》35499 作 ▨，左从水，右从隹，释作"濢"。《合集》35500 辞曰："乙丑卜，贞，王侑大乙，▨，亡尤。"与本片二辞除了干支不同，其余皆相同，该字比较清晰，作 ▨，正从水从隹，是"濢"字。此处当用作祭名。

8·4：……贞，翌日大乙其舌（昏）。

兹用。

按：翌日，一般指占卜当日的次日，有时指在本旬十日内的某日。卜辞还用"来""来日"，表示未来某日。丁军伟《卜辞翌、来再论》一文对卜辞中"翌（日）""来（日）"前后干支明确的辞例进行了梳理，对二者之间的差异做了进一步论述，指出"翌"在卜辞中主要指自占卜之日起 9 日之内的时间，占全部卜辞的 97%，尤以 2、3 日居多。"来"在卜辞中主要指自占卜之日起的第 4—43 日，其中以 4—13 天居多，占全部辞例的 70%，且多集中在占卜之日的第二旬、第三旬。在表示未来时间时，"翌"主要以同旬的 2—9 日为主，……"来"主要以第二旬、第三旬的 4—13 日为主，同旬的较少。①

第一辞"其"下一字或释作从毛从口的舌，或释作从氏从口的昏。赵平安《续释甲骨文中的"毛""舌""祜"——兼释舌（昏）的结构、流变以及其他古文字资料中从舌诸字》一文，据郭店楚简《缁衣》的用例将舌释作"舌"，认为毛、舌和祜是同一个字的繁简不同。卜辞用作祭名，作为用牲之法应该读"刮"。②

兹用，胡小石以为"兹"是代词，"用"是动词，且后置，因此，"兹用"即用兹。③ 本书以为，"兹用"的"兹"，犹言"今"；用，亦当如郭沫若所说读作"诵"，即"颂"。参阅本卷第 3·2 片考释。"兹用"见于帝乙帝辛时期卜辞。又参阅胡厚宣《释兹用兹御》以及《诂林补编》第 77—85 页。

8·5：乙巳，……大乙祭（祓）。吉。

按：辞残，卜辞大意是，乙巳祓祭大乙，吉。

8·6：□月，遘大乙彡（肜）。

按：彡，肜祭，晚殷五种周祭仪式之一，祭了又祭曰肜祭。

---

① 丁军伟：《卜辞翌、来再论》，《甲骨文与殷商史》新九辑，上海古籍出版社，2019 年，第 399—408 页。
② 赵平安：《续释甲骨文中的"毛""舌""祜"——兼释舌（昏）的结构、流变以及其他古文字资料中从舌诸字》，载赵平安：《新出简帛与古文字古文献研究》，商务印书馆，2009 年，第 37—41 页。
③ 转引自赵诚：《胡小石的甲骨文研究》，《古文字研究》第二十五辑，中华书局，2004 年，第 80—85 页。

8·7：[己]亥卜，御大甲牢。

[己]亥卜，御[大]乙牢。

[己]亥卜，大乙、大甲，御，𢆶(弜)五牢。一、三。

辛……。一。

[壬]寅[卜]，屮[父]甲。

生二月，🈶(敖、失、佚)不[其]斩。一、二、三、四。

按：第三辞和第四辞是《续编》本片，其余据《合集》4324 及 4325 补。御祭，祈求禳除灾祸之祭。参阅卷一第 1·2 片考释。𢆶，隶作"弜"，本辞用作祭名。弜五牢，意为祭祀大乙、大甲用五牢。

生二月，或指来二月，即下月二月。🈶，字的上部残，下从人，或是"敖"字。🈶或🈶，刘钊释作"敖"，谓是敖国，在河南荥阳敖地(《诂林补编》第 23、24 页)。赵平安据古隶释作"失"，读作"佚"，侯国名，就是《逸周书·世俘解》中的佚侯，河南洛阳马坡一带是其故地(《诂林补编》第 24、25 页)。刘桓释作"失"，读作"佚"或"逸"，卜辞的佚侯(《诂林补编》第 25、26 页)。罗琨据青铜器的出土地提示的线索考证说，失族的地望很可能也在晋南。①参阅《后编考释》第 415 页。

8·8：□寅卜，王贞，唯丁巳……帚(妇)白于大丁。

按：帚，象扫帚之形，卜辞常读作"妇"。白，妇白(伯)。大丁，成汤之子，未立为王，早死，是太甲之父。参阅本卷第 4·4 片考释。

本片是《合集》20083。

9·1：丁未卜，贞，王傧大丁，彡(肜)日，亡尤。

□□[卜]，贞，王傧、叔，亡尤。

按：傧，接待、导引。大丁，成汤之子。彡日，肜日，为伐鼓之祭。叔，燃柴之祭，祭天也。

9·2：贞，……[亡]尤。[在]十一月。

壬辰卜，𣂑(旅)贞，王傧大丁，彡、禽、叔，亡尤。在十一月。

□□卜，……王……[亡]囚(祸)。

---

① 赵平安：《从失字的释读谈到商代的佚侯》，载赵平安《新出简帛与古文字古文献研究》，商务印书馆，2009 年，第 56—64 页。转引自罗琨《殷墟卜辞中的"先"与"失"》，《古文字研究》第二十六辑，中华书局，2006 年。

按：▨（旅），祖甲时贞人。龠，从口，下象编管形，是"龠"字，奏管乐之祭。卜辞大意是，王侯接大丁在天之灵降临，举行肜祭、奏管乐和燃柴祭之，无祸忧。在十一月。

9·3：丙寅［卜］，□贞，翌丁卯……于大丁，▨（衣），亡甾（祸）。在［□月］。二。

按：▨字略残，象上衣形，是"衣"字。小篆写作▨，与甲骨文略异。卜辞是祭名，读作"殷"。《说文》肎部："作乐之盛称殷。从肎从殳。《易》曰'殷荐之上帝'。"故"殷"有大、盛大义，"殷祭"犹言大祭。或读作"卒"，"卒"字从衣，下有一丿，是题记。"卒"字的常用义是终了，恐不合本辞文义。

甾，从它在止后。它，象蛇形，是"蛇"字初文；止，足趾。《韩非子·五蠹》："上古之世，人民少而禽兽众，人民不胜禽兽虫蛇。"上古之时人们出外怕被蛇咬足，故外出防蛇害，卜辞因占曰"出无甾（祸）"。甾，本指蛇害，引申指一切灾祸、祸害，程度较重。卜辞常贞问"亡甾""亡尤"，说明"亡甾"与"亡囚""亡尤""亡▨""亡戋"或"亡猒"，意义皆相同，均为无祸忧、无灾害的意思。参阅《后编考释》第176页。或隶作虫，读作"害"。参阅赵平安《新出简帛与古文字古文献研究》第87页。

9·4：□□卜，尹［贞］，王侑大丁奭妣（妣戊），岁小牢，亡尤。一月。

按：尹，祖甲时贞人名。奭，先王的配偶专用字。妣（妣戊），大丁的配偶。关于商代先王的法定配偶及周祭制度，参阅卷一第3·1片考释，详见陈梦家《综述》第379—399页。卜辞单言牢，当是指祭祀时要用牛作牺牲。

9·5：□□卜，［王］侉（傧）▨（大丁）。

按：侉，"傧"字的异构。▨，"大丁"二字合书，或作▨。卜辞大意是，王恭敬地导引大丁在天之灵降临。

9·6：丙辰卜，贞，王侑外丙劦（䘏、协）日，亡尤。

贞，王侑，叙，亡尤。

按：外丙，太丁（大丁）之弟。劦，劦日或协日，协祭之日。协祭，合祭。

9·7：辛卯卜，贞，王侑大甲奭妣辛，彗，亡尤。

按：妣辛，大甲的法定配偶。参阅陈梦家《综述》"法定周祭配偶表"

(《综述》第 385 页)。卜辞大意是,贞问辛卯日王恭敬地导引大甲的配偶妣辛在天之灵降临,王进献黍稷以祭之,无祸忧。

9·8：己卯卜,王咸▣(戕、翦)▣(失、佚),▣(余)曰：▣(雀、雈、鹳)▣(将)人伐▣(面)、不(丕)。

癸未卜,甲申业(侑)大甲。

按：咸,皆也。▣(戕),从戈从中,中象人长发,该字象以戈斩伐人首形,或曰象以戈剪伐草木之枝叶形。卜辞中既可读作"灾",有灾祸义;也可读作"斩",斩伐、翦灭。此处当读作斩伐的"斩"。

▣(失、佚),叶玉森《殷契钩沉》曰《竹书纪年》"少康即位,方夷来宾"。他所说的方夷,疑即▣夷之误读。▣,是方国名。《合集释文》释作"敖"。参阅本卷第 8·7 片考释。

▣,象气从口向下出之形,隶作"余"。卜辞用作代词,但并非指代商王,黄天树在《午组卜辞研究》一文中说是与王室关系密切的族长。① 黄天树之说可参。▣,象头上有竖起的毛羽形,是"雀"字。《说文》隹部："雀,依人小鸟也。从小、隹。读与爵同。象形。"《说文》释形略误,所谓的小是鸟头上竖起的毛羽,非大小的"小"。卜辞中的雀是人名,丁山以为"雀侯必小乙之子,亦武丁之兄弟行也"。据丁山考证,雀是侯国名,即子雀所封之国。雀地约在河南荥泽县,介于战国魏地北宅之间(《氏族制度》第 124、125 页)。

本辞之▣,或▣,上似从八或小,下从隹,胡云凤认为是"雈"字,即鹳,与▣、▣(雀)字的写法略异,以往学界混而为一皆释作"雀",并说此二字除了共同出现于战争、往来、祭祀、田猎类卜辞外,在贡纳、疾病的卜辞中只见"雀",不见▣;在受年卜辞及"亚某"等辞例中只见▣,不见"雀"。参阅《诂林补编》第 936—942 页。甲骨文是否以极其细微的差别分为二字,尚待深究。

▣,隶作▣,从口,或说从肉,从爿,《说文》所无。或以为是"葬"字。于省吾释作"将"。卜辞用作动词。黄德宽《古文字发展论》一书认为▣所从不是"口",而是"肉",是"将"字,并说这是甲骨文偏旁讹混的典型例子。②

▣(面),拓片有一条斜着的斑蚀,细看应是从目在口(面匡)中,余永梁、李孝定皆释作"面",是也。卜辞是方国名。此条卜辞也见于《后编》卷

---

① 黄天树：《黄天树古文字论集》,学苑出版社,2006 年,第 133—148 页。
② 黄德宽：《古汉字发展论》,商务印书馆,2014 年,第 115 页。

下第 15·5 片,略有差异。参阅《后编考释》第 344 页。不,读作"丕",不(丕)国,位于晋南的方国,与佚、面等方国邻近。《左传·僖公九年》:"九月,晋献公卒,里克、平郑欲纳文公,故以三公子之徒作乱。"杨伯峻注:"平同丕。"《春秋经·僖公十一年》:"十有一年春。晋杀其大夫平郑父。"杨伯峻注:"《传》凡四言丕郑,无'父'字。"《左传·僖公十一年》:"十一年春,晋侯使以平郑之乱来告。"《左传·昭公四年》:"晋有鼙、丕之难而获文公,是以为盟主。"鼙,鼙克,晋大夫,鲁僖公十年夏被杀;丕,丕郑,即平郑,鲁僖公十一年春被杀。丕,以国名为氏。① 面和不(丕)是两个方国名,都在晋南。

第二辞大意是,癸未占卜,甲申出(侑)祭大甲。商人先祖先王以天干(甲乙丙地戊己庚辛壬癸)为庙号,祭祀先祖先王必选与先祖先王庙号相同之日祭之。

9·9:癸未,王卜,贞,旬……曰:大[吉]。在八月。甲□。一。

癸巳,王卜,贞,旬亡祸。王占曰:大吉。在九月。甲午,祭大甲,协上甲。

[癸卯],王卜,贞,旬[亡]祸,王占曰:大吉。在九月。甲辰,祭小甲,叠大甲。

按:协祭,此指祭大甲,同时协祭上甲。所以,协祭属于合祭。

本片是《合集补编》10964。严一萍说本片可以补帝乙三十二祀祀谱的祀典。

10·1:□□[卜],殻[贞],翌[甲]午出(侑)大甲白牛,▨(用)。一。

□子,……自……雨。

按:本片卜辞横竖不成行,较混乱。卜辞大意是,翌日甲午出(侑)祭大甲,用白牛。用,读作"诵",若"颂"。参阅本卷第 3·2 片考释。

本片是《合集》1423。

10·2:丙[寅卜],王贞,……王……。

癸酉卜,王贞,翌甲戌,王其侯大甲,▨(壹、酰),亡蚩(祸)。

[丁亥卜],王[贞],翌戊子,[王]其侯大戊,▨(壹),亡蚩(祸)。

(以下两辞是郭沫若《卜辞通纂》第 161 片上半部)

---

① 张亚初:《殷墟都城与山西方国考略》,《古文字研究》第十辑,中华书局,1983 年,第 388—404 页。参考刘一曼:《殷墟考古与甲骨学研究》,云南人民出版社,2019 年,第 330 页。

甲辰卜,翌乙巳,王贞,王其佉祖乙,▨(壹、酰),亡㞢(祸)。

[庚戌]卜,王贞,翌辛亥,王其佉祖辛,亡㞢(祸)。

按:▨,上从史,下从豆,或释作壹,或隶作酰,卜辞用作祭名。郭沫若、严一萍等书只是照原样描摹此字字形,皆未作隶定与考释。郭沫若《卜辞通纂》第161片有上半截拓片,可资参阅,释文现予以补齐。卜辞分别记王佉接大甲、大戊、祖乙和祖辛在天之灵降临,无祸忧。

本片是《合集》22779。

10·3:贞于大甲。

贞,登人三千,乎(呼)伐舌方,受又(有)又(佑)。

贞,勿乎伐舌方。

……勿……。

按:登人,征召、招募众人充当兵员。三千,二字合书。乎,读作"呼"。伐,征伐。舌方,即贡方。据卜辞来看,贡方经常侵犯商王室,故商王室征伐之。

10·4:癸丑卜,㱿贞,酌大甲,告于祖乙二牛,用。八月。

贞,酌大甲▨(斦)宗,用。八月。

王自往,从▨(狩)。九月。

按:㱿,武丁早期贞人。祖乙,中丁之子。王国维根据甲骨卜辞认为中丁是祖乙之父,并非《史记·殷本纪》所记为河亶甲之子(《观堂集林》第447页)。用,读作"诵",若"颂"。▨,从弓,斤声,隶作"斦",《说文》无。斦宗,祭祀大甲的庙室名。第二辞"大甲"后省介词"于",当作"于斦宗"。▨,从单(捕鸟的网)从犬,是"狩"字,狩猎。

10·5:丙午卜,贞,▨(索、束)于大甲,于亦于丁三牢。

按:▨(索、束),或作▨,从木,象木身受藤蔓或皮韦等物缠绕束缚形,或隶作"索",《合集》1449正释文作"束"。据语法关系卜辞当是祭名。后两辞省索字。《合集释文》1449按语谓"大甲"后之"于"为衍文。本书以为其说是也。据此,"亦于丁"意为:亦索祭于丁,用三牢。此受祭者丁,或是大甲之后的大丁。参阅第10·7片卜辞。

10·6:勿乎辜(鄌)人。

丙……。二。

甲……不……。

按：亳，武丁时期地名。参阅本卷第 2·4 片考释。廊人，或读作"廊夷"，恐非是，廊不在东夷一带，故不得称夷。第二辞和第三辞残，其义不详。

10·7：贞，御自唐、大甲、大丁、祖乙百羌，百牢。二告。

贞，御唯牛三百。

从 ▨（笶、姎）。四。二告。

按：唐，成唐，即成汤，商的开国始祖。成汤、大甲、大丁、祖乙，显然是地位最为显赫的四位先王，故祭祀用一百个羌俘和一百牢，甚至三百头牛作牺牲，祭品非常丰富，且典礼隆重。参阅上文第 10·2 片考释。

▨，上从竹，下从女，隶作笶。此字也见于《后编》卷下第 35·2 片。此字上部所从的 ▨ 其实不是"竹"，而是"冄"，即"冉"字。陈梦家"卜人表"把祖庚时贞人 ▨ 也隶作"冄"（冉）（《综述》第 206 页）。所以，本片此笶当隶作"姎"，即"姎"字。《说文》女部："姎（姎），弱长兒。从女冄声。"据语法关系卜辞当是女性人名。从姎，或释作"比姎"，语义不明，恐非，当读作"从姎"，随从、跟从姎。"姎"字又见于第 15·3 片。

卜辞刻在骨片上，无字部分被割弃，只留有字的部分。参见《合集》300。

11·1：□□卜，王贞，▨（匄）于大甲。

按：▨，象两人相对形，是"匄"字。《说文》亡部："匄，气也。逯安说：'亡人为匄。'"匄，气也。匄于大甲，当是祈求大甲在天之灵保佑的意思。或曰"匄"读作"害"，有不吉、加害的意思。本书以为本辞恐无此义。

本片是《合集》1447。

11·2：□□卜，贞，[王侯]大庚，□，亡[尤]。

□□[卜，贞，王]侯，▨（福），[亡]尤。

按：大庚，即太庚，名辨，沃丁之弟，殷先王之一。《史记·殷本纪》："沃丁崩，弟太庚立，是为帝太庚。帝太庚崩，子帝小甲立。"（《史记》第 99 页）第一辞大庚之后所缺之字应是祭名。

▨，从示，从収从酉，是"福"字。《说文》示部："福，佑也。从示，畐声。"小篆省収。此处当是一种祭祀仪式，用酒祭祀。商代金文中有"归福"一语，指祭祀后拿回祭祀时所用的祭品分发给家人，这种仪式叫"归福"。本辞中的"福"亦当用作祭名，或释作裸祭，也是以酒行祭。

11・3：壬辰卜，行贞，王[傧]大庚……。二。
　　　　□□卜，行[贞，王]傧……，亡[尤]。
　　按：行，祖甲时贞人名。大庚，即太庚，名辨，沃丁之弟，商先王之一。

11・4：丙申卜，贞，王傧外丙，祭，亡尤。
　　　　庚▨（子）卜，贞，王傧▨（大庚），祭，亡尤。
　　按：外丙，太丁之弟。
　　庚子的"子"写作▨，拓片有斑蚀，▨，象头上有毛发的幼子形，下省略丌。这是帝乙、帝辛时期"子"字的写法。此种写法也见于西周初年利簋铭文。▨，"大庚"二字合书，有的拓片分书。
　　本片是《合集》35560。

11・5：[庚]寅卜，贞，[王]傧大庚，□，亡尤。
　　　　……王傧……亡尤。
　　按：本片卜辞也是王傧祭大庚，无祸忧。参阅第11・2片考释。

11・6：丙申卜，贞，王傧[外丙，祭，亡尤]。
　　　　庚子卜，贞，王傧大庚，祭，亡尤。
　　按：本片卜辞大意为王傧祭大庚，傧祭外丙。

11・7：己未卜，㷱（祓）大庚。
　　　　辛丑卜，内㷱于大庚一牛。一月。
　　按：内，武丁时贞人名。本片卜辞占卜祓祭大庚，用一牛。一月。

11・8：[甲]辰卜，贞，王傧小甲，□日，亡尤。
　　按：小甲，大庚之子。《史记・殷本纪》："沃丁崩，弟太庚立，是为帝太庚。帝太庚崩，子帝小甲立。"拓片不太清晰，《合集》35593亦然，参阅严一萍的释文。□日，据本卷第17・7片当是"劦日"，协祭之日，是五种周祭形式之一。

11・9：□□卜，贞，王[傧]▨（大戊），彡（肜），亡尤。（本片正面）
　　　　▨（何）。（本片反面）
　　按：▨，"大戊"二字合书，即太戊，名密，商先王之一。《尚书・君奭》："在大戊，时则有若伊陟、臣扈，格于上帝。"《史记・殷本纪》："帝雍己崩,弟太戊立,是为帝太戊。帝太戊立伊陟为相。"(《史记》第 100 页)彡,是"肜"字,肜祭,伐鼓之祭。参阅本卷第 3·3 片考释。"何"是武丁或廪辛时贞人名。

本片是《合集》27175。

11·10:戊辰卜,贞,王傧大戊,祭,亡尤。
按:卜辞贞问王傧接大戊在天之灵降临,举行祭祀,无祸忧。

11·11:壬寅卜,贞,[王]傧大戊奭[妣壬,□,亡]尤。
按:卜辞大意是,贞问王傧接大戊配偶在天之灵降临,举行祭祀,无忧。"妣壬"后缺字应是祭名。

12·1:壬戌卜,出贞,王❈(捻),屮(侑)于大戊。二月。(本片)
  壬戌卜,出贞,其屮(侑)于大戊牢。(本片是黄天树《甲骨拼合集》041)
按:出,祖庚时贞人。❈,摹写作❈或❈,上从収(双手),中从幺(糸),下从倒三角形物体,像双手捻线形,或是"捻"字的初文。

笔者小时候在苏北农村生活,看到中老年妇女捻线就是这种样子:双手握着一团去掉籽粒并弹软的棉花,抽出的线条下吊着一个约有两公分厚的扁平呈圆形的纺砖,纺砖有用灰砖头磨成的,有用木头刻的,简易的还有用萝卜做的,纺砖中间钻一个小眼,把一根筷子削成圆形,一头插入纺砖小眼中使之固定,圆筷子外面套一根略短的芦柴管以便绕线,手捻圆筷子上端使纺砖旋转,这样抽出的单线就紧(方言叫"劲"),用同样的方法把几股单线合起来就是普通缝衣服或纳鞋底的白线。捻,据文义卜辞用作祭名。

❈,《诂林》第 1039 条释作"畬",黄天树《甲骨拼合集》041 也读作"畬"。卜辞中的"畬"是方国名。参阅卷一第 4·6 片考释。

12·2:壬午卜,贞,王傧大戊奭妣壬,彡(肜)日,亡尤。
按:本片刻辞很不清晰,释文参考《合集》36231 的隶定。卜辞大意是,壬午卜问王傧祭大戊的配偶妣壬,彡(肜)祭之日无祸忧。

12·3:丁亥卜,[行]贞,翌[戊子]彡(肜)于[大戊,亡]祸。
  丙申卜,行贞,翌丁酉彡(肜)于中丁,亡祸。在[十二月]。
按:行,祖甲时贞人。丁酉日,肜祭中丁。中丁(仲丁),中宗之子、祖乙之父。《史记·殷本纪》:"中宗崩,子帝中丁立。帝中丁迁于隞。河亶甲居相。祖乙迁于邢。帝中丁崩,弟外壬立,是为帝外壬。仲丁书阙不具。帝外壬崩,弟河亶甲立,是为帝河亶甲。河亶甲时,殷复衰。"(《史记》第99、100页)参阅《综述》第379页。

12·4：丙申卜,行贞,翌丁酉其㞢(侑)于中丁。
　　贞,母(毋)又(佑)。
　　贞,中丁岁一牛。
　　按：第一辞与上文第12·3片第二辞略同。母又,读作"毋佑",贞问不会得到先王在天之灵的护佑。第三辞表示用一牛岁祭中丁。

12·5：己卯卜,贞,王傧中丁奭妣己,眔,亡尤。
　　按：卜辞大意是,己卯占卜,贞问王傧接中丁配偶妣己在天之灵降临,荐黍稷祭祀,无祸忧。

12·6：▨(彝)在▨(中丁)宗。在三月。
　　按：▨(彝),从隹(短尾鸟)从𠬪(双手),鸟嘴下尚有两小点,象隹翅被缚之形。《说文》："彝,宗庙常器也。"指常年供奉于宗庙里的祭器,引申有常、经常之义。宗,《说文》宀部："尊祖庙也。从宀从示。"即宗庙,常年供奉祖先神主的地方。彝在中丁宗,礼器常年供奉于中丁之宗庙。▨,"中丁"二字合书。

12·7：乙丑卜,□贞,王傧▨(毓、后)祖乙,亡尤。
　　大[贞,王]傧……中丁,亡尤。
　　按：▨,从母从倒子,或从女从倒子,象母产子之形,是"毓"(育)字的初文,卜辞中读作君后的"后"。异体较多,或隶作"居"。后祖乙,后祖乙者谓武乙也。参阅下文第12·8片考释。大,祖甲时贞人。

12·8：甲午卜,贞,翌乙未㞢(侑)于祖乙,羌十人,卯牢一,㞢(侑)一牛。
　　甲午卜,贞,翌乙未㞢(侑)于祖乙,羌十㞢(又)五,卯牢,㞢一牛,五月。
　　丁酉。
　　按：祖乙,王国维《殷卜辞中所见先公先王考》曰："商诸帝名乙者六：除帝乙外,皆有祖乙之称,而各加字以别之。是故高祖乙者谓大乙也,中宗祖乙者谓祖乙也,小祖乙者谓小乙也,武祖乙后祖乙者谓武乙也。"(《观堂集林》卷二第443页)据王国维的论述,此于乙未侑祭祖乙当是中宗祖乙。

卜辞大意是,贞问乙未侑祭祖乙时用羌俘十人、杀一牢,侑一牛,还是用十五个羌俘,杀一牢侑祭一牛。在商代用俘虏作祭祀时的牺牲,与杀牛卯牢一样。

12·9：屮(侑)于祖乙,三牢。二。

按：卜辞大意是,侑祭祖乙用三牢。

13·1：癸酉卜,㱿贞,翌乙亥屮(侑)于祖乙。一。

癸酉卜,亘贞,屮(侑)于兄丁。一。

按：㱿和亘,都是武丁早期贞人。卜辞大意是,㱿贞问乙亥日要侑祭祖乙,亘贞问还要侑祭兄丁。

13·2：……告于祖乙。十一月。

……丁。十一月。

……告于大甲。十一月。

……▨(曩)▨(达)虎方。十一月。

……▨(倲),王。十一月。

按：▨,下从止,上似从余声,释作"途"。学界或说借作屠戮之"屠"。卜辞"途"或与人事行为有关,本辞"途虎方",卷三第37·1片"王勿往(途)众人",或与田猎有关。赵平安结合简帛"逹"(达)字以及字形演变释作"逹(达)",并引用先秦文献用例,于本辞读作挞伐的"挞",挞虎方,犹言挞伐、讨伐虎方;于卷三第37·1片读作"王勿往达众人","达"当"致"讲,表示"让……来"或"让……去"的意思。① 其说可资参阅。《合集》释文临摹原字字形。

虎方,方国名。陈梦家归纳武丁早期多方有：一、方,二、土方,三、邛方,四、鬼方,五、亘方,六、羌方,七、龙方,八、御方等三十个,武丁后期还有若干(《综述》第269—291页)。

▨,左从豆,右从素(索),王国维说是"倲",本义是鼎中的食物,引申指美味佳肴。卜辞用作祭名。▨,上从𦥑(匊,双手朝下),下从収,中从車,隶作曩。《合集释文》6667把曩隶作车舆的"舆"。为便于书写,本书暂

---

① 赵平安：《"逹"字两系说——兼释甲骨文所谓"途"字和齐金文中所谓"造"字》,《新出简帛与古文字古文献研究》,商务印书馆,2009年,第77页。

从之。据语法关系是方国名，与望乘随同商王室征伐虎方。虎方，或释作象方，非是。

严一萍说本片与卷三第 12·1 片（经核对，应是卷三第 12·6 片之误）及《前编》卷五第 6·6 片缀合。缀合后释文如下：

□□卜，争贞，彳伐衣于……餗，王。十一月。

□□［卜］，□贞，令望乘眔舆（舆）达虎方。十一月。

□□［卜，□贞，令望乘眔］舆其达虎方，告于大甲。十一月。

□□［卜，□贞，令望乘眔］舆达虎方。十一月。

□□［卜，□贞，令望乘眔］舆其达虎方，告于丁。十一月。

□□［卜，□贞，令望乘眔］舆其达虎方，告于祖乙。十一月。

13·3：丁亥卜，于翌戊子酒三豖［于］祖乙，庚寅用。四月。

酒六豖于祖乙。

虫祖乙五豖。

按：豖，《说文》豕部：“豖，豕绊足行豖豖。从豕系二足。”卜辞义同“豖”。或读作“豭”，公猪。第一辞大意是，翌日戊子用三豖酒祭祖乙，到庚寅日用（颂）。第二辞用六豖酒祭祖乙。第三辞侑祭祖乙用五豖。

13·4：甲戌卜，旅贞，翌乙亥（毓、后）祖乙岁牛。七月。

按：旅，祖甲时贞人。卜辞大意是，七月，乙亥岁祭祖乙，用牛。，释作“毓”（育），读作君后的“后”。后祖乙，武乙也。参阅本卷第 12·7 片考释。

13·5：贞，翌甲午勿虫（侑）于祖乙。

贞，𢀛方亡（无）（闻）。

贞，翌甲午虫于祖乙。

贞，（登）人（五千）乎（视）𢀛方。

贞，翌甲午虫于祖乙。

贞，勿登人五千。

按：（闻），从丮（坐人形），上部右侧从耳，像听人说话，是听闻的“闻”字。《说文》耳部：“闻，知闻也。从耳门声。”甲骨文不从“门”声。本辞用“闻”的本义。“贡方无闻”，犹言未闻贡方来犯。此字又见于卷五第 14·2 片。

，从収持皀（豆中盛满饭食形），是“登”字。登人，指征召兵员。，

"五千"二字合文。▨,上从目,下从站立的人,是"视"字。据黄天树文,或把上从目,下从站立人的▨释作"视",把上从目,下从坐人形的▨释作"见"。参阅《诂林补编》第 178 页。

甲骨文中还有一个上从目,下从站立人的▨字,但人脸的朝向与"视"字相反,人脸向右,或是"视"字的变体,唐兰释作"艮",意为回顾、环视。①

本片是《合集》6167。

14·1：叀▨(舟)▨(教、学)。

▨(弜)▨(从)▨(粲、殳)▨(舟)。

□丑贞,王狩祖乙。

亡(之)若。

按：▨,象小舟,是方舟的"舟"字。▨,从攴从爻,是"教"或"学"字之残,"教"或"学"本来是一个字,后分化为二。《说文》教部："教,上所施下所效也。从攴从孝。""斅,觉悟也。从教从冂。冂,尚蒙也。臼声。"

▨,隶作"弜",是人名。② 或读如"弗、勿",含有否定的意思。当根据具体卜辞而定。▨,象二人相随,读作"从",跟从、随从。《合集释文》释作"比",他人所引亦然。林沄说释"比"有联盟的意思,于本辞或释"从"。③

▨,从殳,朱声,隶作粲或殳,据语法关系可判断为人名。

王狩祖乙,本辞的"狩"或用作祭名,否则本句卜辞的意思不好理解。第三辞亡若,"亡"字残,抑或是"之若"二字。

14·2：贞,▨(皋)▨(得),业(侑)牛。

贞,业(侑)于祖乙。(以上二辞是拓片正面)

癸卯卜,宁。(本辞是拓片反面)

按：▨,下部略残,从大,释作"皋",或释作"羣",或释作"央",丁山谓"像人颈上荷枷形,董作宾释央,是也"。卜辞另有"央"字,称子央,是人名。参阅下文。此字卜辞屡见,前之学者有多种隶定,本书读作"皋"。根据语法关系卜辞是人名,或说是武丁时的重臣。参阅《后编考释》第 278 页。▨,从又,从贝,是"得"字,甲骨文不从彳。

---

① 唐兰：《殷虚文字记》,中华书局,1981 年,第 102 页。
② 刘一曼：《殷墟考古与甲骨学研究》,云南人民出版社,2019 年,第 194 页。
③ 林沄：《甲骨文中的商代方国联盟》,原载《古文字研究》第六辑,中华书局,1982 年；后收入《林沄学术文集》,中国大百科全书出版社,1998 年,第 69—84 页。"从"与"比"的考释也承蒙刘洪涛教授和王森博士提供信息,于此特致谢意。

14·3：辛酉卜,贞,叀(唯)祖乙取祟。
　　　贞,勿取祟。九月。
　　按：第一辞"取",当是指一种祭祀仪式。祟,笔画残缺,象双手持隹倒放在示上形。《合集释文》1590 隶作从又持隹置于示上的歔,卜辞是祭品名。参阅本卷第6·6片考释。祟字又见于《合集》1591和1592等片。
　　本片是《合集》1590。

14·4：甲申卜,□贞,翌乙[酉]祖乙,岁,其又(侑)羌。
　　按：本片卜辞大意是,贞问在第二日乙酉岁祭祖乙时用羌俘吗。

14·5：从……𥃲(眔)……。
　　　弜(勿)先酚𥃲(眔)祖乙。
　　按：𥃲,从目从水(眼泪),隶作"眔",郭沫若以为当是"涕"之古字,像目垂涕形。《说文》目部："眔,目相及也。从目,从隶省。"甲骨文"眔"字并不从"隶"省,郭沫若论之甚详。加藤长贤以为是"泣"字的初文。见《金文诂林补》卷二。卜辞中常用作连词,义同"及"。本辞的"酚眔"并立,受副词"先"修饰,应作动词,是祭名,表示一种祭祀仪式。本片与第16·4片重复。

14·6：……中宗祖乙,告,吉。
　　按：中宗祖乙,王国维《殷卜辞中所见先公先王考》曰："商诸帝名乙者六：除帝乙外,皆有祖乙之称,而各加字以别之。是故高祖乙者谓大乙也,中宗祖乙者谓祖乙也,小祖乙者谓小乙也,武祖乙后祖乙者谓武乙也。"(《观堂集林》卷二第443页)据此,知本片之中宗祖乙乃是祖乙也。

14·7：𥙫(祭)。
　　　其又(侑)ㄔ(示)祖乙,牢,又(侑)一牛,王受又(佑)。
　　　二牢,王受又(佑)。
　　按：𥙫,此残字象手持肉置于祭台上形,是"祭"字。第二辞ㄔ,严一萍释文作"彳",非是,当是"示"字的初文,卜辞亦是祭名。参阅本卷第2·5片和第6·2片考释。祖乙,即中宗。

14·8：□□卜,王侯祖乙,岁二牢。
　　按：卜辞大意是,王侯接祖乙在天之灵降临,岁祭用二牢。

15・1+1・4：贞，……于……。

贞，虫于祖乙十白豕。

丙午卜，方贞，尞毋。

贞，勿首（蔑），尞毋。

贞，王■（眾），今六月入。

贞于河，桼年。

贞，勿■（眾），今六月入。

（以下是本卷第1・4片卜辞）

贞于土，桼（祓）。

贞，尞毋，虫（侑）豕。

虫（侑）祖［乙］。

按：本片是卷一第1・4片的上段，故可缀合如上。参阅第1・4片考释。■，上从日，下从何（荷），疑是"眾"（众）字的异构。王众，当是指商王室的众人。

本片缀合后参阅黄天树《甲骨拼合集》293。本书未全部移录释文。

15・2：己卯卜，贞，王侯祖乙奭（妣己），翌日，亡尤。

按：卜辞大意是，贞问王恭敬地导引祖乙配偶妣己之灵降临，翌日无祸忧。

15・3：……姅……。

贞，尞。

贞，虫（侑）于祖乙，豕。

……虫……。

按：拓片最下面左侧是"姅"字，是女性名字。"姅"字已见于本卷第10・7片。可资参阅。最下面右侧一字残缺不全，无法辨识。第三辞言侑祭祖乙用豕。

15・4：乙丑，贞，又（侑），岁于祖乙。

按：又，读作"侑"，侑祭。岁，岁祭。祖乙，当是指中宗祖乙。

15・5：其……毓（后）……。

■（羊牛）■（寴）祖乙。

按：毓，读作君后的"后"。■，"羊牛"二字合书，隶作羋，有赤色义，传世文献有"騢"字,马赤色也。卜辞当指用赤色的牛作牺牲。■,拓片有蚀斑,《合集》32564释文作黧,据语法关系当是祭名。卜辞大意是,用赤色牛祭奠后祖乙。据他辞,后祖乙,应是武丁之父小乙,是祖甲、祖庚和孝己的祖父,故称祖乙。

15·6:□□卜,尹[贞],……毓(后)祖乙……牡。

　　按:尹,祖甲时贞人。牡,《说文》牛部:"畜父也。从牛土声。"今曰公牛。辞残,其义不详。

15·7:甲午卜,[贞],武祖乙宗■(祊),其牢。兹[用]。

　　□□[卜],贞,……[祊其]牢。

　　按:武祖乙,武祖乙后祖乙者谓武乙。参阅第14·6片考释,又参见下一片考释。祖乙宗祊,常年供奉祖乙神位的地方。■,字形与"丁"字相似,释作"祊",即祊。《说文》示部:"祊,门内祭先祖,所以徬徨。从示,彭声。《诗》曰:'祝祭于祊。'"其牢,单言"牢",指用牛作牺牲。《礼记·王制》:"天子社稷皆太牢,诸侯社稷皆少牢。"太牢,指用牛作牺牲,少牢指用豕、羊和犬。

15·8:癸巳卜,即贞,翌乙未其㞢(侑)于小祖乙。

　　……五月。

　　按:即,祖甲时贞人。小祖乙,在本书中首次出现小祖乙的庙号,是小乙。王国维《殷卜辞中所见先公先王考》曰:"商诸帝名乙者六:除帝乙外,皆有祖乙之称,而各加字以别之。是故高祖乙者谓大乙也,中宗祖乙者谓祖乙也,小祖乙者谓小乙也,武祖乙后祖乙者谓武乙也。"(《观堂集林》卷二第443页)

16·1:□□[卜],王贞,……祖乙,……■(朕)弗……■(衙、衞)……

　　按:■,拓片上半残缺,严一萍释文作"朕",《合集》19277也隶作"朕"。此字又见于卷六第25·2片,可资参阅。■,从行从步,隶作衙,或说是"步"字的繁体,或说是"衞"(卫)字。或曰,"如此字确是'衞'字的异体,则当读为'鄩',与殷商之'殷'通";"殷商、殷虚之名,可能就来自上引卜辞的'衞'地。"参阅《诂林补编》第558页。本片与卷六第25·2片重复。与《铁云藏龟》第174·2片同。

16·2：毓(后)祖乙■(昏、舌)■(犁牛)。三月。

　　贞,弜(勿)犁……。

　　丁酉卜,即贞,毓(后)祖乙昏(舌)■(牡)。三月。

　　按：■,从口或从勹,隶作召,读作"犁",指牛的颜色,《合集》23163 隶作昏。赵平安释作"舌",祭名,也是用牲之法。参阅卷一第 8·4 片考释。■,从牛勹,是"犁牛"的合书,或读作"物"。"物"字初文不从牛,与"勿"字写法十分相近,前之学者辨之甚详。小篆"物"字始从牛。或谓读作"犁",牛身黑红条纹相间、类似虎纹者曰犁色或犁牛,或谓杂色牛曰物。参阅《后编考释》第 179 页。第二辞"弜",读"弗、勿",不、不用。或读作"从",非是。第三辞■,从牛土声,是"牡"字,公牛曰牡。

　　卜辞大意是,四月贞问祭祀后祖乙要用犁色牛。又贞问,不用犁色牛。四月丁酉,贞卜祭祀后祖乙还是要用犁色公牛。

16·3：贞……不……。

　　贞,屮(侑)于祖乙。

　　……季。

　　按：拓片缺字较多,除了第二辞意义明了外,第一辞和第三辞意义不详。

16·4：从……眔……。

　　弜(勿)先酚眔祖乙。

　　按：本片是本卷第 14·5 片的重出。参阅第 14·5 片考释。

16·5：贞,御于祖乙。

　　按：卜辞大意是,贞问御祭祖乙。

16·6：甲寅[卜],祖乙舌(舌)■(秦)■(宗)。

　　弜(勿)■(秦)于小乙。

　　按：舌,赵平安释作"舌"。祭名。参阅本卷第 8·4 片考释。■,拓片有斑蚀,《合集》30339 片比较清楚,作■,上从"舂"字头,象双手持杵,下从"秝",是"秦"字的繁构。《说文》禾部："秦,伯益之后所封国。地宜禾。从禾,舂省。一曰秦,禾名。"卜辞是地名。秦宗,位于秦地的宗庙。

　　第二辞"勿秦于小乙",当是勿于秦宗舌(舌)祭小乙的意思。小乙,即小祖乙。参阅上文第 15·8 片考释。

16·7：乙亥[卜]，贞，王[侑]祖乙，耏，(亡尤)。

按：据严一萍说，王国维以为"王"字下夺"侑"字，根据卜辞辞例当是。侑和耏都是祭名。参阅本卷第5·1片及第6·4片考释。

16·8：庚午[卜]，王侑祖乙奭[妣庚，囗，亡尤]。

按：卜辞大意是，庚午卜，王侑接祖乙的配偶妣庚之灵降临，祭祀无祸忧。

17·1：其获羌。

令☒(戉)亅(弋)☒(沚)。

贞，戉不其遘☒(戎)。

贞，翌乙丑业于祖乙。

按：☒，戉，象斧钺形。《说文》戉部："戉，斧也。从戈丨声。《司马法》曰：'夏执玄戉，殷执白戚，周左杖黄戉，右秉白髦。'"在卜辞中作方国名。钱穆说是吴越春秋的大越，在今山西省平陆县之东。参阅《后编考释》第293页。亅，释作"弋"，即"橛"字的初文；或释作"柲"，即古代兵器戈、矛等的长木柄。据语法关系，本辞弋与戉、沚都是方国名。参阅《后编考释》第311页。

☒，从水止声，隶作"沚"。《说文》水部："小渚曰沚。从水止声。《诗》曰：'于沼于沚。'"水中的小块陆地曰沚。卜辞中的"沚"是方国名，其地望，陈梦家说："武丁时代的沚和土方、邛方、羌方、龙方、印方有过征伐的关系，此诸方多在晋南，所以我们定沚在陕县是合适的。陕县在以上诸方的南面。"(《综述》第297页)

☒，象戈与盾牌形，释作"戎"，或释作"捍"。丁山释作"戎"，戎狄，氏族名(《氏族制度》第98页)。戎当在殷之北或殷之西北，今山西之北和西北。据卜辞用例与文义，丁山释作"戎"是也。

17·2：……祖乙☒(衣)，亡[尤]。二。

……不……。二。

按：☒，是衣服的"衣"字，在卜辞中作祭名，读作"殷"，"殷祭"犹言大祭。参阅本卷第9·3片考释。或释作"卒"，于卜辞无法解释。如果衣的周边有毛，则是"裘"字，见《后编》卷下第8·8片，是方国名。

17·3：己卯卜，贞，王侑祖乙奭妣己，劦日，亡尤。

……妣庚,……亡尤。

　　按:卜辞大意是,王侯接祖乙的配偶妣己在天之灵降临,劦祭之日无祸忧。妣庚,殷先王配偶名,此妣庚亦当是祖乙之配。根据陈梦家的归纳,乙、辛周祭卜辞直系配偶称妣庚者有:示壬、祖乙、四祖丁、小乙(《综述》第384页)。

17·4:□午卜,其又(侑),岁于高祖乙。

　　按:高祖乙,据王国维《殷卜辞中所见先公先王考》考证,指大乙成汤。

17·5:大……,㞢(侑)祖乙。

　　按:本片辞残,大意说侑祭祖乙。

17·6:祖丁。二。

　　　祖辛。二。

　　　祖辛。☒(小告)。

　　　舌[方]。(以上是正面)

　　　王占曰:其于……辛……。(本辞是反面)

　　按:祖丁、祖辛,都是商的诸先王。☒(小告),"告"也是祭名,卜辞还有"福告"等名称。见于《后编》卷下第16·10片,辞曰:"贞,福告,王飤于丁。三月。"舌,下缺"方"字。

17·7:甲戌卜,贞,王侯祖辛奭妣甲,劦日[亡尤]。

　　　庚辰卜,贞,王侯四祖丁奭妣庚,劦日亡尤。

　　　庚子卜,贞,王侯小乙奭妣庚,劦日亡尤。

　　按:拓片斑蚀较重,不太清晰。严一萍说,本片可与《后编》卷上第3·1片缀合,缀合后释文如上。

　　四祖丁,根据陈梦家商代周祭法定配偶表,可知此四且丁奭妣庚,是帝沃甲之后的先王祖丁,他是沃甲之兄,祖辛之子,其配偶是妣己、妣庚(《综述》第383页)。陈梦家说:"由《续》卷一第17·7(按:即本片)周祭卜辞可知'四祖丁'必须是小乙之父祖丁。他在周祭中一直称为'四祖丁'。"(《综述》第426页)也就是武丁祖父的那个祖丁。

　　卜辞大意是,王分别于不同之日恭敬地导引祖辛配偶妣甲、四祖丁配偶妣庚、小乙配偶妣庚在天之灵降临,劦祭之日无祸忧。

　　本片是《合集》36252。

17·8：㞢(侑)于祖辛。

　　　按：卜辞大意是,侑祭祖辛。参阅上文第17·7片考释。

18·1：乙亥卜,先🅰(殷),🅱(迺)又(侑)祖辛。

　　　[乙]亥卜,先🅰(殷),……。

　　　按：先,上从止(足),下从人,是先后的"先"。卜辞表示时间先后之先。🅰,或作🅰,从皀从殳,是"殷"字。释文或写作"簋",本是器皿名。本辞或是指先放置簋,然后再侑祭祖辛。🅱,从西在凵中,释作"迺",同"乃",副词。祖辛,是沃甲之兄,四祖丁之父。参阅本卷第17·7片考释。

18·2：辛酉卜,[行]贞,王儐祖辛,岁牢,亡尤。

　　　辛酉卜,行贞,王儐[祖辛],叙,亡尤。

　　　按：行,祖甲时贞人。卜辞大意是,辛酉贞问王儐祭祖辛,同日还举行岁祭和燃柴之祭。据第二辞,第一辞的贞人也应该是行。

18·3：庚辰卜,[行]贞,翌辛巳彡(肜)于祖辛,[劦],亡尤。

　　　丙戌卜,行贞,翌丁亥……于祖丁,亡[尤]。在十月又二。

　　　按：行,祖甲时贞人。第一辞于庚辰贞卜于翌辛巳肜祭祖辛,协祭,无祸忧。第二辞于丙戌贞卜,于翌丁亥被祭祖丁,无祸忧。在十二月。

18·4：……于……。

　　　祖丁🅲(升),鬯,🅳(卯),叀牛,王受又(佑)。

　　　[王]受又(佑)。

　　　按：🅲,或作🅲(见于《合集》30349)。前之学者或释作"示",或释作"祊",或释作"酌",或释作"烝",祭名；或释作"必",表示祭祀的场所等。严一萍释文作"升"。升,象斗中盛米且有洒落之形。陈梦家指出："某某宗和某某升,是先王先妣的宗祢。"(《综述》第445页)又说"升是祭祀所在的建筑物"；"升与宗、祊、大室……等皆属建筑,皆是藏庙主之所在"(《综述》第471页)。据此,本辞祖丁升,则是供奉祖丁神主之庙室。另据王子杨文,1998年贾连敏就把🅲、🅲(加宀)与🅲看作是一个字,即"瓚"字,表示宗庙类建筑。参阅《诂林补编》第801页。🅳(卯),杀也。参阅本卷第1·3片考释。

18·5：庚寅卜,[行]贞,翌辛[卯]劦于祖辛,亡祸。在九月。

丙申卜,行贞,翌丁酉劦于祖丁,亡祸。

按:劦,协祭,五种周祭形式之一。商代必于日干与庙号相同之日祭祀先公先王,略等于后世亡者的周年日之祭。本辞于辛日协祭祖辛,于丁日协祭祖丁。此种习俗一直沿袭至今,仅略有改变。

18·6:甲午卜,㱿贞,今日雨,……祖辛。

按:㱿,武丁早期贞人。用何种方式祭祀祖辛,字残,未知。祭日有雨。

18·7:庚寅卜,大贞,翌辛卯其又(侑)于祖辛,亡尤。一。

乙未[卜],□贞,王㱿,……岁,亡[尤]。

按:大,祖甲时贞人。庚寅第二日辛卯侑祭祖辛,无祸忧。这也是周祭。

18·8:▨(伐),祖辛三伐,卯牝。

按:▨,或作▨(见于《合集》32204),从人从戈,或曰象以戈断人首形,故引申有杀伐、征伐义。《说文》戈部:"伐,击也。"这是"伐"字的本义。或曰"伐"象人肩戈形。黄天树说"伐像以戈砍人头形",又曰"伐是指用人头来祭祀"(《黄天树古文字论集》第 302 页)。

卜辞之伐又是一种祭祀仪式(乐舞),故本辞有三伐,他辞有九伐、五伐等语。《尚书·牧誓》:"今日之事……不愆于四伐、五伐、六伐、七伐,乃止齐焉。"孔安国传:"伐,谓击刺。少则四五,多则六七以为例。"击刺,相当于现代的击剑。一伐,或指一曲,与之相应是一段舞蹈。参阅《后编考释》第 185 页。

本辞大意是,伐祭祖辛时击刺表演要反复三次,杀雌性牛。由此看来,作为祭祀用的牺牲不分公母都可以,不像后世一定要用雄性且是阉割(骟)过的雄性牲畜。

本片是《合集》32205。

19·1:庚戌卜,贞,王宾祖辛,彡夕,亡尤。

癸丑卜,贞,王宾▨(羕、羌)甲,彡[夕,亡尤]。

贞,王宾羕(羌)甲,福,亡尤。

按:夕,可能是在黄昏时行祭的。▨(羕),从糸羌声,隶作羕。羕甲,读作"羌甲",是商先王之一。根据王国维、郭沫若、陈梦家、董作宾等人的考证,当是祖乙之子、祖辛之弟,传世文献作沃甲。《史记·殷本纪》:"祖乙崩,子帝祖辛立。帝祖辛崩,弟沃甲立,是为帝沃甲。"(《史记》第101页)今本《竹书纪年》作开甲。羌甲的"羌",根据陈梦家的说法,祖甲及以后写作羗,有"糸"旁(《综述》第407页)。

　　福,用酒行祭。

19·2:　贞,其于祖辛……疾……。
　　　　贞,勿于祖辛……。
　　按:本片两辞中的"于",仍作介词。辞残,其义不详。

19·3:　又(侑)▨(羌)。
　　　　弜(勿)又(侑)。
　　　　▨(奚)▨(非)祖辛。
　　按:本片字体较长,但很清晰。又羌,应读作"侑羌",以羌俘作牺牲祭祀祖辛。这是用人祭的事实。▨,象俘虏双手被反绑形,当是"奚"字。或隶作兝(奚),是武丁早期贞人。北,从二人相背之形。二人相背,寓意人体相接触的部位脊背也。所以,"北"字的本义指人的脊背,引申指背着太阳的方位,即北方之北。唐兰论之甚详。▨,在所从相背的二人之上各置一小短横,于省吾释作"非"。卜辞或作祭名。

19·4:　……自祖乙、祖辛、毓(后)祖乙、父丁,亡尤。
　　按:祖乙,即成汤;祖辛,祖乙之子;后祖乙,指小乙,是武丁之父;父丁,则指武丁,行祭者当是武丁之子,祖庚或祖甲,因为孝己早亡,未即位。

19·5:　乙,勿尞。
　　　　来癸亥尞三▨(南、豰)。
　　　　贞,祖辛……祸。
　　按:三▨,郭沫若、吴其昌隶作"南",读作"豰"。《说文》豕部:"豰,小豚也。从豕,殸声。"吴其昌说"南"于卜辞亦为牲牷之一。白于蓝对"南"读作"豰"有异议,他认为"祭物名称之'南'与当香酒讲之'鬯'字在用法上有很多近似甚至一致的地方","祭物名称的'南'很可能是一种肉类制品"。参阅《诂林补编》第697—703页。

19·6:　……祖辛,今日雨。
　　按:本片是上文第18·6片右半的重出。参阅第18·6片考释。

19・7：贞，勿［屮于］祖辛，御。

按：御祭，禳除灾祸之祭也。参阅卷一第1・2片考释。

19・8：癸巳卜，屮（侑）于祖［丁］。一。

癸巳卜，屮（侑）于祖丁。二。

按：第一辞侑祭的对象疑是"祖丁"的残缺，第二辞侑祭的对象是祖丁。

20・1：丁亥卜，▨（洋）贞，王賓祖丁，岁，亡尤。十月。

丁亥卜，▨（洋）贞，王賓，叙，亡尤。

按：▨，从上下二羊在水中，当是"洋"字的繁构，卜辞是祖甲时贞人名。所祭对象是祖丁，"祖丁"二字合书。《史记·殷本纪》："帝沃甲崩，立沃甲兄祖辛之子祖丁，是为帝祖丁。帝祖丁崩，立弟沃甲之子南庚，是为帝南庚。帝南庚崩，立帝祖丁之子阳甲，是为帝阳甲。帝阳甲之时，殷衰。"（《史记》第101页）据《史记》记载，则祖辛、祖丁、阳甲是直系祖孙三代。参阅书末"商代世系表"。

20・2：己丑卜，亘贞，御于祖丁。一。

按：亘，武丁早期贞人名。本片"丑、卜、御"三字都反书，与其他卜辞不同。

20・3：丙申［卜］，□贞，翌丁酉其又（侑）于祖丁，［牢］。一。

丙申卜，□贞，翌丁酉其又于（侑）祖丁，牢。二。

按：翌，叶玉森《殷契钩沉》谓"惟其字多肖虫翼或鸟翼形"，或从日，或从立，本字乃是"翼"字。其说是也。参阅卷一第3・1片考释。

20・4：贞，及［今］十三月，雨。

贞，屮（侑）［于］多介□。

屮（侑）［于］大甲。

乎（呼）皋取。（以上四辞据蔡哲茂《甲骨缀合集》078 补）

贞，屮（侑）［于］祖丁。

贞，屮（侑）于羌甲。

贞，屮（侑）于大甲告舌［方］。

乎（呼）皋取。（以上四辞是本片）

按：多介，"介"指介胄之士，武官之称；多介，当与多马、多射、多亚、多犬等同样，也是职官名。参阅卷五第 24·7 片考释。羌甲，传世文献作沃甲。今本《竹书纪年》作开甲。

大甲，殷先王以甲为庙号者共有六人：大甲、小甲、河亶甲、沃甲（羌甲）、阳甲（象甲）及祖甲。大甲，即太甲，是成汤嫡长孙，太丁之子，姓子，名至，叔仲壬病死后继位，在位二十三年，病死，葬于历城（山东省济南市）。《尚书》有《太甲》上中下三篇记其事迹，《史记·殷本纪》所记略同。

取，《韵会》"凡克敌不用师徒曰取"。

20·5：贞，乎[子渔]屮（侑）于祖丁。二。

按：子渔，人名，丁山谓："由'御子渔于父乙'（小乙）与告子渔疾于父乙诸辞看，他定死于武丁之前，可能也是小乙的儿子。子渔之后，是为渔氏。由字面推寻，渔氏采地，宜在今河北密云县境。"（《氏族制度》第76页）丁山推定渔氏采地即秦时的渔阳。又根据文字声韵通假进一步推定春秋时的工虞（句吴）"可能即商王小乙的儿子子渔氏之后，迨至周人灭商，周公践奄，硬将渔氏放逐到江南去"（《氏族制度》第77页）。子渔是小乙之子的观点当可信。

而小乙是小辛之弟，武丁之父。《史记·殷本纪》："帝小辛崩，弟小乙立，是为帝小乙。帝小乙崩，子帝武丁立。"（《史记》第102页）据此，则子渔与武丁是同父兄弟。《后编》卷上第20·5片："甲辰卜，贞，王侑衆且乙、且丁、且甲、庚且丁、武乙，衣，亡尤。"所衣祭（大合祭）的直系先王有祖乙、祖丁、祖甲、康祖丁和武乙，共五位。陈梦家说，祖乙是小乙、祖丁是武丁。然据丁山之说，子渔死于武丁之前，那么，本片卜辞"乎（子渔）屮（侑）于祖丁"之祖丁，就不能是武丁，而应该是小乙之父的那位祖丁，小乙之父正是子渔的祖父，故可称祖丁。陈梦家说"他在周祭中一直称为'四祖丁'"（《综述》第426页）。即武丁祖父辈的那个祖丁。但本片不属于周祭卜辞，且此时子渔尚未死，故贞卜"乎子渔屮（侑）于祖丁"之祖丁，必为小乙之父、子渔和武丁之祖父也。这样理解方顺畅无误。子渔、子商和武丁，都是小乙之子。

20·6：贞，……酌……。

贞，于祖丁御。

贞，于祖乙御。

按：第一辞残字当是"酌"字，是常见的祭名，敬酒祭也。第二辞和第三辞分别侑祭祖丁和祖乙，当指小乙及其父的那位祖丁。参阅上文第20·5片考释。

20·7：祖丁，三牢。

按：祭祀祖丁用三牢，牢指太牢。

20·8：丙辰［卜，贞］，王侯祖丁，囗，［亡尤］。

甲子［卜，贞，王］侯祖甲，囗，［亡尤］。

按：卜辞大意是，丙辰占卜，贞问王侯接祖丁在天之灵降临，行祭，无祸忧；甲子占卜，贞问王侯接祖甲在天之灵降临，行祭，无祸忧。

21·1：丁亥卜，贞，王侯祖丁▨（薦），亡尤。

辛巳卜，贞，［王侯］祖辛▨（薦），［亡尤］。

按：▨，拓片斑蚀较重，难以辨识笔画，卜辞当是祭名，在王侯接祖丁和祖辛之灵时都有▨，严一萍释文摹作▨，《合集》35689 释文隶作"薦"，胡厚宣《甲骨文合集释文》作▨。罗振玉曰："像两手荐牲首于且上。案：《周礼·夏官·小子职》'掌珥于社稷'，郑司农曰：'珥，社稷以牲头祭也。'又《羊人》'祭祀割羊牲登其首'。观此字知升首之祭，殷已然矣。"于省吾谓此为祭登牲首之专字，▨像有角之牲首，丙像几案，从収▨，省牲体也。罗振玉和于省吾二位所释当是也。

21·2：即于宗(?)。

弜(勿)▨（若）▨（内），▨（尞）于祖丁▨（湢）。

叀今日庚申，兹用。

按：即，就也。"宗"字仅剩下宀，下残缺，疑是"宗"字，宗庙，是祭祀的场所。弜(勿)▨（若），犹言不如。▨，上从内，下从口，是"内"字。根据古文字学界关于某些字加口与无口没有区别的说法，①以及本辞文义来看，该字仍当读"内"，入也。▨，从束，从丨，是"尞"字，卜辞是祭名。▨，从水从畐(酒樽形)，畐亦声，是"湢"字。从字形分析，寓意用酒行祭，与祼祭相同。《合集》27313 读作"祼"。祼祭，即灌祭，以酒行祭也，至今民间仍有把酒洒到祖先坟前土台上祭祀的做法。参阅本卷第 19·1 片考释。以上三个字，严一萍释文照样临摹，未做考释。

本片是《合集》27313。

21·3：［丙］子卜，贞，庚(康)祖丁▨（祊），［其］牢。兹［用］。

---

① 参阅《黄天树古文字论集》第 181 页有关"寐、旬、蜀、才(在)、寻、石"等字的论述。

按：庚且丁,读作康祖丁,是廪辛之弟,祖甲之子。卜辞称庚丁为康祖丁,则时王当是武乙之子大丁(即文丁,或称文武丁)。《史记·殷本纪》:"帝廪辛崩,弟庚丁立,是为帝庚丁。帝庚丁崩,子帝武乙立。殷复去亳,徙河北。"(《史记》第104页)则本片卜辞属于文丁时期。,像方形建筑物,读作"祊",于宗庙门内祭。参阅卷一第15·7片考释。卜辞大意是,于门内祭祀康祖丁用牢。

21·4：[丁]巳[卜],□贞,其……祖丁……。六。

按：辞残太甚,其义不明。"六"字横写,颇为不类。

21·5：丙午[卜,贞],庚(康)祖丁[祊]其牢……

□□卜,贞,康祖丁祊[其牢]。

……牢。

按：第一辞缺祭名"祊",据第二辞补。祊,于宗庙门内祭也。参阅卷一第15·7片考释。卜辞大意是,在庙门内祭祀庚(康)丁用牢。

21·6：㞢(侑)于祖丁,一羊。

按：卜辞大意是,侑祭祖丁用一羊。

21·7：贞,翌丁亥,㞢(侑)于祖丁。

按：卜辞贞问第二日丁亥侑祭祖丁。

21·8：丁巳卜,贞,王傧祖丁,翌日,亡尤。

贞,王傧[祖丁],亡尤。

按：卜辞大意是,丁巳卜,贞问王傧接祖丁在天之灵降临,翌日无祸忧。第二辞所缺祭祀对象疑仍是"祖丁"。

21·9：贞,勿㞢(侑)于祖丁。一。

按：卜辞大意是,贞问不要侑祭祖丁么。

21·10：……祖丁……。

按：辞残,其义不详。

22·1：戊午卜,殼贞于祖丁,[御]。

按：殻,武丁早期贞人。所以,这个祖丁应该是武丁祖父的那位祖丁。

22·2：……在于祖丁宗……。
按：本条卜辞所记是在供奉祖丁神主的宗庙。辞残,其义不详。

22·3：丁亥卜,永……。
贞,㞢(侑)于祖丁。二,一。
按：永,武丁时期贞人。第二辞贞问侑祭祖丁。

22·4：丁酉卜,贞,王宾四祖丁,翌日,亡尤。
□□[卜,贞,王]宾,[叙],亡[尤]。
按：四祖丁,小乙之父,武丁之祖父。参阅本卷第17·7片考释。

22·5：丁巳卜,贞,王宾四祖丁,肜日,亡尤。
按：肜日,协祭之日,大合祭曰协祭。参阅本卷第5·1片考释。

22·6：甲戌[卜,贞], (武乙),[祊]其牢。
□□卜,贞,□祖丁,[祊,其]牢。
按： ,"武乙"二字合书。武乙,《史记·殷本纪》："帝庚丁崩,子帝武乙立。殷复去亳,徙河北……武乙猎于河渭之闲,暴雷,武乙震死。子帝太丁立。帝太丁崩,子帝乙立。帝乙立,殷益衰。"(《史记》第104页)庚丁之子,文丁之父,卜辞称武乙为武祖乙。"祊"在斑蚀处,看不清,据他辞写作 ,与"口"或"丁"相似。祊其牢,于庙门内祭用太牢也。参阅卷一第15·7片考释。

22·7：□□卜,贞,王……亡尤。
□□卜,贞,王[宾]祖丁,肜日,[亡尤]。
按：卜辞大意是,王宾接祖丁在天之灵降临,协祭之日无祸忧。

22·8：贞,㞢(侑),御于南庚。
贞,丁用。
……年。
按：南庚,《史记·殷本纪》："帝祖丁崩,立弟沃甲之子南庚,是为帝南庚。帝南庚崩,立帝祖丁之子阳甲,是为帝阳甲。帝阳甲之时,殷衰。"(《史记》第 101 页)第二辞"丁用",当是指某丁日用。用,读为诵,即颂。参阅本卷第 3·2 片考释。第三辞残,其义不详。

22·9：贞,王宾叙,亡尤。
　　庚申卜,贞,王宾南庚,祭,亡尤。
　　按：南庚,参阅上一片考释。

22·10：贞,王宾南庚,……亡尤。
　　王宾……

22·11：甲子,乙[丑]……。
　　甲戌,乙[亥]……。
　　庚申卜,贞,王宾南庚,翌日,亡[尤]。
　　按：卜辞大意是,庚申贞问王宾接南庚在天之灵降临,翌祭之日,无祸忧。

23·1：屮(侑)于南庚。一。
　　按：卜辞大意是说,侑祭南庚。

23·2：[癸亥]卜,贞,王旬亡㺇(祸)。[在]正月。甲子翌日羔(羌)甲。
　　[癸]□卜,贞,[王旬]亡祸。……月。
　　□□卜,贞,[王旬]亡祸。
　　按：㺇,从犬从骨,像狗在啃骨头,隶作猾,据研究这是黄组卜辞的写法,是祸忧义。羌甲,是祖乙之子、祖辛之弟,传世文献作"沃甲"。今本《竹书纪年》作"开甲"。
　　就卜辞而言,如果"翌"后面是干支,则表示时间；如果"翌"后面是某先公先王的庙号,则用作祭名。但卜辞多数情况用"翌日"加某先公先王的庙号,表述较为特殊。参阅本卷第 4·3 片考释。

23·3：乙未卜,㷎(莆)贞,㺇(徣、往)羌。二告。
　　辛丑卜,亘贞,今日其雨。
　　[癸]丑卜,㱿贞,翌甲寅不[雨]。
　　[癸丑]卜,㱿贞,翌甲寅不[雨]。
　　……酚于羌甲……。

按：▨（菔），象箭矢插在支架上形，隶作"菔"，即"箙"字。《说文》竹部："箙，弩矢箙也。从竹服声。《周礼》：'仲秋献矢箙。'"段玉裁《说文解字注》："箙，盛矢器也。以兽皮为之。按：本以竹木为之，故字从竹。"连劭民说：卜辞中的"箙"用为祭名，又是一种用牲方法，读为"副"。《说文》云："副，析也。"……商代岁祭中有些"箙"的祭法，相当于文献中的"肆"（解牲体以祭）。参阅《诂林补编》第 619、620 页。本辞的"菔"，是武丁早期贞人。
▨，上从止，下从土，是往来的"徃"字，又见于《合集》508、510 至 515 等片。或释作逃逸的"逃"，然于本辞欠妥。

亘，武丁早期贞人。第三辞和第四辞贞人"殷"反书作▨，殷是武丁早期贞人。羌甲，《史记》作"沃甲"。

23·4：癸未卜，贞，王旬亡祸。在十月。甲申，翌日羌（羌）甲。

按：卜辞大意是，癸未占卜，贞问本旬王无灾祸；甲申翌祭羌甲。

23·5：癸巳，王卜，贞，旬亡祸。王固（占）曰：吉。在六月。甲午，彡（肜）羌（羌）甲。隹（唯）王三祀。
　　□□，王卜，[贞，旬]亡祸，……。

按：商代晚期的纪时方式是：日干支+记事+所在月份+祀周年数，如本片卜辞即为：癸巳+贞问占卜的内容+在六月+唯王三祀。陈梦家称"这种纪时法是农历与祀周的混合"。参阅《综述》第 235 页，及本卷第 5·1 片考释。
第二辞严一萍据董作宾《殷历谱》（帝乙三祀祀谱）补齐如下：
[癸卯]王卜，贞，[旬]亡祸，王固（占）曰：吉，在七月。甲辰，彡虎甲。
严一萍所释的虎甲，是《史记·殷本纪》所记的阳甲。
本片是《合集补编》10963。可资参阅。余辞略。

23·6：□丑卜，行[贞]，王侯般（盘）庚……。

按：行，祖甲时贞人。般庚，即传世文献中的商王盘庚。《史记·殷本纪》："帝阳甲崩，弟盘庚立，是为帝盘庚。"（《史记》第 102 页）参阅《尚书·商书·盘庚》，序曰："盘庚五迁，将治亳殷，民咨胥怨。作《盘庚》三篇。"

23·7：▨（叙）▨（斄）……。
　　其又（侑），▨（示）小乙，侯宗。

按：▨，象以又（手）牵马等家畜形，或隶作"叙"。卜辞有延长义。
▨，右下残缺，从支，斄声，释作"斄"，是"釐"字的初文。"釐"有二音，一读

lí(厘),是治理的意思,如"厘清";一读 xī(禧),是福喜、吉祥义,《说文》释作"家福也"。本辞当用"家福"义。叙釐,延长福喜也。第一辞延长福喜。余辞残,其义不详。第二辞大意是,在宗庙侑祭小乙,傧接小乙在天之灵降临。

23·8：□□[卜],贞,王傧小乙,□,亡尤。

按：卜辞大意是,王恭敬地傧接小乙在天之灵降临。下缺字或是祭名叙。

24·1：□□[卜],贞,王傧,叙,亡尤。
　　　丁丑卜,贞,王傧文武,翌日,亡尤。
　　　□□[卜],贞,[王傧],叙,[亡尤]。

按：文武,当是武乙之子大丁(即文丁,或称文武丁)的省称。当然商代晚期金文还有称"文武帝乙"的,例如四祀切其卣铭文"奠文武帝乙宜"。①

24·2：……翌日于武丁,……[受又]又。

按：拓片很不清晰,字迹隐约可辨。大意是说,翌日祭祀武丁,受到护佑。

本片是《合集》35851。

24·3：乙未卜,贞,王傧,岁,[亡尤]。
　　　□□[卜],贞,王傧,叙,亡尤。

按：拓片很不清晰,字迹隐约可辨。第一辞大意是,乙未占卜,贞问王傧接祖先在天之灵降临,举行岁祭。第二辞大意是,贞问王举行燃柴之祭,无祸忧。

本片是《合集》38551。

24·4：丙子[卜,贞],武丁[祊其]牢。一。
　　　□□[卜],贞,……牢,[兹]用。

按：拓片残缺较多,几乎不能通读。第一辞大意是,丙子贞卜于庙门内祭武丁用太牢。第二辞大意是,于庙门内祭武丁用太牢。

本片是《合集》35826。

---

① 叶正渤：《切其卣三器铭文及晚殷历法研究》,《故宫博物院院刊》2001 年第 6 期。

24·5：丙辰卜，[贞]，武丁祊[其牢]。兹用。一。
　　　甲辰[卜，贞]，武丁祊[其牢]。一。
　　按：拓片有缺字，几不成文句。参阅上文第24·4片考释。

24·6：[丙□卜，贞]，武丁[祊其牢]。兹用。在□月。
　　　[叀]▨（羫）。
　　按：第一辞参阅上文几片卜辞的考释。第二辞▨，他辞作▨，是"羊牛"二字的合书，隶作羫，有赤色义，马赤色也。参阅卷一第15·5片考释。

24·7：□□[卜]，贞，[祊]其[牢]。
　　　叀[羫]。
　　　甲申卜，贞，武乙宗，祊其牢。兹用。一。
　　　丙戌卜，贞，武丁祊其牢。
　　　□□[卜]，贞，……[祊]其牢。[兹]用。
　　　叀羫。
　　按：拓片不太清晰，且有些凌乱。武乙宗，是供奉武乙神主的宗庙。武乙，庚丁（康丁）之子，大丁（文武丁）之父。所祭对象是武乙，则时王当是文武丁。
　　本片是《合集》36082。

24·8：丙戌卜，贞，武丁祊其牢。兹用。一。
　　　叀羫（羊牛）。
　　按：卜辞大意是，于庙门内祭祀武丁时，要用赤色牛作牺牲。

24·9：□□[卜，贞，祊]其[牢。兹]用。
　　　甲子卜，贞，武乙宗，祊其牢。兹用。
　　　丙寅卜，贞，武丁祊其牢。
　　按：参阅上文几片考释。

24·10：癸酉卜，[贞]，祖甲[祊]其[牢]。
　　　丙寅[卜，贞]，文武丁[祊]其牢。兹[用]。一。
　　　丙子卜，贞，武丁祊其牢。
　　　叀羫（羊牛）。
　　　□□[卜]，贞，祊其牢。[兹]用。

□□[卜],贞,[祊其]牢。[兹]用。

按:本片卜辞大意是,分别于门内祭祀祖甲、文武丁及武丁几位先王,强调用赤色牛作牺牲。

25·1: 癸[丑卜],贞,[祖甲]祊其[牢]。一。
丙辰卜,贞,武丁祊其牢。兹用。一。

按:第一辞大意是,于庙门内祭祖甲用太牢。第二辞大意是,于庙门内祭武丁要用太牢作牺牲。

25·2: 壬寅卜,贞,王儐武丁奭妣癸▨(姬),▨(婢)▨(敁),卯……亡[尤]。
□□[卜],贞,[王儐]武丁奭……亡尤。

按:武丁奭,武丁的配偶妣癸。▨,左似从臣,右从每,《合集》36276释文隶作"姬",卜辞当是武丁配偶妣癸的名字。▨,下部残,似从女从卑声的"婢"字。▨,左从豆,右从殳或支,《合集》36276隶作敁,此处疑是"婢"人名,严一萍释文作"敦"。第二残辞当是第一辞的妣癸▨(姬)▨(婢)▨(敁)等。

25·3: 丙子卜,贞,武丁祊其牢。

按:卜辞大意是,于庙门内祭武丁要用牢。参阅上文几片的考释。

25·4: 庚寅卜,贞,王儐祖庚,劦(协),[亡尤]。
甲午卜,贞,王儐祖甲,劦(协),亡尤。

按:祖庚,殷高宗武丁之子。《史记·殷本纪》:"帝武丁崩,子帝祖庚立。"祖甲,武丁之子,祖庚之弟,廪辛之父。《史记·殷本纪》:"帝祖庚崩,弟祖甲立,是为帝甲。帝甲淫乱,殷复衰。帝甲崩,子帝廪辛立。"(《史记》第104页)

25·5: 癸丑卜,贞,王儐祖甲,彡(肜)夕,亡尤。在□月。
贞,王儐,福,[亡尤]。

按:卜辞大意是,王儐接祖甲在天之灵降临,肜祭于夕无祸忧。

25·6: 甲申[卜,贞],武乙[祊其牢]。兹[用]。
丙戌[卜,贞],武丁祊其牢。

癸巳[卜,贞],祖甲,祊其牢。兹用。
叀羊,兹(用)。
[甲]□卜,贞,[武]祖乙宗,祊其牢。
□□卜,贞,□□祊其牢。[兹]用。

按：武乙,庚丁(康丁)之子,大丁(文武丁)之父。参阅第24·7片考释。武丁,即殷高宗。祖甲,武丁之子,祖庚之弟,廪辛之父。

武祖乙宗,常年供奉武祖乙神主的宗庙。武祖乙,参阅本卷第14·6片考释。

25·7：丙申卜,贞,武丁祊其牢。
癸□卜,贞,祖甲祊其牢。
叀羊。
癸卯卜,贞,祖甲祊其牢,兹用。
叀羊。
壬戌卜,贞,▨(母癸)祊,叀羊。

按：本片刻辞顺序有些凌乱。大意是说,丙申占卜,贞问于庙门内祭先祖;唯用牛作牺牲。癸□占卜,贞问于庙门内祭先祖,牺牲用太牢,要用赤色牛作牺牲。癸卯占卜,贞问于庙门内祭先祖,用太牢,要用赤色牛作牺牲。

▨(母癸),武丁法定三配偶(妣癸[妇鼠]、妣辛[妇好]、妣戊[妇妌])之一的妣癸,或即"司鼠母癸",鼠可能早死,所以卜辞不见其活动的记录。蔡哲茂引黄天树说,小王父己可能就是司鼠母癸之子,卜辞中的▨就是小王"父己"生前的私名,小王父己就是传世文献中的孝己。①

25·8：□□卜,贞,祖甲,[祊其]牢。
丙午卜,贞,武丁,[祊]其牢。一。
甲寅卜,贞,武乙宗,其牢。一。
癸亥卜,贞,母癸,叀羊。

按：第一辞贞卜于庙门内祭祀祖甲用牢;第二辞贞卜于庙门内祭祀武丁用牢;第三辞贞卜在供奉武乙神主的宗庙里要用太牢;第四辞贞卜祭祀母癸唯用羊。母癸,武丁法定三配偶之一,即妣癸,是孝己的母亲。参阅上一片考释。

---

① 蔡哲茂：《论武丁的三配与三子》,《"中研院"历史语言研究所会议论文集之十三》。

25·9：［癸］□，［王］卜，贞，［旬亡祸，王］占曰：吉。在二月。甲［辰，协］日祖甲。唯王廿［祀］。

按：卜辞大意是，某日王亲自占卜，贞问旬亡祸，王占卜说：吉。在二月。甲辰，协祭祖甲，这是王廿祀。严一萍说，本片收入《殷历谱》帝乙廿祀历谱。

26·1：癸亥卜，贞，祖甲祊其牢。兹用。一。
　　　丙□卜，贞，武丁祊其牢。

按：第一辞大意是，癸亥贞卜于庙门内祭祖甲用太牢，兹诵（颂）。第二辞大意是，贞问于庙门内祭武丁用太牢。第二辞"祊"字在"武丁"二字的右侧，有斑蚀，不太清晰。

26·2：癸□［卜，贞］，祖甲祊［其牢］。兹［用］。
　　　□□［卜］，贞，□□［祊］其［牢。兹］用。

按：第一辞大意是，祊祭祖甲用牢，此颂。第二辞大意是，于庙门内祭祀□□，用太牢。

26·3：甲申卜，贞，王傧祖甲，登秝，亡尤。
　　　贞，王傧，叙，亡尤。

按：登祭，烝尝之祭。参阅本卷第2·1片考释。卜辞大意是，王恭敬地接待祖甲在天之灵降临，进献秝米，燃柴祭之，无忧。

本片是《合集》35902。

26·4：癸酉卜，贞，祖甲祊其牢。
　　　［更］羍。［兹］用。

按：第一辞大意是，癸酉贞卜，于庙门内祭祀祖甲用太牢。第二辞大意是，唯用赤色牛作牺牲。

26·5：甲子［卜，贞］，武［乙］祊其［牢］。
　　　［丙］辰卜，［贞，康］祖丁祊其牢。
　　　［更］羍。

按：第一辞大意是，祊祭武乙用太牢。第二辞大意是，祊祭康祖丁用太牢。第三辞强调祭祀时要用赤色牛作牺牲。

26・6：丙辰卜,贞,康祖丁□[祊]其牢。一。
　　　丙寅[卜,贞],康[祖丁][祊]其[牢]。
　　　[丙]□卜,[贞],康且(祖)丁[祊其]牢。
　　　[叀]羍。(兹)用。

按：卜辞大意是,祭祀康祖丁用太牢,要用赤色的牛作牺牲。

26・7：丙子卜,贞,康祖丁祊其牢。兹用。一。
　　　叀羍。兹用。
　　　甲申卜,贞,武乙▨(升),祊其牢。兹用。一。
　　　叀羍。
　　　[丙]戌卜,[贞],康祖丁[祊其]牢。

按：第一辞大意是,丙子贞问,于庙门内祭祀康祖丁用太牢,唯用赤色牛作牺牲。第三辞大意是,甲申贞卜在武乙庙室祭祀要用太牢,唯用赤色牛作牺牲。第五辞大意是,丙戌贞卜祊祭康祖丁用太牢。

第三辞"武乙"二字合书。▨,不清晰,严一萍释文摹作▨,当是▨(升)字,陈梦家说是供奉神主的庙室。参阅本卷第1・3片及第18・4片考释。

本片是《合集》35976。

26・8：丙午卜,贞,康祖丁祊其牢。兹用。
　　　……牢……

按：卜辞大意是,丙午贞卜,于庙门内祭康祖丁用太牢,今诵。第二辞残甚,其义不详。

26・9：丙申卜,[贞],康祖丁□[祊其牢]。兹用。一。
　　　丙午[卜,贞],康[祖丁]□[祊其牢]。一。
　　　□□卜,贞,□□□[祊]其牢。
　　　□□[卜],贞,……

按：卜辞大意是,在丙申、丙午两日先后祭祀康祖丁,庙门内祭先祖用太牢。

26・10：丁卯卜,贞,王侯康祖丁,叀,亡[尤]。

按：卜辞大意是,丁卯贞卜,王侯接康祖丁在天之灵降临,进献黍稷祭祀无祸忧。

26·11：乙丑卜，贞，王傧武乙，岁，祉（延）至于田（上甲），亡尤。
贞，王傧，叔，亡尤。
按：第一辞大意是，乙丑贞卜，贞问王傧接武乙在天之灵降临，岁祭推及上甲，无祸忧。第二辞大意是，贞问王傧接武乙在天之灵，举行燃柴祭，无祸忧。

27·1：甲申卜，贞，武乙宗，祊其牢。兹用。一。
其▨（牺）▨（一牛）。
□□[卜]，贞，……武丁……其……牛。二。三。
[叀]犁牛。[兹]用。
按：武乙宗，供奉先王武乙神主的宗庙。第二辞▨，隶作戠，或隶作牺。前之学者解释颇多，说法不一，卜辞用作祭名。▨，右侧牛角上有一横，是"一牛"的特殊写法。严一萍释文作"戠一牛"三字。犁牛，祭祀时唯用犁色牛作牺牲。参阅本卷第16·2片考释。

27·2：乙丑卜，贞，王傧武乙，翌日亡尤。
按：卜辞大意是，乙丑贞卜王傧接武乙在天之灵降临，翌祭之日无祸忧。

27·3：丙□[卜]，贞，……祊其[牢]。
叀羊。
乙未卜，王傧武乙，▨（騪）伐。亡尤。
按：▨，字上有斑蚀，或是"騪"字，马名。《合集释文》隶作从幸虎声的虢字。卜辞大意是，王傧接武乙在天之灵降临，举行虢祭和伐祭，亡祸。
本片是《合集》35375。

27·4：甲寅[卜，贞]，武乙□[祊]，叀[羊]。兹[用]。
□□卜，贞，叀[羊]。[兹]用。
按：卜辞缺字较多，第一辞大意是，甲寅贞卜，祊祭武乙用赤色牛作牺牲，今诵。第二辞贞问唯用赤色牛作牺牲，今诵。

27·5：甲午卜，贞，武乙[祊其]牢。[兹用]。一。
叀羊。一。
□□卜，贞，……[祊其]牢。

□□卜,贞,□[祊]其牢。[兹]用。一。

按:第一辞大意是,甲午贞卜,于庙门内祭武乙用赤色牛做太牢,今诵。

27·6:[甲]辰卜,贞,武祖乙宗,□[祊]其牢。兹用。一。

丙申[卜,贞],文武丁[祊其牢]。

按:武祖乙,庚丁之子,文丁之父,卜辞称武乙为武祖乙。参阅本卷第14·6片、第15·8片及22·6片考释。文武丁,名托,武乙之子,帝乙之父,《史记·殷本纪》作大丁(太丁)。

27·7:[甲]□卜,贞,武祖乙[祊]其牢。[叀]羋。

[叀]羋。

按:卜辞大意是贞问,于庙门内祭祀武祖乙,唯用赤色牛作牺牲。

27·8:贞,不唯父甲祸。

……王不……

按:父甲,武丁之后的父甲,应当是武丁之子、庚祖丁之父的祖甲。第一辞大意是,贞得不仅父甲会加害(于己),其他先王也有可能加害(于己)。

27·9:贞,……

今一月雨。

甲辰卜,亘贞,尞三牢。

今一月雨。

贞,㞢(侑)于父甲,牢。

□巳卜,□贞,今[一月]雨。(以上是正面)

王占曰:其㞢(侑),傧,亡[尤]。(本辞是反面)

按:亘,武丁早期贞人。根据陈梦家所列殷商九世直系表(《综述》第372页),本片中的父甲,应当是小乙之兄、武丁伯父的阳甲,故武丁可称之为父甲。

反面卜辞大意是,王占卜说,举行侑祭和宾祭,无祸忧。

28·1:父甲岁,[叀]羋。兹用。

叀勿(物)牛。

按:卜辞大意是,岁祭父甲唯用赤色牛作牺牲。第二辞大意是,唯用杂色牛。

28·2：……于父甲,御。

按：卜辞大意是,御祭于父甲。父甲,亦当是武丁的叔父,小乙的兄长。

28·3：五宰[牢]。

▨(登)人。

三牢。

贞,㞢(侑)于父乙,[三牢]。

按：▨人(登人),征召人员。《合集》7301 释文作"薦"(荐),读作"荐一人",非是。父乙,武丁卜辞的父乙,指武丁之父小乙。

28·4：庚寅卜,亐贞,父乙祟。

按：亐,武丁早期贞人。祟,作祟,有加祸义。笔者曾撰文以为耇当是"杀"字。① 文曰："从字形来看,此字主体乃像一头大腹有尾之兽形,最上之一斜划,是造字的笔意所在,像于兽头处加上一刀,正是杀之象,此字当是'杀'字无疑。《说文》'杀'字古文作㪅,与此字最酷似。因此,所谓'有祟',应是指有杀伐之事。从其在卜辞中的用例来看,在占得有杀伐之兆后,接着便是记载反叛的方国骚扰掳掠之事。所以,卜辞'有杀'是指将要有杀掠之事发生。"参阅《后编考释》第 197、198 页。本辞当读作"祟",指父乙将作祟(指降灾祸)于武丁。

28·5：祖□祸王。一。

祖丁祸王。一。

南[庚]祸[王]。一。

翌,己酉雨。一。

贞,子▨(商)㞢,酉(告)于父乙,乎酌。一。

……我……。

按：本片卜辞刻写较乱,拓片又不清晰,释文参考严一萍的隶定,仅供参考。本片是《合集》2944,较之《续编》稍微清晰些,可资参考。

本辞"祸王",或指南庚的亡灵加祸于王。祖丁、南庚,根据《史记·殷本纪》的记载是叔侄关系。参阅本卷第 1·2 片考释和文末所附"商先公先王及配偶世系表"。

---

① 叶正渤：《卜辞"来艰"研究》,《殷都学刊》2004 年第 1 期；《叶玉森甲骨学论著整理与研究》,第 34 页。

☒,上从辡,下从内,是"商"字。《说文》卣部:"商,从外知内也。从卣,章省声。""商"的本义是商量、讨论,故从辡,像二人争辩,不从卣。《说文》释义则是,然据小篆释形则非。子商,人名,是小乙之子,与子渔、武丁是兄弟。池田茉莉《殷虚书契后编释文稿》说是武丁诸子之一,①非是。

☒,《诂林》第 2937 条谓于省吾先生读作"删",犹今言"砍",卜辞表用牲之数。☒或☒卜辞读作"告",祭而告之也。另据何景成的按语,张秉权说☒就是告的意思。参阅《诂林补编》第 721 页。若读作刑戮的"刑",有杀义。本辞"子商屮,☒(告)于父乙,乎彰",则本辞于情于理显然是讲不通的。

德国哲学家施莱尔马赫在释义学循环理论指出:"在一给定文本中需要充分确定的每一个内容,只有根据文本的作者及当时公众所处的语言环境才能确定","在一给定段落中的每个词的意义,只有根据其周围共存的其他词的意义才能确定"。②

父乙,即小乙,是小辛之弟,武丁之父。

28·6:丁亥卜,㱿贞,☒(暂)☒(亯)☒(夒)于☒(雇)。

癸巳卜,㱿贞,子渔疾目,☒(福)告于父乙。

按:㱿,武丁早期贞人。☒,从曰,殸声,隶作"暂"。卜辞是人名。☒,象台基上建有亭子形,是"亯"(享)字,在卜辞和铜器铭文中是祭祀义。☒,突出人的头,身躯则线条化,当是"夒"字的异构。《诂林》第 1093 条谓当是一种刑法,与刵相对。本辞是享祭的对象,《诂林》刑法之说恐非是。☒,从鸟,户声,隶作"雇",卜辞是地名。其以鸟得名,或与商王室属于相同族类关系。传说商王室先祖是玄鸟(燕子)所生,《诗经·商颂·玄鸟》:"天命玄鸟,降而生商,宅殷土芒芒。"或说通"顾",国名,在今山东鄄城东北,是夏桀的与国。

子渔,人名。疾目,犹言眼生病。☒,从示从畐,或释作"福",读作裸祭的"裸",根据语法关系用作祭祀义。父乙,是武丁之父小乙。

本片是《合集》13619 最上面的一段,下面还有三小段卜辞被删除。

---

① 池田茉莉:《殷虚书契后编释文稿》,广岛大学文学部中国哲学研究室,1964 年,油印本,见《甲骨文献集成》第九册,四川大学出版社,2001 年。参阅《殷虚书契后编考释》第 213 页卷下第 33·12 片考释。

② 丁·希莱尔:《当代释义学》,伦敦,1983 年,第 14 页原注,转引自涂纪亮:《现代欧洲大陆语言哲学》,中国社会科学出版社,1994 年,第 106 页;叶正渤:《释义学循环理论与古汉语教学》,《南通师专学报》1998 年第 3 期。

如下：

……省（循）……。

贞，勿曰之。

贞，王🔲（啟）循，曰之。

又按：🔲（啟），从二及，或是"及"的繁体。及，像一只手压着一个跪坐的人，是制服的"服"字初文。饶宗颐说："啟亦方国名，殆及之繁形，即南国服子，百濮之君长。"其说或是。王啟省（循），当是王巡视啟的意思。之，是前往的意思，与巡视🔲（啟）义正相承。

28·7：……卯……父乙酯（告）五十牢。

按：父乙，即小乙，是小辛之弟，武丁之父。酯（告）五十牢，祭告时用五十牢作牺牲。本片与卷二第21·8片重复。可资参阅。

28·8：戊申卜，王御🔲（奴）父乙。庚戌，🔲（歺）、奴。八月。

按：🔲，象双手相拱形，是"奴"字。《说文》奴部"竦手也"，根据语法关系此处当用作祭名，或是登祭的"登"字之省体。登祭，即秋尝，荐黍稷之祭也。🔲（歺），象残骨之形，后世楷书写作"歺、歹"。《说文》歺部："歺，列骨之残也。从半冎。"本辞"歺"与"奴"并列连用，也当是祭名。

28·9：翌乙酉呼子🔲（商）酯，伐于父乙。

按：子🔲（商），卜辞是人名，是武丁诸兄弟之一。参阅上文第28·5片考释。伐，祭名，舞祭的一种仪式。参阅本卷第27·3片考释。父乙，即子商、武丁之父小乙。

29·1：甲午卜，争贞，往🔲（芻），罔（丙）🔲（得）。一。二告。

贞，翌乙未乎子渔㞢（侑）于父乙牢。

贞，……其……。

按：争，武丁早期贞人。🔲（芻），象手抓草之形，是"芻"字。《说文》艸部："芻，刈艸也。象包束艸之形。"卜辞或用其本义刈草，故下文曰罔得，意谓罔有所得。卜辞中的"芻"，陈剑曾有详细的讨论，说在某些辞句中可读作"诛"，有指责、责备、责让等义。参阅《诂林补编》第254—258页。本辞是用"芻"的本义刈草。罔，从上下二丙相重，《说文》所无，卜辞是人名。饶宗颐释作"更"，即《左传·僖公十年》的"郲"，故址在今山东省沂水县境，杨树达亦释作"更"。蔡哲茂在《武丁卜辞中罔父壬身份的探讨》一文中认为，

"戉父壬应该就是武丁时期常见的'白戉'或'自戉',他很可能就是南庚之子"。① 蔡说可参。

※(得),从又持贝,象有所得之形。《说文》彳部:"行有所得也。从彳 㝵声。"甲骨文不从彳,也不从㝵声,是会意字。此"得"字又(手)在贝的左侧,与又在贝的右侧写法略异,是同一个字。

29·2: 贞,告※(?)于父乙,[卯]一牛。

贞,获※(磬)。(本辞是卷六第34·3片)

按:严一萍说本片与卷六第34·3片缀合,核之《合集》2205,两辞俱全。"告"下一字※,下部残,难以辨识。严一萍释文有"卯"字,《合集》释文无。

第二辞《合集》2205有。※,从般在口上,般亦声,隶作磬。卜辞当为人名或地名,意若为获磬,则是人名;意若为获于※,则是地名。

29·3: 贞,不唯父乙祸。

壬戌卜,宁贞,※(自凡、师般)……。

按:宁,武丁早期贞人。拓片不清晰,反书。※,即他辞※※(自凡)的反书,读作"师般"。※,从殳从凡。"师"是尊称的职官名,"般"是人名。师般是武丁时期的人名,董作宾说即《尚书·君奭》篇中的甘盘。《尚书·君奭》:"在武丁,时则有若甘盘。"陈梦家也认为"是可能的,因为古文字'自'和'甘'形近易讹,所以自般可能即甘盘"(《综述》第362页)。

29·4: 贞,于……。

贞,于父乙御。

……唯南庚,※(母丙)※(五十)※(马)。(本辞从右向左读)

按:父乙,指小乙,武丁之父。南庚,沃甲之子。※,"母丙"二字合书。根据陈梦家周祭法定配偶表,母丙当是小乙直系非法定配偶,故武丁亦可称之为母也(《综述》第452页)。※,"五十"二字合文。※,略有残缺,是"马"字。本辞《合集》11459释文从左向右读作"……隹南庚害,……马五十丙",不成辞,且拓片无"害"字。本辞应从右向左读。

---

① 蔡哲茂:《武丁卜辞中戉父壬身份的探讨》,《"中研院"历史语言研究所会议论文集之十》。

29·5：丁未卜，宁贞，父乙桒（祓）。
　　　□□卜，㱿[贞，王]勿狩。
　　按：宁，武丁早期贞人。"桒"，祓祭，禳除灾害之祭曰祓祭。第二辞似缺一"王"字，是"（王）勿狩"。

29·6：甲戌，王屮（侑）[父]己。一、二。
　　　甲戌卜，王▨（屯）父乙。
　　按：第一辞漏刻"父"字。父己，或是庚丁，称孝己也，孝己未继位而死。王国维《今本竹书纪年疏证》："（武丁）二十五年，王子孝己卒于野。（《尸子》：'殷高宗之子曰孝己。其母早死，高宗惑后妻言，放之而死。'）"
　　第二辞▨，拓片有斑蚀，是"屯"字，用作祭名。
　　本片是《合集》2290。

29·7：甲午，贞，唯父乙祸。
　　　……父……。
　　按：卜辞大意是，贞问唯父乙之亡灵作祸。作祸，犹作祟，指降灾祸于后代。

30·1：丁巳卜，行贞，王宾父丁，彡（示）。在七[月]。
　　　贞，[王宾]，叙，[亡尤]。
　　按：行，祖甲时贞人。父丁，当指武丁，是祖庚、祖甲之父。参阅《综述》"《殷本纪》世系表"（第368页），及本书末所附"商先公先王及配偶世系表"。

30·2：贞，叀（唯）父丁岁，先。
　　按：父丁，指武丁，本片或是祖庚、祖甲时。先，上从止，下从人，隶作"先"，卜辞或表示时间先后之先，非祭名。参阅卷一第18·1片用例与考释。

30·3：贞，毋……。
　　　乙卯[卜]，即贞，其又（侑）于父丁。
　　　丁巳卜，即贞，王宾，妣戊，亡尤。
　　　……乙卯，……毓（后）祖乙，……羌……。
　　按：第二辞中的即，是祖甲时贞人，则本辞的"父丁"，指武丁，是祖庚、祖甲之父。妣戊，祖甲之母，武丁之配（《综述》第452页）。第四辞后祖乙，本片卜辞属于祖甲时,故称武丁为父丁,所以,此后祖乙,当指武丁之父小乙方妥。羌,辞残,抑或指用羌俘祭祀后祖乙。

30·4:贞,来乙丑勿乎(呼)子▣(雀)虫(侑)于父乙。

按:来,指来日乙丑。子▣,严一萍隶作"子春"。▣,本片略残且不太清晰,丁山释作"雀"。卜辞里多处出现子雀的"雀"字,作▣,像头上有羽毛的小鸟。据本辞子雀也是小乙之子,与武丁是兄弟行,故其侑于父乙也。

30·5:庚囗[卜],[即]贞,……[旬]亡[尤]。
　　丙寅卜,即贞,翌丁卯,父丁岁▣(物)牛。十月。

按:即,祖甲时贞人。父丁,指武丁。▣,严一萍摹作▣,并说王先生(国维)读作"勿"。据严一萍之说,勿牛当读作"物牛",杂色牛也。▣,或曰从刀从几个血点的释作"刎",读作"勿",与从弓的"勿"字读音相近,意义相同。参阅卷一第3·1片考释。

本片是《合集》23219。

30·6:贞,三牢。
　　丙申卜,行贞,父丁岁▣(物)。在五月。
　　贞,弜(勿)▣(物、刎)。
　　甲子卜,行贞,庚升岁,王其叙。
　　贞,弜(勿)。

按:以上释文是按拓片由下往上读的,与严一萍释文的顺序正好相反。第二辞中的行,是祖甲时的贞人。所以句中的"父丁"显然是指武丁。▣,是"物"字,杂色牛也。或曰"物"字初文不从牛,与"勿"字写法十分相近,小篆"物"字始从牛。前之学者辨之甚详。▣从▣,▣或释作"犁"。犁牛,牛身上黑红条纹相间曰犁色或犁牛,杂色牛曰物。

第三辞中的▣,是"物"字的初文,物牛,杂色牛也,卜辞意谓岁祭父丁不用杂色牛。或释作"刎",读作"勿"。参阅上一片考释。

第四辞中的庚,指下个庚日。升,据陈梦家说是宗庙建筑。参阅本卷第18·4片考释。庚升岁,于下个庚日在宗庙行岁祭。王其叙,是推测语气的说法,大意是王在庙室要用燃柴之祭用以禳除灾祸。

30·7:贞,二牢。
　　贞,三牢。

贞,翌丁亥岁父丁▨(物)。

贞,弜(勿)▨(物)。

按:第三辞和第四辞中的▨,都是"物"字,"物"是杂色牛的意思。卜辞大意是,贞问翌日丁亥岁祭父丁用杂色牛作牺牲么,第四辞贞得不用杂色牛。

30·8:甲辰[卜,行]贞,……[父]丁……亡[祸]。

丙午卜,行贞,翌丁未彡(肜)于父丁,亡祸。在正月。

按:行,祖甲时贞人,"翌丁未彡(肜)于父丁",则第一辞中的丁,也当指父丁,即武丁。翌丁未彡(肜)于父丁,于丁日肜祭父丁,这是商代晚期所形成的周祭制度,且这种祭祀制度一直延续下来,后世于祖先亡故之日祭祀某先祖先父遂成为习俗,书称"忌日"。后来民间改为于清明节、农历七月十五和立冬等所谓的鬼日祭祀亡祖父母或亡父母。

31·1:丙午……

五牢,兹用。

丙午卜,父丁温,夕岁一牢。(以上是《续编》本片)

二牢。兹用。

甲寅卜,其又(侑)岁于高且(祖)乙,一牢。

三牢。(以上三辞据《合集》32448 补)

按:温,从字形分析,寓意用酒行祭,与祼祭相同。《合集》32448 释文读作"祼",即灌祭,至今民间仍有把酒洒到祖先坟前土台子上祭祀的做法。

31·2:贞,……。二。

丙申卜,行贞,父丁岁,物。

贞,弜(勿)物。

按:行,祖甲时贞人。父丁,武丁。勿物,当是指不用杂色牛作牺牲的意思。

31·3:乙卯卜,即贞,王宾毓(后)祖乙、父丁,岁。亡尤。一。

……宾,……亡尤。

按:即,祖甲时贞人。本辞属于祖甲时,故称武丁为父丁,武丁是祖己、祖庚和祖甲之父。所以,此后祖乙当指武丁之父小乙。参阅本卷 30·3 片考释。

31·4：癸□[卜]，□贞，……父丁……亡尤。

癸亥卜，旅贞，其又(侑)于父丁……。一。

按：旅，祖甲时贞人。又，读作"侑"，侑祭。父丁，当是指武丁。

31·5：丁未卜，▨(蠃、羸)，▨(隹)若。

[燎]于父丁。

按：▨，《合集》32705 释作"龙"，非是。或隶作"蠃"，或释作"冃"(捐)，或释作"虯"。刘桓隶作"虯"，隶变作"虬"，曰："此字在卜辞中最常见的用法为表示疾病痊愈之意，当假为瘳"；"在甲骨卜辞中虯字主要有以下三种用法：一是假为瘳，为疾病痊愈之意；二虯甲为商代先王名；三用为地名，疑读为廖。"本书认为，▨像蜷曲着长躯且张嘴的动物，无角，当隶作蠃，是蠃虫"蠃"字的初文。卜辞读作蠃弱的"蠃"，属于一种病态，俗称软骨病，该病是由体内严重缺钙引起的。王充《论衡》卷二《命义篇》："禀性软弱者，气少泊而性蠃窳，蠃窳则寿命短，短则蚤死。"《铁云藏龟》第109·3片贞问"妇好蠃""不其蠃"，可证"蠃"是一种病态(即卷五第28·10片)。若释作"龙"，则卜辞"妇好龙""不其龙"，该作何理解？可见释"龙"非是。

另外，本卷第39·4片：御帚(妇)鼠子于妣己，允屮(有)▨(蠃)。

允屮(有)▨(蠃)，如果读作(妇鼠子)"允有龙"，该如何理解这句卜辞？所以，释作"龙"，非是。参阅本卷第39·4片以及卷五第28·10片考释。

▨，象鸟形，是"隹"字，读作"唯"。据《合集》释文所注，这是历组卜辞的写法。卜辞大意是，某人因身体蠃弱，还算好，因此燎祭父丁。古人迷信，如果某人得了某种怪病，药物治疗无效，往往以为是某位先人作祟所致，于是祝祷某位先人请予保佑。直至二十世纪七八十年代，在农村仍存在此种观念与习俗。

本片是《合集》32705。

31·6：癸丑卜，贞，于……。

……酱……[伐]其……于父丁。

按：酱，是五种周祭形式之一，荐黍稷之祭。参阅本卷第3·1片考释。其，推测语气词。父丁，抑或是武丁。辞残，其义不详。

31·7：丁巳[卜，即]贞，王[傧]父丁，叙，[亡尤]。

丁巳卜，即贞，王傧，叙，亡尤。

按：即，祖甲时贞人。父丁，是祖甲、祖庚和祖己之父武丁。

31·8：丙子卜，□贞，其夕□于▇（父丁）。

贞，毋▇（舌、舌）。

[丙子]卜，即[贞，翌丁]丑……[父]丁。

按：即，祖甲时贞人。其夕，此夕。▇，"父丁"二字合书。据第三辞此父丁也是祖甲之父武丁。毋，禁止之词，不、不要。▇，赵平安认为乇、舌和祐是同一个字的繁简不同，读作"舌"。卜辞用作祭名，也是用牲法之一。参阅卷一第 8·4 片考释。另据本卷第 33·3 片，卜辞也是祭名和用牲之法。

32·1：丁亥卜，贞，王傧父丁，劦（协），亡尤。

按：卜辞大意是，丁亥贞卜，王傧接父丁在天之灵降临，协祭无祸忧。此王应是祖甲，父丁则是祖甲之父武丁。

32·2：贞，父丁，▇▇（物牛）。

贞，弜（勿）物牛。

按：本辞▇▇"物牛"二字分书，第二辞也是分书，证明上文第 30·7 片是"物"字、第 31·2 片"弗物"是"不用杂色牛之省"的说法有据。

32·3：壬午[卜]，□贞，……奭，……[亡]尤。

贞，[王傧]，叔，亡尤。一。

癸未卜，行贞，王傧，夕福，亡囚（祸）。一。

丁亥卜，贞，王傧父丁，岁五牢，叔，亡尤。

按：奭，商王配偶的专用字。行，祖甲时贞人。夕福，当是指于傍晚时举行福祭，以酒行祭，或读作裸祭的"裸"。参阅卷二第 11·2 片考释。

第四辞大意是，丁亥贞问，王举行岁祭用五牢，举行燃柴之祭无祸忧。

32·4：贞，弜（勿）……。七月。二。

壬子卜，即贞，祭，其酒、桒（奏），其在父丁。七月。

按：即，祖甲时贞人。桒，像双手奉木形，释作"奏"，有敬献义，卜辞作祭名。参阅《后编考释》第 279 页。孟蓬生说，桒才是祈求义的"桒"（祓）本字。参阅《诂林补编》第 390 页。其在父丁，指以上几种祭祀形式都是祭祀父丁。

32·5：己亥……。其用。二。

甲午，贞，王又(侑)、伐于父丁。兹用。二。

按：伐，祭名，为舞祭之一种形式。参阅本卷第27·3片考释。"其用"和"兹用"的"用"，读作"诵"，若"颂"。

32·6：其又(侑)父己，叀▨(牢)，用。……又……。

按：父己，二字合书。蔡哲茂说，小王父己就是传世文献中的孝己。参阅本卷第25·7片考释。父己早死，未继位，则时王是祖甲的儿子廪辛或庚丁。▨(宰)，从羊在宀下，是"牢"字的异构，或是指骟过没有膻味专门用于祭祀而饲养的羊，所以卜辞既有用宰作牺牲，又有用牢作牺牲的不同记录。

32·7：……于父己，夕酒……。

按："父己"二字合书。据上一片卜辞，所缺祭名当是"又(侑)"字。父己，孝己。参阅上片考释。夕酒，于傍晚举行酒祭。

33·1：……王受又。

……于父己，王受又。

……▨(斁、釐)。

按：父己，孝己，未继位而死。参阅本卷第25·7片和第32·6片考释。▨，从殳，从未厂，隶作斁，是"釐"字的初文。参阅本卷第23·7片考释。

33·2：……于父庚御。（本辞是《续编》本片）

……于父甲御。（以上二辞是《合集》2869反面）

庚寅卜，▨(㝷)贞，▨(霝)▨(妃)亡不若。

▨(？)。（以上二辞是《合集》2869正面）

按：本片是《合集》2869反面的一段卜辞。父庚和父甲，当是指祖庚和祖甲。本片所记或是廪辛或庚丁御祭其父祖甲以及叔父祖庚，与第三辞和第四辞不是同一个时代。这是一块甲骨的正反两面记载不同时期的卜辞。

㝷，武丁早期贞人。▨，从雨从叩，是"霝"字。李学勤说"这个字其实就是'雨'，只不过把下端三点用勾勒法表现，是指更像雨点而已""动词训'落、下'的'雨'字三点用勾勒法，名词的'雨'则不然，是书写者力求变化，以示区别"。参阅《诂林补编》第331页。▨，从女从巳，是"妃"字，霝妃当是武丁的嫔妃名。第四辞▨，拓片不清晰。好像上从中样的装饰物，下从倒"止"，构形不明，且孤辞只字，其义不详。

33·3：□未卜，其䂂（舌、舌）于父庚……。

按：舌，赵平安释作"舌"，卜辞用作祭名，也是用牲之法。参阅本卷第8·4片及第31·8片考释。

33·4：御父庚，三(牢)，酚，䧹（雚）至……。

按：䧹（雚），《说文》萑部："雚，小爵也。从萑吅声。《诗》曰：'雚鸣于垤。'"属鸱鸮（猫头鹰）一类的小鸟。卜辞大意是，在御祭父庚，举行酚祭时有雚飞到。按照古人的说法，鸱鸮降临不吉祥。《诗经·豳风·鸱鸮》："鸱鸮鸱鸮，既取我子，无毁我室。"冯梦龙《东周列国志》："今凤凰、麒麟不来，而鸱鸮数至。"凤凰、麒麟与鸱鸮相对，凤凰、麒麟属吉祥动物，鸱鸮是不吉祥动物。

本片是《合集》21538乙片中的一辞，该片共有二辞，移录于下，供参考：
御父庚，三(牢)，又(侑)䅹（戟）二，酚，䧹（雚）至，□父庚。
御小辛三牢，又(侑)䅹（戟）二，酚，䧹（雚）至……。
䅹，《说文》所无，隶作戟，或隶作从束从支的殻。

33·5：父庚，一豕。

祖庚，唯牛。

贞，奏舞，允从雨。一。

贞，其雨。

按：拓片有斑蚀。卜辞大意是，祭祀父庚用一豕，祭祀祖庚一定要用牛。奏舞，奏乐歌舞，是求雨之祭的仪式。《说文》雨部："雩，夏祭乐于赤帝，以祈甘雨也。"《荀子·天论》："雩而雨，何也？曰：无何也，犹不雩而雨也。日月食而救之，天旱而雩，卜筮然后决大事，非以为得求也，以文之也。"可见奏乐歌舞以求雨之俗由来已久。允从雨，大意是通过奏乐歌舞的求雨祭祀果然下起雨来了。

33·6：□未卜，王□䂂（南、穀）于□，勿夕□。

……于父辛，三羌，十一月。

按：䂂，"南"字，后世字书作"穀"。卜辞用作祭名。参阅卷一第19·5片考释。勿夕□，勿于夕时祭。辞残，其义不详。父辛，帝小辛也，武丁的叔父。参阅本卷第33·2片考释。

本片是《合集》382。

33·7：贞，乎皋取☐（尸、夷）。

受年。

贞，乎皋取夷。（以上是卷二第29·5片）

受年。

贞，乎皋取夷。

贞，坐（侑）于父辛。

贞，坐（侑）于父庚。（以上是本片）

按：皋，人名，或说是武丁时的重臣。取，《韵会》"凡克敌不用师徒曰取"。☐，象侧立弯腰的人形，隶作"尸"，读作"夷"，卜辞是氏族名，在晋地（《综述》第284页）。《合集》9827释作"乃"，非是。父辛、父庚，即帝辛、盘庚，是武丁的叔父小辛、盘庚。参阅书后所附"商先公先王及配偶世系表"。本片与卷二第29·5片缀合，缀合后是《合集》9827。

34·1：贞，父辛祟。

贞，王坐（有）祸。

贞，父甲祟。

按：第一辞父辛祟，父辛作祟。第二辞王坐（有）祸忧。第三辞父甲祟，与第一辞意义相同，但人名不同。

34·2：甲子卜，争贞，坐（侑）羌。二。

乙丑卜，亘贞，唯父庚。一。

乙丑卜，亘[贞，唯父辛]。一。

☐（不☐☐）。

按：争、亘，都是武丁早期贞人。父庚、父辛，是武丁叔父盘庚和小辛。

☐，本辞从右向左读，写作"不☐☐"。学界或释作"不玄黾"。☐，或说象吊着的纺砖形，据语法关系用作动词。☐，或曰象蜘蛛形，因而释作"鼋"。不☐☐，《诂林》第3179条按曰："当读作'不悟殊'。"此说难以理解，恐非是。☐，或曰象蛙鼋形，读作"鼋"，《说文》鼋部："鼋，鼋鼋也。从它，象形。鼋头与它头同。"蛙鼋，即青蛙。黄天树释作"不玄（?）冥（?）"。不过，在"玄冥"二字后黄天树都打了问号，好像释文尚不确定的意思。① 刘桓读作"不予鼋"，"予"是给予的意思。参阅《诂林补编》第986页。

不☐☐，本书以为当读作"不玄鼋"，即"不悬蛛"，意为没有悬吊着的蜘

---

① 黄天树：《黄天树古文字论集》，学苑出版社，2006年，第14、15页。

蛛,寓意没有喜事降临。二十世纪五六十年代,苏北农村人住土墙茅草房,早晨开门时,如看到当门悬空吊着蜘蛛,预示今日将有喜事临门,此时人们就把蜘蛛叫喜蛛。当然这是三千年后现代人的文化心理,估计三千年前的商代人也有这种文化心理。因为根据商代甲骨卜辞和铜器铭文来看,商代的文明程度已经很高了。

刻辞"不🔲🔲"(不玄黽),总是单独刻于甲骨片的某处,内容与占卜吉凶无关,故本书称之为刻辞。黄天树把它看做是宾组常见兆辞。

本片是《合集》444正面。

34·3: 父庚,又(侑)二牢。🔲(由、咎)……。

辛巳卜,母癸,其曰……(本句卜辞字体特别小,与其他几句不同)

癸未卜,父甲福,伐人。

又五伐。

弜(勿)日。兹用。

按:第一辞末字残,严一萍摹作🔲,《诂林》第0732条谓当释"由",读作"咎"。《合集》26995释文作"夕岁"二字。

第二辞"母癸",严一萍释文作"母庚",非是,拓片🔲明明是"癸"字。母癸,武丁法定三配偶(妣癸[妇鲁]、妣辛[妇好]、妣戊[妇妌])之一的妣癸,是孝己之母。参阅本卷第25·7片考释。

第三辞"福",此处为祭名,用酒行祭,与祼祭相同。伐人,辞残,与第四辞的"伐",当是祭名,舞祭之一种形式。第三辞《合集》释文释作"癸未卜,父甲福伐比"。

第四辞《合集》释文作"伐又五"。

第五辞"弜(勿、弗)日",不成辞句,其义不详,或是习刻所致。《合集》释文无此二字,拓片有,位于骨片上部,在"兹用"左侧。

35·1: 于祖丁母匕(妣)甲御屮(侑)🔲(肇)。

于匕(妣)庚御屮(侑)🔲(肇)。

……御……🔲(骨、囚)。

按:祖丁母妣甲,陈梦家曰:"上述卜辞其特点如下:(1)由示壬配妣庚之或称母或称妻或称妾,证母、妻、妾义同故通用;……(4)祭法大多用'屮';……(6)除'祖丁母妣甲'外,其他都是周祭中的法定配偶。"(《综述》第380页)根据陈梦家的说法,可知妣甲是祖丁的配偶而不是母亲,且妣甲是祖丁的非法定配偶。此祖丁,据陈梦家"卜辞世系表"(第379页)是武丁之祖父,即祖辛之子,小乙、小辛、盘庚、阳甲之父,故武丁称之为祖丁。
　　▨,左从岁,右从攴(攵),《说文》所无,《合集》2392 隶作敚。据语法关系卜辞当是侑祭的对象人名。▨,像有刻划的肩胛骨形,或释作"骨",或释作"肩",或释作囚。宋华强怀疑▨、▨是骨体的"體"(体)字表义初文。但他又说,大概因为动物肩胛骨是商人日常生活中最常见的骨体之一,所以用肩胛骨的形状来表示骨体之"体",小点疑象骨体上的血。据宋华强文,严一萍开始就读作身体的"體(体)"。参阅《诂林补编》第537—539页。
　　本片是《合集》2392。

35·2：贞于妣甲。
　　按：妣甲,祖丁的非法定配偶。参阅上一片考释。

35·3：贞,勿乎奴羊。
　　　　贞,勿尞于河。
　　　　贞,㞢［于］南［庚］。
　　按：奴羊,或读作登羊,本辞当是指不要呼唤敬献羊的意思,即不要用羊祭祀。南庚,是上文第35·1片中祖丁之弟,是武丁的叔伯祖父。祖丁死后继位为王,这就是王国维所说的商代"兄终弟及"的继承制度。

35·4：贞,尞于河。受［年］。
　　按：河,特指黄河,河与岳(太岳山)是商人心目中至高无上的自然神,以其能生风雨,故被年之祭多祭之,是祭祀的重要对象。参阅本卷第1·3片考释。

35·5：贞,……从……取……。七月。二。
　　　　贞,于来辛未［祡］河。
　　按：第一辞残缺,其义不详。第二辞来,来日,指辛未。祡河,被祭河。

35·6：贞,……。
　　　　祡(被)年于河。
　　　　……勿……侯虎。
　　按：第二辞大意是,被祭黄河以祈来年有好收成。第三辞侯虎,武丁时期被封为侯的,名虎,与商末帝辛(纣王)时的崇侯虎恐非同一人。

35·7：贞,……于父乙。
　　　壬午卜,亏贞,河袭(祓)。
　　按：亏,武丁早期贞人。第一辞父乙,当是武丁之父小乙。河袭,即袭河。

35·8：庚辰卜,争贞,……土。
　　　□□[卜],贞,……河……三牢。
　　按：争,武丁早期贞人。辞残,其义不详。

35·9：亡其来[自西]。
　　　勿于河袭(祓)。
　　　㞢(有)来,自西。
　　　贞,勿其获豕。
　　　……于……袭(祓)……。
　　按：第一辞自西,来自西方。这种句式含有补充说明的作用,按正常的顺序是：无其自西来。参阅本卷第36·4片卜辞。第二辞,大意说不要袭祭于河。第三辞,有来自西,不知是何来。第四辞豕,指野猪。第五辞残,其义不详。

36·1：丁卯卜,……弗亦……朕……(据《合集》1197补)
　　　戊辰卜,既上甲罙河[我]辜(廊)巡,其……。
　　　戊辰卜,既[上甲]罙河我[辜]巡,其……。
　　按：我,指商王室。辜,武丁时期地名,或说在殷之东,或说在河南沁阳东南。或释作廊,卜辞是地名。参阅卷一第2·4片考释。巡,巡视。参阅本卷第16·1片考释,以及蔡哲茂《甲骨拼合集》第297则。

36·2：丁亥卜,㞢(侑)于河,二牢。三、三、三、三。
　　　二牛。
　　　丁亥,……曰㞢(侑)于丁,三豕。一。
　　按：第一辞大意是,用二牢作牺牲侑祭河神。第二辞曰用二牛。第三辞大意是,用三豕侑祭庙号曰丁的先王。四个数目字"三",表示占卜次数。

36·3：丙戌卜,争贞,其告🔲(鞠)于河。二。
　　　……夐……。

按：争，武丁早期贞人。■，《合集》805 略清楚些，从廾从口从幸，隶作"鞠"，象人双手被拘，以口讯之之形，有审讯、告诫等义。所以，隶作"鞠"从字形和意义两方面考察都比较合适。本辞其告鞠于河，犹言告凶于河，当用作祭名。

本片是《合集》805。

36·4：亡(无)其来自西。

勿于河桒(祓)。

[其]来[自]西。

按：参阅上文第 35·9 片考释。

36·5：辛未卜，敽贞，王勿衍(逆)伐舌方，下上弗若，不我其受又。六月。

壬申卜，敽贞，于河[匄]舌方。三、三。

按：敽，武丁早期贞人。衍，从止从行，或是从步从行之省，或读作"逆"，有迎义，勿逆伐，犹言不要前往迎战。该字又见于本卷第 16·1 片和卷三第 5·1 片，内容基本相同。参阅本卷第 16·1 片和卷三第 5·1 片考释。下上，犹言上下，或指臣和君。弗若，不允诺。匄，乞也。第一辞言上下不允诺，我得不到佑助，王不要前往伐舌方。第二辞或是向河神祈求舌方也不要来侵犯我。

36·6：丁酉卜，……河■(以、与)岳……。一。

按：■，隶作㠯(以)，本辞应读作"与"，是连词。岳，太岳山的简称，今称太行山。河与岳同为商人心目中的最高自然神，以其能生风雨也。

36·7：贞乎……河……。三。

丁酉卜，争[贞]，……勿■(䑛)。

按：争，武丁早期贞人。■，从果在口上，隶作䑛。或释作喋血的"喋"。本书以为喋，一读 dié，话多，常重叠使用，如"喋喋不休"；一读 zhá，拟声词，鱼和水鸟吃食的声音。本辞残，其义不详，或用作祭名。

37·1：□□[卜]，宁贞，登人伐下■(危)，受㞢(有)又(佑)。一月。

□□[卜]，敽贞，我受年。

……我受黍年，二月。

……桒(祓)年于河，尞三牢，[沉]□□，卯三牛，俎(宜)牢。

（以上四辞是本片，是正面）

［王占曰：吉。］甲其雨，受年。(本辞是反面，据《合集》10094 补)

按：宁、殼，都是武丁早期贞人。下某，叶玉森释作下危，某(危)字构形不明，是方国名，卜辞亦称危方。于省吾也释作下危，认为某像敧器。敧器，形状像陀螺，是下尖上大，圆形，能盛水的一种小容器具。李家浩曾释作"弁"，赵平安对某字也曾作考释。赵平安在《释甲骨文中的"某"和"某"》一文中认为某是兑，读作"辩"，下危是汉代的下辩。赵平安说："下某当即下辩(辩、兑上古声韵相同)"，"下辩，《汉书·地理志》称'下辩道'，王莽称杨德，属武都郡，故治在甘肃成县西，曾是少数民族聚居之地。"

又说："下某，卜辞也作某方。'某方'与'下某'，或以为两个方国，或以为一个方国的异称。当从后一种说法。'下某'多见于第一期卜辞，'某方'多见于三、四期卜辞，可能是不同时期，称谓有别。第五期征尸方卜辞亦有某，这个某应读为卞(弁、兑通用，卞是弁的异体)，为古县名，《汉书·地理志》属鲁国，故治在今山东泗水东部。泗水地处山东南部，正是征尸方所经之地。把字音和字形综合起来看，某很可能是笄的本字。"①

第四辞大意说，祓祭于河时用三牢，沉牛，杀三头活牛，还要举行宜祭。宜，或释作"俎"。卜辞是祭名，即宜祭。参阅本卷第1·2片考释。

37·2：戊午卜，亘贞，尞于河。

丁亥卜，宁贞，某(㠯、以)……。

［王］占曰［吉］，其……。

按：亘、宁，都是武丁早期贞人。某，或释作"氐"，或释作"氐"，读作"厎"，致送，或释作"以"，用也，或读作"矣"，句末语气词等。丁山在其《甲骨文所见氏族及其制度》"论某勹"一文中认为，某象人曲肘有所抱取形，是勹字，即"抱"字之本字，卜辞有引、取义。② 本书释作"以"，"用以、用来"。参阅《后编考释》第242—243页。

38·1：亡其来之河。

往见于［河］，……亡来。

按：严一萍据他书著录补齐，释文作(按：标点为本书所加)：

---

① 李家浩：《释弁》，《古文字研究》第一辑，中华书局，1979年，第391—395页；赵平安：《释甲骨文中的"某"和"某"》，《文物》2000年第8期，第61—63页，收入《新出简帛与古文字古文献研究》，第3—9页，商务印书馆，2009年，又见于何景成：《甲骨文字诂林补编》，第818—821页。

② 丁山：《甲骨文所见氏族及其制度》，中华书局，1999年，第14—16页。

□未卜,韦贞,乎……河,以启,王占曰:亡其来。之……往见于……亡来。

又按:本片是《合集》14647 正。反面仅一"若"字。本片与卷五第 15·3 片重复。第二辞"往见于(河)"的"见",当读作敬献的"献"。

38·2:……费先御,寮牢。

……羌。

……御,寮于河。

按:费,从匕从単,或读作"畢"(毕)。卜辞是武丁时期人名,也是氏族名,一说是羌之一支。丁山考证说,疑读若"毗",即《春秋》哀公五年"春,城毗",谓毗当即昭公十一年经所谓"大阅于比蒲"之比蒲;比蒲疑即隐公元年《左传》所谓"费伯帅师城郎"之费,"鲁大夫费岑父之邑也。今山东鱼台县西南有费亭"。费亭,即《纪年》所谓"祖乙居庇"之庇,在今鱼台县境(《氏族制度》第 85、86 页)。本辞之费,据语法关系当是武丁时人名。牢,在拓片右上角,本片被删。

本片是《合集》4057。

38·3:贞于南方,寽(将)河宗。十月。

按:寽,从二又(手),片声,是"将"字。据语法关系本辞中作祭名。将河宗,意即奉享于河宗。河宗,或指供奉河神的宗庙。此字也见于《后编》卷下第 13·7 片。可资参阅。

38·4:贞,妣己弗祟彗(妇)□。

贞,乎往……。

按:妣己,本辞可能是四祖丁之配偶,四祖丁是武丁的祖父。弗祟,不作祟,指不要作祸于妇某。彗,读作"妇",辞残,不知所指是妇某。古代人们迷信,往往以为家里某人生病是某先人作祟于她,然后允诺祭奠,求其勿加害于她,直至现代犹然。

38·5:贞,不唯妣己祸。

贞,旦般(师般)以……勿于亶(廊)。一。

不 ![字] (![字])。

按:师般,或作师盘,人名。参阅本卷第 29·3 片考释。亶,此处或是地名廊。

,写法比较特殊,即字。不(),读作"不玄黿",即"不悬蛛",意为没有悬吊着的蜘蛛,寓意没有喜事降临。参阅卷一第34·2片考释。

38·6:贞,福于妣己,曾(告)、殳(报),卯牢。

按:福,或释作"祼",是一种祭祀仪式,用鬯酒祭祀祖先在天之灵和皇天后土,文献记载很多。曾,读作"告",是一种祭仪,祭而告之也。《诂林》谓于省吾先生读作"删",犹今言"砍",卜辞表用牲之数。或读作刑戮的"刑",有杀义。然于本辞的意思讲不通。

殳,是"服"字的初文。卜辞读作"报",报祭。参阅本卷第28·6片考释。黄天树说殳是"俘获的人牲"(《黄天树古文字论集》第139页)。

38·7:甲申卜,又(侑)。
　　 叀(唯)羊,妣己。
　　 叀(唯)牛,妣己。

按:![],从行从川,严一萍释文作"衍",或说当释作"衍(侃)"。参阅《诂林补编》第583页。![],头部有斑蚀,像是上从兔,下从口,隶作鲁。严一萍释作"虎甲",人名,或即《史记·殷本纪》所记的阳甲。鲁,是阳甲的专名用字。第二辞和第三辞贞问祭祀妣己是用羊还是用牛作牺牲。

38·8:屮妣己。
　　 屮妣庚。

按:卜辞大意是,侑祭妣己,侑祭妣庚。

39·1:贞,从……。
　　 贞,勿屮于妣己。

按:第一辞残,其义不详。第二辞大意说,不要侑祭妣己。严一萍释文补背面刻辞"……自帚(妇)卅"三字。

39·2:己卯卜,屮于妣己。
　　 叀(唯),用。
　　 ……羊。

按:![],象手指上带有玉籋之形,开弓拉弦所用,隶作"夬"。陈梦家、李孝定疑是"勺"字。本书以为陈、李二人之说与字形不合,卜辞是人名。《合集》19884 读作"摰"。《说文》手部:"摰,固也。从手臸声,读若《诗》'赤舄摰摰'。"其释义则合,然于字形则不似。赵平安把 ▨（叹）释作"夬",陈剑认为字形表示的本义是用手持取、引取一物,结合读音,认为它应该是"搴""摰"共同的表义初文。参阅《诂林补编》第 268、269 页。

豰,母猪。▨,从人,从口,是"后"或"司"。本辞读为"更豰,后用"。

39·3: 丁丑卜,亏贞,子▨（雍）其御王于丁▨（妻）二妣己▨（禋）羊三,用羌十。

……▨（胥）。

按:亏,武丁早期贞人。▨,上有斑蚀,下残,从隹从吕,罗振玉释作"雍"。子雍,是人名。此人也见于《后编》卷下第 21·11 片。▨,上从又,下从女,是"妻"字。丁妻,指丁的配偶。参阅《综述》第 381 页。妣己,当指武丁的祖父祖丁的配偶。▨（亜）,象豆中气四散形,是一种天象,即月晕的"晕"字,或隶作"亜"。本辞读作"禋",是祭名。《说文》示部:"禋,洁祀也。一曰精意以享为禋,从示亜声。"在不同的语境中,▨（亜）的含义和用法不同。陈梦家说:"因武丁卜辞 ▨ 只有两个用法:一为用牲之法,一为夕亜。"陈说是也。参阅《综述》第 246 页。本辞大意是,王在祭祀丁妻二妣己时禋祀用三羊十羌作牺牲。

日本学者成家彻郎也认为读作"禋"较为合适。他说:"甲骨文中的 ▨ 字,也应是面向天空祈愿的意思。"曹定云把 ▨（亜）释作"敦",一种盛食器。还有其他一些不同说法,兹不赘引。参阅《诂林补编》第 674—685 页。由于学界对卜辞的断句和理解不同,因而对 ▨ 与夕连用时也有不同的解释。其实亜是一种天象。关于 ▨（亜、亜、晕）字,参阅卷五第 8·1 片考释。

拓片左上角还有个残字 ▨,上从伏贴的"耶",下从冂,隶作胥。卜辞疑作地名。辞残,其义不详。

39·4: 御帚（妇）鼠子于妣己,允坐（有）▨（蠃）。

□亥,不雨。□月。

按:帚（妇）鼠子,人名,是武丁妃之一。妣己,商王的配偶称妣己者有三人,分别是仲丁、中宗祖乙和四祖丁,此或是四祖丁配偶妣己。

▨,象蜷曲着长躯且张嘴的动物,无角,《合集释文》释作"龙"。本书以为,当隶作蠃,是蠃虫"蠃"字的初文。卜辞读作蠃弱的"蠃",属于一种病态,俗称软骨病,该病是由体内严重缺钙引起的。《铁云藏龟》第 109·3 片

（即卷五第 28·10 片）贞问"妇好羸""不其羸"，可证羸是一种病态。本辞也是讲妇鼠子允有羸（软骨病），而不是允有病除的意思。严一萍释文漏释该字。若释作"龙"，则卜辞"妇好龙""不其龙"以及本辞妇鼠子"允有龙"，该作何理解？可见释"龙"，非是。参阅卷一第 31·5 片考释。

39·5：戊午卜，韦贞，御于高妣己。

按：韦，武丁早期贞人。高妣己，高祖的配偶妣己。商王的配偶称妣己者有三人，此或指四祖丁（武丁的祖父）配偶妣己。结合下文第 39·8 片卜辞"酒祭高妣己眔妣庚"考虑，因为只有四祖丁的配偶有妣己而外还有妣庚，仲丁和中宗祖乙皆无配偶曰妣己者。参阅书后所附"商代先公先王及配偶表"。

39·6：贞，父庚弗害王。

不唯妣己。

□□[卜]，争……。

按：弗害王，不要加害于王。争，武丁早期贞人。

39·7：辛巳，贞，其秦（莠）生[于]妣庚牝。弜（勿）又（侑）、岁。

按：卜辞大意是，贞问莠祭于妣庚用母畜，不用侑祭和岁祭。

39·8：丁丑卜，㱿贞，于来己亥酚高妣己眔妣庚。

贞，弗其执。一、二、二告。

按：丁丑卜，《合集》2367 释文作"丁亥卜"，误。㱿，武丁早期贞人。高妣己，商王的配偶称妣己者有三人，此或指四祖丁（武丁的祖父祖丁）配偶妣己和妣庚。拓片右上角还有第二辞几个字，被《续编》删除。

39·9：庚申卜，旅贞，唯█（元）█（卜）。用。在二月。

□□卜，[旅贞]，……妣庚……。

按：旅，祖甲时贞人。█，象站立的人，上有一横，《合集》23390 释作"元"。卜辞是人名。█，是"卜"字，上有一横裂纹，严一萍释文误作"石"，非是。

40·1：己未[卜，行]贞，翌[庚申㞢于]妣庚，岁。

贞，牝。

[己]未卜,行[贞],翌庚申业(侑)于妣庚。

按:行,祖甲时贞人。兄庚,指祖庚,祖甲之兄,故称兄庚。卜辞大意是,贞问用母牛作牺牲祭祀妣庚吧。

40·2:壬寅卜,即贞,王✍(出),亡(无)囚(祸)。

□□卜,即贞,岁于妣庚。

按:壬寅卜,《合集》23373 释文作"戊寅卜",误。即,祖甲时贞人。王,当是祖甲。✍,从止在ⅴ上,是"出"字,下面的凵写法与其他"出"字略有不同。妣庚,是小乙(祖乙)之配。

40·3:乙巳卜,尹贞,王傧妣庚,岁、叙,亡尤。

贞,亡尤。在九月。

□□卜,傧,……福,[亡]囚(忧)。在□月。

按:尹,祖甲时贞人。福,即归福,是一种祭祀仪式。指祭祀后拿回祭祀时所用的祭品分发给家人,这种仪式叫"归福"。① 或读作"祼",祼祭。本片卜辞祸忧字,一作"尤",一作囚。

40·4:贞,弜(勿)□妣辛✍(眔)且(祖)□。

乙卯卜,✍(晅)贞,其一牛。

……牛。

按:妣辛,根据陈梦家商代世系及配偶表,此妣辛当是武丁之配,且正如陈梦家所说"廪辛卜辞很少发见祭先妣而附夫名者"(《综述》第 382 页)。✍(眔),上面所从的目一般是横写的,但本片写着竖目,与他辞不同,本辞作连词"和""及"。祖某,字缺,不知是何人。

✍,上从日,下从页,陈梦家隶作晅。根据陈梦家《综述》"卜人表",晅是廪辛时贞人名。陈梦家说,晅的卜辞的称谓很特殊(《综述》第 200 页)。参阅《后编考释》第 186 页。本片辞简且缺字,其义不详。

40·5:其✍(烝)新✍(鬯)二✍(斗)一✍(卣)。王[受又]。

按:✍,从示从廾从豆,是"登"字的异构,读作"烝"。登烝,犹烝尝之祭,用新收获的粮食祭祀祖先亡灵,登祭属于秋祭之一。下文曰"新鬯二斗一卣",证明✍就是"登",读作"烝"。✍,或释作"升",本辞的"斗"是

---

① 叶正渤:《"归福"本义考源》,《辞书研究》1999 年第 5 期。

量词。

⬚（鬯），用新收获的秬（黑黍米）酿制的一种香酒。斗，盛鬯酒的单位名称。⬚（卣）是盛鬯酒的容器单位，犹今日的"壶"。

40·6：乙丑卜，㱿贞，于⬚（保）舌方，执。二。

……亥……牛。（以上二辞是本片，是正面）

王占曰吉，其□。

［自］⬚（䜅）⬚（气、乞）。（以上二辞是本片反面）

按：㱿，武丁早期贞人。⬚，从人从子，是"保"字，《说文》人部："保，养也。从人，从孚省。孚，古文孚。"于保，或是捕贡方俘虏之义，故下文言"执"。

⬚（䜅），从上下二臣相重，《说文》无，卜辞是人名。该字又见于卷四第25·11片卜辞。⬚（气），三横，中间一横短，释作"气"，读作"乞"，或释作"三"。据季旭昇文章所引，张玉金说"气"有四种用法：1. 副词，犹汔也；2. 副词，犹将也；3. 副词，犹其也；4. 副词，犹若也。季旭昇认为"气"解释作贡献、致送更为明畅。沈培说，甲骨文中其他的"气"字大多数都是表示副词，表示"最终""终究"和"终竟"的意思。姚萱说，在《花东》记载龟甲来源的刻辞中，被整理者释为"三"的字，其实就应改释为"气"（乞）字。参阅《诂林补编》第857—862页。

40·7：贞，其𠃵，告于母丙，御。

按：本片是《合集》2525反。该片正面仅有一个"二"字。母丙，根据陈梦家周祭法定配偶表，母丙当是小乙直系非法定配偶，故武丁亦可称之为母也（《综述》第452页）。参阅本卷第29·4片考释。

40·8：贞，……于……。

贞，叀羊，㞢（侑）于母丙。

甲申卜，贞于丁，禁（祓）年娥。

贞，翌庚子㞢（侑）于母庚，牢。

按：母丙，是小乙直系非法定配偶。据商代世系，成汤之后，武丁之前，庙号曰丁者，先后有大丁、沃丁、仲丁、祖丁四人。祖丁亦称四祖丁，是武丁之祖父，陈梦家说此祖丁最重要。本片属于武丁卜辞，因此本辞的丁，可能指武丁的祖父祖丁。娥，据卷三第48·3片卜辞，娥是祭祀的重要对象人名。据陈梦家《综述》，是商上甲以前的重要先祖，女性，是人格神（第361

页)。祓年娥,当是向娥祓祭以祈求来年有收成。母庚,是小乙的法定配偶(《综述》第452页)。

41·1:贞,勿于母丙御。

41·2:戊辰[卜],□贞,其……母己。
　　　贞,弜(勿)又(侑)。十二月。
　　　……之日……。
　　按:母己,根据陈梦家周祭法定配偶表,商代先王之配称妣己者有仲丁、中宗祖乙和祖丁(四祖丁),旁系配偶及直系非法定配偶称母己者有小乙、武丁和祖甲三王(《综述》第452页)。本片卜辞属于武丁时期,所以母己是小乙的非法定配偶。弜又,读作"弗侑",不侑祭。之日,这日、此日。辞残,其义不详。

41·3:贞,……。
　　　贞,母己来。
　　　贞,不其来。
　　按:卜辞贞问母己是来,还是不来。母己,此母己也当是小乙的非法定配偶。

41·4:贞,我不其……。
　　　贞,屮(侑)于母庚,二牛。
　　按:母庚,据陈梦家研究,母庚是小乙的法定配偶、武丁之母,故武丁卜辞称其为母庚(《综述》第452页)。第二辞大意是,侑祭母庚用二牛作牺牲。

41·5:戊午卜,王:于母庚祐子𤔔(辟),……月。一。
　　　叀豕,兄。二。
　　按:第一辞的母庚是指武丁的法定配偶,是本王(祖甲)之母(《综述》第452页)。祐,《说文》示部:"祐,助也。从示右声。"此处指佑助。𤔔,从卩(坐人形)从辛,是"辟"字。① 子辟,人名,陈梦家《综述》所列商代诸子中没有"子辟"。子辟又见于卷五第5·6片,可见商代诸子中确有其人。子辟

---

① 参阅黄德宽:《古汉字发展论》,商务印书馆,2014年,第73页。

仅见于师组小字类卜辞。关于师组小字类卜辞的时代,黄天树说:"从武丁较早的时期开始,一直延伸到武丁晚期。"又说:"我们认为:自组小字类的下限应延伸至武丁晚期,和宾组确实有过一段时间并存。"参阅黄天树《论自组小字类卜辞的时代》一文。①

第二辞或是说叀用豕祭祀兄。"兄"下无人名。

本片是《合集》19964。

41·6:甲申卜,贞于丁,桒(祓)年娥。

贞,翌庚子坐于母庚,牢。(以上二辞与本卷第40·8片相同)

桒(祓)年于▨(昌),夕羊,尞小牢,卯一牛。

贞,……甲……。

按:第一辞和第二辞与本卷第40·8片相同,可资参阅。母庚,是小乙的法定配偶,武丁之母(《综述》第452页)。▨,上从目,下从口,隶作▨,或昌,卜辞多见,《说文》无。前之学者或释作人名,或说是殷先公名,或释作地名。本书据卜辞辞例和语法关系来看,昌用在祓年和介词"于"之后,当是人名,是祭祀的对象。参阅《后编考释》第271页。刘桓结合卜辞侑于昌总与作邑之事有关,将昌释作"冥",是殷先公人名,曾担任司空之职,并引文献用例为证。参阅《诂林补编》第141—142页。

本片是《合集》10130。

41·7:贞,勿御于母庚。

勿御。(以上二辞是本片)

御于母庚。

贞,御于母庚。

弜(勿)首(蔑)……母……。(以上三辞被删,是下一片)

按:母庚,是小乙的法定配偶,武丁之母,故称母庚(《综述》第452页)。本片是下一片的下半截,两片缀合后是《合集》2559。

41·8:御于母庚。

贞,御于母庚。

勿首(蔑)……母……。

按:卜辞反复贞问御祭母庚。第三辞"蔑",常和否定副词"勿"连用,勿

---

① 黄天树:《黄天树古文字论集》,学苑出版社,2006年,第6—15页。

蔑犹言勿怠慢。赵平安说，卜辞中此字多数情况下可以读为"尚"，作副词，用在动词前，表示事情的继续或残存的状态。可译成"还""还是"或"仍然"等。参阅《诂林补编》第159—162页以及卷一第15·1片考释。

本片是上片的上半截，被一分为二。缀合后参阅上一片考释。

42·1：贞，屮(侑)于父□。
　　　贞，令望乘▨(归)。
　　　贞，王其屮(侑)曰父乙。（以上三辞据《合集补编》2031补）
　　　贞，酒母庚。（本辞是本片）

按：望乘，商王室的属国。▨，从㝬，自(堆)声，是"歸"(归)字。父乙，武丁之父小乙。母庚，小乙的法定配偶，武丁之母。

42·2：□□卜，屮(侑)、彳(示)、岁母庚。

按：三个祭名连用，表示祭祀母庚用不同的祭法。第二字严一萍释文作"彳"，非是。本书释作"示"，祭名。参阅卷一第2·5片和第6·2片考释。

42·3：庚寅卜，王贞，用▨(豕)，母庚，今日……。（本辞是反面）
　　　□□[卜]，王贞，弜(勿)▨(疋)在▨(妊)，虎获。（本辞是正面）

按：于庚日祭祀母庚，这是周祭。此王，仍当是武丁。母庚，武丁之母、小乙之配。▨，大腹短尾，是"豕"字，严一萍释作"犬"，非是。《合集》20706反也释作"豕"。

▨，上从止，下从小腿，是小腿连足之形，李孝定隶作"疋"。《说文》疋部："疋，足也。上象腓肠，下从止。《弟子职》曰：'问疋何止。'古文以为《诗·大疋》字。亦以为足字。或曰胥字。一曰疋，记也。"《说文》释义则是，释形略误。▨，从女从王，隶作(妊)，商承祚谓"乃地名"。本辞大意是，王贞问，不要驻足于妊，捕获了虎。

42·4：甲戌[卜]，□贞，……母辛……。
　　　□辰卜，……王……匄……。
　　　贞，……一牝。一。
　　　……其屮(侑)。一。

按：第一辞"甲戌"，严一萍释文隶作"庚戌"，非是。母辛，二字合书，据陈梦家之说，此母辛当是武丁之法定配偶（《综述》第449页），则此王当是祖甲或祖庚。匄，或读作“匃”，乞也、祈也。辞残，其义不详。

42·5：庚申卜，王贞，其又(侑)于母辛。十月。五。

庚申卜，王贞，毋又(侑)于祖辛，于母辛。六。

按：第二辞中的祖辛，应指武丁的叔父小辛，是祖甲、祖庚和祖己(孝己)三兄弟的祖父辈；母辛，应指武丁的法定配偶。因此，此王当是祖甲或祖庚(祖己未继位而亡)。祖甲祖庚时侑祭的“侑”或用“又”字，不同于武丁时用“㞢”字。第二辞大意是，王贞问不要侑祭于祖辛和母辛。

42·6：辛……。

辛酉卜，兄贞，㞢(侑)于母辛。

贞，其㞢(有)祸。

按：兄，祖庚时贞人。母辛，武丁的法定配偶。第一辞的㞢，读作侑祭的“侑”。第二辞的㞢，读作有无的“有”。张桂光说㞢是“祭祀的对象”。参阅《诂林补编》第867页和第868页。于本辞张说恐非是。

43·1：□□[卜]，兄贞，二示，𡧊(祓)，王遣(竝)。十月。

……翌辛卯，㞢(侑)于母辛。

……㞢示。十月。

……于竝。

按：兄，祖庚时贞人。《合集》释文皆隶作“祝”。遣，从臼从𠂤从口。《说文》辵部：“遣，纵也。从辵䢜声。”《广韵》：“送也。”王遣，当表示王有所赠送之义。，象二人并立于地之形，是“竝”字。卜辞言“王遣竝”，竝当是人名。或说竝是王田猎地名，于本辞恐非是。

另外，严一萍据他书著录补齐释文如下：

[癸巳卜]，兄贞，二示，𡧊(祓)，王遣竝。十月。

[丁亥卜，兄贞]，翌辛卯，㞢(侑)于母辛。

[癸巳卜，兄贞，竝来归，隹]㞢示。十月。

[癸巳卜，兄贞，丁、辛，吉，衍]于竝。(见《合集》24412，释文略异)

二示，据郭沫若的说法，指最近的两代王世。本辞属于祖庚时，根据“商代世系表”，则二示指小乙与武丁两代直系商王。其他五示、廿示等以此类推。

43·2：[庚□卜]，出贞，翌[辛□]于母辛牝。

按：出，祖庚时贞人。母辛，武丁的法定配偶。

43·3：贞，酒母癸。（本片是正面）
　　　□子，邑示五十。（本辞是反面）
　　按：母癸，是武丁法定三配偶的妣癸。邑示，指位于都邑的宗庙室里祭祀。五十，是用牲之数。

43·4：壬寅卜，贞，母癸祊，叀羊。兹用。
　　按：祊，于庙门内祭先祖也。卜辞大意是，于庙门内祭祀母癸唯用羊作牺牲。

43·5：壬子[卜，贞]，母癸祊其[牢]。兹用。
　　　叀[羊]。
　　　壬戌卜，[贞]，母癸祊，叀[羊]。
　　按：母癸，武丁法定三配偶之一。叀羊，唯用赤色的牛作牺牲。

43·6：壬子[卜，贞]，母癸祊，[叀]羊。
　　　□戌，贞，……叀……。兹用。
　　按：母癸，参阅前几片卜辞考释。第一辞大意是，于庙门内祭祀唯用羊。

43·7：贞，于兄丁。一、二告。
　　　不󰀀󰀁。
　　按：兄丁，陈梦家在列举武丁诸兄（兄甲、兄丁、兄戊、兄己）时说："以上诸兄，惟兄丁最重要，但他和武丁卜辞中的丁是否一人，难以决定。"（《综述》第454页）
　　值得注意的是，陈梦家指出："卜辞中诸兄、诸子有庙号，却没有诸弟的庙号，这点应值得注意的。殷制有长幼之别，有兄终弟及的传位法，其意义不在于弟之被尊而在于兄之被尊。殷制之长与周制之长有别，周制一世只有一长，殷制凡兄皆可为长。因此殷代凡在位之兄去世后，其次弟便为诸弟之兄长，相继为王；当他以兄长的资格为王时，不论他以前是否已有为王之兄，他本身成为当时的兄长，死后受到兄长的享祀。"（《综述》第459页）
　　这种观念一直被人们继承下来而成为传统，至今民间仍有父母双亡后

"兄长如父、老嫂如母"的说法。可见其由来久矣。

不🔲🔲,可读作"不玄鼋",即"不悬蛛",意为没有悬吊着的蜘蛛。黄天树看作是宾组常见兆辞。参阅本卷第 34·2 片考释。

43·8：贞,王🔲(梦)不唯兄戊。

按：🔲,象人倚在床上睡觉形,释作睡梦的"梦"。兄戊,是武丁卜辞中的兄戊。参阅上文第 43·7 片考释引陈梦家之说。

本片是《合集》17379。

43·9：贞,王……兄己登……雍己,……亡尤。

按：兄己,指武丁之子孝己,祖庚、祖甲称兄己(《综述》第 455 页)。雍己,大庚诸子之一。《史记·殷本纪》："帝太庚崩,子帝小甲立。帝小甲崩,弟雍己立,是为帝雍己。殷道衰,诸侯或不至。帝雍己崩,弟太戊立,是为帝太戊。"

43·10：贞,🔲(讯)……。

戊子卜,即贞,兄己舌(舌)一牛。在六月。

贞,其……牢。

按：即,祖甲时贞人。🔲,象人跪着双手被反缚于身后形,于省吾释作"奴",或释作讯问的"讯",从字形来看或是。《合集》23473 释文作🔲。本辞残,其义不详。兄己,武丁之子孝己,祖庚、祖甲称兄己(《综述》第 455 页)。舌,赵平安释作"舌"。卜辞用作祭名,也是用牲之法。参阅本卷第 4·8 片和第 31·8 片考释。本辞大意是,祭祀兄己时舌(舌)一牛。在六月。

本片是《合集》23473。

44·1：己卯卜,用[贞],今用,叝于兄己。一。四。

按：第一个"用",根据卜辞辞例,疑是"贞"字的误写误刻。第二个"用",读作"诵",若"颂",属于诵唱乐舞类的祭祀仪式。叝,是"服"字的初文。本辞读作"报",报祭也。黄天树说是"俘获的人牲"。参阅本卷第 38·6 片考释。

44·2：贞,弜(勿)🔲(先)。

庚寅卜,行贞,兄庚岁,🔲(先)日。

［貞,王］偯,［歲］,亡(尤)囗。在囗月。

按:行,祖甲時貞人。🐾,从之(止)在人上(前),寓意在人之先,是"先"字。卜辭皆用作先後之先。兄庚,指祖甲之兄祖庚(《綜述》第455頁)。先日,或是先一日的意思。

44・3:貞,酚帚(婦)囗,御于囗乙。二告。一、二告。

按:婦某,缺字,不得而知。御祭于某乙,缺字,或是"父"或"祖"字。

44・4:甲子卜,爭貞,褱(祓)年于丁,䙷(禋)十犂牛,酓(告)百犂牛。……[犂]牛。

按:爭,武丁早期貞人。褱(祓)年于丁,祈求豐年于某先祖或先父廟號曰丁者。本片是武丁卜辭,因此本辭的丁,可能指武丁的祖父祖丁。犂牛,牛身黑紅條紋相間曰犂色或犂牛,或謂雜色牛曰"物"。䙷,本辭讀作"禋",祭名。在不同的語境中,"䙷"的含義和用法不同。參閱本卷第39・3片考釋。由於學界對卜辭的斷句和理解不同,因而對 ⊕ 與夕連用時也有不同的解釋。詳見卷五第8・1片考釋。

本片卜辭大意是,祓年于先祖丁某,禋祀用十頭犂牛,告之還要用百頭犂牛祭祀。第二辭殘,其義不詳。

44・5:囗戌卜,出貞,自今十年㞢(又)五,王🌳(嬕)……。

囗囗[卜],大貞,于來丁亥㞢(侑)📦(匚、報)于丁。

按:出,祖庚時貞人;大,祖甲時貞人。此二人見于同版,則本片卜辭屬于後者祖甲時期,因為祖庚崩才傳位于弟祖甲。王,當是祖甲。🌳(嬕),右从女,左从豐聲,隸作嬕,當是女性用字。用在"王"字後,或作動詞,其義不詳。

📦,象四方筐形,卜辭有報乙、報丙、報丁等先祖名,字皆置于匚中,讀"報某",據此類推📦應讀作"報",不讀"匚",卜辭是祭名,即報祭。參閱本卷第44・1片考釋。丁,當指武丁之祖父祖丁,也即四祖丁。

本片是《合集》24610。《續編》拓片裁成長條形,原拓是骨板形。

44・6:……骨(肩)㞢(有)[疒(疾)]。

貞,今生月至,皋御于丁。

丙辰。(以上三辭據《合集》13740補)

貞,于翌[丁巳至囗御]。

丙辰卜,贞,福告皋疾于丁,新邕。

戊午卜,贞,今日至,皋御于丁。

□□卜,[贞],御皋于帚(妇),三牢。五月。(以上四辞是本片)

按:生月,月名,陈梦家以为是指下月而言。参阅卷一第2·4片及6·7片考释。皋,是人名,或说是武丁时的重臣。参阅本卷第14·2片考释。

下一辞贞问,皋御祭于妇某,用三牢。在五月。

本片是《合集》13740。

44·7:贞,其……▨(卢)……令▨(圭)告于丁,用▨(一牛)。

按:▨,于省吾谓象铲形,乃"鑪"字的初文,隶作"卢",卜辞读作"胪",割豕肉之肥美者以祭也。本书以为卜辞作祭名。▨,张秉权谓像亯之省形,读作"亯",即"享"字,祭名。亯,象亯堂(高台上建有宗庙形),引申指享祭。《合集》1950正面释文隶作"圭"。《说文》土部:"圭,瑞玉也。上圜下方。公执桓圭,九寸;侯执信圭,伯执躬圭,皆七寸;子执穀璧,男执蒲璧,皆五寸。以封诸侯。从重土。楚爵有执圭。"则是奉圭祭告于祖丁也。当以释"圭"为是。

本片是武丁卜辞,此丁当是四祖丁。▨,是"一牛"的合书,严一萍释作"牡",非是。

本片是《合集》1950正面。其反面尚有两条卜辞是:

唯其雨。

▨(唯)戊雨。

按:▨,疑是"隹"字的反书,读作"唯"。

45·1:丙戌[卜],古贞,费……于丁,二牢,屮(侑)一牛。二。

[丙]戌[卜],古[贞],……白彘,之……酌。

辛□[卜],宁[贞],屮(侑)于……牢……。一。

按:古、宁,都是武丁早期贞人。费,卜辞是武丁时人名,也是氏族名,是羌之一支。参阅本卷第38·2片考释。豕身上着一横画,严一萍释文作"彘"。第二辞残缺过甚,且刻写比较乱。

本片是《合集》1990。

45·2:庚辰卜,殻贞,屮(侑)于丁,五牢。

按:殻,武丁早期贞人。丁,亦当是四祖丁,小乙之父,武丁之祖父。五牢,"牢"字从羊,卜辞指专门饲养作祭祀用的羊。

45·3：……告于丁，四月。

　　　　贞，▨（梦）▨（枭）▨（鸟、鹰）。

　　按：第一辞残，其义不详。▨，象人倚在床上形，人上部从虍（虎），或释作"梦"，王子杨释作寤梦的"寤"，认为"虍"（虎）是做声符的，寤与梦略有区别，似睡似醒曰寤。▨，象鸟立于木上，是"枭"字。又见于卷二第16·4片。或释作"集"，"集"字从三隹从木。参阅本卷第7·6片。《说文》木部："枭，不孝鸟也。日至，捕枭磔之。从鸟头在木上。"枭，俗称猫头鹰，昼宿夜出，是一种不孝的鸟，民间有白天看到猫头鹰不吉利之说。卜辞或也有这种含义故记之。

▨，象鸟形，是"鸟"字。严一萍说两象形字王氏（国维）皆释"鸡"。两字的写法不同，是两个不同的字。黄天树把▨释作"鹰"字的象形文，或即是此字。参阅《诂林补编》第964、965页。从卜辞内容来看，似可从，因为枭俗称猫头鹰，属于鹰的一种，因而可以连称。

45·4：贞，禜（祓）年于丁，覀（禋）三犁牛，▨（告）卅犁牛。九月。

　　　　……十牛。十月。

　　按：覀，本片卜辞读作"禋"，祭名。在不同的语境中，"覀"的含义和用法不同。参阅本卷第39·3片考释。▨，读作"告"，是一种祭仪，祭而告之也。参阅卷一第28·5片考释。第二辞残，大意是，用十牛作牺牲。十月。

45·5：丙[子，王]卜，……。

　　　　乙亥卜，▨（中）贞，曰：其㞢（侑）于丁，唯三牢。九月。

　　　　[丙]子卜，……。

　　按：中，祖庚时贞人。▨，象箭靶子形，上下有飘动的斿，以显目便射，隶作"中"，或叫"的"，成语"有的放矢"是其证。

45·6：甲子卜，即贞，告于丁，酒。亡祸。

　　按：即，祖甲时贞人。祭告于丁，抑或指武丁。

45·7：贞，勿㞢（侑）于丁。五月。

　　按：本片字体较大，应属于武丁卜辞，因此，丁当是指祖丁，是武丁的祖父。

45·8：贞，㞢（侑）豕于□戊。

按：侑豕，祭祀用猪作牺牲。□戊，商代大乙成汤之后先王的法定配偶庙号曰戊者有大丁、武丁、祖甲和武乙四人，此□戊或是指武丁之配偶。

46·1：癸未[卜]，贞，翌……屮(侑)于庚。一。

□亥……叀……▣(登)，……翊日屮(侑)于庚。

按：本片字较小且书写较乱，严一萍将本片定为第五期卜辞，则本辞中的庚是庚丁，也写作"赓丁"，赓丁是祖甲之子、廪辛之弟、武乙之父。庚丁之后无称庚者，至帝乙、帝辛(纣)卜辞已属第五期。▣，从廾(双手)持豆，是登进的"登"字，敬献黍稷之祭也。

46·2：贞于庚。

贞，勿屮(侑)。

贞，叀(唯)今日奏。

按：第一辞曰"贞于庚"，第二辞勿屮(侑)，意谓勿侑祭庚。此庚，不知所指何人。大乙成汤至帝辛三十一王，商代先王庙号曰庚者有大庚、南庚、盘庚和庚丁四人，庚丁在武丁之后，所以此庚极有可能是指盘庚。

奏，从廾(双手)持木，读作"奏"，卜辞作祭名，奏乐舞蹈，求雨之祭。参阅本卷第32·4片考释。

46·3：辛卯卜，争[贞]，我▣(狩)，下乙弗若。二告。

按：争，武丁早期贞人。我，指武丁。▣，从犬，从单，犬或在左侧，作▣，或作▣。单，像后世孩童用干泥球或小石子打鸟兽的弹弓，当是古人打鸟兽的一种工具。或考证说是飞石索，打鸟兽的一种工具。▣，是狩猎的"狩"字。

下乙，胡厚宣、陈梦家以为下乙是祖乙。陈梦家列举了5条理由证明卜辞中的下乙就是仲丁之子祖乙，并说见于武丁时代的宾组卜辞和午组卜辞(《综述》第414页)。弗若，不允诺。

46·4：贞，其大▣(事)于西，于下乙匄。五[月]。

按：▣(史)，从又持中，是"史"字，本辞读作"事"。大事，当指有犯边者，有戎事。《左传·成公十三年》："国之大事，在祀与戎，祀有执膰，戎有受脤，神之大节也。"于西，位于西方。下乙，祖乙，祖乙是武丁的第四代高祖父。匄，祈也，犹言匄(祈)于下乙，向下乙在天之亡灵祈求降福庇护，禳除灾祸。

46·5：贞，……中子……〇（盟）。一。

贞，从罒。

……岁……酒。

按：中子，二字合书，是人名。〇，下残，从皿，当是盟誓的"盟"字。本辞残，其义不详。罒，本辞用作祭名。参阅本卷第14·5片考释。第三辞残，或指岁祭同时举行酒祭。

46·6：……㞢（侑）[于]〇（盡）戊。一。

按：〇，或作〇，从又（手）持笔（聿）置于皿上，是"盡"（尽）字。下接"戊"，疑是商先祖人名。卜辞中称盡戊者，见于《合集》3515："贞，㞢于盡戊。"《合集》3516："庚戌卜，殻贞，㰀（祓）于盡戊。"此外，在《合集》3517—3521、10966、10969等十几片中，盡（尽）戊都是祭祀的对象。

46·7：□□卜，殻，今酒。三。

殻贞，于兄御年。二。

〇（栽）。二。

按：殻，武丁早期贞人。第一辞大意是，今日举行酒祭。第二辞于兄，意当是御年于兄。御年，犹言祓年，祈求丰年。第三辞〇，从索或从束，或从戊，隶作栽，卜辞或是地名。本片与卷二第7·8片重复。又见卷五第28·11片。疑与"棘"是同字，但棘是人名。见于卷三第26·3片。

46·8：丙寅[卜]，即贞，彳（示）〇（黄尹）。

按：即，祖甲时贞人。〇，"黄尹"二字合书，人名，即阿衡，也即伊尹。"黄"与"衡"，甲骨文写法几乎相同，所以，说黄尹与伊尹是同一人似可从。参阅《史记·殷本纪》。伊尹是个贤达之士，是成汤时的贤臣。

纵观整个商代，时则有贤臣。《尚书·君奭》："公曰：'君奭，我闻在昔成汤既受命，时则有若伊尹，格于皇天。在太甲，时则有若保衡。在太戊，时则有若伊陟、臣扈，格于上帝；巫咸乂王家。在祖乙，时则有若巫贤。在武丁，时则有若甘盘。率惟兹有陈，保乂有殷，故殷礼陟配天，多历年所。'"乂，治也。此所谓贤人治国，或曰"得一人可得天下"者也。若得一小人，则天下大乱矣。

46·9：贞，黄尹㰀（祓）[王]。

按：黄尹，二字分书，是人名，即伊尹。"㰀"（祓）字残，疑是㰀（祓）字，

"王"字亦残。本片是《合集》3479 正。本片反面仅剩一"女"字。

46·10：尹黄，百牛。三、四。（本辞是本片）
　　　　■（告）■（正、征）■（衞）。（本辞据《合集》3490 补）
　　按：尹黄，疑是"黄尹"二字之倒，即伊尹。参阅上文两片卜辞考释。拓片右侧还有"■（告）■（正、征）■（衞）"三字，被《续编》删除，此据《合集》3490 补。

47·1：己酉卜，殻贞，㞢于黄尹，五牛。三。（本辞据《合集》3467 正补）
　　　贞，㞢（侑）于黄尹，三牛。
　　　㞢于黄尹。
　　　贞，㞢于黄尹牢。（以上三辞是本片）
　　按：黄尹，即伊尹，成汤时的贤臣。
　　严一萍将本片与第 48·1 片合于一处，整片卜辞释文如下：
　　己酉卜，殻贞，㞢于黄尹，五牛。三
　　贞，㞢于黄尹，牢。三。
　　㞢于黄尹。
　　贞，㞢于黄尹，三牛。
　　甲寅，帚（妇）宝，示三屯（纯），岳。（本辞是《合集》3467 骨臼刻辞）

47·2：贞……。
　　　黄尹不祟。二告。
　　　壬申卜，亘贞，祟骨（肩），不于■（壴），■（■、古）八人，■（畕、邦）五人。
　　按：亘，武丁早期贞人。■，象上有装饰的鼓形，是"壴"字。卜辞读作"鼓"，属于一种祭祀仪式，击鼓乐以祭。■（■），或释作"古"，或释作"冑"，或释作"甾"，或释作"由"，读作"咎"，祸忧义。蔡哲茂说，■第一种用法读作忧，第二种用法是人名、地名，第三种用法读作"由"，第四种用法是作为本义甲冑的"冑"，第五种为意义不明者。参阅《诂林补编》第 199—222 页。本书以为本辞当释作"古"，地名，古出八人，邦出五人。■（畕），象田地里长着禾苗形，王国维读作"邦"，或读作"封"。

47·3：贞，沚馘不■（瀼），㞢（侑）于黄尹。
　　按：沚馘，是殷王室征土方的将帅人名。人名的"馘"，或从戈从言（或音),有两种不同的写法。参阅《铁云藏龟》第72·3片和第177·2片。

㴍,从水,襄声,隶作"瀼"。卜辞是地名。本片卜辞用在副词"不"之后作动词,或指沚戜率军不驻扎于瀼的意思。

47·4:己□[卜],争[贞],……以……(祸)。
……一羌于黄尹。

按:争,武丁早期贞人。一羌于黄尹,辞残,或是用一羌俘祭祀黄尹的意思。

47·5:己亥卜,殻贞,屮(侑)、伐于黄尹,亦(亦)屮(侑)于蔑(蔑)。一。

按:殻,武丁早期贞人。屮(侑)、伐,皆是祭名。亦,从大,从两点,是"亦"(腋)字。蔑,《诂林》以为字当从戈,眉亦声。卜辞是侑祭的对象,也当是殷先公或旧臣之一。前之学者说法不一,或说是夒,即帝喾。陈梦家以为是殷旧臣(《综述》第 366 页),杨树达以为是"大戊",名密。从语音角度考察,当如杨树达所说是大戊之名密,"密"与"蔑"双声,音近。

47·6:贞,黄尹不祟。
贞,寮犬,卯□羊。(以上二辞是本片)
己巳卜,宁。
□□[卜],韦。(以上二辞是背面,据严一萍释文补)

按:宁,武丁早期贞人。韦,武丁早期贞人。

48·1:己酉卜,殻贞,屮于黄尹,五牛。三。

按:本片与第47·1片合并。参阅第47·1片考释。

48·2:二牢。
其射(射),叀(唯)伊(伊)。
叀伊。

按:射,象矢搭在弓上,是"射"字。从下文"唯伊"来看,当用作祭名。伊,从人,尹声,是"伊"字,伊尹是成汤时的贤臣。

48·3:丁丑卜,贞,来乙酉屮(侑)于咸(咸),五牢。七月。

按:本片卜辞从丁丑贞卜之日算起,至下一旬的乙酉含当日是九日。所以,卜辞的"来",指来日、未来,具体时日不确定。

㞢，或作㞢（咸），从戌，从口，右下方是㞢。卜辞中是祭祀的对象，疑是巫咸的省称。《说文》工部曰"古者巫咸初作巫"。《史记·殷本纪》："伊陟赞言于巫咸。巫咸治王家有成，作《咸艾》，作《太戊》。"文献或作咸戊，是商代太戊时的贤臣之一。严一萍释文作"成"，细审拓片此字所从的是"㞢"（读作口），不是"成"字所从的声符"口"（读作丁）。陈梦家指出："卜辞口耳之口作'㞢'，丙丁之丁作'口'，两者是有分别的。咸戊之'咸'从戌从㞢，成汤之'成'从戌从丁。有此分别，则我们向来犹疑不定的人名成，才得以解决。"但陈梦家引本片㞢作"成"字的用例（《综述》第411页）。咸戊，其字与"成"形近。"成"与"咸"字书写差异，蔡哲茂有详细的考证。参阅《诂林补编》第606—608页。

五牢，严一萍释文漏"五"字，拓片有"五"字。

本片是《合集》4917右下方一辞，该片上方还有一辞：

丙寅卜，貞，勿首（蔑）令逆比盡于㞢（舞）。六[月]。二告。

48·4：貞，㞢（咸）日三牛。

按：本片的㞢（咸），从戌，从口，仍是"咸"字。此处为祭祀的对象，是咸戊的省称。陈梦家把本片也作为"成"字的用例，说是成汤之省，恐非是（《综述》第412页）。《合集》1354把本辞释作"貞，成日三牛"。成汤，或成唐，卜辞称大乙，或单称唐，没有简称"成"的用例。参阅上一片考释。咸日三牛，当是说祭祀咸戊日用三牛作牺牲。

《合集》1354左侧还有一辞作"貞，咸日二牛"，被《续编》删除。

48·5：丁亥卜，即貞，其又（侑）于小丁。

按：即，祖甲时贞人。小丁，陈梦家据郭沫若所推，并引本片为例，说本片的小丁是小乙之父祖丁，也即武丁的祖父（《综述》第425页）。

48·6：㞢（侑）于爻戊。一。

□丑……㞢……。

按：爻戊，人名。据陈梦家说，"戊"是官名，与"巫"音近；"爻"是私名（《综述》第365页）。爻戊，是侑祭的对象，或与咸戊是同类，当是巫贤之类。参阅上文第48·3片考释。

48·7：貞，㞢（追）以牛……。

……于岳。

按：▨，下从止，上从𠂤（堆）声，是"追"字。据语法关系卜辞当是祭名。卜辞大意是，以牛追祭之。卜辞另有一个上从止（或隶作屮）、下从𠂤（堆）声的凷、峀字，赵平安认为峀有高危义，或把峀释作踰越的"踰"。参阅《诂林补编》第744页。

48·8：甲午卜，韦贞，尞于岳。

贞，……其……。（本辞被裁掉，据《合集》14440补）

按：韦，武丁早期贞人。卜辞大意是，甲午占卜，韦贞问：燎祭太岳山。

49·1：……榮舌方［于］岳。五。

按：榮舌方于岳，大意或是像太岳山举行袚祭，祈求舌方别来犯商。

49·2：□戌卜，𣪊贞，尞［于］岳，小牢。

□□［卜］，贞，我受黍年。

按：𣪊，武丁早期贞人。卜辞大意是，用少牢燎祭太岳山；我（指商王室）受到上天护佑，来年黍子将有收成。

49·3：庚午卜，今日其尞牢，卯牛。兹用。二。

唯岳祸禾。二。

按：第一辞大意是，庚午占卜，今日燎祭用牢，同时杀牛。此颂。第二辞强调唯太岳（之神）将有祸祟于禾稼。

49·4：丙，尞岳、▨（吴、矢）、▨（夒）。

按：▨，象人侧头形，郭沫若释作"吴"。当是"矢"字，偏头也，岳与矢、夒都是山名，是燎祭的对象。▨，上从山，下部残泐有斑蚀。郭沫若《卜辞通纂》第332片曰："吴下一字半泐，案：乃▨字，它辞言'癸酉卜，袚年于三▨'（见下第459片），知亦人名。"（《卜辞通纂》第350页）按照郭沫若的说法，▨是商代先祖人（神）名。本书以为，▨当是"夒"字，后世字书写作"嵕"。山峰相聚曰夒。《后编》卷下第33·5片作▨，是"三夒"二字的合书。《后编》卷下本片卜辞也是祭祀的对象，辞曰"癸酉卜，袚禾于▨（三▨）"（《合集》33304）。三夒，是山名，亦反证▨非"夒"字莫属。扬雄《校猎赋》"虎路三夒"，注："路"音"落"。服虔曰："以竹虎落此山也。今醴泉、屯留二县，有三夒山，言三峰聚也。"司马相如《上林赋》"凌三夒之危"，《正字通》"俗讹作嵕"。三夒山，在今山西屯留县西北，接沁源县界。据传羿射九乌之所即此三夒（转引自《康熙字典》"夒"字条）。

本片是《合集》21110，释文如下：

丙尞岳、矢、山。一。（本辞是本片）

丙尞巳囗豕。

尞巳。

囗未。（以上三辞是《合集》21110 右侧卜辞释文）

按：⿱，《合集》释文释作"山"，或释作"火"，皆非是，当如本文释作"夒"。

49·5：乙巳卜，争贞，勿尞于⿱（夒、兜）。

按：争，武丁早期贞人。⿱，象头盖骨未合缝的婴儿形，人脸或向右，或向左作⿱，陈梦家暂定为"兜"，亦即"夒"，是商代的先公旧臣人名（《综述》第 344 页）。本书以为，此字当是"夒"（巍）字的异构，是山名，即三夒。在商代人的心目中夒与河、岳都是自然神名。参阅上一片考释。

49·6：贞，勿屮于祖乙。

贞，于⿱（夒、兜）屮（侑）。

按：祖乙，武丁卜辞中的祖乙指中丁之子祖乙。⿱（兜），象头盖骨未缝合的婴儿形，陈梦家暂定为"兜"，亦即"夒"，是商代先公旧臣人名（《综述》第 344 页）。本书以为，此字当是"夒"（巍）字的异构，是山名，即三夒。参阅上几片考释。

50·1：弜（勿）又（侑）岁。

辛亥卜，又（侑）尞于夒（兜）。

辛亥卜，又（侑）尞于岳。

辛亥卜，又（侑）尞于河。（以上是本片）

辛亥，又尞于夒（兜）。

辛亥，其衣。

壬子卜，又（侑）于兜（夒）。（以上三辞是严一萍据他书补，顺序和隶定本书略有改动）

按：夒，是燎祭的对象。参阅上几片考释。衣，读作"殷"，卜辞是祭名，即殷祭，大合祭。

本片是《合集》34267。

50·2：酒尞于㠯（昌）。

按：昌，上从目或从臣，下从口。据卜辞辞例和语法关系，昌是祭祀的对象人名。刘桓释作"冥"。参阅本卷第41·6片考释。

50·3：贞，……。

壬午卜，彀贞，于㠯（昌）。

贞，翌丁亥易日。

按：第二辞漏写祭名"酒"或"尞"。昌，是商先祖人名，是祭祀的对象。易日，天气放晴。

50·4：萃（祓）年于㠯（昌）。

受黍（年）。

按：卜辞大意是，祓祭于㠯（昌），祈求来年黍子获得大丰收。

50·5：癸亥，［王卜，贞，旬亡祸，王占曰：大］吉。［在十月。甲子，祭戋甲，劦小甲］。

癸酉，王卜，贞，旬亡祸，王固（占）曰：大吉。在十月。甲戌，祭羨（羌）甲，叀戋甲。

癸未，王卜，贞，旬亡祸，王固（占）曰：大吉。

按：本片是王卜辞。第一辞据《蔡缀》061补。释文用字略异。

旬，《说文》勹部："旬，遍也。十日为旬。从勹日。"甲骨文"旬"字不从"日"，小篆"旬"字属于加形表义字。旬亡祸，卜辞贞问旬无祸，说明商代晚期一个月是三旬，每旬十日，不分大小月，否则与"旬"这个时间概念不符合。

戋甲，即河亶甲。《史记·殷本纪》："中宗崩，子帝中丁立。帝中丁迁于隞。河亶甲居相。祖乙迁于邢。帝中丁崩，弟外壬立，是为帝外壬。仲丁书阙不具。帝外壬崩，弟河亶甲立，是为帝河亶甲。河亶甲时，殷复衰。河亶甲崩，子帝祖乙立。帝祖乙立，殷复兴。巫贤任职。"

羨（羌）甲，即沃甲。武丁之前除了大甲、小甲而外，庙号名甲的先王，依次是戋甲（河亶甲，第13代）、沃甲（羌甲，第16代）、阳甲（或称象甲、虎甲、鲁甲，第19代），武丁之后是祖甲。参阅书末所附"商先公先王及配偶世系表"。根据《史记·殷本纪》的记载，"自中丁以来，废適（嫡）而更立诸弟子，弟子或争相代立，比九世乱，於是诸侯莫朝"。这就是王国维所说的商王室兄终弟及的继承制。自乱统序，难怪诸侯不来朝。

本片是《合集》35700。

50·6：癸酉，[王卜，贞，旬亡祸]，王占[曰：吉。在正月。甲戌]，翌日
    [羌甲]。
    癸未，王卜，贞，旬亡祸，王固（占）曰：吉。在二月。甲申，酱虎甲。
    癸巳，王卜，贞，旬亡祸。王占曰吉。在二月。一。
    癸卯，王卜，贞，旬亡祸，王固（占）曰：吉。在二月。甲辰，翌祖甲。一。
    癸丑，王卜，贞，（旬）亡（祸），……[甲寅，工典，其冒]。

按：翌日，一般指占卜当日的次日，有时指在本旬十日内的某日。卜辞还用"来""来日"，表示未来某日。参阅卷一第 8·4 片考释。虎（鲁）甲，阳甲。祖甲，帝乙、帝辛时期卜辞中的祖甲一般指武丁之子祖甲。参阅上一片考释。

本片是《合集》35741。

51·1：庚申卜，即贞，王傧，祭南庚。亡因（祸）。
    贞。亡尤。
    庚申卜，即贞，王傧，祭，叔，南庚。亡因（祸）。
    贞，亡尤。（以上三辞据《合集补编》7001 补）
    [甲]子卜，即[贞]，王傧鲁甲（阳甲），叔。亡尤。
    甲子卜，[即]贞，王傧[鲁甲]。亡[尤]。
    [贞，亡]尤。（以上三辞是本片）

按：即，祖甲时贞人。鲁甲，或隶作象甲，或释作虎甲，就是阳甲。参阅本卷第 50·5 片考释。

本片是《合集补编》7001。

51·2：[癸]丑，王卜，贞，旬亡祸。[王占]曰：吉。在七月。甲寅，[彡
    （肜）]鲁（阳）甲。唯王三祀。

按：本片是王卜辞。唯王三（四）祀，董作宾列入帝乙四祀祀谱。

本片是《合集》37839。

51·3：贞。亡[祸]。
    甲子卜，行贞，王傧戋甲，彡（肜），（祼），亡因（祸）。
    [贞]。亡[尤]。

按：行，祖甲时贞人。戋甲，河亶甲。（酉，象酒樽形），《合集》22883 释作"祼"，即祼祭，以酒祭也。

51·4：辛酉卜，宁贞，出于蔑。

贞，坐于蔑，十■（蒙）羊。
不■■。

按：宁，武丁早期贞人。蔑戊，是商代旧臣人名，与第51·6片的蔑当是同一人，陈梦家指出其字有三种写法（《综述》第366页）。本片两个"蔑"字写法略异。■，头似有角，身似豕，隶作蒙，《说文》无，严一萍释文作"羌"。

不■■（不玄黾），三字位于拓片的右上角，与其他卜辞不连读。黄天树看作是宾组常见兆辞。参阅本卷第34·2片考释。

51·5：尞二牛。■（夔）。

壬辰卜，其桒（祓）年于夔，又（侑）羖（羌）。兹用。

按：■，严一萍释作"蔑"。细审《合集》32117 ■、■的字形，从大目的人，从我，或从"我"声，与第51·4片中的■（蔑）和第51·6片中的■（蔑）字写法都不同。《合集》32117释文作擾，当是"夔"（夔）字的异构。从用羖（羌）俘侑祭的角度来看，其地位一定很高，当是高祖夔（夔）。

51·6：坐（侑）于蔑。

按：蔑，与第51·4片的蔑是同一人，此处表示祭祀的对象，是商代旧臣人名。陈梦家指出其字有三种写法，可资参阅（《综述》第366页）。

52·1：丁卯卜，殻贞，王臺（墉）缶于■（罟、蜀）。九。二告。

按：殻，武丁早期贞人。臺（墉），有筑城的意思。缶，本辞或是地名。陈梦家说："缶疑即陶，……陶城在蒲坂北，城舜所都也，南去历山不远。今永济县。"（《综述》第294页）结合下文"蜀"字考释，据地理关系来看，陈梦家说，"缶疑即陶"是也。

■（罟、蜀），象大眼屈身的虫形，叶玉森释作"蜀"，并引《路史·国名纪》谓蜀，侯国，乃帝喾之裔。（参阅《整理与研究》第26页）■（蜀），地名。陈梦家说："卜辞之罟是后世的筍国，史籍作荀。"（《综述》第295页）林沄、裘锡圭等作从目勹（旬）声的旬字。林沄所注《后》上8·7，误，经核对是《后》上9·7。① 参阅《诂林补编》第176、177页。

本片是《合集》6862。

52·2：癸酉，宜于■（义京），羌三人，卯十牛。又。

---

① 林沄：《释旬》，《古文字研究》第二十四辑，第57页。又见于《诂林补编》，第176、177页。

按：■，"义京"二字合书，卜辞是地名。陈梦家说义京是宋地，在今河南虞城县西南，商丘县之东北(《综述》第266页)。

52·3：乙亥卜，宾贞，尞于■(祈)，三豕。二告。一。(本片是正面)
　　　贞，弜(勿)尞。(反面，据《合集》7919补)
　　按：■，拓片不清晰，严一萍摹作■。《合集》7919拓片完整且清晰，释文作"乙亥卜，宾贞，尞于靳，三豕"。■字较为清晰，从仌，靳声，隶作"廯"，是"祈"字的初文。卜辞是祭祀的对象，疑是商先祖人名。参阅卷五第28·1片考释。三豕，"豕"字残，严一萍释文作"三犬"，非是。
　　本片是《合集》7919。

52·4：贞，东……尞于丁。二、三、三。
　　按：拓片斑蚀较重，很不清晰，且缺字过多，无法释读。

52·5：贞，其□来[自]南。
　　　贞，尞于东。
　　　贞，尞。
　　　若。五月。
　　按：南，(来自)南方。参阅卷一第1·1片考释。东，东方。这是祭祀东方神祇。卜辞有称东母，见下文第53·2片。

52·6：□□[卜]，殼贞，尞于东，五犬、五羊、五(豕)。
　　　癸丑卜，殼贞，我■(衣)……。
　　　丁巳卜，殼贞，……。
　　按：殼，武丁早期贞人。尞于东，这是祭祀东方神祇，用五犬、五羊、五(豕)。看来商代人以日出的东方为上首，故祭祀时用的牺牲较全。■，从人在衣中，下部残缺，严一萍释文隶作"依"，卜辞仍当隶作"衣"，读作"殷"，祭名，即殷祭，大合祭也。第二第三辞均残，其义不详。

53·1：壬午卜，争贞，帚(妇)姘娩，妫(嘉)。
　　　壬午卜，殼贞，帚(妇)姘娩，妫(嘉)。二月。
　　　癸未卜，方贞，尞犬，卯三豕三羊十□。
　　　甲申卜，方贞，尞于东，三豕三羊，骨犬，卯黄小牛。二告。
　　　不玄黽。二告。

按：争、㱿、宁，都是武丁早期贞人。妇妌，武丁诸妇之一，即武丁的法定配偶妣戊。参阅本卷第 25·7 片考释。娩，分娩。或释作"冥"，读作"奄"，是地名。非是。参阅卷三第 14·7 片考释。从力从女，隶作妫，郭沫若考证说读"嘉"，指生男孩。在商代王权世袭制度下，商王室是重男轻女的。张世超说，妫当为动词，义为生男孩，有时表示祈求生男孩的舞仪，是前一意义的引申义；其字在卜辞中作妫、劝、力三形；卜辞的妫字可读为"勋"。参阅《诂林补编》第 117—118 页。

本片是《合集》14314。

53·2：己酉卜，㱿贞，燎于东母九牛。二。

按：㱿，武丁早期贞人。东母，据陈梦家考证，卜辞燎于东母、西母，指燎祭日月之神。陈梦家引《祭仪》曰"祭日于东，祭月于西"；又引《封禅书》[汉]桓舒议曰"祭日以牛，祭月以羊彘特"(《综述》第 574 页)。本辞燎祭东母(日神)用九牛作牺牲。

53·3：[循]交[方]。一。

丁酉卜，争贞，今▨(春)王勿黍。一。

[贞]，今▨(春)王□黍于南，……于南▨(兆)。

按：争，武丁早期贞人。交方，当是方国名。▨，从林，中间从屯声，是"春"字的形声结构。勿黍，不要种黍。▨，左下角字残，严一萍释作"沘"，是水名。与《合集》9509 片的▨是同字，从水从北，又见于卷二第 23·9 片。《合集》9518 释文隶作"兆"。詹鄞鑫说："唐兰、于省吾等释为'兆'是正确的。……'兆'的字形像两人隔水相背，应是表现以水为界。……'兆'的本义应是界域(有边界的区域)。……这种用法的'兆'不是地名水名，而是一个与'麓''畔'等词相似的通名，应指川河的某一边，'东兆'犹言东畔，'西兆'犹言西畔。"参阅《诂林补编》第 37、38 页。据此说，则本辞的南兆，当是指水的南岸。

本片是《合集》9518。

53·4：贞，屮(侑)。

贞，乎▨(啇)于西。

戊戌卜，㱿贞。(本辞据《合集》8755 反面补)

按：▨，隶作啇，疑是"辟"或"僻"字。据语法关系当是人名，做呼的宾语。乎辟于西，呼辟往西也。本书以为，"为地名"之说恐非是，本辞作呼的宾语，只有人名可以作宾语。《合集》8755 把▨隶作啇，当是。

卷　　二

1·1：贞，▨（勿）▨（煔）工……。

　　辛亥卜，贞，其衣，翌日其征（延）奠于室。

　　贞，弜（勿）▨（煔）莆（箙）……。

　　按：▨，从氵，从刀，据第三辞辞例当读作"勿"。▨，从大，从言，隶作煔，卜辞或表示讲话之类的动作。末字严一萍摹作▨，《合集》30373释作"工"。辞残，其义不详。

　　衣，《合集》30373怀疑是"卒"字。非是。参阅卷一第9·3片考释。征，读作"延"，有迁延，延续义。第二辞大意是，次日殷祭改迁到庙室再进行祭奠。

　　第三辞莆，是"箙"字的初文。连劭民说：卜辞中的"箙"用为祭名，又是一种用牲方法，读为"副"。参阅卷一第23·3片考释。由于煔字不识且辞残，本辞意义不详。

1·2：甲□［卜］，贞，彡（肜）。

　　甲申卜，争贞，王傧，叙，亡尤。

　　按：争，武丁早期贞人。王，据贞人名可知时王是武丁。叙，燃柴祭也。屈万里说是荐（进献）束修之祭。

1·3：［癸］亥王卜，贞，酌，彡日，自［上甲至］于多毓（后），衣，亡祸，［自祸。

　　王占曰］：吉。在三月。隹王廿［祀］。

　　按：这是王卜辞。自［上甲至］于多毓（后），陈梦家说是指上甲以后的直系旁系（《综述》第465页）。上甲，名微，是商先祖契的七世孙，商开国君主成汤的六世祖，在卜辞中的地位显赫。参阅卷一第2·4片考释。廿祀，帝乙二十祀。

　　本片是《合集》37864。

1·4：丙午卜，即贞，翌丁未，丁䢅（晨、晨）岁，其又伐。

按：即，祖甲时贞人。䢅，从林，辰声，隶作"䢅"，读作"晨"。参阅卷二第2·1片考释。岁，岁祭。伐，卜辞"伐"引申为一种祭祀仪式，即舞乐以祭，故有九伐、五伐等语。参阅卷一第18·8片考释。

1·5：丁未卜，争贞，勿复（复）先以岁、敚（施、杀），在涂。

贞，复先以岁。

按：争，武丁早期贞人。复，上从畐，下从夂，是"复"字。《说文》夂部："复，行故道也。从夂，畐省声。"敚，陈梦家说"卜辞惟于羌及尸称'用'与'敚'，敚义为杀，《左传》《晋语》则作施"（《综述》第285页）。陈剑说是"殺"（杀）字。参阅《诂林补编》第459—464页。涂，是地名。

1·6：丁丑[卜]，贞，王傧，岁。亡尤。

[丁]丑卜，贞，王傧，岁，[亡]尤。十二月。

按：卜辞大意是，时王傧接先王在天之灵降临，岁祭无祸忧。在十二月。

1·7：庚戌卜，贞，王傧丁，岁。亡尤。

□□卜，贞，王傧，叙，祉（延）蠤。亡尤。

按：蠤，有"家福"义。参阅卷一第33·1片考释。延蠤，犹言延长福禄。

1·8：乙未卜，即贞，匕（妣）岁，王其……。七月。

……傧……。七月。

按：即，祖甲时贞人。匕，读作"妣"，亡母曰"妣"。《尚书·舜典》："二十有八载，帝乃殂落；百姓如丧考妣。"辞残，其义不详。

2·1：庚申[卜]，□贞，[毓祖乙]更䢅（晨）酒。

□□卜，□贞，毓（后）祖乙，岁……。

按：毓，读作君后的"后"。参阅本卷第1·4片考释。商代分朝祭（夙福）和夕祭（夕福）两种。朝祭称夙福，"福"，或读作"祼"。参阅卷二第11·7片。卜辞大意是，早晨举行酒祭，岁祭后祖乙。武丁卜辞的祖乙，指中宗祖乙。

2·2: 庚辰[卜,行]贞,王[傧],……岁牢,……罙……。

　　庚辰卜,行贞,王傧,叙。亡尤。

　　[庚辰]卜,行贞,王傧,岁。亡尤。

　　按：行,祖甲时贞人。卜辞大意是,反复贞问王举行傧祭和燃柴之祭,无祸忧。本片与本卷第9·2片重复。

2·3: 甲□[卜],贞,[王傧],叙。亡[尤]。（本辞据《甲骨拼合集》162补）

　　乙亥[卜,行]贞,王[傧],岁,叙。[亡]尤。

　　乙亥卜,行贞,王傧小乙,岁牢。亡尤。

　　□□卜,行[贞,王]傧,……。[亡]尤。（以上三辞是本片）

　　按：行,祖甲时贞人。小乙,武丁之父,祖庚、祖甲和孝己（未继位）的祖父。第四辞残,其义不详。

2·4: 辛未卜,其又岁于妣壬,一羊。

　　更小牢。

　　乙亥卜,王先敁(施)卜丙,岁,廼申。兹用。（以上据《合集补编》10381补）

　　▨(卜丙)岁,王▨(实)。（本辞见《合集补编》10381,《合集》27164上）

　　王入,▨(廼)各于▨(祭)。（以上二辞是本片）

　　按：▨,"卜丙"二字合书。卜丙是大丁之弟、仲壬之兄。《孟子·万章上》："汤崩,大丁未立,外丙二年,仲壬四年。"据此则"卜丙"字应读作"外丙"。▨,从矢在宀下,隶作实,陈梦家以为是宗庙的侧室。参阅《综述》第471页。▨,是"廼"字。▨,象手持祭品置于祭台上形,是"祭"字。或隶作"祐",恐非是。卜辞常借"又"作"佑"或"祐"。

2·5: 戊[辰卜,尹贞],王……。

　　戊辰卜,尹贞,岁,其傧,叙。

　　贞,弜(勿)。

　　按：尹,祖甲时贞人。第一辞残,其义不详。第二辞大意是,贞问岁祭时傧接先祖在天之灵降临,然后举行燃柴之祭。第三辞贞得的结果不用。

2·6: 贞,……。

　　□申卜,□贞,西……岁,其牡。

按：第二辞后半部分大意是，岁祭用牡做牢。

2·7：壬申卜，行贞，王侯，岁二牛，叙。亡尤。一。
　　按：行，祖甲时贞人。卜辞大意是，王侯接祖先在天之神灵降临，岁祭用二牛，又举行燃柴之祭，无祸忧。

2·8：乙卯卜，尹贞，王侯，岁。亡尤。
　　□□卜，尹[贞，王]侯，……。
　　按：尹，祖甲时贞人。第二辞残，其义不详。

3·1：丁亥卜，[旅]贞，王侯，岁，……。
　　□□卜，旅[贞，王]侯，毓(后)[祖乙]……。
　　按：旅，祖甲时贞人。第一辞"岁"下一字笔画残缺，严一萍释文作"母"，恐非是。"毓"字以下阙文严一萍补"祖乙"二字。参阅卷一第12·7片考释。
　　本片是《合集》23158。

3·2：贞，岁，用。
　　丙戌。
　　按：第一辞大意是，贞问，岁祭同时赞颂。参阅卷一第3·2片考释。

3·3：庚子卜，贞，王侯，岁。亡尤。
　　贞，王侯，叙。亡尤。
　　按：第一辞贞问王侯，岁祭，无祸忧。第二辞贞问王侯、叙，无祸忧。这就是所谓的对贞，反复贞问用不同的祭祀方式祭祀祖先都能免除祸忧。那时科学技术不发达，人们只能祈求祖先在天之灵护佑，以免除灾祸。

3·4：辛酉卜，贞，王侯，岁。亡尤。
　　贞，王侯，叙。亡尤。
　　按：卜辞也是关于祭祀的。参阅上一片考释。

3·5：□□卜，王侯祖乙，岁，二牢。
　　按：本片是卷一第14·8片的重出，本片比卷一第14·8片清晰。可资参阅。

3·6：丁未卜,行贞,王侑,叙。亡尤。在四[月]。
　　　乙亥[卜],□贞,[王侑],叙……。
　　　乙亥卜,行贞,王侑,岁。亡尤。
　　按：行,祖甲时贞人。本片与本卷第9·7片重复。

3·7：甲午卜,贞,王侑,岁。亡尤。
　　按：卜辞大意是,贞问王侑接祖先在天之灵降临,岁祭无祸忧。

3·8：□巳卜,贞,[王]侑,岁。亡尤。
　　　□□[卜],贞,王侑,[岁]。亡尤。
　　按：卜辞大意是,贞问王侑接祖先在天之灵降临,侑祭和岁祭无祸忧。

3·9：□辰,㞢(侑)彳(示),岁……。
　　按：彳,严一萍释文作"彳",非是,卜辞是祭名。参阅卷一第2·5片考释。

3·10：□□[卜],旅[贞,王侑]妣(妣),岁,……今酒。
　　按：旅,祖甲时贞人。卜辞大意是,岁祭妣某,用酒祭。

4·1：甲戌卜,贞,王侑,岁。亡尤。
　　　甲子、乙丑、丙寅……。
　　　甲戌、乙亥、丙子……。
　　按：第一辞贞问王侑接祖先在天之灵降临,岁祭无祸忧。第二辞和第三辞或是习刻干支表。

4·2：癸卯卜,贞,王侑,岁。亡尤。
　　　甲辰卜,贞,[王]侑,岁。亡尤。
　　　……亡[尤]。
　　按：第一辞和第二辞贞问王侑接祖先在天之灵降临,岁祭无祸忧。

4·3：甲寅卜,贞,王侑,岁。亡尤。
　　　贞,王侑,叙。亡尤。
　　　侑。(倒写)
　　按：卜辞大意是,贞问王侑接祖先在天之灵降临,岁祭和燃柴之祭无祸忧。

4·4：甲子卜，贞，王侯，岁。亡尤。
　　　　［贞］，王侯，叙。亡尤。

4·5：庚申卜，贞，王侯，岁。亡尤。
　　按：卜辞大意是，贞问王侯接祖先在天之灵降临，岁祭无祸忧。

4·6：辛卯卜，贞，王侯，岁。亡尤。

4·7：丁卯卜，贞，王侯，岁。［亡］尤。

4·8：戊午卜，贞，王侯，岁。亡［尤］。

4·9：弜（勿）又✳（尞）。
　　按：✳，象木柴燃烧火星迸发形，隶作"尞"，下或从火。燎祭，燔柏木松柴之祭。燎祭一般是祭天。参阅卷一第1·1片考释。

4·10：庚子卜，宁贞，翌癸卯尞。一。
　　　　 庚子卜，［宁］贞，……。
　　按：宁，武丁早期贞人。翌，从占卜当日起至旬内十日皆可称翌，不一定专指第二天，要根据后续干支确定是第几天。

4·11：贞，［㞢］于……。
　　　　 贞，及今十三月，雨。
　　　　 贞，尞于帝云。
　　按：十三月，年终置闰称十三月。帝云，陈梦家说"卜辞的帝云即帝雲"（《综述》第575页）。这是祭祀天帝的云神。
　　本片是《合集》14222正丙片。

5·1：甲子卜，弜（勿）秨（秄）黍。一。
　　　　……尞……黄（尹），三、三。
　　按：秨，或隶作秄，读作"刈"，为收割义。弗秨（秄、刈）黍，就是不收割黍子。黄尹，是人名。本片与本卷第23·6片重复。
　　本片是《合集》9563。

5・2：戊辰……。三。

其尞于土。三。

按：土,读作社稷的"社",是祭祀土地神的场所。

5・3：□未。

丙,尞岳、夨、山。一。（以上二辞据《合集》21110 补）

贞,尞巳,□豕。

尞巳。（以上二辞是本片）

按：第二辞丙,当是指某个丙日。燎祭的对象有岳、夨和山。夨和山,所指未知其详。第三辞巳,也是尞祭的对象。本片卜辞燎祭的对象,除了岳指太岳山外,其余三个亦当指自然神的山神和蛇神。参阅卷一第 49・4 片考释。

5・4：乙未卜,贞,王侯武,、伐。亡尤。

按：武,严一萍释文作"武丁",拓片"武"下一字![字形],不像"丁"字,很像![字形],本书释作"示",是祭名。参阅卷一第 2・5 片和第 6・2 等片的考释。

5・5：辛酉卜,贞,王侯,伐。亡尤。

癸丑卜,贞,王侯,伐。亡尤。

按：卜辞大意是,王侯接祖先在天之灵降临,举行歌舞之祭无祸忧。

5・6：贞,……伐。二。

贞,弜(勿)侯。二月。

□□卜,……。

按：卜辞大意是,王侯接祖先在天之灵降临,伐祭无祸忧。二月。

5・7：己巳,贞,王……,其登于祖乙。

按：![字形],象带棱的窗户形,严一萍释文作"窑",与字形不合,当是"囧"字。卜辞或是地名,辞残,其义不详。登,登祭,即烝尝之祭,用新收获的粮食祭祀祖先亡灵。

5・8：□卯卜,旅贞,王侯,登。亡尤。

按：旅,祖甲时贞人。卜辞大意是,王侯接祖先在天之灵降临,登祭无祸忧。

5·9：……贞,王侯,福,亡尤。
　　　　己巳卜,贞,王侯,……奏……,亡尤。
　　　　按：卜辞大意是,王侯接祖先在天之灵降临,福祭和奏乐之祭无祸忧。

5·10：贞,夕福,亡囚(祸)。一。
　　　　……亡囚(祸)。(以上是本片正面)
　　　　……十㞢(又)二。(反面)
　　　　按：夕福,当指于傍晚时举行福祭。卜辞大意是,贞问,夕祭无祸忧。

6·1：乙巳卜,㱿贞,来辛亥酒。五。
　　　　戊申卜,㱿[贞],来……。五。
　　　　按：㱿,武丁早期贞人。卜辞大意是,来日辛亥酒祭。

6·2：……王占曰：大[吉]。……其酚,翌日,唯王祀,翌[日]。
　　　　按：严一萍据"隹王祀"中间缺数目字,因此怀疑本片为伪刻。另外,同一句卜辞中用两个"翌",有重复之嫌,亦属罕见。
　　　　本片是《合集补编》12927最下面一截。补齐释文如下：
　　　　癸亥,王卜,贞,旬亡祸,王占曰：大吉。在四月。其酚,翊日,隹王祀,翊日。
　　　　癸酉,王卜,贞,旬亡祸,王占曰：大吉。在四月。甲戌翊上甲。
　　　　癸未,王卜,贞,旬亡祸,王占曰：吉。在四月。
　　　　癸巳,王卜,贞,旬亡祸,王占曰：在五月,甲午翌大甲。

6·3：乙酉卜,兄[贞],丁亥[史]其酒,告[于]南室。
　　　　壬寅。
　　　　丁亥。
　　　　按：兄,祖庚时贞人。"史"字刻在"丁亥"二字右下方,字迹较小,且不在行中,疑是漏刻后补刻的。南室,庙室名,此以方位命名祭祀的场所。参阅《综述》第475—477页。

6·4：丙戌卜,大贞,翌丁亥易日。八[月]。一。(本辞据《合集》24929补)
　　　　贞,于来丁酉酚大事,易日。一。
　　　　……入,人……。(以上二辞是本片)
　　　　按：来,来日,本辞指丁酉。大事,未知是何大事。易日,天气放晴。

6·5：癸丑，贞，甲寅酚，翌日，自甲不……。一。

　　弜(勿)幸(执)。一。

　　幸(执)。一。

　　按：后半句辞残，其义不详。幸，或隶作"㚔"，卜辞读作拘执的"执"（执）。第二辞和第三辞反复贞问是不拘执，还是拘执。被拘执的对象卜辞未记，当是指敌方的俘虏。本片与卷五第27·11片重复。

6·6：叀今来辛酚。

　　按：卜辞大意是，是今日酒祭，还是来日辛酒祭。

6·7：贞，乎(呼)……酚，我……匚于河。

　　按：▨(匚)，象侧视方形器具形。孙诒让据《说文》匚，以为是郊宗石室，即石祊。卜辞读作"报"，即报祭。参阅卷一第15·7片考释。

6·8：庚子卜，[王曰]贞，辛丑酚、▨(祏)，亡尤。

　　庚子卜，王曰贞，又(有)祸。

　　按：▨，似从不，从毛，隶作祏。据语法关系，卜辞用作祭名。第一辞大意是，王贞问辛丑酒祭和祏祭无祸忧。

7·1：乙丑卜，贞，王其又(侑)彳(示)于文武帝升，其以羌，其五人正，王受又(有)又(佑)。

　　[丙]子卜，贞，王王其又(侑)彳(示)于文武帝升，其▨(裔)月又省，于来丁丑酉▨(▨、扞)，酚，王弗每(悔)。

　　按：拓片字迹很不清晰，释文参考《合集》35356。

　　第一辞文武帝升，陈梦家说"文武帝"是帝乙，这是帝辛卜辞。其以羌，当指用羌俘作牺牲。其五人正，"正"疑读作"足"，意谓用五个羌俘作牺牲足够了。

　　第二辞开头衍一"王"字。▨(裔)，上似从文，下从口，《合集》35356释作"裔"。卜辞是月名，未知是指何月。又省，疑是又省视的意思。

　　▨，象手持丫形的杆，或隶作"扞"，本辞用在副词"酉"之后当用作动词，义同"祭"，故下文言"王弗悔"。《合集》35356释作"羞"。《说文》丑部："羞，进献也。从羊，羊所进也；从丑，丑亦声。"则卜辞用作祭名。《合集》拓片略微清晰些，作▨，从又持丫形物，不从羊，当隶作"扞"。第二辞大意是王侑祀、示祭于帝乙的宗室；在裔月又省视某地，于来日丁丑举行扞祭和酒祭,王不反悔。

7·2:庚子卜,弜(勿)酒、伐。

[庚]子,贞,彳(示)、伐,大庚,……三,岁三牢。

按:卜辞大意是,不用酒祭和伐祭,用示祭和伐祭,祭大庚,岁祭用三牢。

7·3:乙巳,贞,酒、糵(祓)。

按:"贞"字只剩上半截。卜辞大意是,贞问用酒祭和祓祭。

7·4:乙巳,[勿]酘子渔,御。

不其易日。

……御。

按:子渔,人名,是小乙之子,与武丁是同父兄弟。参阅卷一第20·5片考释。不过,陈梦家《综述》一书中既没有子渔之名,也没有下片子央之名。本片是《合集补编》3932正面部分卜辞。补齐释文如下:

贞,勿乎望舌方。

贞,翌庚辰不雨。

[贞],勿业(侑)于河。

庚子,不其易日。

贞,来乙巳易日。

乙巳,[勿]酘子渔,御。

不其易日。

……御。

7·5:贞,酘[子]䇘(央),御于父乙。

贞,勿酒子䇘(央),御。

……[子]䇘(央)。

按:䇘和䇘,从大,从凵或从冂,释作"央",是子央的人名用字。丁山说,王子央与武丁或是父子关系,或是兄弟行,待考。但是,子央氏当即《左传·哀公二十三年》"齐人取晋英邱"之英邱,介于齐晋之间,与殷墟为较近,王子央的采地,或即在此(《氏族制度》第75页)。或说子央是武丁儿子辈中的一人,则"父囗"有可能是父丁。不过,陈梦家《综述》一书中既没有上片的子渔之名,也没有本片的子央之名。

另据《殷虚书契后编》,武丁时期卜辞除了晚期有称为子(如子卜、子贞)者而外,还有子䒭(商)、子陜以及子渔、子央、长子、中子、上子等二十余人。大多被认为是武丁诸子,极少是武丁诸兄。参阅《后编考释》。

7·6：□□卜,㱿[贞],……敢。

……屮……戌,酒,五小[牢]。

大……告……方。三。

按：㱿,武丁早期贞人。敢,单辞只字,或是祭名、地名,或是人名。

7·7：癸未,贞,歷(历),酚,㣇(示),岁。

弜(勿)酒。

来……。

按：歷(历),从止秝声。本辞之"歷",用在"贞"和其他祭名之间,黄天树说"用在动词前做状语,表示周遍,动作遍及所指事物,可译为'普遍'、一个一个(地)"。参阅《诂林补编》第247页。

本片是《合集》32818。

7·8：□□[卜],㱿,今酒……。三。

㱿贞,……于兄……,御年。二。

䵣(棘)。二。

按：本片是卷一第46·7片的重出。可资参阅。棘,又见卷五第28·11片,疑与"辣"是同字,但辣是人名。见于卷三第26·3片。

7·9：贞,来乙巳酚子央,御。

按：子央,人名。参阅本卷第7·5片考释。

7·10：甲辰卜,王勿奠□,酒。

按：奠,或释作"尊",非是。"奠"下一字残缺,根据辞例,或是祭祀的对象人名,或是祭品(牺牲)名。

8·1：……于乙子(巳)……。

贞,今来乙未酚。

按：第一辞残。第二辞大意是,今来日乙未酒祭。

8·2：[甲]辰卜，酚，来登，……用。
　　按：卜辞大意是，甲辰占卜，要举行酒祭，来日举行登祭。

8·3：壬申，贞，癸卯酚，祡(祓)。
　　□申，贞，……。
　　按：第一辞大意是，贞问癸卯举行酒祭、祓祭。第二辞残，其义不详。

8·4：贞，翌乙未酚，咸……。
　　丙申卜，贞，翌丁[酉]……。
　　按：咸，卜辞是祭祀的对象，或即咸戊。辞残，其义不详。

8·5：丙申卜，贞，翌丁酉酒，伐……。
　　……不戠……。
　　按：第一辞大意是，贞问丁酉举行酒祭和舞乐之祭。第二辞"不戠"，据语法关系"戠"当是祭名。参阅本卷第7·6片考释。辞残，其义不详。

8·6：翌日甲，酚，尞。
　　按：卜辞大意是，翌日甲行酒祭和燎祭。

8·7：贞，……其……酚……。
　　……勿……。六月。
　　按：辞残，其义不详。

8·8：丁丑卜，尹贞，王儐，叔。亡尤。在三月。
　　按：尹，祖甲时贞人。卜辞大意是，丁丑占卜，尹贞问王儐接祖先在天之灵降临，举行燃柴之祭无祸忧。在三月。

8·9：乙亥卜，贞，王儐，岁。亡尤。
　　贞，王儐，叔。亡尤。
　　按：第一辞大意是，乙亥占卜，贞问王儐接祖先在天之灵降临，岁祭无祸忧。第二辞大意是，贞问王儐接祖先在天之灵降临，举行燃柴祭，无祸忧。

8·10：乙丑卜，大贞，王儐，叔。亡尤。
　　　乙丑卜，大贞，王儐，叔。亡尤。

□□[卜,大]贞,……且(祖)……。

按:大,祖甲时贞人。卜辞大意是,大反复贞问王侑接祖先在天之灵降临,燃柴祭之无祸忧。

8·11:庚戌卜,即贞,王侑,叙。亡尤。

按:即,祖甲时贞人。即贞问王侑接祖先在天之灵降临,燃柴祭之无祸忧。

本片与本卷第10·2片重复。

9·1:丁巳卜,贞,王侑,叙。亡尤。

按:卜辞大意,参阅上一片考释。

9·2:庚辰[卜,行]贞,王[侑],岁牢。……罘……。

庚辰卜,行贞,王侑,叙。亡尤。

[庚]辰卜,行[贞],王侑,岁。亡尤。

按:本片是本卷第2·2片的重出。可资参阅。

9·3:丁巳卜,[即]贞,王[侑]父丁,□。[亡]尤。

丁巳卜,即贞,王侑,叙。亡尤。

按:即,祖甲时贞人。父丁,是武丁。卜辞大意是,即贞问王侑接父丁在天之灵降临,燃柴祭祀父丁无祸忧。

9·4:甲寅卜,即贞,王侑,叙。亡尤。

□□[卜],即[贞],……。亡尤。

按:即,祖甲时贞人。卜辞大意是,即贞问王侑接祖先在天之灵降临,举行燃柴祭之无祸忧。

9·5:丁[卯卜],贞,……🈸(报丁)……。[亡]尤。

丁卯卜,行贞,王侑,叙。亡尤。在八月。

□□卜,□贞,王……翌日[亡尤。在□]月。

按:🈸,是"报丁"的专字。报丁是上甲微之子。参阅卷一第5·7片考释。行,祖甲时贞人。卜辞大意是,王侑接报丁在天之灵降临,燃柴祭之无祸忧。

9·6：庚申卜，行贞，王侯，[叙]。亡[尤]。

按：行，祖甲时贞人。卜辞大意是，行贞问王侯接先王在天之灵降临，燃柴祭之无祸忧。

9·7：丁未卜，行贞，王侯，叙。亡尤。在四[月]。

乙亥[卜]，囗贞，[王侯]，叙……。

乙亥卜，行贞，王侯，岁。亡尤。

按：行，祖甲时贞人。本片是卷二第3·6片的重出。可资参阅。

9·8：丁亥卜，出贞，来春，王其▨（叙）丁，▨（衁）▨（匕辛）新……。

按：出，祖庚时贞人。▨，象嫩的草木枝条在口形物（或是日）上，寓意草木春时发芽生长，是"春"字。前之学者考释颇多，于省吾、李孝定释作"条"，陈梦家释作"世"。叶玉森始于《殷契钩沉》中释为"春"，董作宾证成其说，郭沫若以为叶释当是，但又存疑，丁骕也释作"春"，刘钊释作"者"，谓用在时间词后作助词，宋华强驳其说非是。参阅《诂林补编》第354—360页。据丁骕之说，陈剑释作"造"，读作"早"。

卜辞有"今春""来春"等语，"今者""来者"是春秋时期才出现的时间表达形式，经查检，春秋时《墨子》中"今者"出现一次，"来者"出现三次；《论语》中无"今者"，"来者"共出现三次，且不是作为时间词置于句首使用的，可见"今者""来者"作为时间词出现很晚。▨，或作▨，当是"叙"字省"又"（手），燃柴祭也。或释作"奈"。严一萍释作"祡"，柴祭，祭天也。又见本卷第9·9片及第16·4片。

丁，当是祖庚的父亲武丁。▨（▨），构形不明，严一萍释作衁。于省吾谓即《说文》的衁字。《说文》血部："衁，以血有所刉涂祭也。从血幾声。"后世文献也作"幾"，为用牲之法，即祭名。陈剑说，该字也可以严格隶作"汎"，读作"率""皆"；沈培不同意陈说，认为该字具有时间上延续性的特征，当读作递及的"递"。参阅《诂林补编》第823—831页。▨（匕辛），严一萍释作"后辛"，恐非是。妣辛，是武丁法定三配偶（妣癸[妇鲁]、妣辛[妇好]、妣戊[妇妌]）之一。参阅卷一第25·7片考释。本辞或释作"丁亥卜，出贞，来者王其奈丁汎[置]新……"。意义难以理解，恐亦欠妥。本片与卷三第36·3片重复。

9·9：……母辛旁，▨（叙）……。

……十二月。

萃(祓),己▨(一皀,登),▨(敗、撤)示,不又(祐)。十二月。

按:母辛,二字合文,是武丁法定三配偶之一,是祖庚、祖甲和祖己之母。宆,宾祭,祭名。叔,燃柴之祭。

第三辞▨(一皀),象豆中有食,上有盖。《合集》23431释作"簋"。甲骨文从一皀。皀象豆(盛食器皿)中盛满饭食形。本辞读作"登",登祭,是一种祭祀仪式,参阅卷一第2·1片考释。登,与下文"撤示"正相对。▨,从又持肙,释为撤走的敗(徹),意为食毕徹馔。本辞之"敗示",《诂林》第0921条谓"似为人名",非是。不又,《合集》23431释作"不ナ(左)",据文义当读作"不祐",不护佑也。

9·10:戊申卜,贞,王儐,叔。亡尤。
　　　□□卜,[贞,王]儐,截,亡囚(祸)。

按:第一辞拓片无贞人名,严一萍释文作"小"(贞)。然卜人无称"小"者。第二辞截,陈梦家曰:"卜辞截的用法有三:(1)曰截(指日食);(2)'王儐截',是祭名;(3)'隻商截兕',假作職,是截色牛的专名。"(《综述》第240页)据陈梦家之说,则本辞"王儐截"的"截"是祭名。

10·1:乙巳卜,贞,王儐武乙,劦日。亡尤。
　　　贞,王儐,叔。亡尤。

按:武乙,庚丁之子、文丁之父。参阅卷一第14·2片考释。

10·2:庚戌卜,即贞,王儐,叔。亡尤。

按:即,祖甲时贞人。本片是本卷第8·11片的重出。可资参阅。

10·3:乙亥[卜,贞],王儐武乙,翌日。[亡尤]。
　　　贞,王儐,叔。亡尤。

按:卜辞大意是,乙亥贞卜,王儐接武乙在天之灵降临,翌祭之日无祸忧。又贞问,王儐接武乙在天之灵降临,燃柴祭之无祸忧。

10·4:乙巳卜,贞,王儐,岁。亡尤。
　　　贞,王儐,叔。亡尤。

10·5:甲戌卜,贞,王儐,岁。亡尤。
　　　贞,王儐,叔。亡尤。

10・6：贞,王侯,叙。亡尤。
　　　贞,王侯,叙。亡尤。

10・7：丙午卜,贞,王侯,岁。亡尤。
　　　贞,王侯,叙。亡尤。

10・8：贞,王侯,叙。亡尤。

10・9：贞,王侯,叙。亡尤。

10・10：贞,王侯,叙。亡尤。

10・11：辛丑[卜],贞,又▨(循)。
　　　　贞,▨(勿)叙。
　　　　□□卜,……[亡]尤。
　　按：▨,字残缺,左从彳,右似从直,当是"循"字,读作"巡",循视、巡视。▨,是"勿"字的反书,从刀从两点。

11・1：甲午卜,……叙,……辛……。
　　按：叙,燃柴祭也。参阅本卷第9・8片、第9・9片考释。

11・2：贞,[亡尤]。二。
　　　　甲辰卜,行贞,王侯,夕福,亡囚(祸)。一。
　　　　贞。亡尤。二。
　　　　甲辰卜,行贞,翌乙巳雨。
　　按：行,祖甲时贞人。夕福,指于傍晚时举行福祭。或释作"裸",夕裸,于傍晚时以酒行祭。参阅本卷第5・10片考释。

11・3：贞,……叙……。
　　　　癸未卜,行贞,王侯,夕福(裸),亡尤。
　　按：严一萍说,本片是卷一第33・3片的重出。经核对,应是卷一第32・3片中间两辞。

11・4：庚[子卜,行]贞,……。

贞,亡尤。在六月。

庚子卜,行贞,王傧,夕福(祼),亡囚(祸)。

[贞],亡尤。

按:行,祖甲时贞人。卜辞大意是,举行夕祭无祸忧。

11·5:癸丑[卜,即]贞,王傧,夕福(祼),亡[尤]。

贞,亡尤。六月。

□□[卜],即[贞],王傧,福,亡囚(祸)。

按:即,祖甲时贞人。卜辞大意是,王傧接先王在天之灵降临,傍晚举行福祭无祸忧。

11·6:□寅卜,即贞,王傧,[夕]福,亡囚(祸)。

贞,亡尤。

按:参阅第11·5片考释。

11·7:庚申卜,行贞,王傧,凤福,亡囚(祸)。一。

贞,[亡]尤。一。

按:行,祖甲时贞人。凤福,于天将明之时以酒祭祀。卜辞"凤福"与"夕福"相对,一是于晨时行祭,一是于夕时行祭。参阅本卷第2·1片考释。

11·8:贞,亡尤。在三月。

丁酉卜,行贞,王傧,凤福,亡囚(祸)。

[贞],亡囚(祸)。

按:行,祖甲时贞人。卜辞大意是,丁酉,行贞问,王傧接先王在天之灵降临,早晨福祭,无祸忧。

11·9:庚寅卜,旅贞,王傧,凤福,[亡囚(祸)]。

□□卜,旅[贞,王]傧……。

按:旅,祖甲时贞人。参阅第10·7片考释。

11·10:己丑卜,即贞,王傧,夕福,亡囚(祸)。一。

□□[卜],贞,……。二。

按:即,祖甲时贞人。参阅第10·6片考释。

12·1：贞,……。
　　　戊辰卜,即贞,王傧,敔,亡囚(祸)。
　　　[贞],亡囚(祸)。

　　按：即,祖甲时贞人。敔,祭名。参阅本卷第9·10片考释。卜辞有"日敔",还有"夕敔"的记载。例如《小屯南地甲骨》第726号：
　　　壬寅,贞,夕又(有)敔,其又(侑)土,寮大牢。
　　　壬寅,贞,夕又(有)敔,王不于一人尤,又(有)尤。

　　日敔、夕又敔,或如陈梦家所言指日祭、夕祭也。所引第726号卜辞"夕",原释文作"月"。第一辞中第一个的"又"读作"有",第二个"又"读作"侑",祭名;"土",读作"社",是祭祀地神的场所,位于都城北郊。

12·2：庚辰卜,□贞,王傧,叙。亡尤。
　　　戊申卜,尹贞,王傧,敔,亡囚(祸)。
　　　[贞]。亡尤。在□月。

　　按：尹,祖甲时贞人。参阅本卷第9·10片考释。本片与第12·3片重复。

12·3：庚辰卜,□贞,王傧,叙。亡尤。
　　　戊申卜,尹贞,王傧,敔,亡囚(祸)。
　　　[贞]。亡尤。在□月。

12·4：戊戌[卜,□]贞,……亡囚(祸)。
　　　贞,亡尤。
　　　戊戌卜,旅贞,今夕亡囚(祸)。十二月。
　　　戊戌卜,旅贞,王傧,敔,亡囚(祸)。

　　按：旅,祖甲时贞人。本片释文参考《合集补编》8107。第一、第二和第三辞大意是贞问今夕无祸忧。第四辞参阅本卷第9·10片考释。
　　本片与本卷第13·4片重复。

12·5：辛未[卜],□贞,王[傧],夙福,[亡囚(祸)]。一。
　　　贞,亡囚(祸)。在二月。二。
　　　壬申卜,行贞,王傧,敔,亡囚(祸)。
　　　[在]十月。

12·6：□□[卜],□[贞,王侯],哉,[亡囧(祸)]。
　　贞,亡尤。
　　癸卯卜,行贞,王侯,哉,亡囧(祸)。
　　贞,亡尤。
　　[癸]卯卜,行贞,王侯,夕福,亡囧(祸)。

12·7：戊申卜,大贞,王侯,哉,亡囧(祸)。十二月。
　　贞,亡囧(祸)。
　　……[王]侯,……亡囧(祸)。

13·1：贞,……。
　　丁丑卜,即贞,王侯,哉,亡囧(祸)。
　　[贞],亡[囧(祸)]。三月。

13·2：癸亥[卜],□贞,王侯,哉,亡囧(祸)。
　　贞,亡尤。二。

13·3：贞。[亡]尤。
　　癸丑卜,尹贞,王侯,哉,亡囧(祸)。
　　[贞]。亡尤。

13·4：戊戌[卜],□贞,……亡[囧(祸)]。
　　戊戌卜,旅贞,王侯,哉,亡囧(祸)。
　　严一萍说本片是卷二第12·2片的重复。经核对,本片是卷二第12·4片的重出。参阅本卷第12·4片考释。

13·5：甲寅卜,即贞,王侯,毛,亡祸。
　　按：即,祖甲时贞人。毛,于省吾释作"毛",用作"磔",剖牲体也。卜辞是祭名,也是用牲之法。毛,本义是草叶。《说文》毛部："毛,艸叶也。从垂穗,上贯一,下有根。象形。"本片与卷四第46·1片重复。

13·6：贞,勿……。八月。
　　□□卜,即贞,[王]侯,……。亡尤。
　　按：即,祖甲时贞人。辞残,其义不详。

13・7：癸□[卜]，□贞，[旬]囚(祸)。
　　　　癸卯卜，史贞，旬亡囚(祸)。一月。一。
　　　　[癸]□[卜]，□贞，旬亡囚(祸)。一月。一。
　　按：史，武丁晚期贞人。卜辞大意是贞问旬亡祸。
　　本片是《合集》16642。

13・8：癸丑，贞，旬亡囚(祸)。
　　按：卜辞大意是，癸丑，贞问旬亡祸。

13・9：癸亥卜，[即]贞，旬[亡]囚(祸)。一月。二。
　　　　癸酉卜，即贞，旬亡囚(祸)。一月。
　　　　癸未卜，即贞，旬亡囚(祸)。一月。
　　　　[癸]巳卜，[即]贞，旬[亡]囚(祸)。二月。
　　按：即，祖甲时贞人。由本片卜辞也可证商代祖庚、祖甲时一个月是三旬，每旬十日，且每旬都要贞问下旬是否平安亡灾祸。

14・1+14・2：癸巳[卜，即]贞，旬[亡囚]。十二月。
　　　　癸卯卜，即贞，旬亡囚(祸)。十二月。
　　　　癸丑卜，即贞，旬亡囚(祸)。十二月。
　　　　癸亥卜，即贞，旬亡囚(祸)。在正月。（以上是第14・1片）
　　　　癸酉卜，即贞，旬亡囚(祸)。在正月。
　　　　癸未卜，即贞，旬亡囚(祸)。在正月。
　　　　[癸巳]卜，即[贞，旬亡]囚(祸)。（以上是第14・2片。"癸亥"是两片对接后才看清楚的）
　　按：第二辞、第四辞中的"即"字，"人"在"皀"的右侧，第三辞中"即"字所从的"人"在"皀"的左侧，写法略有不同，但显然是同一个贞人名字。
　　即，祖甲时贞人。由本片卜辞亦可证商代祖庚、祖甲时一个月是三旬，每旬十日，且每旬都要贞问下旬是否平安无灾祸。

14・3：癸巳卜，兄贞，旬亡囚(祸)。
　　　　癸卯卜，兄贞，旬亡囚(祸)。五月。
　　　　癸丑卜，兄贞，旬亡囚(祸)。
　　　　癸亥卜，兄贞，旬亡囚(祸)。六月。
　　　　[癸酉]卜，[兄]贞，[旬亡囚(祸)]。

按：兄,祖庚时贞人。或释作"祝"。

14·4：癸丑卜,即贞,旬亡囦(祸)。二月。二。
　　　癸亥卜,即贞,旬亡囦(祸)。三月。二。
　　按：即,祖甲时贞人。从月份记载来看,本片卜辞是从上往下刻写的。

14·5：辛亥卜,即贞,今夕亡[囦(祸)]。
　　　壬子卜,即贞,今夕亡囦(祸)。
　　按：甲骨文中"月"和"夕"字的写法相同,但在不同的语境下一般是可以区分开的。例如,本片刻辞辛亥卜,贞问今夕亡祸。第二辞是壬子卜,贞问今夕亡祸。这两条刻辞中的"夕"字弧形方向虽然不同,但肯定是"夕"字,因为干支是紧挨着的两天,所以不可能是"月"字。释读时要注意整片卜辞的时间关系。

15·1：乙卯卜,即贞,今夕亡囦(祸)。
　　　丙辰卜,即贞,今夕亡囦(祸)。
　　　丁巳卜,贞,今夕亡囦(祸)。(以上据《合集补编》8108 补)
　　　戊午卜,即贞,今夕亡囦(祸)。
　　　己未卜,即贞,今夕亡囦(祸)。(以上二辞是本片)
　　按：即,祖甲时贞人。这两条卜辞都是贞问今夕无祸忧的。据本片卜辞祖庚、祖甲时除了贞问每旬的吉凶祸福,还要贞问每晚有无灾祸。

15·2：其十牢。
　　　□□卜,贞,[桒]生于高匕(妣)□牡牝。
　　按：第二辞严一萍释文在"生"字前补"桒"(袚)字,在"匕"字后补"己"字。高妣己,卜辞称"妣己"者有三人：仲丁法定配偶,祖乙法定配偶和四祖丁法定配偶,不知所祭的高妣己是哪一位。

15·3：甲戌,贞,其宁凤(风),三羊、三犬、三豕。
　　　甲戌。
　　　甲戌,兹用,乙亥。
　　　[乙]亥卜,叀……伐……舞,雨。
　　按：宁凤,当读作"宁风",息风。第一辞大意是,甲戌,贞问歇风(之祭)要用三羊三犬三豕作牺牲么。第四辞大意是,乙亥占卜,只用乐舞(伐)祭。

"舞"字上半部残,当是"舞"字,祭名,即雩,以舞羽的形式求雨之祭也。

15·4：▨(沉牛),……卯十……五牢。

按：▨,从牛在水中,是"沉牛"二字的合书。与《合集》16192 的 ▨ 是同字,象水中沉牛之形。沉牛是一种祭祀仪式,即沉牛之祭,所祭的对象是河。有时也指岳,太岳山。见《后编》卷上第20·15片。参阅《后编考释》第259页。

15·5：尞牢,沉牛,二牢。二告。
　　　尞牢,沉牛,三牢。

按：沉牛,一种祭祀仪式,即沉牛之祭,所祭的对象一般是河。有的也指岳,即太岳山。参阅上文第15·4片考释。

15·6：癸巳,三。癸未,三。丁亥,三。丁卯,三。
　　　贞,五牢。二月。二告。

按：第一辞,在骨片不同位置刻了几个不相干的干支,未知是何意。第二辞不完整,大意是贞问用五牢。

16·1：丁卯[卜],□贞,于……。
　　　庚午卜,大贞,王其彝。亡尤。九月。
　　　[壬]申卜,大贞,我……奠日……牢,……▨(若),……人。九月。

按：大,祖甲时贞人。彝,卜辞是祭名。卜辞"在▨(枏)彝",则是地名。参见《后编》卷上第10·12片及第10·16等片。▨,是"若"字的异构。辞残,其义不详。

16·2：叀▨(犁)牛。
　　　其牢,又(侑)一牛。二。
　　　叀犁牛,牢。
　　　其牢,又(侑)一牛。二。
　　　其牢,又一牛。兹用。
　　　叀犁牛,牢。
　　　其牢,又一牛。
　　　[其]牢,[又]一牛。

按：▨牛,犁色的牛,牛身上黑红条纹相间曰犁色。参阅卷一第16·

2片考释。或释作"勿",读作"物",恐非是。卜辞大意是,祭祀叀用黎色牛。祭祀时强调要用黎色牛作牺牲,或有图吉祥之意。

16·3:……丁……㞢……宰(牢)。
　　三百羌,用于丁。
　　[癸]卯卜,[贞],翌丁未正(征)□舌。八月。
　　乙巳卜,[贞],䌇(索、𩱨)于大甲,亦于丁,羌卅,卯十牢。□用。
　　按:第一辞残,其义不详。第二辞大意是,用三百羌俘祭祀某位先王丁。第三辞舌,卜辞是方国名。参阅卷一第4·6片考释。第四辞䌇,象木上缠丝缕形,是"索"字,作祭名,读作"𩱨"(sù),本义是鼎中的食物,引申指美味佳肴。

16·4:己□[卜],贞,……丁……其……𨐌(新)……三[牢]。
　　甲辰卜,㱿贞,枭(枭)其疒(疾)𣏗(杺)。
　　□□卜,争[贞],𣏟(柴)……𨐌(新)……三牢。
　　按:𨐌,似从辛,从斤,当是"新"字。辞残,其义不详。又见于第三辞。据卷六第19·4片新是地名。

㱿,武丁早期贞人。枭,像鸟立于木上,是"枭"字。参阅卷一第45·3片考释。𣏗,下从心,上从木,与卷五第12·5片上从中或木,下从心的"芯"(杺)或是一字,该片是祭祀的对象人名。本辞用在"疾"后,指疾病所在或状态,或如刘桓所引《孟子·尽心下》"为间不用,则茅塞之矣。今茅塞子之心矣"的茅塞之意。参阅《诂林补编》第475页。𣏟(柴),象置束薪于示(祭台)上形,当是"叙"字省"又",燃柴祭也。或释作"柰",严一萍释文作"柴"。参阅本卷第9·8片和第9·9片考释。

16·5:叀[犁牛]。
　　叀犁牛。
　　其牢,又(侑)一牛。二。
　　叀犁牛。
　　其牢,又(侑)一牛。二。
　　其[牢],又一[牛]。二。
　　叀犁牛。二。
　　其牢,又一牛。二。
　　其牢,又一牛。二。

按：卜辞大意是，祭祀叀用黎色牛，侑祭时用一牢。

16·6：叀羍。
　　叀犁牛。兹用。
　　按：羍，"羊牛"二字合书，隶作羍，有赤色义。参阅卷一第 15·5 片考释。卜辞大意是，叀用赤色牛，唯用犁牛。犁色是红黑条纹相间，红深于黑的颜色。

16·7：贞，屮（侑）于母骨犬，三羊、三豕，……卯……。
　　按：母，或是指东母、西母的母，为日神或月神。陈梦家指出，卜辞尞于东母、西母，指尞祭日月之神（《综述》第 574 页）。卜辞大意是，侑祭母用犬骨、三羊、三豕作牺牲，还要杀某作牺牲。

16·8：叀小宰。
　　惠牛，王受又，▨（吉）。
　　按：▨，从土置于凵形物中，是"吉"字。姚萱释作酱，子酱是人名。参阅《诂林补编》第 876 页。
　　本片是《合集》29654。

17·1：丁酉[卜]，囗贞，屮（侑）于……，卅伐，十牢。
　　按：伐，一种乐舞祭祀仪式，卜辞故有九伐、五伐等语。一伐，或指一曲，与之相应是一段舞蹈。本辞卅伐，犹三十曲。参阅卷一第 18·8 片考释。

17·2：[其牢又一]牛。[兹]用。
　　其牢，又（侑）一牛。
　　按：卜辞大意是，祭祀用一牛作牺牲。

17·3：叀[犁]牛。
　　其牢，又（侑）一牛。兹[用]。
　　其牢，[又一牛]。
　　叀犁牛。
　　叀犁牛。二。
　　其牢，[又一牛]。二。

按：本片卜辞反复强调侑祭时用犁牛作牺牲。

17·4：癸□［卜，贞］，㞢（祓）年，……宜牢……。
　　　……十牢。二。
　　按：宜，或释作"俎"。卜辞是祭名。参阅卷一第1·2片考释。辞残，其义不详。

17·5：兹以二百犬，……壬▨（昜）。
　　按：▨，上从日，下像光影，隶作"昜"。本辞或是指某壬日天气晴好。

17·6：癸酉［卜］，……王……。
　　　□□卜，［贞，王宾］，贮……三牢，……邑。
　　按：贮，辞或有贮藏义，因为下文涉及三牢及邑。参阅卷一第4·5片考释。

17·7：其三羌，卯三牢。
　　　贞，……羌，……用。
　　按：羌，本是氏族名，即羌方，卜辞也指羌俘，祭祀时常用作牺牲。陈梦家推测羌与夏有密切的联系，可能是夏后氏姜姓之族(《综述》第282页)。

17·8：己巳卜，㱿贞，㞢……四羊、四豚，卯四牛、四㱿［豰］。
　　　……尞……牛，二㱿［豰］。
　　按：㱿，武丁早期贞人。豚，小豕也。四㱿、二㱿的"㱿"，拓片有斑蚀，本辞读作"豰"，小猪。卜辞用豰作牺牲。参阅卷一第19·5片考释。

17·9：□□卜，贞，……［祊］其牢。羍。
　　　丙辰［卜，贞］，康［祖丁祊］其牢。兹［用］。
　　按：卜辞大意是，丙辰贞问于庙门内祭祀康祖丁用牢，要用赤色的牛作牺牲。

17·10：丙寅卜，贞，牢，㞢（侑）一牛。九月。
　　按：卜辞大意是，丙寅占卜，贞问用牢祭，侑祭用一牛。九月。

18·1：［壬］午卜，大贞，翌癸未㞢（侑）于小▨（后辛），三牢，䖵（箙）一牛。

……☒(后辛)……。

按：大，祖甲时贞人。☒，从辛从彐(后)，是"后辛"二字合书。"后"是君主的意思。小后辛，可能是指祖乙之子祖辛。《史记·殷本纪》："祖乙崩，子帝祖辛立。祖辛崩，弟沃甲立，是为帝沃甲。"或隶作辥，㱃，用作祭名。参阅卷二第1·1片考释。

本片是《合集》23719。

18·2：贞，以犁牛四于用。
　　　贞，若。
　　　贞，王以犁牛四于用。
　　　……若。
　　　按：卜辞大意是，用犁牛来伴随歌舞祭祀。

18·3：其牢，又(侑)一牛。三。
　　　叀羊。兹用。
　　　犁牛。[兹]用。
　　　[叀]羊。
　　　按：卜辞大意是，牢祭时侑祭用一牛；唯用赤色牛；唯用犁牛。

18·4：其牢，又(侑)一牛。二。
　　　[其]牢，[又一]牛。[兹]用。
　　　按：卜辞大意是，牢祭时侑祭用一牛。

18·5：……其雨。
　　　叀羊，兹[用]。
　　　[叀]羊。[叀]羊。
　　　按：卜辞大意是，下雨，唯用赤色牛祭祀。

18·6：丙戌卜，㱿贞，翌丁亥坐(侑)于丁，牢。
　　　甲午[卜]，贞，……。
　　　贞，……丁……牢。
　　　按：㱿，武丁早期贞人。丁，当是仲丁。

18·7：……十丙，坐……。

……十羌,彝……。

出,二日癸[酉],……羌。王占[曰]:……兹☒(果京)。

按:拓片仅有第一、第二辞及第三辞的"二日",其余据严一萍的释文。☒,陈梦家读作"果京"。参阅《综述》第267页。卜辞是地名。本片与卷五第10·2片缀合。

本片是《合集》1097。

18·8:贞,帝(禘)于东,☒(薶)骨豕,尞三牢,卯[黄]☒(牛)。

按:帝,读作"禘",祭名,大合祭。东,东方,或指都城的东门之外。☒,象置牛或羊于凵中,还有水,严一萍释文摹作☒,或隶作"坎",当是"薶"字的异构。卜辞中是祭名,即瘗薶。《尔雅·释天》:"祭天曰燔柴,祭地曰瘗薶。"抑或是"沉"字。☒,拓片有斑蚀,在牛头处还有厶形,《合集》14313释文隶作"牟"。《说文》牛部:"牟,牛鸣也。从牛,象其声气从口出。"卜辞或是以牛鸣代指牛,黄牟,犹言黄牛也。

本片是《合集》14313正,反面还有"帚(妇)姘示……"三字。

18·9:□酉卜,頔贞,帝(禘)甲、丁,其牢。

按:☒,廪辛时贞人名。甲,某先王庙号名甲者。丁,当指武丁。

19·1:丙寅卜,争贞,出(侑)于黄奭,二羌。

□□[卜],争贞,彗以牧刍,十。

按:争,武丁早期贞人。黄,当是"黄尹"的省称,人名。卜辞有"黄尹"二字合书的。参阅卷一第46·7片考释。奭,卜辞是王的配偶专称用字。

彗,彗象扫帚形,故引申有扫除义。蔡哲茂撰《说彗》,或说"彗"有病除义。参阅《诂林补编》第469页。引申有扫除义。参阅本卷第21·9片考释。牧,牧草。刍,象手抓草之形,刈艸也。卜辞中或用其引申义放牧。

19·2:□□[卜],古贞,……。

□□卜,古贞,……衣,……丁,五十小牢,二月。

按:古,武丁早期贞人。衣,读作"殷",殷祭,大祭。辞残。其义不详。"五十"二字合书。

19·3:其☒(鼐)☒(召)于丁,出(侑)百羌,卯十……。

出,☒(匚)于丁于南室,酒。

□巳,易日。十月。

按：▣,上从ɤʃ（匊,双手朝下）,下从止从巾,隶作帮。卜辞是祭名。▣,隶作▣,饶宗颐以为即"鼛"字初形,以牲血涂鼓曰鼛鼓。郭沫若以为是"召"之异文,也见于金文。丁,某先王庙号名丁者。百羌,侑祭用百羌作牺牲。▣（匸）,读作"报",报祭,祭名。参阅卷二第6·7片考释。南室,庙室名,以方位命名祭祀的场所。参阅本卷第6·3片考释。

19·4：其……。

其七牛。

□□［卜］,贞,荥（祓）……宗。

按：七牛,当指用牲之数。宗,庙室。

19·5：丁□［卜］,贞,妣庚,五牛。

叀令宁（贮）……。

按：妣庚,此妣庚当是祖乙之配。根据陈梦家的归纳,乙、辛周祭卜辞直系配偶称妣庚者有：示壬、且乙、四祖丁和小乙共四人（《综述》第384页）。参阅卷一第17·3片考释。贮,贮藏、收藏。辞残,其义不详。

20·1：乙巳卜,王□,寮三牛一□,……于……,不用,四日……骤（闻、昏）［凤（风）］。

按：▣,或作▣,从耳,从上下二又（手）。于省吾释作"撤",读作"骤",严一萍释文也作"骤"（风）,《合集》13362读作"撤"（风）。于省吾说卜辞大骤风,即大暴风。据字形分析,本书以为当是听闻的"闻"字异构,卜辞读作"昏",指黄昏时刻,因为风雨之辞往往与时间词连用,卷五第8·1片卜辞下文言"之夕▣（曀、晕）""月▣（曀、晕）"等语,亦反证▣应该读作黄昏的"昏"。参阅卷五第8·1片考释。

另外,《合集》11485辞曰：癸未卜,争贞,旬亡祸？三日乙酉夕月有食,闻（昏）。八月。

辞中的"闻"写作▣,从卩（坐人）,人的头部右侧从耳,头部左侧从又（手）,与本辞的从耳从上下二又（手）的▣当是同一个字,而▣是"闻"字的繁构,彭裕商释文释作"闻"。① 具体是何意义,未做解释。按本书的理解,也当读作"昏"。

---

① 彭裕商：《述古集》,巴蜀书社,2016年,第424页。

凤,字残,仅剩上半部,当是"凤"字,卜辞读作"凤"。与此内容相似的卜辞,参阅《合集》13359 至 13363 等片。

20·2:酉🖻(友),叀牛。

……牢。兹用。

按:🖻,从二又,象双手形,是"友"字。酉友,或读作酉酒的容量单位"卣"。卜辞是关于祭祀的,故不会如后世以酒会友的意思。

20·3:……[又]大乙,三牢。王[受又]。

按:本片是卷一第 7·8 片的重出。可资参阅。

20·4:戊辰卜,兄丁岁。

二牢。兹用。

按:据陈梦家《综述·卜辞诸兄表》,武丁卜辞有称"兄丁",廪辛庚丁卜辞有称"兄丁",文丁卜辞也有称"兄丁",故此"兄丁"未知是何人(第458 页)。

20·5:贞,翌癸未征(延)酒,卅牛。八月。三。

按:征,释作"迁延、延及"义。本书曾以为是"徯"字,从彳或从行省,戈声,是"践"字的异体,卜辞有前往义。参阅《后编考释》第 215 页。本辞"征酒,卅牛",或表示行酒祭,同时用三十牛作牺牲。

20·6:……于唐卅羌,卯卅牛。

……🖻(黹)酉。二月。

按:……于唐,或是"屮(侑)于唐"之残。祭祀成唐用三十羌俘作牺牲,同时杀三十头牛。🖻(黹),字残,据残笔来看当是"黹"字,严一萍释文缺。《说文》黹部:"黹,箴缕所紩衣。从㡀,丵省。"《尔雅·释言》:"黹,紩也。"郭注"今人呼缝紩衣为黹"。疏"郑注司服云:黼黻絺绣为黹,谓刺绣也"。黹,是指刺有花纹的祭祀时穿的衣服。还用酉酒行祭。祭祀祖先,心一定要诚,目的在于勿忘己之所从出也。

20·7:叀白羊用。

按:卜辞大意是,祭祀时唯用白羊作牺牲。

21·1：五牢。
　　　又（侑）羌。
　　　弜（勿）又（侑）羌。
　　　按：第二、第三辞是对贞，贞问侑祭时用不用羌俘作牺牲。

21·2：淊▨（莫、暮）三牢。
　　　按：淊，卜辞当是祭名。参阅卷一第21·2片和第31·1片考释。或释作"裸"。▨，从日入于木下，释作"莫"，读作"暮"，黄昏时刻。卜辞是祭名，表示祭祀的时间，同夕祭。本辞与下文第22·4片内容略同。

21·3：己巳……。一。
　　　三牢。
　　　按：辞残，其义不详。第二辞大意是，贞问祭祀用三牢。

21·4：[戊]辰卜，旅[贞]，王侯▨（父丁），二牛。亡尤。在十月。戊辰。
　　　按：旅，祖甲时贞人。▨，拓片有斑蚀，细审是"父丁"二字合书。

21·5：□□卜，䊷贞，今春王……。
　　　贞，今日酒小牢于父乙。
　　　按：䊷，武丁早期贞人。"父乙"当是武丁之父小乙。辞残，其义不详。

21·6：贞，五人。
　　　贞，十羌。
　　　按：卜辞简短，或是贞问用五人作牺牲，贞问用十个羌俘作牺牲。

21·7：□子卜，争[贞]，弜（勿）告，一。[叀]羊。二。小告。
　　　贞，……登……。
　　　按：争，武丁早期贞人。辞残，其义不详。本片与卷六第15·7片重复。

21·8：……卯……父乙，曺（告）五十牢。
　　　按：本片是卷一第28·7片的重出。可资参阅。

21·9：乙□[卜]，贞，……令彗……。

弜(勿)以★(䇂、辛)。

六牛。

按：令彗，当是令扫除义。参阅本卷第19·1片考释。★，字略斜，卷四第30·5片作★，是䇂字。䇂(qiān)，象尖刀形刑具，是"辛"字的初文。《说文》䇂部："䇂，辠也。从干、二。二，古文上字。"辛部："辠，犯法也。从辛从自，言罪人蹙鼻苦辛之忧。秦以辠似皇字，改为罪。""辠"字从自(鼻子)从辛，寓意用辛(尖刀)割罪人的鼻子，亦可证"䇂""辛"本是一个字。先秦时的五刑，即墨、劓、剕、宫、大辟。其中的劓刑，便是用刀割去罪人的鼻子。本辞"勿以䇂(辛)"，意即勿用尖刀。与★形体近似的见于《合集》35212、35213等片，释文未隶定。《诂林补编》也收有★、★(䇂、辛)诸字。①

据《诂林补编》，★，刘桓释作䇂，读作"愆"，过错义(参见卷四第30·5片)；蔡哲茂谓★象角形器，甲骨文此字★是"觥"字的象形字；王子杨说，甲骨文★字取象于新石器时代用于割草获禾的石镰，中间横画象纳柲之阑，这种镰刀古书称之为"铚"。他认为甲骨卜辞★(亐)用法有三：第一，读为"孽"，"有孽""亡孽"之语卜辞习见。第二，读如本字，引申指收割的农作物。第三，用为族名或地名，相当于后世何地，待考。参阅《诂林补编》第838—840页。

本书以为，第二辞的★当读作䇂(辛)，"勿以★(䇂、辛)"，意思是勿用辛(尖刀)。联系第三辞"六牛"，或指勿用尖刀杀六牛。卷四第30·5片的䇂(辛)，则读作"愆"，过错。参阅卷四第30·5片考释。

21·10：叀小牢，王[受又]。

弜(勿)又(侑)，吉。

□巳卜，[戉]方……戎……。叀小牢，大吉。

按：拓片右侧残缺，第21·11片是本片的右侧，一分为二了，释文据《合集》29648。拓片斑蚀较重，且刻写较乱，难以识读。

21·11：□巳卜，[戉]方……戎……。叀小牢，大吉。

弜(勿)又(佑)，吉。

按：本片是上一片的右侧，刻写混乱，难以辨识。参阅上一片。

---

① 何景成编撰：《甲骨文字诂林补编》，中华书局，2017年，第838—840页。该字的识读，承蒙刘洪涛教授帮助，谨致谢忱。

22·1：乙丑［卜］，其🀄（舌、𧮫）于……。

乙丑卜，王曰贞，十牢。（以上二辞是本片，是拓片下半截）

乙丑卜，王曰贞，五牢。

乙丑卜，［王曰］贞，王［宾］小乙，□。亡尤。

乙丑卜，王曰贞，翌丁卯不雨，丙戌雨。（以上三辞是拓片上半截）

按：🀄，隶作舌，或昏，或召。赵平安读作"舌"，据卷一第33·3片，卜辞舌（𧮫）是祭名，也是用牲之法。参阅卷一第31·8片和第33·3片考释。

本片是《合集》23121。

22·2：贞，其宰，又（侑）一牛。

……宰……。

按：第一辞先贞问用牢么，答复是侑一牛。第二辞残，义当为用牢。

22·3：己丑……。

己丑卜，王曰贞，于甲辰。六。

己丑卜，王曰贞，勿牡。七。

按：卜辞大意是，不用公牛作祭祀的牺牲。本片与本卷第22·9片重复。

22·4：丙戌［卜］，取湢，唯日。

唯夫匕（妣）。兹用。

癸卯卜，……于甲，莫（暮），……牡。

按：取，本辞的"取"亦当是一种祭祀仪式。湢，卜辞是祭名。叀日，或指于某日。此是"日"字，其写法不似正方形的"口"（丁）。

第二辞叀夫匕，当是指祭祀的对象。本句大意是，唯有夫匕用湢。第三辞于甲，指于某个甲日行祭。莫，读作"暮"，黄昏时刻。本片与上文第21·2片内容基本相同，参阅本卷第21·2片考释。

22·5：二牢，奭二羊。

三牢，奭二羊。一。

按：奭，读作"母"，是举行周祭时表示殷先王配偶关系的专称用字，陈梦家说"乙辛卜辞的奭假借作后妃之后"。参阅卷一第4·4片考释。卜辞大意是，反复贞问祭祀奭用二牢还是用二羊，用三牢还是用二羊。

22·6：乙巳，王卜，贞，今🦴（占），巫九……。（辞未刻完，缺刻横划）
　　　□□卜，贞，……其牢。[在]□月。
　　按：🦴，像骨片上有刻痕，隶作固，读作占卜的"占"，或曰读作稽问的"稽"。《说文》："占，视兆问也，从卜从口。"甲骨文从骨，视甲骨上的裂纹大小走向而定吉凶曰占卜。具体占卜法参阅《史记·龟册列传》。

22·7：戊戌[卜]，□贞，告……。
　　　贞，三牛。
　　按：第一辞残，其义不明。第二辞大意是，贞问用三牛作牺牲吧。

22·8：庚□[卜]，即[贞]，……子……。
　　　贞，牝。八月。
　　按：即，祖甲时贞人。第一辞残，其义不详。第二辞牝，雌性家畜。本片与卷六第25·9片重复。

22·9：己丑……。
　　　己丑卜，王曰贞，于甲辰。六。
　　　己丑卜，王曰贞，勿牡。七。
　　按：本片是本卷第22·3片的重出。参阅上文考释。

22·10：乙巳卜，□贞，不岁牡。
　　按：卜辞大意是，贞问岁祭不需要用公家畜吧。

23·1：……犬延（延），其㞢（侑）豝。六月。
　　按：延（延），或释作"延及、迁延"义。参阅上文第20·5片考释。犬，是[管理]犬之官。又见下文第24·4片。豝，小猪，卜辞指用小猪作牺牲。

23·2：贞，尞五牛，沉牛。
　　按：沉牛，二字合书，字残。沉牛是祭祀河神的一种仪式。

23·3：（子🔲）🔲（𢔗）牡。一。
　　按：🔲，从正从女在宀下，据《合集》3154、3155等片，子窊是人名。🔲，从往从丮，隶作𢔗。据《合集》3139辞："甲子，子㝅（就）🔲（往）虞，牡三牛……"子㝅（就），是人名；🔲，用作动词，或是"往"字的异构；虞是地名。

▨字也见于《合集》3154、3155等片，也是用在子窬之下作动词，或是祭名。

23·4：壬戌，贞，叀亚毕以人（本辞据《合集补编》10643甲补）。

　　　唐……羌……。

　　　癸亥卜，又（侑）土，燎羌，一小牢，俎。

按：唐，字残，"庚"下似有口，当是"唐"字，严一萍释文作"庚"，恐非是。第二辞"侑土"之土，王国维以为是商先公相土。郭沫若和陈梦家先也以为是相土，后来陈梦家又以为是"社"（《综述》第340页）。但是，根据卜辞辞例侑祭的对象都是亡祖亡父的神灵，而不是供奉土地神的建筑物（社）。所以，本辞之"土"很可能是"相土"的省称。《史记·殷本纪》："契卒，子昭明立。昭明卒，子相土立。相土卒，子昌若立。……主癸卒，子天乙立，是为成汤。"

卜辞大意是，侑祭相土时，要燎祭羌俘，用一小牢，还要宜祭（俎）。所补第一辞亚，或是职官名，或如陈梦家所说为多亚的省称，毕是人名，担任亚之职。以，或释作"氏"，非是。

23·5：□未[卜，□贞]，……宰。

　　　贞，令……永……妥……。

按：永，武丁早期贞人。妥，象以手按压一女子形，是"妥"字。《说文》字头无"妥"字，但释文中有二"妥"字。《尔雅·释诂》："妥，安止也。"卜辞是人名。据他辞，卜辞有子妥，是武丁诸子之一。两辞均残，其义不详。

严一萍释文还有"□从皋□▨"，拓片无，或是其背面。▨，是"义京"二字合书，卜辞是地名。参阅本卷第18·7片考释。

本片是《合集》3176。

23·6：甲子卜，弜（勿）秄黍。

　　　……寮……黄[尹]，三、三。

按：秄，读作"刈"，有收获义。弗秄黍，不收割黍子。参阅本卷第5·1片考释。本片是本卷第5·1片的重出。

23·7：叀犁牛。

　　　叀犁牛。

　　　[叀]犁牛。二。

　　　[叀]犁牛。

按：本片甲骨共有四段刻辞，内容相同，皆是"叀犁牛"，意思是反复强调唯用犁色牛作牺牲。

23·8：告一牛。
　　　二牛。
　　　二牛。
　　按：本片刻辞过于简短，其义不详。大意或是贞问告祭用一牛还是二牛。

23·9：翌甲辰酒，御，覀（禋）十牡。
　　　[令]……射……洮……▨（达）二。
　　按：覀，读作"禋"，禋祀。在不同的语境中，"覀"的含义和用法不同。参阅卷一第39·3片及卷五第8·1片考释。

　　洮，或释作"兆"，是岸边的意思。参阅卷一第53·3片考释。▨，下从止，上似从余声，赵平安释作"达"。参阅卷一第13·2片考释。辞残，其义不详。

24·1：贞，多犬其▨（及）▨（畀）微（徵）。
　　　贞，多犬及▨（畀）微（徵）。
　　　贞，多犬弗其▨（畀）微（徵）。
　　　勿寮。
　　　寮牛。
　　按：多犬，负责王室猎犬之官名，属武官之一种。参阅《综述》第514页。▨，右从人，左从又，与小篆"及"字方向相反。▨，象双手奉物形，王国维隶作"畀"，或"畁"。畁，同"畀"。《说文》丌部："畀，相付与之，约在阁上也。从丌由声。"《段注》："'约'当作'物'。古者物相与必有藉，藉即阁也。故其字从丌。疑此有夺文，当云'相付与也，付与之物在阁上，从丌'。"卜辞用"畀"之本义"给予"。王恩田说应是"周"字初文▨的简化，恐非是。参阅《诂林补编》第533页。微，或释作（徵），陈梦家释作"长"。见《综述》第260页(5)。林沄说，从刀形释作"徵"，从人形则释作"髟"。参阅《诂林补编》第19、20页。微（徵），据语法关系卜辞是地名，做"畀"的补语，省略介词"于"。参阅卷三第26·3片考释。

　　本片是《合集》5663。

24·2：其牢,又(侑)一牛。兹用。二。

其牢,又一牛。二。

叀甲🀄(又正)。二。

按：🀄,是"又正"二字合书。甲,某个甲日。辞简,其义不详。

24·3：□□卜,旅[贞],鬯五🀄(卣)。

贞,三🀄(麠)。

按：旅,祖甲时贞人。鬯,鬯酒。参阅卷一第4·5片考释。🀄,从卣置于皿上,还当是"卣"字,是盛酒器,也是鬯的数量单位。🀄,像鹿一类的动物,严一萍释文作"麀"。或释作麋鹿的"麋"。第一辞贞问祭祀用鬯酒,第二辞贞问三麋鹿。

24·4：□卯卜,㱿贞,犬延(延),其㞢(侑)把。

□□卜,㱿贞,王皀(次)于🀄(曾),[酒乎🀄(🀄)🀄(盩)方。]

□□卜,㱿贞,犬延(延),其把。

按：㱿,武丁早期贞人。本句卜辞参阅本卷第23·1片考释。

第二辞皀,从自,下着二横画,是"师"字异构,读作"次",军旅临时驻扎曰次。🀄,隶作"曾",卜辞是地名。"曾"字以下几个字为严一萍据卷六第7·1片补。🀄(🀄),从収(双手)持畢(捕兽的网),从倒豕,象捕兽形,或是"毕"字的繁体"畢",读作"禽"(擒)。或隶作敔(敢),恐非是。陈絜说是"敢"字,卜辞有"迎击"等义。参阅《诂林补编》第290页。又见卷六第7·1片。🀄,或隶作"盩",与字形不类,盩方是氏族名。

本片是《合集》6536。

24·5：辛亥卜,㱿贞,㞢(侑)于蔑戍,召二犬,酉(告)五牛。

按：㱿,武丁早期贞人。蔑戍,卜辞是侑祭的对象,当是盘庚前的旧臣人名。参阅《综述》第366页。召,从口从刀,刀亦声。或隶作"旨",根据语法关系当用作祭祀义。酉,读作"告",是一种祭仪,祭而告之也。参阅卷一第28·5片考释。

24·6：[甲]辰卜,永[贞],翌乙巳……宜,……🀄(畵、画)。

按：永,武丁早期贞人。🀄,本片略残,《合集》3035等片作🀄,从聿(手持笔形)从🀄(象圆规形),王国维、丁山、郭沫若等释作"畫"(画)。张振林说,🀄就是规的初文,是象形字。张日昇也说🀄是圆规的规,而不是芟艸义的义字。参阅《诂林补编》第761页。或是人名子画的阙文,是祭祀的对象。陈梦家隶作"盡"(尽)。参阅《综述》第365、366页,恐非是。《说文》皿部:"尽,器中空也。从皿隶声。"甲骨文 ▨（《合集》3040）、▨（《合集》3033）既不从皿,也不从火,当以释"畫"为是。

本片是《合集》3037。

25・1+3・27・4:癸巳卜,㱿贞,……。
　　庚午卜,争贞,翌辛未宜,允昜[日]。
　　贞……。(以上三辞是本片)
　　……争贞,二告。二告。
　　贞,登人三千。
　　贞,▨(涉)▨(㵙)。
　　臺(鄘)。(以上四辞是卷三第27・4片)
　　按:㱿、争,都是武丁早期贞人。▨,从步从水,象足涉水形,是涉水的"涉"字。▨,从水,从臬,隶作㵙,《说文》无。卜辞是水名,在河南沁阳一带。陈梦家说㵙水即沁水(《综述》第310页)。臺,本辞或作地名,读作"鄘"。本片与卷三第27・4片缀合,缀合后是《合集》7320。

25・2:十牢。
　　弜(勿)▨(示)。兹用。一。
　　按:卜辞大意是,不要举行示祭,用吟唱的歌舞祭。

25・3:叀犁牛。
　　叀犁牛。兹用。二。
　　其牢,犁牛。二。
　　其牢,又(侑)一牛。
　　[叀]犁牛。
　　[其]牢,又(侑)一牛。兹用。二。
　　按:卜辞反复贞问牢祭用犁牛作牺牲,侑一牛,同时用吟唱的歌舞祭。
本片是《合集》37037。

25・4:贞,卅羌,卯十牢。八月。
　　贞,……。
　　按:卜辞大意是,贞问用三十羌俘,杀十头牛作牺牲祭祀。八月。

25·5：丙戌卜，□[贞]，翌丁[亥]酒🗴(乇)于丁，三牛。

按：🗴，严一萍摹作🗴，非是，上面没有箭头，很像"力"字。《诂林》第3271"乇"字条下按语曰："于先生释'乇'，在卜辞为祭名，亦为用牲之法，于先生已详加论述。……'乇'字作🗴，其一横在上；'力'字作🗴，其一横在下。'力'或读作'劾'，'乇'则无此用法。且'力'未见有用作祭名或用牲之法者，其区分至为显明。"本书以为，本片🗴一横偏下，但作祭名或用牲之法则无疑。

25·6：□骨犬，尞。

按：卜辞"骨犬"一语多见，当是用牲之法。

25·7：贞，御子[商][小]牢，用。

按：子，缺人名。据《合集》2941当是"子商"。子商，是小乙之子，与子渔、武丁是兄弟。参阅卷一第28·5片考释。

25·8：□牛九，犬三。

按：卜辞大意是，祭祀时用九头牛以及三只犬作牺牲。

25·9：叀牝。

按：叀牝，只用母家畜作牺牲。

25·10：气(乞、三)乎(呼)卯🗴(麂)，告于丁。
　　　　贞，乎🗴(视)于舌。二月。
　　　　尞五。

按：气，读作"乞"，或释作"三"。参阅卷一第40·6片考释。🗴，象鹿形，无角，是麂。《说文》鹿部："麂，牝鹿也。从鹿，从牝省。"牝鹿，母鹿。《礼记·曲礼上》："夫唯禽兽无礼，故父子聚麂。"聚麂，指兽类父子共一牝的行为。🗴，从目在站立的人上，《合集》释文皆释作"视"。据黄天树文，或把上从目，下从站立人的🗴释作"视"；把上从目，下从坐人形的🗴释作"见"。参阅《诂林补编》第178页。舌，方国名，其地当与鬼方、𢀛方邻近。

25·11：叀🗴(妈)罘🗴(䊷)用，亡灾。
　　　　叀🗴(骍)罘大🗴(骍)，亡灾，弘吉。

按：🗴，右从马，左从立，严一萍隶作妈，卜辞当是马名，作牺牲用。

🖼,右从马,左侧似从米,或从米声,严一萍隶作籿,卜辞也是马名,也作牺牲。

🖼,下从马,上从利声,罗振玉说是从马利声的䭷,即《说文》的"骊"字,严一萍释文也隶作䭷,卜辞是马名,深黑色马也,作牺牲用。🖼,左从马,右从牢声,严一萍释作骍,也是马名,作牺牲用的。以上四个从马的奇字,《说文》皆无,卜辞都是作牺牲用的。用,谓以上四种马都用作牺牲。弘吉,大吉。

26·1：贞,十犁牛。
　　贞,乎见于🖼(雷)。二月。
　　[三乎]卯麂,告[于丁]。
　　按：黎牛,二字合书。🖼,《合集》8278释作"罙",与字形不合。据本卷第25·10片当是"雷"字的异构。卜辞是方国名。参阅上文第25·10片考释。本片与本卷第25·10片缀合。

26·2：己未卜,五十羊(牡)。二。
　　甲戌……。
　　……亡……。
　　按：五十,二字合书。羊,严一萍隶作"牡",字从羊从土,与从牛从土的"牡"造字用意同,表示要用五十只公羊作牺牲。拓片上半部被裁剪掉。
　　本片是《合集》20674。

26·3：壬□,癸酉……橐(祓)……自且(祖)□……。二。
　　兹用。二。
　　按：辞残,其义不详。

26·4：□未[卜],贞,十……,不用。二。
　　兹用。二。
　　按：辞残,其义不详。

26·5：庚戌[卜,王曰]贞。用兹。二。
　　按：卜辞大意是,王曰贞,用此贞问的结果。

26·6：兹用。大吉。

按：本片四个字并排,从右向左读为"兹用。大吉"。

26·7：兹用。

26·8：甲午[卜,贞],武[乙],祊其[牢]。一。
　　　叀[羊]。
　　　[丙]申卜,贞,庚(康)祖丁祊其牢。
　　　[叀]羊。
　　按：祊其牢,于庙门内祭先祖用太牢作牺牲。参阅卷一第24·7片考释。"祖丁"二字合书。庚祖丁,即康祖丁。羊,像两个字,马赤色也。参阅卷一第15·5片考释。卜辞大意是,于庙门内祭祀武乙和康祖丁,用赤色的牛作牺牲。

26·9：其[牢],又[一牛]。二。
　　　其牢,[又一牛]。
　　　[叀]犁牛。
　　　[其牢]又(侑)一牛。[兹]用。
　　按：卜辞大意是,贞问用牢祭,侑祭一牛,用犁色牛作牺牲。

26·10：其[牢]又[一牛]。
　　　其牢,又一牛。
　　　[其]牢[又一]牛。[兹]用。
　　按：本片卜辞内容可参阅上一片考释。

26·11：辛丑……。
　　　辛丑卜,雨。
　　　□戌卜,寮𧱏(豚)。
　　按：𧱏,从豕从口(肉),是"豚"字,燎祭所用的祭品。

26·12：□戌卜,……先……鬯。
　　按：辞残,其义不详。或表示祭祀用鬯酒。

27·1：丙戌卜,□贞,……王……苜(蔑)……。
　　按：蔑戌,是人名。辞残,其义不详。

27·2：贞,犬祉(延)。
　　　贞,犬祉(延),其……。
　　按：辞残,其义不详。本片是下一片的上半截,可缀合。

27·3：……从卅人,戍犬,……亡我……。
　　按：参阅上一片考释。

27·4：贞,犬登,亡囚(祸)。一、二。(本辞是正面)
　　　……来五……。(本辞是反面)
　　按：拓片"登"字左侧还有字,笔划与裂痕混在一起,疑是"亡囚"二字。

27·5：戊寅卜,古贞,犬……。(本辞是正面)
　　　王占曰：……亡其……。(本辞是反面)
　　按：戊寅,《合集》3821正释作"戊午卜",误。古,武丁早期贞人。辞残,其义不详。

27·6：庚……。二。
　　　庚寅,贞。
　　　皿至豕。
　　按：卜辞过于简短,其义不详。

27·7：贞,毚……福(祼)……。
　　　贞,翌……。
　　按：毚,或读作"豕",卜辞是牺牲名。辞残,其义不详。

27·8：贞,勿 ▨(叀) ▨(兔)来。
　　按：▨,从甴(田里长禾苗形),从三个口,当是"叀"字的繁构,读作语气词"唯"。▨,大腹短尾,是"兔"字。卜辞大意是,贞问不要仅进贡兔子。

28·1：戊午卜,韦贞,燎年于岳。一、二。
　　　己未[卜,贞],戉……。
　　按：韦,武丁早期贞人。戉,卜辞是方国名。第二辞残,其义不详。

28·2：己亥[卜,出]贞,今日其夋,雨,之……。

甲辰卜,出贞,商受年。十月。三。

按:出,祖庚时贞人。爻,古代占卜烧灼龟甲,爻象兆纹形。卜人根据兆纹形状推测事情的吉凶,因此,"爻"有占卜义。本辞"今日其爻,雨,之",当指经过占卜,爻象显示有雨。之,从止(足)在一(地)上,故"之"有行走义。

28·3:其延(延),蒸年于▨(阸)。

按:▨(阸),字右下残缺,左从阜,右似从心,心亦声,隶作阸,《说文》无。据语法关系和字形结构,卜辞或是地名。

28·4:己卯[卜],▨(沚)不[其]受黍年。

庚辰卜,贞,贮戎兔帚(妇),不歺(列)在兹卜。一。

按:▨,是"沚"字,水中的小块陆地曰沚。陈梦家说:"武丁时代的沚和土方、邛方、羌方、龙方、印方有过征伐的关系,此诸方多在晋南,所以我们定沚在陕县是合适的。陕县在以上诸方的南面。"(《综述》第 297 页)《合集》18805 释文作"洗",恐非是。

兔,或释作"渔",或以为是祭名,或曰其义不明。陈邦怀谓从鱼八声,即"颁"之本字,卜辞读作班赐的"班"。杨泽生释作釁(衅),以血涂抹钟鼓罅隙也。参阅《诂林补编》第 449、450 页。本书以为此说或非是。歺,或说是"列"字的初文。本辞用在否定副词"不"之后作动词,或如李孝定所说借作"死"。

第二辞《合集》18805 释文作"庚辰卜,贞,宁(贾)戎兔帚(妇)。不歺才(在)兹卜。一。"把▨隶作"帚",读作"妇",是祭祀的对象,本书从之。

28·5:[王]大令众人曰:劦田,其受年。十一月。

[乙巳卜,殼贞,不其]受年。(括号里的字据《甲骨拼合集》133 补)

按:大,祖甲时贞人。劦田,读作"协田",陈梦家说即"耦耕之事"。参阅《综述》第 537 页。

拼合后本片卜辞是对贞。本片是《合集》1+2,释文作:"甲辰卜,亘鼎(贞):㞢于河。一、二告。"《合集》释文误。拓片右侧(2)被《续编》裁剪掉。

28·6:壬戌卜,宁贞,我受年。

□□[卜],宁贞,乎黍于臺(廊),宜,受[年]。

按:宁,武丁早期贞人。黍,名词活用作动词,种黍。臺,读作"廊",地名。参阅卷一第2·4片考释。

29·1：我弗其受黍年。

按：卜辞大意是,今年我不会获得黍子的收成。

29·2：乙巳卜,虫(侑)于母辛宰,虫(侑)一牛。十月。

贞,翌辛卯,虫(侑)于母辛,三宰,葡一牛,羌十……。

□□[卜,大]贞,征(延)妣辛,岁,十月。

□□卜,大贞,其虫(侑)于羴奴,先酒,翌……。

……岁,受年。二月。

按：母辛,是武丁的配偶妣辛,是祖甲的母辈。葡,祭名。妣辛,或即母辛。

大,祖甲时贞人。羴奴,或说"卜辞中用作女性称谓之𡥈只能读为'奴'"。指商代王之配偶中的尊者。参阅《诂林补编》第555—557页。朱凤翰对"奴"字也曾做过考释,他说：由以上资料来看,𡥈 确是 后考 的合文……。羴是其所出身之氏名,后 是其身份,考 为其本人之名。此出组卜辞中的羴后,未必即是自组卜辞中受祭之羴后。参阅《诂林补编》第610、611页。先酒,先举行酒祭。

本片是《合集补编》7042。

29·3：癸亥卜,㱿贞,敚(施)羌百,(举)三 (旂) (扒、偃)……。

癸亥卜,㱿贞,勿(弗)首(蔑)敚(施)羌……。（《续编》删）

甲子卜,㱿贞,我受 (糜)年。

甲子卜,㱿贞,我受黍年。

按：㱿,武丁早期贞人。敚(施)羌百,是杀所俘羌俘一百的意思。参阅卷二第1·5片考释。 ,从又持扒,象人举旗状,疑当是"举"字的初文。 ,从子从扒,是"旂"字。 ,象有斿(飘带)的旗帜形,是"扒"字。

 ,下象尖底小口的酒坛,上象米粒,释作"糵"。《说文》米部："糵,糜和也。从米覃声。"或释作"酋"。《说文》酉部："酋,绎酒也。从酉,水半见于上。《礼》有'大酋',掌酒官也。"据字形当释作从米覃声的"糵",也即从禾覃声的糵。当指糜子或黍子,故辞曰"我受糵年"。又见于卷六第13·6片。第二辞据《合集》303补。

29·4：岁,我受年。七月。一。

按：卜辞大意是，岁祭，祈求我获得好的收成。七月。

29·5：贞，乎皋取夷。
　　　受年。
　　　贞，乎皋取夷。
　　按：取，克敌、占领。皋，人名，是武丁时的重臣。参阅卷一第33·7片考释。夷，卜辞是氏族名，在晋地(《综述》第284页)。《合集》9827释文读作"乃"，非是。本片与卷一第33·7片缀合。可资参阅。

29·6：我受年。一月。五。
　　按：贞问我(商王室)今年有收成。一月。

29·7：不受禾。
　　　癸卯，贞，东受禾。
　　　北方受禾。
　　　西方受禾。
　　　[南]方[受]禾。
　　按：卜辞大意是，首句曰"不受禾"，然后于癸卯贞问，东、北、西、南四方受禾否。卜辞四方的顺序(东、北、西、南)与人类感知的太阳的运行方向(人面南而立，由东方升起，再向南、再向西、再向北、再向东)正好相反，而与太阳的实际运行方向(人面南而立，由西向南、再向东、再向北、再向西)正相吻合。由于地球的自转速度快于太阳的运行速度，因而导致人们感知(太阳由东方升起，再向南、再向西、再向北、再向东运行)的错觉。
　　本片是《合集》33244。

30·1：□酉卜，韦贞，我受年。
　　按：韦，武丁早期贞人。卜辞大意是，贞问我今年有无收成。

30·2：我受黍年。

30·3：贞，[弗]其[受]年。
　　　贞，乎黍于北，受年。
　　按：于北，于北方种黍。拓片上部还有字，辞残，未知是何字。

30·4：舌受又（佑）。

按：舌，方国名，武丁时常参与商王室征伐贡方（《综述》第316页）。

30·5：王［侯］……。

弜（勿）侯于之若。

叀（唯）牛，王受又（佑）。

按：卜辞每见"……于之若"之语，之若是商的先祖人名，是祭祀的对象。

30·6：己亥贮，受又（佑）。

按：贮，贮藏，或曰本辞是氏族首领人名，恐非是。

30·7：……若，不我其受又（佑）。二告。

按：若，或是"之若"之阙文。参阅上文第30·5片考释。

30·8：弜（弗）。其于小乙弜（弗）受又（佑），王受又（佑）。

弜（弗）。

按：卜辞大意是，大概不会受到小乙佑护，王受到佑护。
本片是《合集》27354。

30·9：叀乙丑酌，王受又（佑）。

按：卜辞大意是，唯乙丑酒祭，王会受到佑护。

30·10：贞，勿登人五千。

贞，弗其受业又。

按：登人，征召人员。"五千"二字合书。卜辞常见登人五千或三千的记载。

31·1：受业（侑）又（佑）。囗月。凡（凡）皇（皇）……。

按：凡，或作凡，象侧立的盘，读作"凡"，郭沫若说是盘庚"槃"字的初文。王子杨说：我们初步认为，甲骨金文中过去所谓的"凡＊"一语中是"興"（兴）之简省，当释为"同"，甲骨卜辞绝大多数的"凡＊"都是"同"字，或为"興"（兴）之简省，或用如本字。参阅《诂林补编》第691页。皇，象火炬形，释作"皇"。凡皇，据卷三第10·1片"舌方凡（凡）皇（皇）于土"一辞,土是土方,"凡皇"当用作动词,或读作"彷徨(于土)",或"盘桓(于土)",是徘徊、滞留(于土)的意思。因为下文言筑城(于土)之事,故萌发此说。

严一萍说,本片与卷三第10·1片属同文异版。其释文作:

壬辰卜,殻贞,今春王循土方,受屮(又)。

癸巳卜,殻贞,今春王循土方,受屮(又)。(以上据《合集》6354正补)

辛丑卜,争贞,曰:舌方 ■(凡)■(皇)于土。其橐(墉)■(瑗、垣),允其橐(墉)。三月。二告。一。

[□□卜,□贞,舌方出,王自既]受屮又。(本辞是严的释文,拓片无)

橐,读作"墉",本辞是筑城的意思。■(瑗),上从爪,下从○,象环形玉器,王国维释作"瑗"。卜辞疑借作城垣之"垣",因城垣也是环形的,似大孔的玉璧,因以为喻,且"瑗、垣"音相近,可以假借,故下文言"允其橐(墉)",意为果然筑城于土。据此来看,■(垣)不是地名,而是城垣(环形城墙)。

31·2:[贞,今]春唯王从望乘伐下危,受屮又(佑)。

按:望乘,方国名。下危,赵平安读作"下辩"。是方国名,在鲁南。参阅卷一第37·1片考释。

卜辞常见"王从望乘伐下危""王从沚戓伐召方"等语,《合集》以及他人的一些文章皆释作"王比望乘伐下危"等,本书皆释作"从",是随从、跟从的意思。无独有偶,彭裕商《述古集》也读作"从"。如该书第15页之4·犬侯:

己卯卜,㱿贞,令多子族从犬侯璞周,叶王事?(《续》5·2·2)

第19页的《屯南》81:

丁卯贞,王从沚戓伐召方,受[又]?在祖乙宗卜。五月。

第19页的《戬》45·12:

甲子贞,王从沚戓?在(七)月。

等等。所以 ■、■,或作 ■、■,卜辞内容皆与商王与某属国征伐另一方国有关,《合集》皆释作"比"。比,林沄说有联盟义。参阅卷一第 14·1 片考释。

31·3：……酚,王[受㞢又]。□月。

贞,受又=[侑佑]。

按："又"字下有重文号,当读作"受有佑"。

31·4：甲辰卜,雀受侯又(佑)。

按：雀,当是"子雀"之省称。子雀是小乙之子,武丁诸兄弟之一。卜辞大意是,甲辰占卜,子雀受到某侯的佑助。

本片是《合集》33071 右侧半片,左侧还有辞。整片卜辞如下（经过加工）：

……乎父丙……戎……。

甲辰卜：侯▨（卿）雀。一。

甲辰卜：雀受侯又(佑)。一。（这是本片）

甲辰卜：雀剢▨（䄆）侯。二

□辰卜：▨（䄆）侯(剢)雀。

第一辞,《合集》原释文无"乎父"二字,细审拓片有。

第二辞,▨,从宀,从二人相向,隶作卿,或是"乡"字异构,是侯某人名。

第四辞,▨,从戈从糸,隶作紸,或读作剢灭的"剢",义近形不似。▨,从又从示,示上好像还有米粒形物,暂隶作䄆。卜辞当是▨（䄆）侯人名。

第五辞,两个冷僻字䄆（侯名）和紸（剢）已见于以上四句卜辞,可资参阅。

本片卜辞内容涉及子雀与侯▨（卿）以及与䄆侯的关系。若理解不误的话,从第二辞和第三辞来看,子雀与侯▨（卿）关系不错,子雀受到侯▨（卿）的佑助。但从第四辞和第五辞来看,子雀与䄆侯的关系很不融洽,相互排挤,处于那种你死我活的关系。卷六第 26·1 片有一辞记录子雀有祸。是何祸忧,则不得而知（见《合集补编》6917）。弟兄一多,相互间必然会出现亲密与不和睦的现象。记录这些信息的卜辞实属罕见,因此本片卜辞弥足珍贵。《合集》33071 保存了较为完整的拓片。

31·5：叀……。

其又(侑)于丁,叀犬。

其又(侑)羊,王受又(佑)。

……卯……又……。

　　按：卜辞大意是，侑祭丁唯用犬；侑祭用羊，王受到护佑。

31·6：癸卯，王卜，贞，其祀多先祖。余受又又（佑），王占曰：弘吉。唯廿[祀]。

　　……止（之）……吉……月。

　　按：其祀多先祖，指祭祀多位祖先，即祫祭（大合祭）。余，时王自称。廿祀，王即位的第二十个年头。陈梦家说这是祀周年。拓片最上边还有第二辞三个残字。

31·7：唯廿祀，用，王受[又]。

　　用，十祀。

　　按：卜辞大意是，唯廿祀用，王受到护佑。十祀用。本片与卷六第21·9片重复。

卷 三

1·1：辛酉卜，宁贞，勿于九示莱（祓）。五。

　　贞，勿乎伐舌方，弗其受业（有）又（佑）。五。二告。

　　贞，勿乎以寇。五。（本辞被《续编》删除，此据《合集》6257补）

　　按：宁，武丁早期贞人。九示，陈梦家说"九示是大乙至祖丁九世直系"（《综述》第463页）。

　　第一辞大意是，宁贞问：不要在九示庙主祓祭。第二辞大意是，不要召唤讨伐舌方，不会受到佑护。第三辞寇，据卜辞文义当是指一些无组织的武人、强人，商王室招募其伐舌方，"乎"当有招募义。旧时代社会动乱每每招募土匪流寇充当兵员，此种征兵方式可谓殷以为鉴，其来久远矣。参阅本卷第2·3片考释。

　　本片是《合集》6257。

1·2：庚子卜，殻贞，匄舌方于好🐦（凫）。

　　乚（乙）未古……。

　　按：殻，武丁早期贞人。匄，乞也。参阅卷一第11·1片考释。🐦，左从隹，右从匕（或乙），或释作"𪄷"，或读作"雌"，或说是"雁"。本书以为，该字不从豕，所以释作"𪄷"，非是。该字从隹从匕（或乙），当是"凫"字，是与雁同类的水鸟。参阅《后编考释》第362页。本辞"匄舌方于好凫"，或是表示商王室向舌方索求好的凫鸟（大雁）之意。

　　古，武丁早期贞人。第二辞"乙未古"，辞残，其义不详。

1·3：乙丑卜，殻贞，兹邑亡🈳（震）。三、三。

　　己卯卜，殻贞，舌方不至于𠂤。三、三。二告。

　　不🜲（玄）𬽾（黾）。二告。二告。

　　按：殻，武丁早期贞人。🈳，下从辿，上从辰声，本辞或读作震动的"震"，震动、震惊，警也。兹邑无震，犹言兹邑无警，平安无事。

第二辞大意是,己卯占卜,贞问舌方不会到甾吧。

不▧▧,在拓片的偏下方,与其他文字不连读。参阅卷一第 34·2 片考释。

2·1:贞,勿[乎伐]舌[方]。
　　贞,乎伐舌方。
　　贞,翌庚午不其易日。
　　不▧(玄)▧(黿)。二、三。
　　不▧(玄)▧(黿)。四。
　　不▧(玄)▧(黿)。小告。二告。
　　按:第一辞和第二辞是对贞,贞问是否伐舌方。第三辞记翌日庚午天气不会转晴。一片骨片上三处刻了不▧(玄)▧(黿),很少见。

2·2:舌方出,不……。
　　舌方出,唯……。(以上二辞是正面)
　　受令执。(本辞是反面)
　　按:卜辞大意是,贞问舌方是否会出来骚扰。辞残,其义不详。受令,受命。执,或表示捉拿的意思。舌方之人出来骚扰,奉命捉拿之。

2·3:□□卜,㱿贞,乎多寇伐舌方,受屮又(佑)。
　　[戊]辰卜,翌辛未令伐舌方,受屮又(佑)。一月。
　　癸酉卜,㱿贞,乎多寇伐舌方,受屮(有)又(佑)。
　　按:㱿,武丁早期贞人。多寇,当是指一些无组织的武人、强人,被商王室招募来充当兵员用于征伐舌方。参阅本卷第 1·1 片考释。

3·1:□□[卜],▧(品)贞,舌方出,帝(禘)……。
　　□□[卜],□贞,舌方出,帝(禘),不唯……。
　　□□卜,亘贞,勿……,五月。
　　癸巳卜,㱿贞,屮大……。
　　癸巳卜,㱿贞,登人三千……。小告。
　　□□卜,亘贞,五月。
　　庚子卜,亘贞,……。小告。小告。
　　按:亘、▧(品)和㱿,都是武丁早期贞人。帝,当读作"禘",禘祭。卜辞缺字较多,其义当与征讨舌方有关。

本片是《合集》6093正面。反面还有四条卜辞,如下:

　　王占曰:其有来艰,三(气)至……。

　　□□卜,唯甲业(有)至,吉,其……。

　　其唯戊,亦不吉。

　　贞于妣己,业(有)……。

3·2:癸丑卜,㱿贞,勿唯王正(征)舌方,下上弗若,不我其受又。五。

　　癸丑卜,㱿贞,勿隹王正(征)舌方,下上弗若,不我其[受又]。五。

　　按:㱿,武丁早期贞人。下上,二字合文。若,允诺。卜辞大意或是,癸丑占卜,㱿贞问,不要王亲自征讨舌方,天帝及先公先王在天之灵既不佑助我,众臣也不允诺王亲自征伐舌方,我(商王室)恐怕不会得到佑助。

3·3+5·7:乙巳……。二告。

　　　登人乎伐……。一。

　　　贞,舌方弗臺(墉)沚。一、二告。(以上三辞是本片)

　　　贞,勿登人乎伐舌方,弗其受业又。一、二告。(本辞是本卷第5·7片)

　　按:第一辞和第二辞残,其义不详。第三辞臺(墉),有筑城的意思。沚,地名。本卷第3·3片是下半截,第5·7片是上半截,《续编》分为二片,缀合后是《合集》6178。

4·1:甲子卜,[㱿]贞,勿乎伐舌方,弗其[受业又]。

　　　[㱿]贞,勿乎多寇伐[舌]方,弗其(受)业又(佑)。

　　按:本辞也是关于商王室招募多寇用于征伐舌方。参阅本卷第2·3片考释。

4·2:甲申卜,㱿贞,勿乎妇妌以▩(夷、舞)先于戎。二告。

　　　乙酉卜,㱿贞,舌方衛(巡),王其勿告于[祖]乙。

　　按:㱿,武丁早期贞人。第一辞据卷五第27·2片补后四字。妇妌,是武丁法定三配偶之一。▩,拓片不太清晰,本卷第26·2片有一辞与此全同,其中▩(似从大从内,隶作夷),与▩是同字。张玉金认为该字很可能就是"奉",即"捧"字的初文。孙亚冰参照宋镇豪、岛邦男的说法,认为该字可能是止雨祭的"舞"字。朱凤瀚认为▩应是祭祀先人的一种礼仪,并引《周礼·天官》中的"梗祭",说是防御灾害之祭。李娜认为▩和▩是异体关系,前者比后者出现得早,根据张玉金的考释认为在卜辞中是一种奉献之祭，进而指从事奉祭的专职人员。参阅《诂林补编》第49—53页。本书以为，卜辞或指舞姿，意指妇妌的舞姿比戎狄美。参阅本卷第26·2片考释（《合集》6347）。该字又见于卷五第26·10片和第27·2片。第一辞的"于"，或有比、比较的意思。戎，是氏族名。卫，据语法关系卜辞用作动词，或与卷一第16·1片是同字。

  本片是《合集》6344。

4·3：甲辰卜，宁贞，勿乎伐舌[方]，弗其受虫（又）。三。
  乙巳卜，㱿贞，我[弗]其受[虫又]。
  按：宁、㱿，都是武丁早期贞人。参阅本卷第2·3片和第4·1片考释。

4·4：戊辰卜，宁贞，登人乎往伐舌方。
  按：宁，武丁早期贞人。卜辞大意是，征召人员前往征伐舌方。

4·5：丁卯，令。
  贞，乎伐舌方，[受]虫（有）又（佑）。
  按：卜辞大意是，前往征伐舌方，会得到先王在天之灵的佑助。

5·1：癸酉卜，争贞，王勿𫝻（逆）伐舌方，下上弗若。不我[其受虫又]。三。
  按：争，武丁早期贞人。𫝻，右从辵，左从屰（倒人形），是"逆"字。《说文》辵部："逆，迎也。从辵屰声。关东曰逆，关西曰迎。"逆伐，当是迎战的意思。下上弗若，下上都不允诺，犹言下上都不同意迎战舌方。所以，下文曰我不会得到先王在天之灵的佑助。这是贞问得到的结果，是祖先神灵的旨意。本辞参阅卷一第16·1片和第36·5片考释。本片与本卷第6·6片缀合。

5·2：辛酉卜，争贞，乎伐舌方，受虫（又）。五。
  贞，勿橐（袚）[于]九示。五。（本辞位于拓片右侧，被《续编》裁掉）
  按：争，武丁早期贞人。参阅本卷第2·3片和第4·1片考释。

5·3：翌丁卯令步（涉）。
  贞，乎伐舌方，受虫（有）又（佑）。
  贞，勿乎伐舌方。
  按：严一萍说，本片是第4·5片的折断。缀合后可连读。步，或谓车行曰步；或谓读作涉水的"涉"，浅水以车渡之；或谓祭名，同禜祭之"禜"。第二辞大意是，贞问伐舌方会否得到佑助。第三辞大意是，不要伐舌方。据第二辞和第三辞的内容来看，第一辞的"步"当指涉水的具体行动，非指禳除灾疫和水旱灾害的祭祀。所以，释"禜"非是。

5·4：戊子卜，㱿贞，匄舌方于……。一。

按：㱿，武丁早期贞人。卜辞大意或是，商王室像某神祇乞求舌方不要来犯。辞残，其义不详。

5·5：[贞]，沚㦰再（称）册，王从伐舌[方]。

……鄌（墉）𠁥（衣），王从，受㞢[又]。

贞，沚㦰再（称）册……。（以上三辞是本片，即《蔡缀》6163 正面）

[王占]曰：吉。不狩。

……衡……。（以上二辞据《蔡缀》6163 反面补）

按：沚㦰，是武丁时征伐土方的将帅人名。再册，读作"称册"，举册，祭祀时供奉典册的一种仪式。《尚书·周书·多士》："惟尔知，惟殷先人有册有典，殷革夏命。"也证明商代的确有册有典。𠁥，象衣形，此处为地名。参阅《综述》第259 页。

5·6：乙巳卜，㱿贞，弗其受舌方又（佑）。

按：㱿，武丁早期贞人。本辞"弗其受舌方又"，或是指贞问伐舌方会否受到佑助。

5·7：贞，勿登人乎伐舌方，弗其受㞢（有）又（佑）。一、二告。（本辞是本片）

贞，舌方弗鄌（墉）沚。一、二告。

登人乎伐……。一。

乙巳……。二告。（以上三辞是本卷第3·3 片）

按：本片与本卷第 3·3 片缀合。可资参阅。本片是《合集》6178，拓片全。

6·1：贞，……伐……。

贞，勿唯王往伐[舌方]，弗其受[㞢又]。三。

按：卜辞大意是，贞问王亲自往伐舌方，不会受到佑助。

6·2：丁巳卜，囗贞，……。

　　　庚申卜，争贞，乎伐舌方，受屮又。二。

　　　按：争，武丁早期贞人。卜辞大意是，呼伐贡方，会受到佑助。

6·3+8·6：贞，[乎]多[臣]伐[舌]方。

　　　贞，叀(唯)王往伐舌方。

　　　贞，叀(唯)王往伐舌[方]。（以上是第6·3片）

　　　贞，勿唯王往乎……。（本辞是第8·6片，接在第6·3片下）

　　　按：缀合后本片有四条卜辞。多臣，陈梦家说："乃是殷王国之臣，可能是'臣'与'小臣'的多数称谓，犹《酒诰》之'诸臣'。"参阅《综述》第507页。卜辞大意是，贞问王亲自往伐贡方，呼唤众臣往伐贡方。

6·4：贞，囗甾，舌方其出不(丕)、▨(潩、告)。

　　　贞，叀费乎取。二。

　　　贞，王勿曰甾。

　　　按：甾，方国名。不，读作"丕"，方国名，位于晋南。参阅卷一第9·8片考释。▨，左侧似从水，从曶，隶作潩，本辞或是水名或地名。又见下第13·4片，也当是水名或地名。费，本辞是地名。取，占有。第一辞大意是，贞问甾，贡方会来犯丕和潩么。第二辞大意是，贞问唯呼取费。第三辞大意是王别说甾。武丁时期甾是附属于商王室的，故王不说甾。

6·5：庚午卜，囗贞，舌[方其]亦出。十月。

　　　按：亦，或读作"夜"。出，出动，指来犯。

6·6：癸酉卜，争贞，王勿逆伐舌方，下上弗若。一。

　　　按：本辞是本卷第5·1片的残片。

6·7：王往伐舌[方]。

　　　王往[伐舌方]。

　　　按：卜辞大意是，王往伐贡方。

6·8：己未卜，㱿贞，舌方弗允[斩戈]。

　　　按：㱿，武丁早期贞人。允，副词，果然。斩，应是入侵的意思。另一缺字或是"戈"字，此处或是方国名，做"斩"的宾语。"斩戈"二字拓片残，据严一萍释文补。本辞是《合集》8527,内容与《合集》8528除了干支不同外其余全同。卜辞大意或是,贞问舌方果然没有侵犯戍。

7·1:戊子卜,争贞,舌其……御。三。
　　按:争,武丁早期贞人。辞残,其义不详。

7·2:贞,唯弗其遘舌方。
　　　其㞢……。
　　按:卜辞大意是,贞问不会遭遇舌方。

7·3:戊午卜,争贞,气(乞)令伐舌,受㞢又(佑)。
　　按:争,武丁早期贞人。气,读作"乞",或释作"三"。参阅卷一第40·6片考释。舌下漏刻"方"字,严一萍释文加"方"字。

7·4:乎帚(妇)先。
　　　告舌方于祖乙。
　　　乙酉卜,㱿[贞]。
　　按:第一辞"妇先",或是妇人人名。第二辞告舌方于祖乙,大意是把舌方来犯之事,或商王室伐舌方之事告祭于祖乙。第三辞㱿,武丁早期贞人。辞简,其义不详。

7·5:甲午卜,古贞,王伐舌方,我受又(佑)。
　　按:古,武丁早期贞人。卜辞大意是,古贞问,王伐舌方我会得到佑助。

7·6:贞,王伐舌方,我受又(佑)。
　　　贞,王㞢(侑)曰:于之㞢。
　　按:第一辞大意是,王伐舌方,我会受到佑助。第二辞大意是,王侑祭说,于此侑祭。
　　本片是《合集》6224。

7·7:贞,舌方不亦出。
　　按:不亦,犹言不会来犯;或读作"不夜出",也通。本卷第8·3片有"舌方其亦出"一语,与本辞语义正相反。

7·8：庚……。

　　　貞，勿乎望舌方。

　　　貞，翌庚辰不雨。

　　　[貞]，勿㞢（侑）[于]河。（以上是本片）

　　　庚子，不其易[日]。

　　　貞，來乙巳易日。

　　　不其易日。

　　　乙巳，勿酯子漁，御。

　　　……御……。（以上據《合集補編》3932 正面補）

　　　……[夕]既不……。（本辭是《合集補編》3932 反面）

　按：第一辭殘，其義不詳。第二辭或是指遠望，有偵察的意思。偵察的對象是經常來犯者貢方。第三辭貞問翌日庚辰不會下雨。第四辭大意是，不要侑祭於河。後 6 條卜辭據《合集補編》3932 補。前三辭大意是，反復貞問天氣是否由陰轉晴。第四辭不要酒祭子漁。子漁，人名，與武丁是同父兄弟，死於武丁之前。參閱卷一第 20·5 片考釋。第五辭和第六辭殘，其義不詳。

7·9：庚寅。

　　　壬辰。

　　　貞，唯舌方▨（索）伐，斬（翦）。

　　　勿乎王族凡于▨（疫）。

　　　庚……勿令……。

　按：▨，從廾（雙手），從索，是"索"字的異構。據語法關係，卜辭當用作動詞。索伐，恐是今圍剿義。斬，或讀作翦滅的"翦"。

　王族，指王室同姓之部屬。參閱《綜述》第 496—497 頁。凡，本辭讀作"盤"，指骨盤生病。參閱本卷第 47·7 片考釋。▨，像人躺在床上，從疒從又，隸作"疫"。李孝定以為同"疛"，小腹病。陳夢家引本辭時隸作拊，從爿，付聲，即《說文》疛，腹病也（《綜述》第 496 頁）。勿乎王族凡（盤）于▨，據語法關係 ▨ 好像用作地名，而不是病名，王族成員不可能都得病吧。

　本片是《合集》6343。

8·1：庚申卜，貞，乎[伐]舌方，受㞢（有）又。三。

　按：卜辭大意是，貞問呼伐貢方，會得到佑助。

8·2：癸未[卜],翌……王……河……。

贞,弗其鱼戠舌方。

……勿……。

按：第一、第三辞残,其义不详。第二辞鱼,或释作"渔",释作"颁",读作班赐的"班"。或释作衅,以血涂抹钟鼓罅隙也。参阅卷二第28·4片考释。按照释鱼为颁赐,第二辞大意或是不要赐戠给舌方,犹今言不要与舌方媾和。

8·3：贞,舌方其亦出。

……受……。

按：卜辞大意是,贞问舌方又来犯。或读作"舌方其夜出",也通。

8·4：贞,……望……。

贞,乎望舌方。

按：望,向远处看。卜辞或表示瞭望(侦察)舌方的动向。

8·5：唯舌来。

……循于……。

按：第一辞大意是,唯舌方来犯。第二辞残,其义不详。

8·6：贞,[乎]多[臣]伐[舌]方。

贞,唯王往伐舌方。

贞,唯王往伐舌[方]。(以上是第6·3片)

贞,勿唯王往乎……。(本辞是本片)

按：本片与卷六第23·12片重复。又,本片与前第6·3片缀合。可资参阅。

8·7：乙□[卜],□贞：……屮……。

□午卜,争贞,……舌方……马……于唐。

按：争,武丁早期贞人。拓片字迹很小,较难识读。辞残,其义不详。

8·8：贞,舌方出,乎望。

……贞,[勿乎]望舌方。

按：释文据《蔡缀》307。卜辞大意是,瞭望舌方是否来犯。

8·9：辛巳卜，宁贞，今春王从[望]乘伐下危，受㞢又。十一月。
　　　　□□卜，宁贞，今春叔（登）正（征）土方。
　　按：宁，武丁早期贞人。叔，"登"字之省，卜辞每言"登人"，指征召人员充实兵员。土方，陈梦家曰："土方疑即杜，《左传》襄廿四士匄所说'在商为室韦氏，在周为唐杜氏'，杜注云'唐杜二国名'。……祝融之后封于豕韦，殷武丁灭之，以刘累之后代之。"又曰："征伐土方之事，仅见于武丁卜辞。"（《综述》第272—273页）

9·1：贞，今春王叀下危伐，受[㞢又]。
　　　　□□[卜]，瞉贞，今春王伐土方，受[㞢又]。
　　按：瞉，武丁早期贞人。下危，卜辞亦称危方，是方国名。

9·2：贞，曰：土方……允……。[一、二]、三、[四、五]、六。
　　　　……其唯……。
　　按：辞残，其义不详。

9·3：贞，我弗其受土方又（佑）。十一月。
　　按：我，指商王室。卜辞大意是，我不会受到土方的佑助。十一月。

9·4：贞，不……。
　　　　贞，勿从敔伐土方。
　　按：此敔，或是方国名，不是商王室征伐土方的将帅人名。参阅卷一第7·6片及本卷第10·2片考释。

9·5：甲寅卜，争贞，戌其获围土方。一月。
　　　　乙丑卜，亘贞，弗其……。
　　按：争、亘，都是武丁早期贞人。戌与沚、敔都是方国名。参阅卷一第17·1片考释。第二辞残，其义不详。

9·6：贞，曰：旨尔□，余今春余其围土方，□以□□仓。
　　按：拓片蚀斑与字迹混杂，且有缺字，释文参考《合集》6453。旨，根据陈梦家的考证，旨是方国名，即《尚书大传》"文王伐耆"的耆，在商之西（《综述》第296页）。参阅本卷第26·3片考释。第一辞大意是，旨尔□，余（商王室）今春围剿土方。辞残，其义不详。

10·1：壬辰卜，㱿贞，今春王循土方，受出［又］。

癸巳卜，㱿贞，今春王循土方，受出［又］。

辛丑卜，争贞，曰：舌方 ▨（凡）▨（皇）于土。其辜（墉）▨（瑗），允其辜（墉）。三月。二告。一。

按：㱿、争，都是武丁早期贞人。▨▨（凡皇），或读作"彷徨"，或"盘桓"，是徘徊、滞留的意思。因为下文言筑城（于土方）之事。参阅卷二第31·1片考释。辜，读作"墉"，是筑城的意思。▨（瑗），象环形玉器，王国维释作"瑗"，卜辞疑借作城垣之"垣"。严一萍说，本片与卷二第31·1片属同文异版。经核对，只是第三辞相同。参阅卷二第31·1片考释。

本片是《合集》6354正。

10·2：壬子卜，㱿贞，舌方出，不唯我出（有）作囚（祸）。五月。

乙卯卜，争贞，沚馘再册，王从伐土方，受出又。

壬子卜，㱿贞，舌方出，唯我出（有）作囚（祸）。

贞，王勿从沚馘。（本辞被删，据《合集》补）

按：上三条刻辞从右到左，壬子卜是对贞，卜问舌方出，我有无灾祸。

㱿、争，都是武丁早期贞人。沚馘，是武丁时征土方和贡方的将帅人名。再册，读作"称册"，举册，祭祀时供奉典册的一种仪式。参阅本卷第5·5片考释。

本片是《合集》6087正。

11·1：贞，勿奴人伐土［方］。三。二告。

……七月。五。

按：奴，应是"登"字之省，卜辞每言"登人"若干伐土方或伐贡方。

11·2：贞，今春王勿伐下危，弗其受［出又］。五。

按：下危，拓片有斑蚀，是"危"字，赵平安读作"下辩"。卜辞是方国名。参阅卷一第37·1片考释。

11·3：庚申卜，争贞，今春王从望乘伐下危，受出又。

按：争，武丁早期贞人。卜辞大意是，贞问今春王从望乘征伐下危，会受到佑助。

11·4：丙申卜，㱿贞，今春王勿伐下危，弗其受出又。

按：殼,武丁早期贞人。卜辞大意是,今春王不要征伐下危,不会受到佑助。

11·5：□□卜,争贞,今春王从望乘伐下危,受屮又。十一月。
　　　辛巳卜,争贞,今春王勿从望乘伐下危,弗其受屮又。二告。
　　按：争,武丁早期贞人。两辞是对贞,贞问王今春是否随从望乘伐下危。

12·1：□申卜,[殼贞],今春王[从]望乘伐下危,[下上弗]若,[不]我[其受屮又]。
　　按：本辞内容与以上四片大体相同、相关,可资参阅。

12·2：□□卜,□贞,今春王勿从望乘[伐]下危,弗其受屮又。
　　按：参阅以上几片的考释,内容基本相同。

12·3：……其伐下危,……。七[月]。
　　按：辞残,其内容亦与伐下危有关。

12·4：□□[卜],争贞,今春王伐▨(井)方,受[屮又]。二告。
　　　……伐▨(免)方,帝(禘),受我[又]。
　　按：争,武丁早期贞人。▨,构形不明,陈梦家释作"井",▨方是方国名。陈梦家说"今山西河津县(的耿国),可能就是卜辞的井方"(《综述》第288页)。又见卷六第7·1片。▨,《合集》6536释作盩,与字形不合。▨,从首从人,象人头戴羊角帽,是"免"字。免方,卜辞是方国名。参阅《综述》第290页。

12·5：己巳卜,□贞,犬[正]其屮(侑)[豝]。
　　　辛巳卜,殼贞,王唯▨(仓)侯▨(豹)伐免方,受[屮又]。
　　按：殼,武丁早期贞人。第一辞末缺字或释作豝,指母猪或二岁小猪。▨(仓),下部略残,第13·2片作▨,下面所从的口,象防潮隔潮的基座,上面所从的倒亼,象防雨的仓廪盖,中间所从的丬,象人进仓的梯子,是仓廪的"仓"字。《说文》仓部："仓,谷藏也。仓黄取而藏之,故谓之仓。从食省,口象仓形。"《说文》释义是也。前之学者考释颇多,终未成定论。陈梦家《综述》隶作"仓"(第290页),可从。卜辞是方国名。仓侯,仓国的诸侯。又见于本卷第 13·2 片。豹,字残,仅剩豹子的头,《合集》6553 作 ▣,象大头、身上有斑点的豹子形,《拼合集》释作"豹",是仓侯人名。免,免方。参阅上一片考释。释文参考《拼合集》82,有所改动。本辞的"仓、免"和"豹"等字又见于《合集》6553、6554 和 6555 等片。可资参阅。

12·6：□□卜,争贞,彳(示)、伐、衣于……。
　　　□□[卜],□贞,令望乘罙 ▣(舉)……。
　　　……▣其 ▣(达、挞)虎方……。
　　　……虎方。十一月。
　　　……其达虎方,告于……。
　　　……其达虎方。告……。

按：争,武丁早期贞人。第一辞彳(示)、伐、衣,都是祭名。

第二辞 ▣ 或 ▣,从舁(上从𠃓,下从𠬞),中从東(橐),隶作曩,或释作"舉"。为便于书写暂从之,据语法关系是方国名。

▣,上从余,下从止,赵平安释作"达",读作"挞"。参阅卷一第 13·2 片考释。虎方,方国名。《合集》6667 释作"象方",非是, ▣ 象大口瘦身长尾巴的老虎形,是"虎"字。本片与卷一第 13·2 片缀合。释文如下：

□□[卜],□[贞,令望乘罙] ▣(曩、舉)其达(挞)虎方,告于祖乙。十一月。

□□[卜],□[贞,令望乘罙]曩(舉),其达(挞)虎方,告于丁。十一月。

□□[卜],□[贞,令望乘罙]曩(舉)达(挞)虎方。十一月。

□□[卜],□[贞,令望乘罙]曩(舉)其达(挞)虎方,告于大甲。十一月。

□□[卜],□贞,令望乘罙曩(舉)达(挞)虎方。十一月。

□□卜,争贞,彳(示)、伐、衣于□, ▣ (餗)王。十一月。

第六辞 ▣,从㲆从索,隶作"餗",本义是鼎中的食物,引申指美味佳肴。参阅卷一第 13·2 片考释。

本片是《合集》6667。

13·1：乙丑,王卜,贞,今固(占)巫九备,余作奠,遣告侯田(甸),册㦰方、羌方、羞方、䜈(總)方。余其从侯田(甸)𤔲(𤔲)戋(戔)四封(邦)方。

按：本片卜辞文字缺刻横画。固,读作"占",占卜。巫,巫师。九备,读作"九占"。余,指商王。奠,祭奠。遣告,命人布告。侯甸,侯服与甸服。

《尚书·伊训》:"伊尹祠于先王,奉嗣王只见厥祖,侯甸群后咸在。"蔡沈传:"侯服甸服之群后咸在。"或曰:"五百里甸服,千里侯服。"册,册命,也作策命。叔方、羌方、羞方、緫方,是四个方国名,商王室册命的侯甸。参阅《综述》第298—299页。《尚书·周官》:"惟周王抚万邦,巡侯甸。"孔安国传:"即政抚万国,巡行天下侯服甸服。"据本辞,则早在殷商时期就已实行侯甸制了,可谓其由来久矣。甾,读作"甾",水名,后作"淄",在山东境内,参阅临淄的命名。戋,读作"战",作。四封方,读作"四方邦",犹言四方邦国。

本片是《合集》36528 反。《合集》36528 正面释文如下(本书略有改动):

癸子[巳]卜,贞,王旬亡祸。在九月。

癸卯卜,贞,王旬亡祸。

[癸]丑卜,贞,[王]旬亡祸。

13·2:壬戌卜,亘贞,㞢(有)疒(疾)齿,唯㞢祸。一。

贞,令仓侯归。

贞,令仓侯归。

贞,……。

按:亘,武丁早期贞人。仓侯,卜辞是仓国侯名。参阅本卷第12·5片考释。

本片是《合集》13644。

13·3:贞,令仓侯归。

按:本片是上一片的第二辞,本是同片,一分为三。第三片是本卷第13·2片的第一辞。

13·4:乙丑卜,王贞,余伐█(猷)。

按:█,从犬,酋声,释作"猷",即"猷"字,是氏族或方国名。叶玉森说是犬戎之一,在今陕西一带,商代常寇犯商边境之国。参阅《后编考释》第240页。又见卷五第29·8片。《诂林》第2735条以为是鄠,或"谭"字。非是。

13·5:贞,王[伐]龙方,唯澫。

按:龙方,陈梦家说龙方或与匈奴有关。参阅《综述》第283页。澫,从水从册从口,或省口,隶作澫,卜辞是水名或地名。参阅本卷第6·4片考释。

13·6：贞,勿归。

贞,归。

贞,勿归于商。

……尞……。

按：卜辞大意是,反复贞问是归,还是不归。贞问不要归于商。

14·1：[丙子卜,㱿贞],王入于商。

[丁丑卜,㱿]贞,✡(生)七月王入于[商]。

戊寅卜,㱿贞,生七月王入于商。

庚辰卜,㱿贞,生七月王入于[商]。

辛巳卜,㱿贞,王于生七月入[于商]。

甲申卜,㱿贞,王于八月入于商。

按：商,卜辞地名之商,有单称商、中商、大邑商、天邑商和丘商五种。陈梦家曾详加考证,最后归纳说"诸商地望可以推测如下：

(1) 商,丘商,今商丘附近；

(2) 大邑商,今沁阳附近；

(3) 天邑商,可能为朝歌之商邑,今淇县东北；

(4) 中商,可能在今安阳"(《综述》第258页)。

㱿,武丁早期贞人。据陈梦家的考定,则本辞的商当是今河南的商丘。✡,象草长于土之形,是生长的"生"字。生某月,陈梦家以为是指下月而言。按照干支表,戊寅当在庚辰之前,但拓片却在庚辰之后。释文是根据干支表的顺序。释文据《蔡缀》302,《合集》7780是其左下侧。

14·2：丁亥卜,㱿贞,省至于✡(廩、林)。

按：㱿,武丁早期贞人。省,省视、巡视。✡,象仓廩形,当是"亩"(廩)字。廩,卜辞或读作林,是地名,具体地望不详。卜辞有"陕廩"和"南廩"地名。见《合集》564及5708等片,也有单言"廩"者,见《合集》33236及33237等片。

14·3：辛未卜,争贞,王于生七月入于商。一。

辛未卜,[争]贞,王□巡。二。

……于……生……。三。

按：争,武丁早期贞人。生七月,指下七月。参阅卷一第16·1片考释。

14·4：乙□[卜]，□贞，……示屮……伐……七月。三。
　　　　贞，王于生八月入于商。三。
　　　　……商。三。
　　　　按：辞残，其义不详，大意或是，贞问王于八月入于商。

14·5：贞，王[于]生七月[入]于商。
　　　　□□卜，争[贞]，……勿……入[于商]。
　　　　按：争，武丁早期贞人。参阅上文第14·1片考释。

14·6：丙申[卜，在]▨（冒），贞，王今夕亡祸。
　　　　□寅卜，在商，[贞]，王今夕亡祸。
　　　　……王徝……𠂤（师）……。
　　　　按：▨，上似从爪，下从目，严一萍释文作冒。卜辞是地名。另有一字从爪从目的▨，与此字写法很像，卜辞是人名。又见本卷第29·6片，卜辞是地名。徝，从辵，戈声，有前往义。前之学者考释颇多，刘桓认为借作从贝弋声的"貣"。参阅《诂林补编》第560—566页。

14·7：丁酉卜，争贞，来乙巳王入于▨（冥、奄）。三。
　　　　按：争，武丁早期贞人。▨（冥、奄），本片是《合集》7843，《合集》7845作▨，从収（双手）从冥，象双手拨开双腿做接产形。郭沫若谓盖"娩"之古文，陈邦怀释作"𡥀"，丁山释作"奄"。本辞是地名，当读作"奄"，据丁山所说是南庚的故都，即《尚书大传》"周公践奄"的"奄"。奄，在山东曲阜东，其国都是山东曲阜，武王灭商后为周成王所灭。参见下文。

15·1：丁酉，𣪊贞，来乙巳王入于▨（冥、奄）。
　　　　按：本片与上文第14·7片内容相同，但不是同一片，贞人不同。
　　　　本片是《合集》7844。

15·2：不雨。
　　　　其雨。
　　　　翊日辛，王其▨（巡）于▨（向），亡灾。
　　　　按：▨，从辵从直，是"循"字，读作巡视的"巡"。▨，从宀，从口，是"向"字。卜辞是地名。《左传·隐公十一年》："王取邬、刘、功芳、邘之田于郑，而与郑人苏忿生之田温、原、绨、樊、隰、郕、攒茅、向、盟、州、陉、隤、怀。

君子是以知桓王之失郑也。"郭沫若《卜辞通纂》第 640 片曰:"当是《小雅·十月之交》作都于向之向,在今河南济源县之南。"

15·3: 于◇(向)亡灾,吉。
　　◇(翌)日戊,王其□◇(大丁),吉。
　　于向,亡灾,吉。
　　吉。
　　按: ◇(翌)日,即翌日,此◇(翌)字从立从羽。翌日,一般指占卜当日的次日,有时指在本旬十日内的某日。参阅卷一第 8·4 片考释。戊,是日干名。"王其"下阙一字,当是祭名。◇,是"大丁"二字合书。《合集》28968 释作"大吉",误。

15·4: 辛卯卜,贞,王其田向,亡灾。
　　按: 田,田猎、打猎。向,是商王田猎地名。参阅上几片考释。

15·5: 壬午卜,贞,王其田向,亡灾。十月。
　　乙酉卜,贞,王其田◇(莫),亡灾。
　　按: ◇,像日入茻之中,隶作"莫",是"暮"字的初文。向和莫都是王的田猎地名。参阅《综述》第 262 页,以及卷一第 4·4 片考释。

15·6: 甲子。
　　戊寅卜,贞,王徝于麆,[往]来亡灾。王占曰: 引吉。唯王二祀。彡日,唯……。
　　辛巳卜,贞,王徝于斿,往来亡灾。
　　壬午卜,贞,王徝……。
　　乙酉卜,贞,王徝于麆,往来亡灾。
　　丁亥卜,贞,王徝于宫,往来亡灾。
　　按: 本片字迹很小,较难识读。徝,有前往义。麆,是田猎地名。麆,陈梦家疑是"苗",参阅《综述》第 260 页"(5) 郫—射—長"条。斿,据语法关系是王田猎地名。宫,也是王田猎地名,当与田猎地向和莫邻近(《综述》第 260 页)。
　　本片是《合集》36734。

15·7: 戊午卜,[贞],王徝于麆,往来[亡灾]。

　　　　□□[卜,贞],王往[来亡灾]。
　　　　□□卜,贞,王㣤于宫,[往]来[亡灾]。
　　　　□□[卜,贞],王……来[亡灾]。
　　按:卜辞大意是,贞问王前往田猎地麠和宫等地,往来无灾。

15·8:己卯卜,贞,王田于麠,往来亡灾。在十月。兹御。获▨(狐)二。
　　　乙未卜,[贞,王]㣤于麠,往来[亡灾]。
　　　庚子卜,贞,王㣤于宫,往来亡灾。
　　　辛丑卜,贞,王㣤于[宫,往]来亡灾。
　　按:御,或释作"巴",读作"孚",训作诚信的"信"。参阅《诂林补编》第78—85页。▨,从犬,亡声,隶作犳,罗振玉、唐兰等读作"狼",叶玉森读作"狐"。叶玉森曰:"殷契所载卜田之辞,屡纪获犳之数。王襄室释犳为狼,谓良亡一声之转,古狼字或从亡。森按:卜辞之亡,均读为无。如亡艰,亡又(佑),亡它,亡戾,亡戈,亡巛,亡尤,亡囚,亡不若,可证。则从犬从亡,疑即初文狐字。狐祅兽也,鬼所乘之,有时而亡,故古人谓之犳。其音当为无,后世始转为狐,乃循弧瓠之例制狐字。《易·解》九二'田获三狐',古人田游,固以获狐为贵,以其皮可制裘也。"①陈梦家也从叶玉森所释,读作"狐"(《综述》第555页)。犳,释作"狐",在甲骨学界已成定论。
　　本片是《合集补编》11296。

16·1:□□,王卜,贞,田宫,往来[亡灾],王占曰:吉。在八月。兹御。
　　按:卜辞常省略介词"于",如本辞"田宫",有时也写作"田于宫"。

16·2+33·4:辛巳,[王卜],贞,田□,往[来]亡灾。
　　　□□,王卜,贞,[王田]□,往来[亡灾],王占[曰]:吉。(以上二辞是第33·4片)
　　　乙酉,[王卜],贞,田□,往来[亡]灾。
　　　□□王卜,贞,[田]宫,往[来亡]灾。王[占曰]吉。(第16·2片)
　　按:卜辞大意是,贞问王到宫这个地方田猎,往来无灾,王占卜说,吉。
　　本片与本卷第33·4片缀合。

16·3:乙卯,王卜,贞,其田于宫,往来亡灾。

---

① 叶正渤:《叶玉森甲骨学论著整理与研究》,线装书局,2008年,第82页。

丁巳,王卜,贞,其田于丧,往来亡灾。
戊午,王卜,贞,其田于宫,往来亡灾。
□□,[王]卜,[贞,其田于□],往[来亡灾]。
按:这是王卜辞。宫、丧,是王的田猎地名,王田猎地以沁阳为中心,宫和丧在其范围之内。参阅本卷第15·5片考释。丧,读作"桑",或是桑林之省。《吕氏春秋·顺民》:"昔者,汤克夏而正天下,天大旱,五年不收,汤汤乃以身祷于桑林。"
本片是《蔡缀》403。

16·4:其尞于宫,田,亡[灾]。
弜(勿)。
按:卜辞大意是,不用在田猎地宫举行燎祭,田猎不会有灾祸。

16·5:今日□,[王其]徣于□,亡[灾],吉。
于宫,亡灾。
按:卜辞大意是,今日王前往田猎地宫狩猎,无灾祸,吉。

16·6:……往从,归逐,在宫。
[在□]月。
按:辞残。卜辞大意是,(王)跟从某往田猎,在田猎地宫追逐猎物。

16·7:戊寅卜,贞,王田丧,往来亡灾。
戊子卜,贞,王田辜(廊),往来亡灾。
按:丧,卜辞是王田猎地名。辜,读作《廊风》之"廊",也是王田猎地名。卜辞大意是,戊寅占卜,贞问王去丧田猎,往来无灾祸;戊子占卜,贞问王去廊田猎,往来无灾。

16·8:壬子卜,贞,……,王占曰:吉。
乙卯卜,贞,王田盧,往来亡灾。
戊午卜,贞,王田羌,往来亡灾。
辛酉卜,贞,王田丧,往来亡灾。王占曰:吉。兹御。获鹿十五。
按:盧、羌和丧,都是王田猎地名。
本片是《蔡缀》425。

16·9：庚子[卜],贞,王田,往[来]亡[灾]。
乙□卜,贞,王亲往于田。
辛亥卜,贞,王徣霎,往来亡灾。
按：卜辞大意是,王前往霎田猎,来去无灾祸。
本片是《合集》36760。

16·10：戊申,王卜,贞,田霎,往来[亡灾]。王占曰：吉。在九月。兹御。
获鹿一,麇三。
辛亥,王卜,贞,田霎,往来亡灾,王占曰：吉。
□□,[王卜],贞,王占[曰：吉]。[兹]御。[获]□七。
按：麇,字正在裂纹处,严一萍释文作罴,细审拓片是"麇"字。
本片是《合集》37426。

17·1：戊寅,[王卜,贞],田霎,[往]来[亡灾,王占]曰：吉。
壬午,[王卜,贞,田]霎,[往来亡灾],王[占曰：吉]。
壬辰,王卜,贞,田霎往来亡灾,王占曰：吉。
丁酉,王卜,贞,田丧往来亡灾,王占曰：吉。
[丁]未,王卜,贞,田霎[往]来亡[灾],王占曰：吉。
[壬]子,王卜,贞,田🐾（桼）,往来亡灾。
按：拓片斑蚀很重,较难识读。丧,卜辞是王田猎地名。🐾,从木,余声,当是"桼"字,卜辞是王田猎地名。据陈梦家之说,其地当在今沁阳县东三十里沁水南岸,与宫、霎等地邻近(《综述》第261页)。参阅本卷第15·6片、15·7片和15·8片等考释。
本片是《合集》37663。

17·2：乙卯卜,贞,王其田宫,亡灾。
辛酉卜,贞,王其田向,亡灾。
壬戌卜,贞,王其田丧,亡灾。
□□卜,[贞,王]其田□,[亡]灾。
按：本片与下页第17·6片重复。本片是《合集补编》9039最上面一截。

17·3：□□,[王卜],贞,田丧,[往来]亡灾,王[占曰]：吉。兹御。获🐾
（雉）卅三。
□□,王卜,贞,田□,往来亡[灾]。王占曰：吉。

按：丧，田猎地名，严一萍释作"噩"。⬚，字迹模糊不清，严一萍释文空缺，《合集》37510 隶作"雉"。⬚，右从隹，左从夷声，当是鶇鴺的异体"雉"字。第二辞拓片缺田猎地名。

17·4：戊午，王卜，贞，田丧，往来亡灾。兹御。王占曰：吉。获狐三。
　　　□酉，王卜，贞，[田]寴，[往]来亡[灾]，王占[曰]：吉。
　　按：卜辞大意是，王在丧和寴田猎，来去无灾，王占卜说：吉。指有收获。参阅本卷第 15·8 片考释。

17·5：王其循于丧，亡[灾]。
　　按：卜辞大意是，王循于丧，无灾祸。

17·6：辛酉卜，贞，王其田向，亡灾。
　　　壬戌卜，贞，王其田丧，亡灾。
　　　□□卜，[贞，王]其田□，[亡]灾。
　　按：本片是本卷第 17·2 片的重出。可资参阅。

17·7：辛□，[王卜]，贞，田[寴]，往[来亡灾]。
　　　壬子，王卜，贞，田寴，往来亡灾。王占曰：吉。
　　　□□[王卜]，贞，[田]寴，往来[亡灾，王占]曰：吉。
　　按：本辞也是与田猎有关。

17·8：辛□[卜]，贞，[王田□]，往[来亡]灾。
　　　□□卜，[贞]，王[田□]，往来亡灾。
　　　戊□[卜，贞]，王[田□]，徃[来亡]灾。
　　　□□卜，贞，王[田]寴，[往来]亡灾。
　　按：卜辞大意与王田猎有关，来去无灾害。

17·9：戊辰，王[卜]，贞，田寴，往来[亡]灾。[王占曰：吉]。
　　　辛未，王卜，贞，田寴，往来亡灾。王占曰：吉。
　　　壬申，王卜，贞，田寴，往来亡灾，王占曰：吉。
　　　□□，[王卜，贞，田]□，[往来]亡[灾]。[王占曰：吉]。
　　按：参阅第 17·7 片和第 17·8 片考释。

17·10：□未，王卜，[贞]，田麃，[往来]亡灾，[王占曰]：吉。兹御。
　　　按：卜辞大意是，贞问王田猎于麃，往来无灾祸。

18·1：壬[申，王卜，贞]，田麃，[往来]亡灾。兹御。[获]兔。
　　　乙亥，王卜，贞，田丧，往来亡灾，王占曰：吉。获兔七，雉卅。
　　　戊寅，王卜，贞，田麃，往来亡灾，王占曰：吉。
　　　[辛]巳，王卜，[贞]，田麃，往[来]亡灾，王占[曰：吉]。
　　　按：第一辞兔，严一萍释文作"免"，当是笔下误。或释作"象"，则非是。

18·2：戊午，王卜，贞，田麃，往来亡灾，王占曰：吉。一。
　　　辛酉，王卜，贞，田麃，往来亡灾，王占曰：吉。一。
　　　壬戌，王卜，贞，田𪚈（廊），往来亡灾，王占曰：吉。
　　　丁亥，王卜，贞，田盂，往来亡灾，王占曰：吉。（以上是本片）
　　　戊子，王卜，贞，田丧，往来亡灾。王占曰：吉。一。
　　　辛卯，王卜，贞，田丧，往来亡灾。王占曰：吉。一。（以上二辞据《合集》37746补）
　　　按：卜辞大意是，这几天王往来田猎无灾祸，占卜都是吉。
　　　本片是《合集》37746。

18·3：壬申，王[卜]，贞，田麃，[往]来亡灾，[王]占曰：吉。
　　　戊寅，王卜，贞，田𪊭（鸡），往来亡灾，王占曰：吉。获狐卅。
　　　辛巳，王卜，贞，田麃，往来亡灾，王占曰：吉。
　　　壬午，王卜，贞，田麃，往来亡灾，王占曰：吉。
　　　□□，[王卜，贞，田]□，[往来亡]灾。[王占曰]：吉。
　　　按：𪊭，右从隹，左从奚声，是"鷄"（鸡）字，是王田猎地名。
　　　本片是《合集》37472。

18·4：癸卯卜，贞，王旬亡祸。在五月。在麃𠂤（师），唯王来征人方。
　　　癸亥卜，贞，王旬亡祸。在五月。在麃𠂤（师）。
　　　按：𠂤（师），或作𠂤，从自束声，读作"师"，临时驻军之所。唯王来征人方，是指王来自征人方，而不是王前往征人方的意思。

18·5：乙酉[卜]，王田□，往来[亡灾]。
　　　辛卯卜，[贞]，王田麃，[往来亡灾]。

　　　　□□卜,贞,[王田霊],往[来]亡灾。
　　　　□□卜,贞,[王田]梌,[往]来[亡]灾。
　　按:卜辞大意是,王到霊和梌田猎,往来无灾祸。

18·6:戊午,王卜,贞,田霊,往来亡灾。王占曰:吉。一。
　　　辛酉,王卜,贞,田霊,往来亡灾。王占曰:吉。一。
　　　壬戌,王卜,贞,田辜(廊),往来亡灾。王占曰:吉。(以上三辞据《合集》37746补)
　　　丁亥,王卜,[贞],田盂,往[来]亡灾,王占[曰:吉]。
　　　戊子,王卜,贞,田丧,往来亡灾,王占曰:吉。一。
　　　辛卯,王卜,贞,田霊,往来亡灾,王占曰:吉。一。(以上三辞是本片)
　　按:卜辞大意是,王占卜贞问,到这些地方田猎,往来无灾祸,皆是吉。

18·7:庚寅卜,[贞],王徍[于]霊,往[来]亡[灾]。
　　　壬子卜,贞,王徍于□,往来亡灾。
　　　□□卜,贞,王徍于[束],[往来]亡灾。
　　　□□卜,贞,王徍于束,[往来]亡灾。
　　按:束,黄天树说是宗庙建筑。参阅《黄天树古文字论集》第135页。姚萱考证认为,位于新地的束是宗庙建筑。参阅《诂林补编》第620—622页。第一辞和第二辞贞问王行于霊,往来无灾。第四辞是前往束(宗庙),往来无灾。

19·1:戊辰,[王卜,贞],田斿,[往来]亡灾。……获□。
　　　□□[王卜,贞,[田]霊,往[来]亡灾。
　　按:斿和霊,都是王田猎地名。

19·2:癸酉,[王卜,在]霊师,[贞,旬亡]祸,王[占曰:吉。在]五月。[甲戌,礿]阳甲[劦羌甲]。
　　　癸未,王卜,在霊师,贞,旬亡祸,王占曰:吉。在五月。甲申,祭祖甲,劦日阳甲。
　　按:霊师,既是商王的田猎地名,又是师次之所。参阅第18·4片考释。阳甲,严一萍释文作虎甲。这是一片周祭卜辞。甲申,祭祖甲,劦祭阳甲。

本片是《合集》35886。

19·3：癸巳卜，[在]上虞，贞，王旬[亡祸]。
　　　癸卯卜，在上虞，贞，王旬亡祸。三。
　　　癸丑卜，在上虞，贞，王旬亡祸。三。
　　　癸亥卜，在[上]虞，贞，[王旬]亡祸。

　　按：虞，拓片在"虞"字上还有个"上"字。上虞，地名。郭沫若说是会稽，今之杭州。本书以为，恐不是今杭州。据其他卜辞，上虞在王征人方沿途，当今河南中东部商丘一带，今虞城或是其故地。再者，历代商王好像没有渡过长江的记载。本辞是帝乙帝辛时期卜辞。

19·4：丁巳[卜]，在[上]虞，[贞]，王今[夕]亡[祸]。
　　　辛酉卜，[在上]虞，[贞]，王今夕[亡祸]。（以上二辞是本片）
　　　癸亥卜，在上虞，贞，王今夕亡祸。
　　　乙丑卜，在上虞，贞，王今夕亡祸。（以上二辞据《合集》36852补）

　　按：[上]虞，地名。参阅上一片考释。

19·5：辛亥卜，在上虞，贞，王今夕亡祸。
　　　□□[卜]，在[上]虞，[贞，王今夕亡]祸。

　　按：本片贞问王在上虞，今夕是否有祸忧。

19·6+20·1：己[丑卜]，在上虞，贞，[王]今[夕]亡[祸]。
　　　　　辛卯[卜]，在[上虞]，贞，[王今夕]亡[祸]。
　　　　　癸巳[卜，在上虞]，贞，[王]今夕亡[祸]。
　　　　　□□卜，在[上虞]，贞，王[今]夕[亡]祸。
　　　　　丁酉卜，在上虞，贞，王今夕亡祸。
　　　　　己亥卜，在上虞，贞，王今夕亡祸。
　　　　　庚子卜，在上虞，贞，王今夕亡祸。
　　　　　壬寅卜，在上虞，贞，王今夕亡祸。
　　　　　甲辰卜，在上虞，贞，王今夕亡祸。

　　按：缀合后的这一片卜辞大意是，王多日在上虞，贞问王今夕有祸忧否。

　　本片是《合集》36849。

19·7：癸卯[卜]，在上虞，贞，王[旬]亡祸。在十[月又二]。
　　　癸亥卜，[在]上虞，王旬[亡祸]。在十[月]又[二]。
　　　癸未卜，在上虞，贞，王旬亡祸。在正月。
　　　癸卯卜，在上虞，永[派]贞，王旬亡祸。在二月。
　　按：永，帝乙帝辛时期贞人。陈梦家《综述》"卜人表"隶作"派"（第206页），当隶作"永"为是。卜辞大意是，王多日在上虞，贞问王下旬有祸忧否。
　　本片是《合集》36848。

19·8：丁卯，[在]上虞，[贞，王]今夕[亡祸]。一。
　　按：卜辞大意是，在上虞，贞问王今夕无祸忧。

19·9：□□卜，在上虞，[贞，王]今夕亡祸。
　　　□□[卜，在上虞]，贞，[王今夕]亡[祸]。
　　　戊申卜，在上虞，贞，王今夕亡祸。
　　　□□[卜，在上虞，贞]，王[今夕亡]祸。
　　　□□卜，[在]上虞，[贞]，王今夕亡祸。
　　按：拓片缺字较多，卜辞大意是，王多日在上虞，贞问王今夕无祸忧。
　　本片是《合集》36869。

20·1：癸巳[卜，在上虞]，贞，[王]今[夕]亡[祸]。一。
　　　□□[卜]，在[上虞]，贞，王[今]夕[亡]祸。一。
　　　丁酉卜，在上虞，贞，王今夕亡祸。一
　　　己亥卜，在上虞，贞，王今夕亡祸。
　　　庚子卜，在上虞，贞，王今夕亡祸。
　　　□□[卜]，在上虞，贞，王]今[夕]亡[祸]。
　　　辛卯[卜]，在[上虞]，贞，[王今夕]亡[祸]。一
　　　壬寅卜，在上虞，贞，王今夕亡祸。
　　　甲辰卜，在上虞，贞，王今夕亡祸。
　　按：本片与本卷第19·6片缀合。参阅上文考释。
　　本片是《合集》36849。

20·2：丁巳[卜，在]上虞，[贞]，王今[夕]亡[祸]。（本辞据《合集》36852补）
　　　辛酉[卜]，在]上虞，[贞]，王今夕[亡祸]。
　　　癸亥[卜]，在[上虞]，贞，[王]夕[亡祸]。

乙丑卜,在上虞,贞,王今夕亡祸。(以上三辞是本片)
　　按:卜辞大意是,王多日在上虞,贞问王今夕无祸忧。

20·3:庚辰卜,在上虞,[贞],王今夕亡祸。
　　□□[卜],在上虞,[贞],王今夕亡祸。
　　按:卜辞大意是,王两日在上虞,贞问王今夕无祸忧。

20·4:癸[□卜],在[上虞],贞,[王今]亡[祸]。
　　□□卜,在上虞,贞,王今[夕亡]祸。
　　按:卜辞大意是,王两日在上虞,贞问王今夕无祸忧。

20·5:乙丑[卜],贞,王俀[于灉],往[来亡灾]。
　　戊辰卜,贞,王俀[于]□,往来亡灾。
　　壬申卜,贞,[王]俀于□,往[来]亡[灾]。
　　丁丑卜,贞,王俀于 ▨(灉),往来亡灾。
　　己卯卜,贞,王俀于灉,往来亡灾。
　　辛巳卜,贞,王俀于 ▨(灉),往来亡灾。
　　乙酉卜,贞,王俀于灉,往来亡灾。
　　戊子卜,贞,王俀于灉,往来亡灾。
　　辛卯卜,贞,王俀于 ▨(召),往来亡灾。
　　按:俀,卜辞有"前往"义,《合集》释文读作"逴"。▨,从水雝声,是灉水的"灉"字,卜辞是地名。灉水,位于鲁西南菏泽和河南东部商丘一带。▨,从隹从水,是淮水的"淮"字。淮水,发源于河南桐柏山地,由西向东,流经河南、安徽、江苏,其干流在江苏扬州三江营入长江,洪泽湖形成后是其重要水源。▨,从皿从臼(双手),召声,是"召"字的繁体,卜辞是地名。卜辞多次贞问王分别行于灉、淮和召,往来无灾。从王往来于灉、淮和召之间也只有几日路程来看,这几个地方都在皖北至淮水中游一带。参阅《综述》第301—310页。
　　本片是《合集》36591(《拼合集》096)。

20·6:乙巳卜,[贞,王]俀于召,往[来]亡[灾]。
　　丁巳卜,贞,王俀于召,往来亡灾。
　　己卯卜,[贞],王[俀于召,往来亡灾]。
　　□□卜,王俀[于召],往[来亡灾]。

□□［卜，贞，王往于召］，往［来］亡［灾］。

按：拓片斑蚀很重，字迹很不清晰，释文参考《合集》36661。严一萍误把其他片当做本片。卜辞大意是，贞问王行于召与某地，往来无灾。

21·1：庚辰卜，贞，［王］往于□，往来亡［灾］。
　　　壬午卜，贞，王往于召，［往］来亡灾。
　　　丁丑卜，贞，王往于🉑（夫），［往］来亡［灾］。
　　按：拓片字迹不很清楚，释文仅供参考。卜辞大意是，贞问王行于召和夫等地，往来无灾。
　　本片是《合集》36696。

21·2：庚□［卜，贞］，王往于［召，往来亡灾］。
　　　己亥卜，贞，王往于召，往来亡灾。
　　　辛丑卜，［贞］：王往于召，［往］来亡［灾］。一。
　　　□□［卜，贞］：王［往于］召，［往来亡灾］。
　　按：卜辞大意是，贞问王行于召与某地，往来无灾。
　　本片是《合集》36688。

21·3：己卯卜，贞，［王］往于召，往来亡灾。

21·4：戊辰卜，贞，［王］往于召，［往］来亡［灾］。
　　　己巳卜，贞，王往于召，往来亡灾。

21·5：辛酉［卜，贞，王往于召］，往来亡灾。
　　　□□卜，贞，王［往］于召，［往］来亡灾。（以上二辞是本片）
　　　壬戌卜，贞，王往于召，往来亡灾。一。
　　　丁卯卜，贞，王往于召，往来亡灾。（以上二辞据《合集》36662 补）

21·6：己未［卜，贞，王］往［于召，往］来［亡灾］。
　　　辛酉卜，贞，王往于召，往来亡灾。

21·7：己酉卜，贞，［王往于］召，往［来亡灾］。
　　　［庚］戌卜，贞，［王］往于［召］，往来［亡］灾。

21·8：丁巳[卜,贞,王]往于[召],往来[亡灾]。
　　　辛未卜,贞,王往于召,往来亡灾。

21·9：戊寅[卜,贞,王往于]召。兹御。
　　　□□[卜],贞,王[往]于召。兹御。
　　按：卜辞大意是,贞问王行于召,于此举行祭祀。

21·10：戊午卜,贞,[王往于]召,往来亡[灾]。
　　　　□□卜,贞,王[往于]召,[往来亡]灾。

22·1：丁酉[卜,贞,王]往[于召],往[来亡]灾。一。
　　　壬寅卜,贞,王往于召,往来亡灾。兹御。获鹿一。
　　　……兹[御。获]鹿三。
　　按：第一辞大意是,贞问王行于召,往来无灾。第二辞大意是,壬寅占卜,贞问王行于召,往来无灾。获一只鹿。第三辞残,大意是获三只鹿。

22·2：己未卜,[贞,王往于召,往]来亡灾。
　　　辛酉卜,贞,王往于召,往来亡灾。
　　　□□[卜],贞,[王]往于[召],往来[亡]灾。

22·3：□□卜,贞,[王往于]召,[往来]亡灾。
　　　□□卜,贞,王[田于]姬桼[麓,往]来亡灾。[获] （白鹿）四,狐六。
　　按：姬桼,卜辞是王田猎地名。参阅本卷第27·3片。,右上残缺,《合集》37451释文读作"白鹿"。
　　　本片是《合集》37451。

22·4：壬戌卜,贞,王往于召,往来亡灾。
　　　丁卯卜,贞,王往于召,往来亡灾。
　　　□□卜,贞,王[往]于召,[往]来亡灾。
　　按：卜辞大意是,数日内王连续占卜,贞问王前往召,往来无灾。

22·5：……在召师。
　　按：召师,召既是王田猎之所,也是王师临时驻军的地名。

22·6：己卯卜，贞，王田于姬[麓]，往来亡灾。在十月。兹御。获狐二。
乙未卜，贞，王[徣于]召[往来亡]灾。（以上二辞是本片一部分）
庚子卜，贞，王徣于宫，往来亡灾。
辛丑卜，贞，王徣于[辜（廊），往]来亡灾。（以上二辞据《合集补编》11296补）
按：卜辞大意是，贞问王行于召与姬麓，往来无灾。

22·7：丁未卜，贞，王徣于滩，往来亡灾。
按：滩，是王田猎地名。卜辞大意是，贞问王行于滩，往来无灾。

22·8：壬子[卜，贞，王]徣于□，往来[亡灾]。
丁巳卜，[贞]，王徣[于召]，往来亡灾。
乙丑卜，贞，[王徣于]滩，[往]来[亡]灾。
戊辰卜，贞，王徣于召，往来亡灾。
按：卜辞大意是，连续几日贞问王行于召和滩，往来无灾。
本片是《合集》36697，是黄天树《甲骨拼合集》96下面一片，释文为前四辞。

22·9：□未卜，贞，王徣于滩，[往]来亡灾。
□□[卜，贞]，王[徣于]召，[往]来[亡]灾。
按：卜辞大意是，贞问王行于滩和召，往来无灾。

22·10：丁亥卜，贞，王徣于小滩，往来亡[灾]。
按：小滩，二字合书，是王田猎地名。

23·1：己巳[卜，贞，王]徣于[滩]，往来[亡灾]。
辛未卜，贞，王徣于滩，往来亡灾。
按：卜辞大意是，先后两日分别贞问王行于滩，往来无灾。

23·2：戊辰卜，[贞，王徣]于滩，往来[亡灾]。
□□[卜]，贞，王徣于滩，[往来亡]灾。
按：卜辞大意是，先后两日分别贞问王行于滩，往来无灾。

23·3：壬辰[卜，贞，王徣于]亯京，[往来]亡灾，获□。

□□[卜],贞,[王狃于]亯京,[往来]亡灾。

按:亯京,此为分书,有的是合书。卜辞是地名。卜辞大意是,贞问王行于亯京,往来无灾。据第一辞来看,亯京也是田猎地名。

23·4:戊辰卜,贞,[王狃于]亯京,[往来亡]灾。一。

己巳卜,贞,王狃于毫,往来亡灾。一。

□□[卜],贞,王[狃于]▨(亯)▨(京),[往来]亡灾。

按:"亯京"二字分书。卜辞是地名。陈梦家在《综述》中论及义京、殷京和其他京,却没有"亯京",本片的▨和▨,分明是"亯京"二字,应予补上。

本片是《合集》36561。

23·5:乙亥卜,[贞],王田亯京,[往]来[亡灾]。

辛巳卜,[贞],王田亯京,[往]来亡灾。

□子卜,[贞,王田]亯京,[往来]亡灾。

□□卜,贞,王[田亯京],往来[亡灾]。

按:本片"亯京"二字是合书。郭沫若释作"鄩",谓在济源西百二十里。卜辞是王田猎地名,当在沁阳西商王田猎区范围之内。

23·6:弜(勿)……。

弜(勿)循(巡)盂,田。

按:第一辞残甚,其义不详。盂,田猎地名。王国维以为即《左传·僖公二十四年》"邘、晋、应、韩"之邘,河南野王县西北三十里古有邘城、邘台,在今河南沁阳西北(参阅《综述》第260页)。

23·7:丁丑,王卜,贞,其▨(振)▨(旅),徙(延)狃于盂,往来亡灾,王占曰:吉。在七[月]。

□□卜,……于……灾。

按:▨,从辵晨声,卜辞读作"振"。▨,象一人举着㫃(旗帜),一人随其后,是"旅"字。振旅,如今之军事演习。《诗·小雅·采芑》:"伐鼓渊渊,振旅阗阗。"毛传:"入曰振旅,复长幼也。"孔颖达疏引孙炎曰:"出则幼贱在前,贵勇力也;入则尊老在前,复常法也。"据此说,振旅有二义:一是指班师而归,二是指整顿军队进行操练。

本片是《合集》36426。

23·8：丁酉[卜],贞,……往[来]亡[灾]。

戊戌卜,贞,王田梌,往来亡灾。

辛丑卜,贞,王田梌,往来亡灾,王占曰：吉。

壬寅卜,贞,王田瀀,[往]来亡[灾]。

按：卜辞大意是,王连续数日贞问田猎行于梌和瀀,往来无灾。

本片是《合集》37624。

23·9：戊子卜,贞,[王田□,往来]亡灾,王占[曰：吉]。

辛卯,王卜,贞,田梌,往来亡灾,王占曰：吉。

壬辰,王卜,贞,田梌,往来亡灾,王占曰：吉。

按：卜辞大意是,王连续数日占卜,贞问田猎行于梌,往来无灾,吉。

23·10：□酉,[王卜,贞,田]梌,[往来亡灾]。

按：辞残,大意是贞问王田猎行于梌,往来无灾祸。

24·1：(1) □□[卜,贞,王狳,往来亡灾]。

(2) 丁□[卜,贞],王狳,[往来亡灾]。

(3) 丁巳[卜,贞],王狳[狳,往]来[亡灾]。

(4) 辛巳[卜,贞],王狳,[往]来[亡灾]。

(5) 丁卯[卜,贞],王[狳],往[来]亡[灾]。

(6) □□[卜,贞],王狳,往[来]亡[灾]。

(7) 丁酉[卜,贞],王狳,往[来]亡灾。

(8) □□卜,贞,[王狳]于瀀,[往来亡]灾。

(9) 己酉卜,贞,王狳,往来亡灾。

(10) 戊辰卜,贞,王狳于 ![图] (栩),往来亡灾。

(11) 丁亥卜,贞,王狳于瀀,往来亡灾。

(12) □□卜,贞,[王狳于瀀],往[来亡]灾。

(13) 丁未卜,贞,王狳于瀀,往来亡灾。

(14) 己未卜,贞,王狳,往来亡灾。

(15) 庚寅卜,贞,王狳于瀀,往来亡灾。

(16) 戊午卜,贞,王狳于瀀,往来亡灾。

(17) 辛巳卜,贞,王狳于瀀,往来亡灾。

(18) 丁亥卜,贞,王狳于瀀,往来[亡灾]。

(19) □酉卜,贞,王[狳]于瀀,[往]来亡灾。

(20) 丁巳卜,贞,王㣇宫,往来亡灾。
(21) □□卜,贞,[王㣇]往来[亡灾]。
(22) 乙丑卜,贞,王㣇于虇,往来[亡灾]。
(23) □□卜,贞,[王㣇]于虇,往[来]亡灾。
(24) [□□]卜,贞,王㣇,往来亡灾。
(25) 丁卯卜,[贞,王]步,[往来]亡[灾]。
(26) 丁巳卜,贞,王㣇[于虇],往来亡灾。
(27) 壬寅[卜,贞,王]田,[往来]亡灾。
(28) 丁未卜,在柕,贞,王其入大邑商,亡灾。
(29) 贞,[王㣇],往[来]亡[灾]。
(30) [□□]卜,贞,王㣇,往来亡灾。
(31) 辛丑卜,贞,王㣇,往来亡灾。
(32) 戊辰卜,贞,王㣇,往来亡灾。
(33) 壬申卜,贞,王田,往来亡灾。
(34) 戊寅卜,贞,王㣇,往来亡灾。
(35) 壬午[卜,贞],王田,[往]来[亡灾]。
(36) 丁亥卜,贞,王㣇,往来亡灾。

按:柕,卜辞是地名。本片卜辞所记王的活动历时较长,拓片碎裂较重,释文参考严一萍的隶定,仅供对照阅读。

本片是《合集》36639。

24·2: 壬午卜,贞,王田楺,往来亡灾,获鸟百四十八,兔二。
　　□□卜,贞,王田虇,[往来亡]灾。在十月又二。
　　按:第一辞大意是,此次狩猎捕获一百四十八只鸟,二只兔子。第二辞大意是,王于虇田猎,往来无灾。在十二月。

24·3: 戊寅[卜,贞],王[田□,往]来[亡灾]。
　　壬[□卜,贞],王[田□,往]来[亡灾]。
　　戊戌卜,贞,王田羬,往来亡灾。
　　按:羬,是"羌"字的繁构。卜辞是田猎地名。

24·4: 壬寅,[王卜],贞,田□,往来[亡]灾,王[占]曰:吉。
　　戊申,王卜,田▦(子),往来亡灾,王占曰:吉。兹御。获狐九。
　　按:▦,从子在∨上,是田猎地名,《合集》或释"呈"或释"屺"。御,卜辞是祭名。或释作"厄",李家浩释作"孚",或说同"兹用",用此卜也。参阅《诂林补编》第78—85页。

本片是《合集》37501。

24·5：□□[卜,贞,王]田于⬚(曾),往[来亡灾。兹御]。获兕一。

按：⬚,左侧从上下两个"臣",右侧从上下两个"曾",隶作⬚,曾昭岷、李瑾以为是"曾"字的繁文,即《左传·宣公十八年》"齐侯会晋侯盟于缯"的"缯"。卜辞是王田猎地名。

严一萍释文还有第24·6、第24·7、第24·8三片,指出属于第24·1片剔出之他龟腹甲。可资参阅,兹不赘录。

25·1：癸未卜,翌日乙王其[田],不凤(风)。大吉。兹用。

王⬚(往)田,湄日不遘大凤(风),亡灾。大吉。

……⬚(槱、耤、藉),王其每(悔),吉。

王更耤田,湄日亡灾。⬚。

按：凤,卜辞读作"风"。⬚,从犬往声,卜辞读作往来的"往"。湄日,杨树达曰："湄日者,湄当读弥,弥日谓终日也。"故湄日犹言终日。大风,犹《国风·邶风·终风》"终风且暴",是整日刮着猛烈的风的意思。

每,学界以往皆读作"悔",悔咎、后悔。郭沫若读作䍐,借作网,指田猎以外之事。"王其每"或"王弗每"之"每",结合卜辞文义,本书以为当读作"悔",反悔,有倦怠、疲倦义。弗悔,不倦怠,不疲劳。参阅《后编考释》第225页。

⬚,象二犬拉耒耤形,隶作槱。卜辞读作"耤",也作"藉"。《说文》耒部："帝耤千亩也。古者使民如借,故谓之耤。从耒昔声。"⬚,象捕鸟毕(网)形,或释作"毕",读作擒获的"擒"。参阅下文本页第3片。

本片是《合集》29234。

25·2：更犬⬚(若)从田⬚(沫),湄日亡灾。

按："更"下一字笔画不清晰,《合集》26247释作"犬",但尾巴是向下的,倒像是"豕"字。⬚,象人手上举,但上部笔画看不清,很像"若"字。若,顺也、允也。田,田猎、狩猎。"田"上一字人脸向左,像二人相随,应读作"从",跟从、随从。《合集》释文释作"比",他人所引亦然。本辞"更犬若比田沫",刘源说："殷墟卜辞中的比字,其本义是两人距离很近,引申为亲、密、同等义。'某比某'有二人会同、协力的意思。"(参阅《诂林补编》第36页)

林云说"比"有联盟义。参阅卷一第 14·1 片考释。▨（𠆢），象人周身出汗形，疑是"沫"字，或释作"介"。或说非是。▨（沫），是王田猎地名。

25·3：叀麦田，亡灾。

其田麦，毕（擒）。

按：麦，是王田猎地名。毕，读作擒获的"擒"。本卷第 25·1 片的罕，也当是罕（毕）字。

25·4：叀▨（目）田，亡灾。

亡灾。

按：▨，象横目之形，是"目"字。卜辞中"叀目田"的目，当是田猎地名。参阅下文第 25·6 片"王叀盂田省，亡灾"一辞。盂是地名，省是巡视。

25·5：壬戌，[王卜，贞，王]田▨（𥁕），[往来]亡灾。[王占曰]：吉。

获……。

□□，王卜，[贞，田]盂，[往来]亡灾，[王占曰]：吉。

按：这是王卜辞。▨，上从氏，下从皿，是"𥁕"字。或说上从人，陈邦怀释作"温"。① 此处作田猎地名。卜辞大意是，王亲自占卜，贞问往来田猎地𥁕和盂，无灾，吉。

25·6：王叀盂田省，亡灾。

按：本辞大意是，王叀省视盂田，无灾。动词"省"后置，目的在于强调省视的目的地和事件：在盂地的田猎之事。

25·7：叀（唯）画田，亡灾。

按：画，丁山以为是小辛小乙的弟兄辈，武丁诸父之一。此处作人名。叀画田，意思是唯画田猎，无灾害。参阅卷一第 24·6 片考释。

本片是《合集》29291。

26·1：乙卯卜，争贞，今日王徃于臺（廓）。

乙卯卜，争贞，子▨（㠱）不▨（死）。

贞，正。

---

① 陈邦怀：《殷虚书契考释小笺》第 23 页，转引自何景成《甲骨文字诂林补编》第 35 页下。

不☒（玄）☒（黿）。

按：争，武丁早期贞人。☒，上从色，似鹿，下从井或凵，隶作㐭（阱）。下从凵，上或从鹿，或从人，从人则是"臽"字，也即陷阱的"陷"字初文，"臽"字是类别字。子臽（陷），是人名。☒，从人在口（棺廓）中，或释作"囚"，或释作"因"，读作"殪"，或释作"昷"。据字形象人置于棺廓中，当是"死"字。或说释"死"，非是。参阅《诂林补编》第27—35页。第三辞简，其义不详。

26·2：己巳卜，㱿贞，勿乎帚（妇）妌[以]舞[先于戎]。

贞，勿乎妇妌以舞先于戎。三。

按：㱿，武丁早期贞人。妇妌，武丁配偶之一。夷，或释作"舞"。参阅本卷第4·2片考释。

26·3：贞，旨古王事。

丙午卜，㱿贞，旨弗其古王事。

贞，唯鞻（韇）乎往于微（徵）。

按：㱿，武丁早期贞人。旨，根据陈梦家的考证，旨是方国名，即《尚书大传》"文王伐耆"的耆，在商之西（《综述》第296页）。古王事，是武丁卜辞常见的成语。或说是《诗经·唐风·鸨羽》"王事靡盬"，《小雅·采薇》"王事靡盬，不遑启处"，是勤于王事的意思。靡，训无、没有；盬，训止息。本书结合《诗经》用例，以为"古王事"或是"盬王事"的最初表达形式，当是止息（做完）王事的意思。参阅《后编考释》第305页。《合集》隶作"叶王史（事）"。

连邵民认为郭沫若把屮、⿱屮凵释作"古"无法成立，而赞同孙诒让的意见仍释作"由"，由，从也。屮王（史）事，读作"由王事"，即"从王事"。参阅《诂林补编》第191页。蔡哲茂研究认为，屮可能是《说文》竹部从竹赞声的"籫"字；屮王事，疑读为"赞王事"，意为佐助王事，卜辞的屮雨可读作"暂雨"，表示下的时间很短的雨。参阅《诂林补编》第192—194页。姚萱说"由"可能跟古书里的"妯""怞"和"轴"等字有关（指有忧愁、忧虑、疾病义）。参阅《诂林补编》第195页。陈剑把屮读作"堪"，任也。屮王事，任王事，是胜任王事的意思；屮王命，读作"勘王命"，意为胜任王命；且认为屮（勘）与☒（由）用法有交叉。他把☒（由）在卜辞中的用法做了分类：1. 表示不好的意思之"由"，2. 表示强调的虚词"由"，3. 表示"由从"之"由"，4. 表示人名的"由"。他说，☒、屮、⿱屮凵四类写法无疑皆为一字异体，其竖笔跟"口"的相对位置，其分离、接触、穿透、或穿透至"口"形底部笔划，都不构成文字的区别性特征。……在"出王事"用法以外的出，就是🈚(由)字的异体。参阅《诂林补编》第196—213页。

▨(棘、䅲)，隶作"棘"，说是"䅲"字，卜辞是人名。参阅卷二第24·1片考释。

本片是《合集》5478 上半截，下半部分("贞，旨古王事")被裁掉。微，或读作"徵"，陈梦家读作"长"，卜辞是地名。

27·1：丙午卜，宁贞，旨弗其古王史(事)。三。
    贞，唯棘令[乎往于]微(徵)。三。
    贞，旨古王史(事)。二告。三。
    不▨▨(黿)。
    贞，循。
    不▨(玄)▨(黿)。

按：宁，武丁早期贞人。本片卜辞与上文第26·3片内容相同，只是字数有残缺。参阅上文第26·3片考释。棘，卜辞是人名。参阅上一片考释。第三辞旨，少刻横画。▨，写法很特殊，象人伸直双腿双手上举形，其实就是▨(黿)字。

27·2：己□[卜，□贞]，王……兕……。
    壬寅卜，兄贞，王往休。十月。在▨(？)。

按：兄，武丁早期贞人，或释作"祝"。▨，斑蚀较重，左侧似从肉或从卯，右侧从宀，字不识，疑是"宛"字的误写，根据语法关系卜辞是地名。《合集释文》24397 未释。

27·3：□□卜，贞，王田于姬[麓，往]来亡灾。在十月。[兹]御。获狐二。

按：姬麓，卜辞是田猎地名。参阅本卷第22·3片和卷一第25·2片考释。卜辞大意是，贞问王田于姬麓，往来无灾，举行御祭，捕获二只狐。

27·4：庚午卜，争贞，翌辛[未]……。
    辛未，宜[俎]，允……。
    癸巳卜，殻贞，……。(以上三辞据《合集补编》2000 补)
    贞，登人三千。二告。
    贞，涉溴。二告。
    祉𩫖(廓)𩫖(城)。(以上三辞是本片，加《合集补编》2000 部分)

……㞢彗（掃）土（社）于之。（本辞据《合集补编》2000 补）

按：争，武丁早期贞人。湀，是水名，在河南沁阳一带。陈梦家说即沁水（《综述》第 310 页）。

本片与卷二第 25·1 片缀合。可资参阅。袘，从衣，匕声，隶作袘，卜辞当用作动词。毫，从南北相对的二言，当是城郭的"城"字繁构。彗，从羽，还有几个小点，是"彗"字，象扫帚形，引申有扫除义。参阅本卷第 19·1 片考释。彗土，打扫社（祭祀之宗社）。

27·5：乙卯［卜］，□贞，王［㞢于］我兮，［往来亡灾］。

己未［卜］，［在］〇（頮），贞，［王㞢］于□，［往来亡］灾。

［甲］子卜，在□，贞，王［㞢］于高卢，［往来亡］灾。

□□卜，在□，贞，王［㞢］于□，［往来亡］灾。

按：本片字迹很小，较难识读。我兮，据语法关系当是地名。连劭名说，卜辞中的兮与甹当读为禜。参阅《诂林补编》第 856 页。《说文》示部："禜，设绵蕝为营，以禳风雨、雪霜、水旱、疠疫于日月星辰山川也。从示，荣省声。一曰：禜、卫，使灾不生。《礼记》曰'雩、禜，祭水旱'。"参阅卷六第 21·10 片考释。〇，左从米，右从頁，隶作頮，或是"類"字的初文，据语法关系卜辞是地名。高卢，是地名。

本片是《合集》36754。

27·6：辛酉卜，［在］□，贞，王［㞢］于〇（岐？），往来亡灾。

□未卜，在高，贞，王步于〇（岐？），亡灾。

按：〇，左侧构形不明，右从犬，据语法关系卜辞是地名。《合集释文》36753+摹作〇。该字又见于下文第 31·10 片。《合集释文》36753 摹作〇。参阅第 31·10 片考释。

28·1：庚［戌卜，王］曰［贞，翌辛］亥，其田，唯彡（肜）、衣。在二月。

甲寅卜，王曰贞，翌乙卯其田，亡灾，于谷。

按：本辞大意是，在二月田猎之前行肜祭和衣祭（殷祭）。

第二辞之"谷"，卜辞是田猎地名。说者或以为"谷"当读如"裕""欲"音。本书以为，"谷"字从八从口，像大山向两边分开，形成一条山口，即峡谷形，所以"谷"是个会意字。求之古音，"谷"当读如表示溪水流淌声咕噜咕噜的"咕"，是个会意兼拟声词。

28·2：庚……[王]步……亡[灾]。
　　　……王……亡(灾)。
　　　□□[卜]，在□，贞，王[步]于□，亡灾。
　　　□□卜，在□，贞，王[步]于✦(?)，[亡]灾。
　　按：✦，从三皀，皀像豆中盛满饭食形。三个皀叠加，或是"齊"(齐)字。卜辞当是地名。

28·3：乙巳卜，王贞，✦(艅)。一。
　　　勿令周往于✦(放、偃)。一。
　　按：✦，右侧从舟，左侧从余声，是"艅"字。《说文》舟部："艅，艅艎，舟名。从舟余声。经典通用余皇。"或曰读如"匀"，有不吉、害之义。卜辞恐无此义。辞简，其义不详。
　　周，在卜辞和铜器铭文中表示商周之周，是地名。✦，象旗帜插在支架上形。丁山说是"放"字，读作"偃"，河南偃师是其地。卜辞有✦(偃)侯。白玉峥说是旗幡的"旛"字，卜辞是地名。本书从丁山之说释作"放"，读作"偃"。
　　本片是《合集》4883。

28·4：贞，勿往于臯(廓)。
　　按：臯，读作廓，本辞是田猎地名。

28·5：乙巳卜，在□，王田商，亡灾。[获]兕廿又□，[王]来正(征)人[方]。
　　　丙午卜，在商，贞，今日步于✦(樂、乐)，亡灾。
　　　己酉卜，在✦(樂、乐)，贞，今日王步于丧，亡灾。
　　　庚戌卜，在丧，贞，今日王步于✦(沽、沫)，亡[灾]。
　　按：商，地名。王来征人方，指王来于征人方，言王得胜而归，顺便田猎。✦，从二幺(丝弦)在木支架上，是"樂"(乐)字，卜辞是地名。丧，卜辞是地名。✦，隶作沽，即"沫"字，卜辞是地名。商、乐、丧和沫，四地相距当不远。王在征人方得胜而归的途中临时驻跸于此四地，心情好，顺便田猎。
　　本片是《合集》36501。

28·6：丁酉卜，在✦(羋)，余(田)麥、✦(蹖、芳)，弗每(悔)。
　　　同出毕。
　　　毕。

　　　　□□卜,在□麓,贞,王田麥、▨(蕍、芍),亡灾。

　　按:▨,字残,像倒写的大,当是"芍"字,卜辞是地名。麥,地名。▨(蕍),从人在蕍中,旧释"芍",吴振武释作"苞",卜辞是地名。参阅《诂林补编》第372页。据第四辞,第一辞"余"字后漏刻"田"字。

　　毕,像捕鸟的网。本辞当是地名,据考古发掘河南省驻马店市正阳付寨乡闰楼村是其故地。① 第四辞"在□麓",据前文所缺字是"姬"字,姬麓是地名。

　　本片是《合集》37517。

28·7: 丁亥卜,在华泉师,贞,韦自(师)▨(寮)妹,……又▨(宦),王其令▨(宦),不每(悔),克古王令(命)。(这是本片下部)

　　按:"华泉"二字合书。▨,上从宀,下从山或火,中间是寮,当是"寮"字。此处为地名。妹,从未每声,隶作梅,《合集》36909读作"妹"。▨,似从宀从𠬝,人两侧或有小点,隶作宦。据语法关系卜辞是人名。每,读作"悔",因倦怠而反悔也。克,能、能够。能古王令,犹言能尽心尽力完成王命也。

　　古,中央一竖或不通于下,则以为是"古"字,此穿通于下者则以为是"甾"字。本辞应读若"古","古王令",犹言古王命,勤于王令(命)也。参阅本卷第26·3片考释。

　　本片是《合集》36909拓片的下半截。拓片的上半截释文是:

　　韦自寮,弜(勿)改,亡宦。王其乎(呼)宦示京自,又用,若。二。二。

29·1: □□卜,贞,旬亡祸,[王]占曰:大吉,在▨(犅)师。

　　按:▨,从牛,刚声,释作"犅"。犅师,地名,是驻军之所。卜辞大意是,贞问下旬无祸忧,王占卜曰:大吉。在犅师。

29·2: 癸酉,[王卜,在]望,[贞,旬亡]祸。

　　癸未,王卜,在▨(敏)师,贞,旬亡祸,王占曰:吉,唯王徕西……。

　　按:▨,右从攴,中间是母,左侧是水(或是斑蚀),当是从水敏声的潋,或"敏"字。潋师,是地名,是驻军之所。

　　本片是《合集》36756。

29·3: 癸亥卜,[在霍,贞],王旬亡[祸]。在五月。甲[子,翌]阳甲,耏[羌

---

① 刘一曼:《殷墟考古与甲骨学研究》,云南人民出版社,2019年,第347页。

甲],另戈[甲]。

癸酉卜,在▨(靃),贞,王旬亡祸。

癸未卜,在靃,贞,王旬亡祸。在六月。甲申,祭祖甲,另阳甲。

癸巳卜,在靃,贞,王旬亡祸。在六月。甲午,酰祖甲。

[癸]卯卜,在林,[贞],旬亡祸。

按:本片卜辞字迹很小,较难识读。酰,进献黍食之祭。参阅卷一第5·1片考释。▨,上从雨,下从雥,是"靃"字。《说文》雔部:"靃,飞声也。雨而雔飞者,其声霍然。"指众鸟在雨中飞行翅膀扇动时发生的声音,是拟声词。卜辞是地名,为安徽省霍山县,位于安徽省中部偏西,今属六安市。

阳甲,严一萍释文隶作"虎甲"。第五辞"林",或释作"焚",拓片字残,或是。本片是周祭卜辞,故于某甲日分别周祭阳甲、祖甲和戈甲三位先王,或以其他王协祭。

本片是《合集》35887。

29·4:癸酉卜,[在]㭣,贞,王旬[亡祸]。

癸未卜,在□,贞,王旬亡祸。

癸巳卜,在□,□,王旬亡祸。(以上三辞据《合集补编》12732补)

癸卯卜,在▨(浔),贞,王旬亡祸。

癸丑卜,在靃,贞,王旬亡祸。

癸亥卜,在靃,贞,王旬亡祸。

癸酉卜,在㭣,贞,王旬无㤿(祸)。(以上四辞是本片)

按:▨,左从水,右从寻,当是"浔"字,卜辞是地名。第四辞癸酉后面的㭣,卜辞是地名。靃,地名。卜辞大意是,王分别在浔、靃和㭣等地贞问下旬无祸忧。

29·5:壬午卜,在河,贞,今夕自(师)[不振]。

其㠯(振)。

癸未卜,在▨(洀)[河],贞,今夕自(师)不㠯(振)。兹御。

[其]㠯(振)。

按:㠯,卜辞或读作振旅的"振",班师而归曰"振旅"。与本卷第23·7片读作震动、震惊的"震"不同。▨(洀),左从水,右侧所从不明。李学勤释作"河"。参阅《诂林补编》第350页。也见于本卷第30·11片。

本片是《合集》36431。

29・6：甲午卜，在▨（冒），贞，[王]从东，叀今日弗每（悔）。在十月。兹御。王正（征）[人方]。唯十祀。
……叀乙弗[每、悔]，……亡灾。

按：▨，上从爪，下从目，严一萍释文隶作冒。像手在目上，疑是"看"字。卜辞是地名。另有一字写法与此字极像，但上面从倒山，下面似不从目。参阅本卷第14・6片考释。

30・1：壬寅卜，[贞]王田□，往来[亡灾]。
戊辰[卜，贞]王田□，往来[亡灾]。
戊[□卜]，贞，[王田]宣京，[往来]亡[灾]。
□申卜，贞，[王田]奚，[往]来亡灾，获狐。
□□卜，贞，王田麌，往[来亡]灾。
□□卜，贞，[王田□]，[往来]亡灾，吉。

按：拓片字迹很小。奚，卜辞是田猎地名。卜辞大意是，王多日贞问往田猎地奚、麌等，往来无灾，一次获狐。

本片是《合集》37706。

30・2：丁亥卜，在䅤泉（华泉），贞，王步，亡灾。
毕（禽、擒）。兹御。获狐五。

按：䅤泉，二字合文，疑读作"华泉"。卜辞是地名，其地当在今淇县附近（《综述》第265页）。或释作河南获嘉县的"嘉"，恐非是。《合集》37487作▨，释作"树"。

本片是《合集》37487。

30・3：贞，屮（侑），不若，在氿。（这是本片）
亡不若，在氿。（这是《蔡缀》514）

按：氿，与《合集》8340的▨是同字，是水畔的意思。参阅卷一第53・3片考释。

30・4：辛巳卜，㱿贞，商不……。二。（本辞据《合集》8181补）
甲申卜，㱿贞，在▨（春），宜，田橐（廓）。[受年]。二。（本片）

按：㱿，武丁早期贞人。商，商王室。第一辞残，其义不详。
▨，从四个木，中间从屯声，是"春"字的形声结构。卜辞是季节名。据研究，商代只有春、秋二季，无夏、冬。橐，是田猎地名，读作"廓"，且橐（廓）

和丧等都是田猎地名。参阅本卷第16·7片以及第18·2片考释。

30·5：庚申，王卜，在▣（浼），贞，其从首（莧），[在]北汃。

壬戌，王卜，在浼，贞，今日其从首（莧），弗又（侑）壴，亡灾。

按：▣，从水从免，"免"字象人头戴冠冕形，隶作浼，卜辞是地名。首，下从人，或是"莧"（苋）字，卜辞是人名。壴，象侧立的鼓形，卜辞读作"鼓"，是一种祭祀仪式，击鼓以祭。

本片是《合集》36758。

30·6：庚寅卜，在▣（曩），贞，王步于唯（鳧）。亡灾。

[壬]辰卜，在▣（潨），[贞，王]步于□。亡灾。

按：▣，从己，其声，释作"曩"，卜辞是方国名，"曩"字也见于西周金文曩伯簋铭文。唯，从隹从匕（或乙），当是"鳧"字，是与雁同类的水鸟。参阅卷二第1·2片考释。本辞是地名。▣，从水，盦省声，隶作潨，卜辞是地名。

30·7：辛酉，王卜，在㛸，贞，今日步于□，亡灾。

[癸]亥，王卜，在凤，贞，步于危，亡灾。（以上二辞据《合集补编》11142补）

甲子，[王卜]，在危，[贞，步于]榊……▣（陆），亡灾。[在]十[月又二]。

己巳，王卜，在危，贞，今日步于攸，亡灾。在十月又二。（以上二辞是本片）

按：危，卜辞称危方或下危，是方国名。榊，卜辞是田猎地名。参阅本卷第24·1片和第29·4片卜辞。▣，从阜从夅，是"陸"（陆）字，地名，地望不详。攸，从人攴，是"攸"字。卜辞是地名。陈梦家谓："攸当在今永城之南部，宿县之西北。攸地之永，即今永城。"（《综述》第306页）据陈梦家之说，攸地当在今安徽宿州市之西、淮北市西南。

30·8：丙子……贞，……于……。

□辰，在□，□贞，王[步]于微（徵），[亡]灾。

按：微，或读作"徵"，卜辞是地名。参阅卷三第26·3片。陈梦家释作"长"。参阅《综述》第260页(5)，严一萍也释作"长"。

30·9：丙辰,王卜,在▨(夅)……。

按：▨,上从人从斗,下从収,隶作夅,卜辞是地名。《合集》36925也有▨字,释文未作隶定。

本片是《合集》36925。

30·10：□□[卜,在□],贞,[王田于]□,[往来]亡[灾]。

壬午卜,在▨(㫃、偃),贞,王田亶,往来亡灾。

……亡(灾)。

按：▨,或反书,象旗帜插在支架上形。丁山说是"㫃"字,读作"偃",河南偃师是其地。卜辞有▨(偃)侯。

30·11：□戌卜,在▨(非),贞,其▨(河),更牛。在[十月]又一。

按：▨,于省吾释作"非",读作"匪"。本书据语法关系当是地名。▨,左从水,右所从不明。▨,《合集》36922亦未加隶定,在此字下据残字补"河"字。李学勤释作"河"。参见本卷第29·5片考释。十一月,当夏历十月。

31·1：庚[戌卜],贞,[王今夕]亡祸。

壬子卜,贞,王今夕亡祸。

在▨(实),遘引(弘),易(赐)反……,乙丑帘(寝)……。

祖乙,翌日。在八月。

亥。

按：▨,从矢或大在宀下,隶作实,与本页第31·5片的▨当是同字,陈梦家以为是侧室。参阅下文第31·5片考释。引,从口弓声,或是"弘"字,此处疑是人名。易,读作赏赐的"赐"。反,从又,厂声,此处是地名。帘,从宀从帚,读作寝室的"寝"。

31·2：□□卜,在▨(虘、鄌),[贞],五日乙不凤(风)。

按：▨,拓片不清晰,疑是从虍且声的"虘"字,即《说文》解作沛国县的"鄌",卜辞中作地名。五日乙,据此上推五日(均含当日在内),则占卜之日当逢辛。不凤,读作"不风",没有风。

31·3：在▨(聅)。

按：▨(聅),从左右二耳,隶作"聅"。《说文》耳部:"聅,安也。从二

31·4：癸酉卜，在霍，贞，王旬亡祸。
　　　　癸未卜，在望，贞，王旬亡祸。
　　　　癸巳卜，……。
　　　按：霍和望都是地名。卜辞大意为在不同的地方和日期贞问下旬王无灾祸。

31·5：乙丑，王▨（讯）▨（殳），在▨（㝱）。
　　　按：▨，左从口，右从幺或午，中间从人，根据语法关系卜辞用作动词。《合集》36389释作"讯"。讯，询问。参阅卷一36·3片考释。▨，上似从乙，下从又，《合集》释作"殳"，本辞读作"王讯殳"，则表示王询问殳，据语法关系殳是人名。▨，从宀从大，隶作㝱，与本卷第31·1片从矢在宀下的▨是同字。

31·6：□□卜，在▨（品），贞，[王在]桺，往来[亡灾]。兹御。获鹿四八，狐一。
　　　□□卜，在▨（爵），……。
　　　按：▨，从口在目上，隶作品，字不识。▨，拓片有斑蚀，象酒器爵之形，是"爵"字。根据语法关系▨（品）和▨（爵）都是地名。

31·7：甲寅卜，在亳，步于▨（鸿），贞，王今夕亡祸。
　　　按：亳，地名，安徽北部有亳州。卜辞中的亳有数处，此亳当与鸿不远。李学勤以为旧释的"亳"，是从中高省声"蒿"字的另一种写法。"蒿土""膏土"均应读为"郊社"。参阅《诂林补编》第493—495页。▨，从隹工声，隶作雊，是"鸿"字的初文。《说文》："雊，鸟肥大雊雊也。从隹工声。"此处作地名。

31·8：……在▨（毛），贞，……。
　　　按：▨，下从毛，上从开声，隶作毛，字不识，根据语法关系此处作地名。辞残，其义不详。

31·9：癸酉，王卜，在▨（寻），贞，旬亡祸，王占曰：吉。
　　　　癸未，王卜，在▨（降），贞，旬亡祸。
　　　　癸巳，王卜，在▨（丧），贞，旬亡祸。

按：■，下从口，上从爰，是"尋"（寻）字，卜辞是地名。■，从彳从夂从止，是"降"字，卜辞是地名。■，是"丧"字，卜辞中作田猎地名。

本片是《合集》36914。

31·10：辛酉卜，[在]□，贞，王餕于■（岐？），往来亡灾。

[己]未卜，在高，贞，王步于□，亡灾。

按：■，该字已见于上文第27·6片，可是《合集释文》36753+摹作■。同样写法的字，《合集释文》摹写却不同。高，地名，读作鄗。陈梦家说：《左传·宣十二年》"晋师在敖、鄗之间"，杜注云"敖、鄗二山在荥阳县西北"，今荥泽县境，大河在其西北（《综述》第261页）。

31·11：甲□[卜，在]立，贞，王[今夕]亡[祸]。

□□卜，在■（潜），王今夕亡祸。

按：■，象罔中有物形，郭沫若、陈秉新释作灊，即"潜"字。卜辞是地名，郭沫若谓安徽霍山县东北三十里有潜城，陈秉新谓与沱河近，非霍山县之潜。

本片是《合集》36903。

32·1：乙未[卜，贞]，王田□，往[来亡灾]。

□□卜，贞，[王田]■（瑈），往[来无]灾。兹[御]。获……。

按：■，左从玉，右上从禾，右下从目，隶作"瑈"，卜辞是地名。郭沫若谓是琇字。右下或再从止。

32·2：[辛]酉卜，翌日壬，王其田，■（湄）日。

按：■，拓片斑蚀较重，笔画很硬，隐约看出是"湄"字。拓片下部还有一"日"字，是"湄日"二字，终日也。参阅杨树达之说。

本片是《合集》28525。

32·3：己未[卜，贞]，王田□，[往来]亡[灾]。

乙酉卜，[贞]，王省，往来亡灾。

按：卜辞大意是，王田于某地，王巡视某地，往来无灾。

32·4：戊戌卜，王其■（巡）■（■）马，骎□小臣■（？）■（束）（焉），克。

按：▨,从辵,从巛省,当是巡视的"巡"字。▨(▨),从宀,宀下左侧从上下两个圈,右侧似从帛,未知是何字,据语法关系是地名。骇,字残,仅剩右侧马,左侧还有残笔,应该是马名。▨,笔画不清晰,构形不明,当是小臣人名。▨,从木,从口,或释作"束"。

▨,或说象飞鸟形,是"舄"字。《说文》乌部："舄,䧿也。象形。䧿,篆文舄从隹昔。"据《说文》舄是喜鹊。《合集释文》释作"鼀","鼀"是蜘蛛。拓片"克"下无字,辞句显得不完整。

本片是《合集》36417。

32·5：癸□[卜],……贞,[旬无]亡[祸]。
　　　[癸]未卜,[在]爵,贞,旬[亡]祸。
　　按：辞残,大意是贞问下旬无祸忧。爵,据语法关系卜辞是地名。

32·6：壬辰卜,贞,王後,往来亡灾。
　　　辛丑卜,贞,王後,往来亡灾。
　　　……[往来亡]灾。
　　按：卜辞大意是,贞问王前往,往来无灾。

32·7：戊子,[王卜],贞,其後[于□],往来[亡灾]。
　　　辛卯,王卜,贞,其後于□,往来亡灾。
　　按：这两条卜辞无目的地名。拓片地名处都空着,可能是留着补写的。

32·8：戊申,王卜,贞,[田]□,[往来]亡灾。王占曰:吉。[获狐]五。
　　　□□,[王]卜,[贞,田]□,往来[亡灾]。[王]占[曰:吉]。
　　按：这两条卜辞缺少"田某"地名,所以不清楚王前往某地田猎,往来无灾。

32·9：戊辰卜,贞,王田,往来亡灾。
　　按：戊辰的"戊"字反书作▨,可见甲骨卜辞书写很不规范。

32·10：乙亥卜,□贞,王其田,亡灾。在六月。
　　按：卜辞大意是,贞问王田猎,无灾祸。在六月。

32·11：戊□[卜],贞,……。

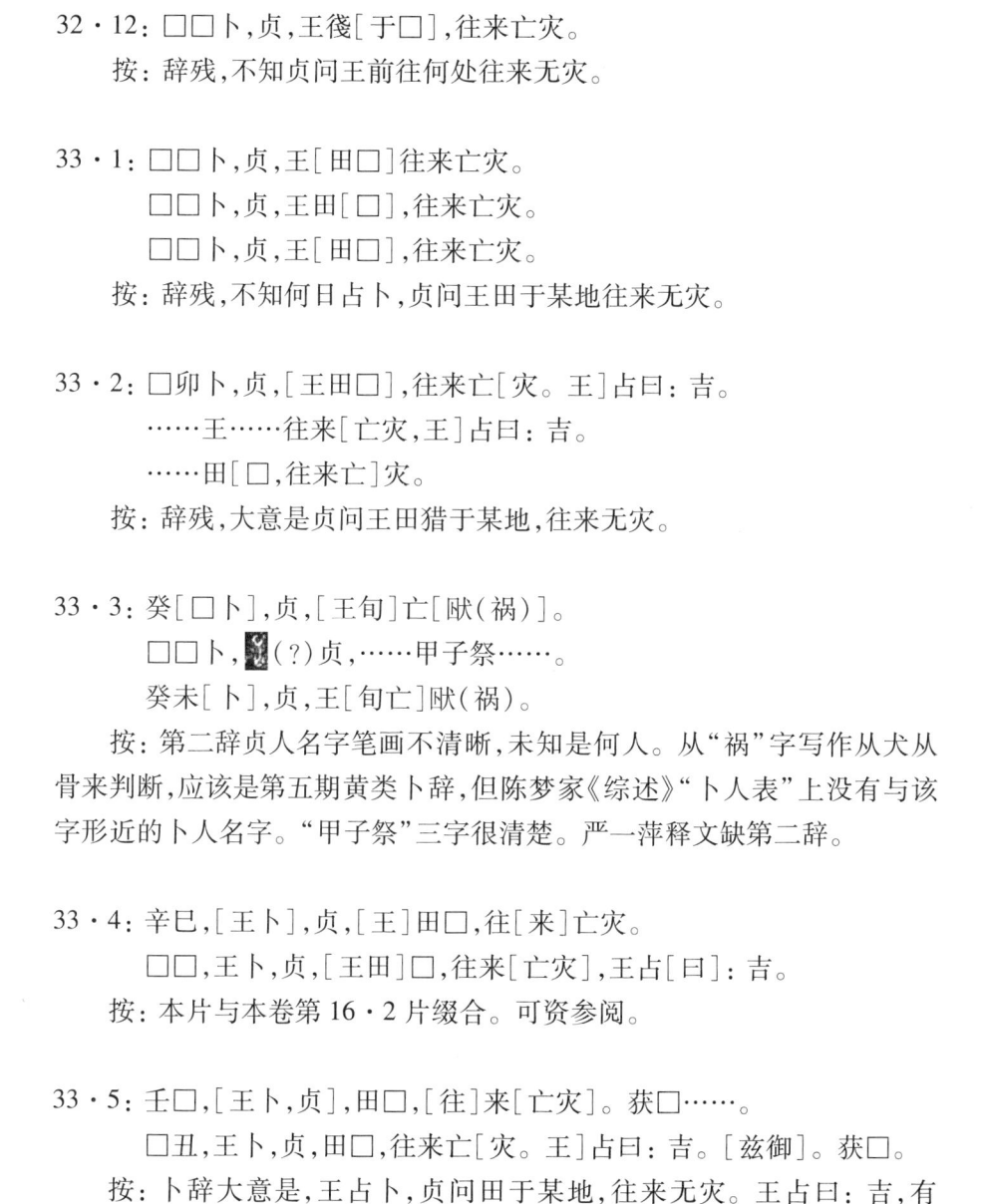

辛亥卜,贞,王其田,亡灾。
按:第二辞大意是,贞问王田猎,无灾祸。

32·12: □□卜,贞,王徣[于□],往来亡灾。
按:辞残,不知贞问王前往何处往来无灾。

33·1: □□卜,贞,王[田□]往来亡灾。
□□卜,贞,王田[□],往来亡灾。
□□卜,贞,王[田□],往来亡灾。
按:辞残,不知何日占卜,贞问王田于某地往来无灾。

33·2: □卯卜,贞,[王田□],往来亡[灾。王]占曰:吉。
……王……往来[亡灾,王]占曰:吉。
……田[□,往来亡]灾。
按:辞残,大意是贞问王田猎于某地,往来无灾。

33·3: 癸[□卜],贞,[王旬]亡[㞢(祸)]。
□□卜,𰉘(?)贞,……甲子祭……。
癸未[卜],贞,王[旬亡]㞢(祸)。
按:第二辞贞人名字笔画不清晰,未知是何人。从"祸"字写作从犬从骨来判断,应该是第五期黄类卜辞,但陈梦家《综述》"卜人表"上没有与该字形近的卜人名字。"甲子祭"三字很清楚。严一萍释文缺第二辞。

33·4: 辛巳,[王卜],贞,[王]田□,往[来]亡灾。
□□,王卜,贞,[王田]□,往来[亡灾],王占[曰]:吉。
按:本片与本卷第16·2片缀合。可资参阅。

33·5: 壬□,[王卜,贞],田□,[往]来[亡灾]。获□……。
□丑,王卜,贞,田□,往来亡[灾。王]占曰:吉。[兹御]。获□。
按:卜辞大意是,王占卜,贞问田于某地,往来无灾。王占曰:吉,有捕获。

33·6: 乙亥卜,□贞,王[往]于田,亡灾。在□[月]。
按:卜辞大意是,乙亥这天占卜,贞问王去田猎,无灾祸。在某月。

33·7：……翌日戊王其田󰀀(？)，……。
　　按：辞残，大意是，王将于翌日戊田猎于某地。󰀀，字下部残缺，据语法关系判断是地名。《合集释文》29299 隶作虞，下从火，上从盧。拓片不太像。

33·8：乙酉卜，[贞]，王其田□，[亡]灾。
　　按：卜辞大意是，王到某地田猎，无灾祸。

33·9：戊寅[卜，贞]，王徣[于]□，往来[亡灾]。
　　　　□子卜，[贞，王]徣[于]□，[往]来[亡灾]。
　　按：辞残过甚。大意是，王前往某地往来无灾。

33·10：弜(勿)田，亡每(悔)。
　　　　叀盂田，亡灾。
　　　　亡灾。
　　按：盂，是田猎地名，位于豫北沁阳境内。本片与卷六第 20·9 片重复。

33·11：王徍出。
　　按：拓片右下角还有一个"弜"(勿)字，当是"弜出"之残，属对贞。

33·12：贞，亡尤(忧)。在正[月]。
　　　　甲申卜，行贞，王出，亡祸。
　　　　贞，亡尤(忧)。
　　　　□□[卜]，行[贞]，……羌甲……[亡]祸。
　　按：行，祖甲时贞人。王出，王外出何事，卜辞未记，只记无祸忧。本片与卷四第 40·10 片下部重复。

34·1：庚戌卜，雀于屯(春)出。四、五、六。
　　　　……白閵其戎……。
　　　　……[白]閵……。
　　按：雀，子雀，人名。参阅卷一第 9·8 片考释。屯，读作"春"。第一辞记子雀将于春天外出。白閵(丙)，人名。参阅蔡哲茂《武丁卜辞中閵父壬身份的探讨》一文，①以及《后编考释》第 201 页。另一残字是"戎"字。第

---

① 蔡哲茂：《武丁卜辞中閵父壬身份的探讨》，《"中研院"历史语言研究所会议论文集之十》。

二、第三辞残,其义不详。

34·2: 癸巳卜,大贞,……。
丁酉卜,出贞,……。
丁酉卜,出贞,其……。
丁卯卜,出贞,今日魚……。

按:大,祖甲时贞人。出,祖庚时贞人。同版中既出现贞人出,又出现贞人大,说明贞人出可能历仕祖庚和祖甲两代王世。魚,参阅卷二第28·4片考释。辞残,其义不详。

34·3: □子,王卜,出于□ ▆(福、祼)。
□子,王卜,余侯, ▆(福、祼),亡祸。

按: ▆,上从酉(酒樽形),下从収(双手),象双手捧酒樽形,右从示,是"福"字,或读作"祼",卜辞是祭名,献酒祭也。

本片是《合集》25592。

34·4: 己巳卜,亘贞,翌庚午王出。王占曰: 不以[人]……。

按: 亘,武丁早期贞人。"以"下一字残缺,似"人"字。

34·5: 辛亥卜,出贞,今日王其水寝。五月。
丁卯。
癸亥卜,出贞,子弓弗疾,㞢(有)疾。
丁卯卜,大贞,今日启。
……其……。

按:出,祖庚时贞人。水寝,或是一种用中草药泡水的浴疗疗法。这种疗法或是用来治疗皮肤病,或是用来祛除体内的湿气。

弓,《合集》23532 读作"强"。卜辞是王子人名。该字又见于卷五第27·10 片。大,祖甲时贞人,则本辞属于祖甲时,王应是祖甲。第四辞启,或是指病情开始好转。

从第一辞来看,好像是说王有病,用浴疗。第二辞和第三辞是贞问王子是有病,还是没病。第四辞"今日启",或是指王子弓(强)病开始好转。

34·6: 王徃出省。

按:卜辞大意是,王外出巡视。"徃"后省宾语目的地。本句三个动词连用,"往",往某处;"出",外出;"省",巡视,是往出的目的。

35·1:戊申卜,大贞,翌……。
　　　戊寅卜,出贞,其于……。
　　　庚寅卜,……。
　　　庚子卜,出,翌丁未……。
　　　按:大、出,都是祖甲时贞人。辞残,其义不详。

35·2:壬戌卜,争贞,王徃于田,若。
　　　按:争,武丁早期贞人。田,田猎、狩猎。

35·3:□寅卜,王今来□辰出,正(征)尸[夷方]。[在]□[月]。
　　　按:卜辞大意是,王将于某个辰日征伐夷方。在某月。

35·4:辛丑卜,出贞,今夕亡祸。
　　　按:出,祖庚、祖甲时贞人。

35·5:贞,[王]……出……。
　　　舌允斩戉。
　　　贞,王出。
　　　舌斩[戉]。
　　　按:卜辞大意是,舌方果然斩伐了戉方。

35·6:癸亥卜,出贞,旬亡祸。十月。
　　　□□卜,[出]贞,[旬]亡[祸]。
　　　按:出,祖庚、祖甲时贞人。卜辞大意是,贞问下旬无祸忧。在十月。

35·7:戊[□卜,尹]贞,……。
　　　贞,亡尤(忧)。二。
　　　戊寅卜,尹贞,王出,亡祸。(以上三辞与卷四第41·10片重复)
　　　贞,亡尤(忧)。在六月。
　　　□□[卜],尹贞,[王出],亡祸。
　　　按:尹,祖甲时贞人。卜辞大意是,尹贞问王外出无祸忧。
　　　本片前三辞与卷四第41·10片重复,但该片无本片的第四、第五辞。

35·8：辛未，▨（衍）卜，我出。

按：▨，拓片不太清晰，《合集》21616 释作"衍"，释文附注"非王圆体类和劣体类"（卜辞），卜辞是贞人名。据陈梦家"卜人表"是武丁晚期卜人。但严一萍把本片定做第四期卜辞，两人所定卜辞时间相距较大。末字从止出口形，是"出"字。严一萍未释。

35·9：庚午卜，出贞，翌辛未王往田。

按：出，祖庚、祖甲时贞人。

35·10：壬寅卜，出贞，今日魚血召（韜、鞉）。
……血……雨……。

按：魚，读作"釁"（衅），以血涂抹钟鼓罅隙也。参阅卷二第 28·4 片考释。召，与《合集》26766 的（韜）是同字，《合集》读作"韜"。同"鼗"，同"鞉"，一种有木柄的小皮鼓，俗称拨浪鼓。卜辞作祭名，歌舞祭的一种仪式。又见卷五第 14·1 片和第 19·4 片。第二辞残，其义不详。

36·1：丙戌，今春方其大出。五月。一、二。

按：方，陈梦家认为方所出之地曰唐曰匿曰涂，皆在今山西中部和南部。唐是唐叔虞的封地，"唐在河汾之东"，今安邑一带；匿，疑即榆，今太原榆次县；涂，疑即涂水，在榆次县（《综述》第 270、272 页）。

36·2：□□[卜]，贞，克往告执（鞫）于[河]。
□巳卜，出贞，多……。
□戌卜，出贞，……。

按：克，卜辞是人名。执，或隶作"鞫"，有拘捕审讯义。又见于卷四第 19·1 片。《合集》22594 辞曰："丙戌卜，大贞，告鞫于河，寮（燎）……沈三牛。一。"

出，祖庚、祖甲时贞人。

本片是《合集》22593。

36·3：丁亥卜，出贞，来春，王其叙丁，蠱匕辛，新。

按：出，祖庚、祖甲时贞人。本片是卷二第 9·8 片的重出。可资参阅。

36·4：贞，□盂吾方其出不（丕）。

贞,更毕乎取。

贞,乎勿曰舌。

按:本片与本卷第6·4片的部分重出。可资参阅。

36·5:癸酉卜,贞,来自西,曰:既执……,亦……。

按:卜辞大意是,贞问侵扰来自西方,说已经有所捕获。辞残,其义不详。

36·6:贞,翌癸丑王弜(勿)往省,从东。

按:癸丑,严一萍隶作"乙丑",误。卜辞大意是,贞问翌日癸丑王不要从东部前往省视。

36·7:……[王]占曰:吉。毓□曰:往 ▲(仌),……二毓……子入。一。

　　贞,……屮……。

按:毓,读作君后的"后"。▲,象隆起的冰之形,隶作仌(冰)。辞残,其义不详。

本片是《合集》8251正。其反面辞曰:

……羊。

……王占曰:……今……。

36·8:癸未卜,贞,翌戊子王徃逐 ▲(鵗)。

　　……人亡……。

按:▲,拓片有斑蚀,▲与《合集》10508的 ▲ 以及《合集》10509等片的 ▲ 是同字,象花草之形,严一萍以为是"鵗"字的本字,是鹰的一种。上部或加隹,本辞省隹。

本片是《合集》10506。

37·1:贞,于甲子步。二。

　　甲辰卜,争。二。

　　翌癸亥,王步。二。

　　贞,王勿往达(挞)众人。二。

按:争,武丁早期贞人。步,或是指车行。达,据赵平安说是致送义。

参阅卷一第13·2片考释。本片是《合集》67正。

37·2：……翌庚戌步，……骨，霊己……。

按：霊，是一种天象，也是一种祭祀仪式。本辞残，或表示祭祀仪式，其义不详。

37·3：癸卯[卜]，贞，✙（亚）……。二。

戊辰卜，贞，翌己巳涉𠂤（堆、师）。五月。

按：✙，象四合院而缺其四角形，是明堂、宗庙类建筑物平面的象形，①是"亚"字。陈梦家说，卜辞中的"亚"是职官名，如多亚，是武官（《综述》第508页）。本辞残，其义不详。

𠂤，象小𨸏形，读作"堆"，或读作"师"。本辞中当读作"堆"，是地名。

37·4：乙丑[卜]，㱿贞，今夕亡㕚。

贞，己亥步。

……今……亡……。

按：㱿，武丁早期贞人。第一辞贞问今夕无祸忧。第二辞己亥以车代步出行。第三辞残，其义不详。

37·5：贞，于翌□戌步[亡]灾。在……。

贞，……。一。

按：辞残，其义不详。

37·6：己酉卜，争贞，令涉归。一。

按：争，武丁早期贞人。徒步渡水曰涉，卜辞或是指乘车涉浅水而归。

38·1：贞，王……臺……。

□□[卜]，亘贞，王 ▨（死）允 ▨（甗）往自臺（廓） ▨（啚、鄙）。

乙亥卜，争贞，王入。

按：亘、争，都是武丁早期贞人。▨，左从歹，右从人，是"死"字。结合第三辞"王入"，本辞或借作开始的"始"，不是用"死"的本义。▨，拓片斑蚀较重，与《合集》863 的 ▨ 是同字，象炊具甗形，释作"甗"。卜辞中作人名。臺（廓），地名。▨，象仓廪形，隶作啚，读作"鄙"，边邑。王入，当是指王从边邑臺（廓）归入都城。

---

① 叶正渤：《关于"亚"字符号的文化解析》，《东南大学学报》2004年第4期。

本片是《合集》860 正。

38・2：己卯卜，韦贞，王入。一。

按：韦，武丁早期贞人。王入，此王也是武丁。入，进入都城。

38・3：[乙]亥卜，宁[贞]，翌丁丑，王入。

按：宁，武丁早期贞人。第二天丁丑王入都城。

38・4：贞，王勿衣入。

贞，今四月 ▨（僖）至。

甲戌卜，宁贞，王入。

按：宁，武丁早期贞人。衣，本辞是地名，读作"殷"。衣入，入衣，入殷。这是一种倒装句式。陈梦家《综述・方国地理》专门有一节讨论衣的地望（第 259 页）。或读作"卒"，非是。▨，或作 ▨、▨，从人，人或在左，或在右，从禺，隶作僖或"僖"，或是"僖"字的异构。据语法关系卜辞或是方国名。

38・5：贞，辛亥王入。

于癸丑入。

于甲寅入。

于乙卯入。

按：卜辞大意是，贞问王究竟是辛亥入，还是癸丑入，甲寅入，乙卯入。

38・6：己卯卜，□贞，令多子族从犬侯璞（凿）周，古王史（事）。五月。三。

贞，……。（以上二辞据《合集》6812 补，略有改动）

癸酉。

己卯。

五牛。

贞，勿乎归。五月。三。

按：本片卜辞简短，其义不明。第四辞贞问，不要呼唤（王）归来。在五月。据《合集》6812 所补一辞，参阅卷六第 7・11 片考释。

39・1：□午卜，宁贞，……。

贞，王归。（本辞是《合集》5193 正面）

壬辰，其……。

王占曰……。(反面)

按：宁，武丁早期贞人。正面刻辞大意是，贞问王归来。辞残，其义不详。

39·2：贞，翌丁巳乎妇妌往于……。
　　　……令……。
　　按：妇妌，武丁法定三配偶之一妣戊。辞残，其义不详。

39·3：贞，翌辛卯王弜(勿)涉归。
　　　弗获。
　　按：卜辞当是指王不要乘车涉水而归的意思。弗获，没有捕获到猎物。

39·4：□□卜，尤贞，[王]徃于……，[不]遘雨。
　　按：尤，或释作"何"，是武丁早期贞人。

39·5：……无囚(祸)，四日丙辰㞢(有)降。
　　　……[无]囚(祸)，王占曰：㞢[降]。
　　按：有降，当是指丙辰将有灾祸降临。卜辞先贞问亡祸，继而王又卜说有灾祸降临。

39·6：贞，勿降。九月。
　　按：贞，勿降，这是王心理上希望不要降临灾祸。九月。

39·7：□□卜，今日王其後……。
　　按：辞残，不知王将要前往何地。

40·1：贞，帝(禘)。
　　　贞，王徃狩。
　　　贞，王勿往狩，从鼠。
　　　贞，王勿往狩，从鼠。
　　　王徃狩。
　　　贞，帝(禘)。
　　按：鼠，从八从鼠，隶作鼠。根据语法关系，本辞当是氏族首领人名或氏族名。刘桓曰从豹，八声，读作变化的"变"。参阅《诂林补编》第415、416页。

40·2：□未卜，㱿贞，……。

□亥卜，㱿贞，旬无囚（祸），王占［曰］：丁卯，王狩，▨（敁、敝）▨（敁）车，马□在车，擒马，亦［㞢祟］。

按：㱿，武丁早期贞人。▨，从巾从攴，隶作敁，或隶作"敝"。▨，是"克永"二字的合书。该字又见于卷六第24·13片。▨（敁、敝）▨（敁），《合集》11446释文注曰"车辕断裂之专字"。祟，拓片无，《合集》11446有该字，释文未释。

据严一萍释文，本片与卷四33·1+卷五10·1+卷五3·1+卷五5·1+卷五12·1片缀合。缀合后释文如下（本书略有改动）：

［癸］亥卜，㱿贞，旬无囚（祸），王占［曰］：丁卯，王狩，敁敁车，马□在车，擒马，亦㞢（有）祟。

癸未卜，㱿贞，旬无囚［祸］，王占曰：㞢］祟，其又（有）来艰，气［三至，七日己丑］允有来艰，自西，微（徵）戈□告曰：貢方围于我奠（郑）。

癸亥卜，□贞，旬无囚（祸）。

（以下是骨反面，即卷五第5·1片反面甲）

㞢其㞢……。

王占曰……。

王占曰：㞢（有）祟，㞢（又）见［来］艰，其唯丙……。

王占曰：㞢（有）祟。八日庚子［戈执□］人施［㞢▨二人］。

壬辰，亦㞢（有）来［艰］，自西，乎□。

□围我奠（郑），斩四［邑］，㞢□亦▨（焚）▨（亩、廪、林）三。（本句卜辞又见于卷五第3·1片）

又按：▨，从执从囗，象执人犯拘于图圄形，当是"圉"字的繁构。《说文》幸部："圉，囹圄，所以拘罪人。从幸从囗。"卜辞用"圉"的拘捕义。▨，从林从火，释作"焚"。▨，是"亩"（廪）字。卜辞或读作"林"，是地名，具体地望不详。卜辞有"陕廪"和"南廪"，也有单称"廪"的地名。参阅卷三第14·2片考释。

本片是《合集》584正反。

40·3：丙寅卜，我。

丙寅［卜］，翌丁卯……。

勿▨（逐）。

己巳卜，狩，▨（逐兔）。

己巳卜，狩，弗其▨（逐兔）。二。

按：我，象斧钺类兵器形，读作"我"，卜辞已用作第一人称代词。第二辞[图]，从止从豕，是追逐的"逐"字。第三辞和第四辞的[图]，从止从兔，当是"逐"字的异构，逐豕与逐兔，都是追逐野兽。一如"牢"字，或从宀从牛，或从宀从羊，都是指祭祀时所用的牺牲，只不过一用牛，一用羊而已。本辞大意是，贞问田猎时追逐的不是野猪，追逐的是野兔，不追逐野兔。

40·4：癸未卜，争贞，王在兹耤，成狩。一。
　　　辛卯，令众[图]（绊）。十月。一。
　　　……羌……。

按：争，武丁早期贞人。耤，本义是君王亲自耕作，引申指亲自做其他事。《说文》耒部："耤，帝耤千亩也。古者使民如借，故谓之藉。"卜辞或用其本义。[图]，从羊从糸（绳索）形，象以绳索拴羊，于省吾释作绊。卜辞中用作方国名。岛邦男说"绊方当介于殷与贡方间，而为殷与西戎争夺之地"。彭邦炯释作"牵"，地名，即后世的坚，山西北部繁峙县金元时代叫坚州，因疑其地盖与殷时绊（牵）人活动于该地区有关。参阅《诂林补编》第 405 页。

本片是《合集》7。

40·5：勿妣庚凼。
　　　贞，王狩。七月。

按：匕庚，即妣庚，殷先王配偶名，此妣庚当是武丁之父小乙的配偶。根据陈梦家的归纳，乙、辛周祭卜辞直系配偶称妣庚者有：示壬、且乙、四祖丁、小乙（《综述》第 384 页）。

41·1：贞，勿狩，擒二百六十九。二告，二。
　　　按："二百"，二字合书。"六十"，二字合书。

41·2：戊……其……。
　　　贞，史（使）人于费。
　　　贞……。

按：戊，是方国名。史，读作使唤的"使"。费，丁山考证说，即《纪年》所谓"祖乙居庇"之庇，在今鱼台县境。参阅卷一第 38·2 片考释。

41·3：贞，弗其毕（擒）。
　　　按：毕，读作擒获的"擒"。

41·4：贞,勿令……。

己亥卜,争贞,毕㞢(有)梦,勿祟,㞢(有)勾,亡勾。十月。

乙巳卜,贞,犬征㞢(有)毕。

按：争,武丁早期贞人。毕,或是人名。勿祟,不要作祟。有勾、亡勾,犹言有求、无求。犬征,《合集》240 有"犬征,来羌"等语,意义和用法当相同。

41·5：辛未卜,王获,允获兕一,豕一。三。

[庚]午卜,王[获]兕,允在大𠂤(射)矣。二月。三。

甲戌卜,王获。允获鹿五。

庚辰卜,王……获。

辛巳卜,王获鹿。允获五。

壬午卜,王……。

甲申卜,王获。

丙戌卜,王获。

□□[卜],王获兕。允获一。

……逐兕。

……兕。

庚辰。三。

辛巳。三。

壬午。三。

按：第二辞 𠂤,象从大腹之人形,从又,当是"射"字。矣,上从止,下从矢,字不识,卜辞用作动词。卜辞所记都与王田猎有关。

本片是《合集》10410。

41·6：……北,……狩……兕……。

□寅卜,㱿[贞],……曰：获……。

按：㱿,武丁早期贞人。卜辞大意是,狩猎且有所捕获。

41·7：□□卜,王其燊(祓),羌方毕(擒)。王[受又]。

按：卜辞大意是,王举行祓祭,擒获羌方俘虏。王受到佑助。

41·8：贮(宁)不其获。

按：贮,或读作"贮",或读作"宁",或读作"贾"。本辞简,其义不详。

42・1：贞，我弗其获执。

按：执，象双手被幸所拘形。卜辞或表示我无所捕获。

本片与卷五第24・2片及卷五第30・15片两辞重复。

42・2：丁卯卜，内围，获，不其百。

按：围，或释作征伐的"正"（征），陈梦家已指出与"正"（征）不是同字。草原上打猎至今仍叫围猎，位于承德市北鄙的地名"围场"（县名），虽是清代命名，或即由此而来。不其百，或表示所捕获野兽还不足一百。

42・3：癸未[卜]，王……。

癸未卜，王曰：贞，弗其获。兹用。

按：卜辞大意是，王贞问无所捕获。

42・4：勿……南……。

□卯卜，王其获。

按：第二辞占卜，王狩猎有所捕获。本片与卷六第24・1片重复。

42・5：令望乘。

从望乘。

戉获羌。

按：望乘，方国名。戉，方国名。羌，氏族名。卜辞过简，其义不详。

本片与卷六第25・7片重复。

42・6：辛□卜，……。

乎逆执。

光不其获羌。

辛……王……。

按：光，人名。不其获羌，意为没有捕获到羌俘。

42・7：……出……。

其乍（作）。

贞，王出。

唯帝，臣令。

不其获羌。

按:臣令,当是由臣属之类的属官下令做某事。

43·1:□□[卜],贞,王▨(鼎)从望乘……。
　　　□□卜,㱿贞,令望乘……。
　　　□□卜,㱿贞,戈获羌。
　　按:㱿,武丁早期贞人。王,指武丁。▨,象炊具鼎之形,释作"鼎"。卜辞或有"正""方""正当"等副词义。鼎从,犹言正从(望乘)……。

43·2:己未卜,古贞,冎获羌。
　　按:古,武丁晚期贞人。冎,卜辞是方国名。参阅《后编考释》第363页。

43·3:贞,……六……。
　　　乙酉卜,品贞,射甾获羌。
　　按:品,武丁早期贞人。射甾,射官名甾。参阅《综述》第513页。

43·4:贞,其逐兕,获。
　　按:卜辞大意是,贞问追逐兕,有所捕获。

43·5:获□,射兕。二。
　　按:"获"下还有个残字,《合集》10421释作"厷",未知孰是。

43·6:……若,之日王徃于田,▨(从)▨(徹)京,允获▨(麑)二,▨(雉)十七。十月。
　　按:之日,这日。▨,从丑(手),从鬲,隶作"徹",本义是撤馔,卜辞徹京是田猎地名。▨,释作"麑",本义是子鹿。▨,从矢从隹,是"雉"字,鸟名,《说文》说有十四种。或隶作鷠胡的"鷠",鸟名。或用作动词,卜辞"雉众"的"雉",陈梦家说是"陈列"义。

44·1:□午卜,㱿贞,逐鹿于万,执。一。
　　按:㱿,武丁早期贞人。"万"字残,只剩下半截,可以确证是"万"字。卜辞当是地名。"执"字亦残,执的对象是鹿,所以当是捕获义。
　　本片是《合集》10946,字皆反书。

44·2：□□卜，令󰀀（甫）（逐）鹿，毕（擒）。十月。
　　按：󰀀，上从中，下从田，象田里长着禾苗形，释作"甫"，是园圃的"圃"字初文。甫，据语法关系卜辞是人名。"逐"字所从的"止"，紧靠下面的"鹿"，应是"逐"字的残文。

44·3：……田……亡灾。
　　弜（勿）涉。
　　王涉滴，射，又鹿，毕（擒）。
　　弗擒。
　　按：滴，水名，或说即漳水，位于殷都安阳之北，呈西东流向。

44·4：辛卯卜，王叀󰀁（麆）鹿逐，亡灾。
　　按：󰀁，上象鹿形，下从火，孙诒让释作"麆"。《说文》鹿部："麆，麎属。从鹿，贾省声。"或释作从鹿从凵的陷阱的"陷"字异构。或释作上从虍字头的虘、下从火的虐字，非是；释作"陷"，亦非是。本辞当是麆，是王狩猎时追逐的鹿的一种。

44·5：兹御。[获]鹿一。
　　擒，获。
　　兹御。[获]鹿二。
　　按：卜辞大意是，果然擒获鹿。

44·6：甲午，翌……。
　　弜（勿）射󰀂（戮）鹿，弗擒。
　　按：󰀂，字残，或隶作戮，据语义或是鹿的名称，或是与鹿同类的野兽名。

44·7：[兹]御。获鹿一。
　　[兹]御。获鹿。
　　按：卜辞大意是，此时举行御祭，捕获鹿。

44·8：庚申[卜]，贞，王……虎。
　　获鹿二。
　　擒，兹□，获兕三十，狐一。

按：卜辞大意是，王于此时举行御祭，捕获四十头兕，二头鹿，一只狐。

44·9：禽。兹御。获兕一，麋七。
　　　获。
　　按：卜辞大意是，果然捕获一头兕，七头麋。

44·10：贞，▨（怩）不其获鹿。
　　按：▨，左从尼，尼亦声，右从彳，当隶作"怩"，本辞中作人名。

45·1：戊寅[卜，贞]，王田□，[往]来亡[灾]。兹御。[获]鹿一。
　　　□□[卜]，贞，王田□，徏[来]亡灾。
　　按：卜辞大意是，王在某地田猎，捕获到一头鹿，往来无灾。

45·2：丁……翌……王……。一。
　　　□亥卜，□[贞]，翌庚□▨（麇、阱麋于）▨（脖）。
　　按：第二辞▨，上从鹿，下从井，隶作麇，或是陷阱的"陷"或"阱"字的异构。此字又见于卷五第2·4片。▨，下从肉，上从字，字亦声，隶作脖，或是孯字的繁构。卜辞是田猎地名。
　　本片是《合集》10676。

45·3：乎菁逐鹿于丧，获。（本辞是《合集》10927正面）
　　　允获鹿一。（本辞是反面）
　　按：卜辞大意是，在丧田猎，果然捕获到一头鹿。

45·4：贞，……于……酉……。
　　　丙午卜，古贞，翌丁未陷麋。
　　按：第一辞酉，读作"告"，祭而告之也。参阅卷一第28·5片考释。
　　第二辞古，武丁早期贞人。陷，上从鹿，下从凵，是陷阱的"陷"或"阱"字，与本卷第45·2片麇属于同义异构。

45·5：丁巳卜，宁贞，子▨（？）其屮（有）巛（灾）。
　　按：宁，武丁早期贞人。▨，斑蚀较重，构形不明，下从口，子▨，是人名。《合集释文》3222释作"子陷"。巛，象河道堵塞洪水泛滥形，是"灾"字。

45·6：王陷麋,吉,擒麋。
　　擒。
　　按：卜辞大意是,王用陷阱捕获到麋,吉利,擒获麋。

45·7：……逐……在车……▨▨(罝奚)……。
　　按：▨,或作▨,上从网,下从兔,释作"罝"。《说文》网部："罝,兔网也。从网且声。"甲骨文是会意字,小篆则是形声字。严一萍释文作麗,从网从鹿。此字或从豕、从隹、从兔、从犬等,是有网罗义的类别字。参阅下一片罞字。▨,从糸从左右四点,释作"奚",卜辞是田猎地名。"奚"字又见卷三第30·1片和卷四第19·8片,写法略异。辞残,其义不详。

45·8：壬申卜,[贞],令从▨逐,印(抑)□。
　　按：▨,上从网,下从豕,隶作罞。本辞或有网罗义。严一萍隶作从网从犬。印,或读作压抑的"抑"。□,缺字当是某种动物名。曹锦炎说,"印"字的用法正与上引古籍的"抑"相同,可见其必为选择连词无疑。参阅《诂林补编》第86页。

45·9：甲子卜,贞,今▨(?)王勿▨(罞)归。九月。
　　按：▨,上部残缺,不知是何字,或释作"胶"。今▨,当是表示时间词的字。▨,上从倒毕(捕鸟网),下从豕,或即第45·8片罞字的异构,卜辞义同网罗。卜辞大意或是,今▨王没有网罗到野兽就返回了。
　　本片是《合集》10719。

46·1：陷,擒。
　　按：陷,从兔从凵,当是"陷"字的异构。参阅本卷第45·6片考释。

46·2：□□卜,亘贞,犬擒羌。二告。三。
　　　　不▨▨。二告。二、三。
　　按：亘,武丁早期贞人。犬,或是犬侯之省略。不▨▨,读作"不玄鼋"。

46·3：□□卜,▨(豕)擒。
　　按：▨,从大从豕,隶作豕,是武丁时武将人名。卜辞大意是,豕有所擒获。

46·4：贞，□不其以射。八月。

按：□，所缺当是人名。卜辞大意是，某人不用射。八月。

46·5：丁丑……令……。

戊寅，贞，多射舌往，亡祸。

又（有）祸。

按：多射，是职官名；舌，此处是人名，担任多射之职。

46·6：丙戌卜，宁贞，射舌。

按：宁，武丁早期贞人。射舌，射官名舌。参阅《综述》第513页。

47·1：己丑卜，宁贞，令射佣卫。一月。

[贞，更]小臣令众黍。一月。

按：本片字迹很不清晰，隐约可读。宁，武丁早期贞人。佣，人名，担任射官之职。小臣，职官名。黍，种黍。

本片是《合集》13。

47·2：贞，……。

贞，其射鹿，获。二。（本辞是正面）

……妇妍示六。（反面）

按：卜辞记录射鹿并有所捕获。妇妍举行祭祀。

47·3：丁[□卜]，子渔亡疾。三月。

按：子渔，人名，子渔与武丁是同父兄弟，死于武丁之前。亡疾，读作"无疾"，犹言无病。

47·4：□□卜，宁贞，……子渔。

……滴人。

按：宁，武丁早期贞人。子渔，人名，武丁兄弟辈。滴，水名，或说即漳水。参阅本卷第44·3片考释。滴人，辞残，或是自滴入的意思。

47·5：子[渔]出从……。

庚申卜，宁贞，戢。

子渔出从。

贞,于工。

按:宁,武丁早期贞人。戫,严一萍摹作❏,当是从戍奚声的"戫"字。叶玉森谓是"系"字古文,被俘之女或子以绳系其手,临以斧钺,或作祭祀时的牺牲。卜辞是用牲之法。末一字残缺,像是"工"字。

47・6:贞,于翌……申……。
贞,王勿去❏(演)。
……渔……。

按:❏,拓片有斑蚀,《合集》5146 片清晰,且辞亦相同,字作❏,从矢,周边有四点,商承祚疑是"演"字。据语法关系卜辞是地名。第三辞"渔",或是"子渔"之阙文。第一辞和第三辞残,其义不详。

47・7:贞,翌乙巳子渔骨凡(般、盘),侯,业(侑)祖戍。

按:子渔,人名。骨,或读作"肩"。凡,读作"般",或"盘"。骨(肩)盘,即肩胛骨。侯,祭名。据本辞有人名子渔来看,子渔是武丁兄弟之一,所以祖戍当是大戍(太戍),名密,是仲丁之父,武丁及子渔诸兄弟的远祖。参阅书末所附"商先公先王及配偶世系表"。

然而,据黄天树《谈殷墟卜辞中的自组肥笔类卜辞》所举一辞:

丁卯卜,夬(扶),王听父戍往。一。
丁卯卜,王听兄戍不往。一。

所引是《合集》20017 中的两条卜辞。本书对释文与标点略有改动,读者可参阅黄天树书。黄天树定本片属于武丁早期自组肥笔卜辞。黄天树说:"兄戍和父戍同见于一版,说明在自组肥笔中兄戍和父戍应指同一时代不同的两个人。"(参阅黄天树:《谈殷墟卜辞中的自组肥笔类卜辞》,载《黄天树古文字论集》第 2 页)据这两条卜辞,则在武丁之世或武丁稍前,还有庙号为戍的两个人存在,而传世文献今本《竹书纪年》和《史记・殷本纪》等则无。特书于此,供读者参考。

48・1:乙巳[卜],酚子渔,[兹]御。
不其易日。

按:本片与卷二第 7・4 片重复。可资参阅。

48・2:[子]渔业(侑)彳(示)于兄❏。

按:兄❏,武丁兄弟辈中只有武丁一人继位,其他人史书未载,故此兄某是何人不得而知。见于卜辞的武丁兄弟有子渔、子商和子雀,加上武丁,共计四人。

48·3:癸未卜,㱿贞,渔屮(侑),御于娥。二月。

按:㱿,武丁早期贞人。渔,当是子渔的省称。据卷一第 40·8 片卜辞,娥是祭祀的重要对象人名。据陈梦家《综述》,是商上甲以前的重要先祖,女性,是人格神(《综述》第 361 页)。参阅卷一第 40·8 片考释。

48·4:壬申卜,宁贞,乎子渔屮(侑)于父[乙]。一。

按:宁,武丁早期贞人。子渔,人名。父乙,指子渔、子雀和武丁之父小乙。

卷　　四

1·1：一二三四，五六七八。
　　　不☒☒。
　　　一，二告；二，三，二告，四。
　　按：不☒☒，读作"不玄黿"。参阅卷一第34·2片考释。

1·2：甲子、乙丑、丙寅，甲戌、乙亥、丙子，甲申、乙酉、丙戌，甲午、乙未、丙申，甲辰、乙巳、丙午，甲寅、乙卯、丙辰。
　　按：本片只刻写了十八个干支，当是习刻。

1·3：甲子、乙丑、丙寅、丁卯、戊辰、己巳、庚午、辛未、壬[申、癸酉]，
　　　甲戌、乙亥、丙子、丁丑、戊寅、己卯、庚辰、辛巳、[壬午、癸未]，
　　　甲申、乙酉、丙戌、丁亥、戊子、己丑、庚寅、辛卯、[壬辰、癸巳]，
　　　[甲]午、乙未、丙申、丁酉、戊戌、己亥、庚子、辛[丑、壬寅、癸卯]，
　　　[甲]辰、乙巳、丙午、丁未、戊申、己酉、庚戌、辛[亥、壬子、癸丑]，
　　　[甲]寅、乙卯、丙辰、丁巳、戊午、己未、庚申、[辛酉]、壬戌、癸亥。
　　按：这是一份完整的干支表，原拓片有残缺，现根据干支表予以补齐。

1·4：[甲子、乙丑、丙寅、丁卯、戊辰、己]巳、庚午、辛未、壬[申、癸酉]，
　　　[甲戌、乙亥、丙子、丁丑、戊寅、己]卯、庚辰、辛巳、壬午、癸未，
　　　[甲申、乙酉、丙戌、丁亥、戊子、己丑]、庚寅、辛卯、壬辰、癸巳，
　　　[甲午、乙未、丙申、丁酉、戊戌、己亥、庚子、辛丑]、壬寅、癸卯，
　　　[甲辰、乙巳、丙午、丁未、戊申、己酉、庚戌、辛亥、壬子、癸丑]，
　　　[甲寅、乙卯、丙辰、丁巳、戊午、己未、庚申、辛酉、壬戌、癸亥]。
　　按：本片也是一份完整的干支表，原拓片残缺，现据干支表予以补齐。本片地支"辰"字写作☒，与其他拓片不同，也许是习刻所致。

2·1：甲申、乙酉、丙戌，
　　　甲子、乙丑、丙寅、丁卯、戊辰，
　　　甲子、乙丑、丙寅、丁卯、戊辰、[己]巳、庚午，
　　　甲戌、乙亥、丙子、丁丑、戊寅、己卯、庚[辰]，
　　　甲子、乙丑、丙寅、丁卯，
　　　甲戌、乙亥、丙子、丁丑、戊[寅]，
　　　甲子、乙[丑]。

2·2：[甲子、乙丑、丙寅、丁卯、戊]辰、己巳、庚午、[辛未、壬申、癸酉]，
　　　[甲戌、乙亥、丙子、丁丑]、戊寅、己卯、庚辰、辛[巳、壬午、癸未]，
　　　[甲申、乙酉、丙戌]、丁亥、戊子、己丑、庚寅、辛卯、[壬辰、癸巳]，
　　　[甲午、乙未]、丙申、丁酉、戊戌、己亥、庚子、辛丑、[壬寅、癸卯]，
　　　[甲辰、乙巳]、丙午、丁未、戊申、己酉、庚戌、辛亥、[壬子、癸丑]，
　　　[甲寅、乙卯、丙]辰、丁巳、戊午、己未、庚申、辛酉、壬[戌、癸亥]。

2·3：甲戌、乙亥、丙子、丁丑，
　　　甲子、乙丑、丙寅、丁卯，
　　　甲子、乙丑、丙[寅]，
　　　甲戌、乙亥、丙[子]，
　　　甲申、乙酉、丙[戌]，
　　　甲午、乙未、丙[申]。

2·4：[甲子、乙丑、丙寅、丁卯、戊辰]、己巳、庚午、辛未、壬申、癸酉，
　　　[甲戌、乙亥、丙子、丁丑、戊]寅、己卯、庚辰、辛巳、壬午、癸未，
　　　[甲申、乙酉、丙戌、丁亥、戊]子、己丑、庚寅、辛卯、壬辰、癸巳，
　　　[甲午、乙未、丙申、丁酉]、戊戌、己亥、庚子、辛丑、壬寅、癸卯，
　　　[甲辰、乙巳、丙午、丁未]、戊申、己酉、庚戌、辛亥、壬子、癸丑，
　　　[甲寅、乙卯、丙辰、丁巳]、戊午、己未、庚申、辛酉、壬戌、癸亥。

3·1：甲子、乙[丑、丙寅]、丁卯、戊辰、己巳、庚[午]，
　　　甲子、乙[丑、丙寅]、丁卯、戊[辰]，
　　　甲戌、乙亥、丙□。
　　按：本片也是习刻干支表，很不全。

3·2：甲子、乙丑、丙[寅]，
　　　甲戌、乙亥、丙子，
　　　甲申、乙酉、丙戌、丁亥。

3·3：庚……，
　　　庚辰、辛巳、壬午，
　　　□卯、戊辰、己巳，
　　　[戊]寅、己卯、庚辰、辛[巳]，
　　　乙丑、丙寅、丁卯、戊辰。

3·4：[乙]丑、丙寅、丁卯、戊辰、己巳、庚午、甲子，
　　　癸酉、甲子、乙丑、丙寅、丁卯、甲子，
　　　甲子、乙丑、丙[寅]，……庚……。
　　按：本片是习刻干支表，顺序错乱，有些字的方向也刻反了，如"戊""辰"等字。

3·5：甲子，
　　　甲子、乙丑、丙寅、丁卯、戊辰、己巳、庚[午]。

4·1：庚午、辛未、壬申、癸酉，
　　　庚辰、辛巳、壬午、癸未，
　　　庚寅、辛卯、壬辰、癸巳。

4·2：戊辰、己巳、庚午，
　　　戊寅、己卯、庚辰，
　　　戊子、己丑、庚寅。

4·3：甲子、乙丑、丙[寅]，
　　　甲戌、乙亥、丙子，
　　　甲申、乙酉、丙戌、丁亥，

4·4：……丁卯、戊辰、己巳……。
　　　……[丙]子、丁丑、戊寅、己[卯]……。
　　　……丙戌、丁亥、戊子、己[丑]……。

按：本片也是习刻干支表，很不全。

4·5：[癸]酉卜，宁贞，翌丙子其……立▨（中），允亡凤（风）。

　　□□[卜]，亘贞，翌丁亥易日，丙戌▨（霁）。

　　□亥，宜于殷京，今……。

　　按：宁、亘，都是武丁早期贞人。▨，骨板有裂痕，《合集》7369 很清晰，作▨，象有斿（飘带）和口形靶子的立杆，是"中"字。据卜辞，中不仅是射箭的靶子（叫"的"），而且根据斿的飘动也可以观测风的大小和风向，故卜辞曰"允无风"。下文卷四第 7·1 片▨很清晰，可资参阅。▨，下部略残，上从雨，下面三个小圈像冰块随雨而降，是"霁"字。《说文》雨部："霁，雨止也。从雨齐声。"又曰："霋，霁谓之霋。从雨妻声。"

　　殷京，"殷"字作▨，从殳从声（不是简化字的声），象用殳（木槌）敲打悬着的石磬形，是"磬"字的初文，"京"字残缺。陈梦家说殷京亦是地名，在商之旧都不远之处。陈梦家说义京是宋地，在今河南虞城县西南，商丘县之东北（《综述》第 266 页）。殷京亦当在其附近。

4·6：庚辰卜，翌辛巳攸（启）。

　　贞，翌辛巳业（有）攸（启）。

　　癸丑卜，争贞，今日其雨，今日不其雨。

　　按：本片第一辞和第二两辞是先刻的，第三辞是后刻的，顺序有些混乱。攸，从攴（手），从户（单扇门），本义是开门，引申指一般的开启。卜辞指天气由阴转晴。参阅《合集》13112，或《合集补编》1812 正面。

　　争，武丁早期贞人。本辞反复贞问今日是下雨，还是晴朗。

5·1：丙戌[卜]，……。

　　戊子卜，▨（尞），翌己丑其雨。

　　戊子卜，尞，翌己丑不雨。

　　己丑卜，尞，翌庚寅其雨。

　　己丑卜，尞，翌庚寅不雨。

　　庚寅卜，尞，翌辛卯不雨。

　　翌辛卯其雨。

　　按：▨，是"尞"字，燎祭，燃柴祭天也。严一萍释文隶作"者"。其他释文或描摹字形，或读作"沐"，皆非是。据卜辞来看，燎祭属于求雨之祭。

5·2：贞,唯费呼。

兹雨,唯庚。

贞,乎𠂤(师)般。

▨(视)般。

按：费,地名。𠂤,读作"师"。𠂤(师)般,读作"师盘",是殷高宗武丁时大臣,文献作"甘盘"。

第四辞▨(视),从目在立人之上,是"视"字。参阅卷一第13·5片考释。或释作"瞽",卜辞是人名。参阅《诂林补编》第92页。但卜辞没有瞽般其人,只有师般。抑或是"𠂤(师)般"的刻误。

5·3：贞,今日其雨。

按：卜辞大意是,贞问今日会下雨。

5·4：□□卜,亘贞,今日其雨。

……其雨,其唯□。

按：亘,武丁早期贞人。卜辞贞问今日会下雨。会下雨,在某日(下残)。

5·5：……于斿。

……其陷麋于斿。

□□[卜],史贞,今夕亡祸。

今夕雨。(以上四辞是《合集》5579正面)

□丑,十屯,小臣从示。(本辞是反面)

按：斿,象手持旗帜形,是"斿"字,卜辞是地名。陷麋,用陷阱捕获麋鹿,在斿。史,武丁晚期贞人。陈梦家"卜人表"释作"吏"。"屯"读作"纯";十屯,卜辞指祭祀时要用十头纯色的家畜作牺牲。小臣,职官名。示,庙室里的祭台曰示,卜辞当是指祭祀活动。

6·1：庚午。一。

庚午。一、二告。

庚午。一、二告。

庚午卜,辛未雨。一。

庚午卜,壬申雨。

壬申允雨。四月。

□□卜,癸酉雨。

[丁]酉雨。之夕晕。

丁酉,允雨,小。

[丁]酉卜,翌戊戌雨。(一)、二、三、四、五。

按:之夕,今晚。晕,严一萍释作"㗊",本辞读作"晕"。在不同的语境中,㗊的含义和用法不同。陈梦家指出:"因武丁卜辞 㗊 只有两个用法:一为用牲之法,一为夕㗊。"参阅《综述》第 246 页。

本片是《合集》12908。

6·2: 辛[酉卜],壬[戌]风(风)。

壬戌卜,癸亥雨,之夕雨。二告。

癸亥卜,甲子雨,……不其[雨]。

己巳卜,庚午雨,允雨。

庚午卜,其雨,

庚午卜,辛未雨。二告。

辛未,不其雨。

辛[未]卜,壬[申]雨,壬申不其雨。

癸酉,不其[雨]。

按:卜辞连续数日反复贞问是否有雨。占卜的结果是有时有雨,有时无雨。

6·3: 丙戌。

甲申。

贞,唯雨,桒(祓)。

贞,勿桒(祓)。

贞,唯辛卯酌。十三月。

按:卜辞大意是,贞问有雨,举行祓祭。又贞问说不用祓祭。十三月,这是年终置闰。

7·1: ……壴……,壬,其雨不(否),……(中)(录)允……,辰亦□凤(风)。

按:(中),象立杆上有斿形,是"中"字。,象滤去橐囊中水之形,是"录"字,卜辞读作山麓的"麓"。本辞的中录(麓),黄天树说:卜辞有"中录"一语,据我们初步考察,一类是地名;……另一类是时称。……是一个表示夜半的时称。参阅《诂林补编》第 717—720 页。据残辞来看,"中录"当是夜半的时称。

本片是《合集》13375正面。其反面是：

□壬不雨,壬其雨。其……。

7·2：己巳卜,古贞,今二月雨。二。

壬午卜,宾贞,获虎二。

按：古、宾,都是武丁早期贞人。严一萍补"癸酉,帚(妇)㞢示一屯。永。"经核对所补是《合集》10199骨臼刻辞。

本片是《合集》10199正面。

7·3：……不遘雨。

(燕)……唯……王……。八月。

按：,象展翅而飞的燕子。辞残,其义不详。

7·4：己亥卜,先贞,今日雨。二。

按：先,祖甲时贞人名。赵诚认为字从生从卩,释"先"非是。卜辞大意是,贞人先贞问今日有雨。

8·1：己丑卜,宾贞,雨。庚寅风。

按：宾,武丁早期贞人。卜辞贞问下雨,庚寅刮风。

8·2：癸亥卜,㱿贞,旬亡囚(祸),己巳雨。十一月。一、二告。

癸酉卜,贞,旬亡囚(祸),二告。一。

癸[巳卜,贞],旬[亡]囚(祸),丙申雨。一。

按：㱿,武丁早期贞人。卜辞大意是,连续三旬贞问旬无祸犹,丙申下雨。

8·3：戊寅其雨。戊寅允[雨]。

翌己卯其雨。

按：卜辞大意是,贞问戊寅会下雨,戊寅果真下雨。次日己卯下雨。

8·4：乙酉卜,贞,今日不雨。其雨。一。

乙未卜,贞,今日不雨。一。其雨。

按：卜辞贞问今日不会下雨。

9·1：□午卜,𠧢贞,我……,[王]占曰:辛其雨,□二日辛丑允[雨]。

按:𠧢,武丁早期贞人。卜辞贞问下雨之事。

本片是《合集》11851 正面。

9·2：[贞],若兹不雨,唯[兹邑]龙(陇)业[醜](醜)于[帝]。

按:龙,或读作"陇",此处为地名。[醜],从鬼从酉,隶作"醜",与"宠"相对,是厌恶嫌弃之义。

本片是《合集》12878 反面,其正面卜辞是:[王占]曰:隹兹邑陇业醜……。

9·3：壬寅卜,生十月雨。一、二。

不其雨。一、二。

辛亥……。二、三,二告。

戊午卜,方出,其受侯又(佑)。一、二,二告。

……方……侯其……。一、二。

按:第一辞和第二辞占卜生十月下雨否,结果是不会下雨。生月,下月。第四辞方出的方,是方国名。

9·4：乙卯卜,不其雨。

[舞](舞),[允]雨。

按:[舞],从大(站立的人形),手持花棒作跳舞之形,是"舞"字。舞是求雨之祭,可见通过舞祭求雨的习俗由来久矣。参阅卷一第 33·5 片考释。

10·1：癸未卜,𠧢贞,旬亡囚(祸)。丁亥雨。二。

癸未[卜,𠧢贞],旬亡囚(祸)。庚寅雨。

癸巳卜,𠧢贞,旬亡囚(祸)。丁酉雨,己雨,庚亦雨。二。

……辛……雨。

按:𠧢,武丁早期贞人。卜辞大意是,贞问旬无祸,某日下雨。

10·2：[王]占曰:[取](取)。其雨,唯丁。

按:[取],此处有刮痕,原来似"爵"字,刮去后重写"取"字。

本片是《合集》13027 反面,其正面辞曰:"癸子[巳]卜,贞……。小告。"

10・3：壬戌[卜,今夕]雨,允[雨]。
　　　壬戌卜,今夕不其雨。二告。
　　　甲子卜,翌乙丑其雨。
　　按：卜辞大意是,占卜下雨。又占卜今夕不会下雨。

10・4：戊戌雨。[一]、二、三、四、五。
　　　庚午,二告。
　　　庚午,二告。
　　　[庚]午。囗月。
　　按：本片是《合集》12908 的上半小截。现将整片卜辞移录于下：
　　　囗囗卜：乙……。
　　　[丁]酉雨。之夕暈。丁酉允雨,少。
　　　[丁]酉卜,翌戊戌雨。[一]、二、三、四、五。（以下四条卜辞是本片）
　　　庚午。一。
　　　庚午。一、二告。
　　　庚午。一、二告。
　　　庚午卜,辛未雨。一。
　　　庚午卜,壬申雨,壬申允雨。囗月。
　　　囗囗卜,癸酉雨。一、二告。

11・1：戊申卜,贞,雀骨 ▨（凡、盘）虫（有）疒（疾）。六月。一,二告。
　　　戊申卜,贞,雀骨凡（盘）虫（有）疾。四、五。
　　　戊申卜,贞,雀弗其骨凡（盘）虫（有）疾。[一、二、三]、四、五。二告。
　　　己酉卜,不其雨。六月。一、二、三。
　　　……夕允雨。一、二。二告。
　　按：第一辞据《合集》13869 补。雀,本辞中的雀是人名,即子雀。▨,是"凡"字,读作"盘"字。参阅卷三第 47・7 片考释。卜辞"因凡虫疒"的意义,学界多有探讨,参阅《诂林补编》第 987—997 页。

11・2：戊辰卜,韦贞,翌己巳其雨。
　　　翌己巳不雨。
　　按：严一萍书序号作"十二・二",属笔误,应是十一・二。韦,武丁早期贞人。卜辞大意为贞问己巳是否不下雨。

11·3：丙子卜,永贞,自今至于庚辰其雨。

己卯卜,㗊(品)贞,翌庚辰易日。

……贞,……。

按：永和㗊(品),都是武丁早期贞人。本片与卷六第16·1片重复。

11·4：丁巳卜,古贞,今日征(延)雨。一。

按：古,武丁早期贞人。征(延)雨,或是连续下雨的意思。

11·5：羌⿰又贝(得)。

丑其雨。不雨。

按：⿰又贝,从又(手)从贝,是"得"字。羌得,或是"得羌"之倒,意谓有所俘获羌俘。

12·1：丙……夕[亡囧(祸)]。

壬寅卜,贞,夕亡囧(祸),戊雨。

癸卯卜,贞,夕亡囧(祸)。之夕雨。

戊申卜,贞,夕亡囧(祸)。

按：卜辞数日占卜,贞问当晚无祸忧,有雨。

12·2：丙子卜,䇂(喜)贞,翌丁(丑)雨。三月。一。

贞……。

按：䇂(喜),是廪辛时贞人。卜辞大意是,于丙子占卜,贞问翌日丁丑下雨否。三月。

12·3：贞,不……。

……小雨。

……丁贞,……。

贞,……。

按：本片卜辞斑蚀较多,且残缺过甚,其义不明,大体上贞问是否下雨。

12·4：囗酉卜,逐贞,王傧、岁,不遘大雨。

贞,其遘雨。

按：逐,祖庚时贞人。傧祭和岁祭,不会遭雨。本片与本卷第17·5片重复。

12·5：□戌卜，□贞，不□☒（柬），余☒（奠）子☒（歆）。十月。

辛卯卜，王（贞），甲午日雨不（否）。

☒（吼、讯）人。

按：☒（柬），黄天树说是宗庙建筑。参阅《黄天树古文字论集》第135页。姚萱也认为柬是宗庙建筑。参阅《诂林补编》第620—622页。☒，象酉（酒坛）置于丌上形，是"奠"字。☒（歆），陈梦家曾详论卜辞中"歆"的意义及用法：1. 曰歆，即日食；2. 借作"戠"，歆色牛的专用字；3. 子歆，人名（《综述》第240页）。本辞子歆是人名，是奠祭的对象。第三辞☒，从卩，从口，是"讯"字。据语法关系卜辞是人名。

本片是《合集》20036。

12·6：癸亥［卜］，□贞，王□田，舞，［唯吉］，不遘雨。

乙丑卜，何贞，王☒（舞），唯吉，不遘雨。

□□卜，何贞，［王］舞唯［吉，不遘雨］。

乙丑卜，何贞，王侯，☒（夙）舞唯吉，不遘［雨］。

乙丑卜，何贞，王侯，夙舞，唯吉，不遘［雨］。

丙寅卜，何［贞］，王侯，夙舞，不遘［雨］，唯吉。

按：☒（舞），表示一种舞祭仪式，是求雨之祭名。何，廪辛时贞人。严一萍释作"尤"，以区别于武丁早期贞人"何"。许进雄认为何是祖庚、祖甲之交时贞人，黄天树谓"其说可从"（《黄天树古文字论集》第48页）。☒，是栽种义的"蓺"字，沈培说是表示时间的"夙"字。

本片是《合集》30528。

13·1：不雨。今夕雨。

□戌卜，贞，今［夕］亡祸。

按：本片裂纹较多，且不清晰，难以辨识。本片与本卷第17·1片重复。

13·2：甲寅卜，㱿贞，今日其雨。

按：㱿，武丁早期贞人。卜辞贞问今日下雨。

13·3：其雨，吉。

不雨。兹用。弘吉。

按：卜辞大意是，下雨么，吉利。不下雨，今日举行歌舞祭，大吉。

13·4：贞,不其雨。
贞,雨。
庚……。
按：卜辞大意是,贞问会不会下雨。

13·5：丙辰卜,今日雨。
不雨。
戊午卜,征雨。
按：卜辞大意是,贞问今日下雨,还是不下雨。戊午占卜是否会连续下雨。

13·6：庚子卜,贞,王……。
庚子卜,贞,王……。
庚子卜,贞,今夕征雨。
辛丑[卜],囗贞,其又(侑)于薛妣。
按：第一辞据《合集补编》7480补。薛妣,是王妃人名,此处作为侑祭的对象。参阅卷二第29·2片考释。本片与本卷第16·7片重复。

14·1：壬辰卜,五月癸巳雨。乙巳亦雨。
庚午……。
[己]亥卜,☒(需)……不……。
按：第三辞☒,是"需"字的省体。辞残,其义不详。

14·2：戊辰卜,卯贞,今[日]其雨。
囗囗卜,[贞],……来[弗]入,……亘……。
己巳……。
按：卯、亘,都是武丁早期贞人。第一辞贞问今日下雨么。辞残,其义不详。

14·3：己卯卜,贞,今夕不雨。
其雨。
按：卜辞贞问今夕会不会下雨。

14·4：甲辰卜,乙巳易日。不易日,雨。
按：卜辞大意是,占卜天气会否放晴,结果是不会放晴,有雨。

14·5：甲子卜,嗀贞,雨。
按：嗀,武丁早期贞人。卜辞贞问下雨。本片与本卷第 16·10 片重复。

14·6：贞,其亦雨。一。
贞,梦。三月。
……衣……。
按：第一辞贞问夜里会下雨。第二辞贞问梦。第三辞残,"衣",是祭名。参阅卷一第 9·3 片考释。

14·7：丙寅卜,㱿贞,王往于夕福,不遘雨,舞,唯吉。
……舞,唯吉,[王]徍于夕福,允不遘雨。四月。
按：㱿,廪辛时贞人。
本片是《合集补编》9539 前两条卜辞。其余 8 条卜辞参阅《合集补编》9539。

14·8：□未卜,贞,……霎。
其霎。
按：霎,其义同"霁",雨停曰霁、曰霎。参阅本卷第 4·5 片考释。又见下文第 20·12 片和第 24·14 片。

14·9：己未卜,辛酉雨。辛允雨。一。
己[未卜],庚……。一。
按：卜辞贞问辛酉下雨,果然有雨。本片与本卷第 21·8 片重复。

14·10：甲午卜,□贞,翌乙[未]不遘雨。
贞,其遘雨。一月。
按：卜辞大意是,贞问翌日乙未不会遭雨。又贞问会遭雨。一月。

15·1：己酉卜,贞,今日祉(延)雨。
己酉卜,㱿贞,▨(姞)骨凡(盘)㞢(有)疾。
□寅卜,费以新鬯□,唯今夕[㞢]于丁。
按：㱿,武丁早期贞人。祉(延)雨,连续阴雨。▨,从女,吉声,是女性用字"姞"字。此处当是指武丁妃子之一人名。新鬯,指新酿造的鬯酒。下缺祭名。

15·2：庚子卜，今日雨。二。
　　　　庚子卜，今日雨。
　　　按：卜辞大意是，庚子占卜今日下雨。本片与本卷第21·12片重复。

15·3：贞，唯雨。之日允雨。
　　　按：卜辞大意是，贞问会下雨，这日果然下雨。

15·4：癸卯卜，兹[雲(云)]不雨。允不雨。
　　　按："兹"下一字残甚，上从雨，下缺，当是"雲"（云）字。卜辞大意是，癸卯占卜不会下雨吧，果然不下雨。

15·5：壬戌……。
　　　　甲子卜，乙雨，不雨。
　　　按：卜辞大意是，甲子占卜，乙[丑]下雨，还是不下雨。

15·6：……翌乙未其[雨]。乙未允雨。
　　　按：卜辞大意是，贞问乙未下雨。乙未果然下雨。

15·7：唯其雨。蔑戊，雨。
　　　按：蔑戊，本辞中表示侑祭的对象，是商盘庚前的旧臣人名。参阅卷二第24·5片考释。

15·8：壬寅卜，□贞，告，岁，不遘雨。一。
　　　按：卜辞大意是，贞问告祭与岁祭不会遭雨。

16·1：戊辰[卜，贞]，今日不雨，其雨。
　　　　辛未卜，贞，今日不雨。兹御。雨。

16·2：乙巳卜，不雨。

16·3：高匕(妣)寮，叀羊，又(有)大雨。
　　　　叀牛🅇(此)，又(有)大雨。
　　　按：高妣，当是某位先妣。🅇，从止匕声，是"此"字，此处或是祭名。严一萍释文作"祉"（延），非是。

16·4：乙亥[卜]，今日乙雨。

　　　不雨。

　　　按：卜辞大意是，乙亥占卜，今日乙有雨么。

16·5：贞，娥祸多▮（弋）。

　　　贞，亦（夜）▮（蛊），雨。

　　　……大乙……。

　　　按：本辞的"娥"能够降灾祸，其灵性可知。参阅卷一第40·8片和卷三第48·3片考释。▮，似一竖略弯，释作"弋"，是"橛"字的初文。或写作"必"，亦可。多弋（必），或是人名，抑或是职官名。

　　　▮，下从皿，上从巳（倒虫形）在皿中，当是"蛊"字的异构。《说文》虫部："蛊，腹中虫也。《春秋传》曰：'皿虫为蛊。''晦淫之所生也。'臬桀死之鬼亦为蛊。从虫从皿。皿，物之用也。""蛊"字证明了许慎《说文》的解释是有根据的。"蛊"引申有惑乱义，本辞即用其引申义，指神秘巫术。第二辞大意是，夜里做了神秘巫术，下起雨来。

　　　本片是《合集》12657正面，其反面一辞曰："壬申卜，宾（贞）……"

16·6：不雨。兹御。

　　　□□卜，贞，其雨。

　　　按：卜辞大意是，占卜会不会下雨。

16·7：庚子卜，贞，王……。

　　　庚子卜，贞，王……。

　　　庚子卜，贞，今夕征雨。

　　　辛丑[卜]，□贞，其又（侑）于羴妣。

　　　按：本片与本卷第13·6片重复。可资参阅。

16·8：贞，翌乙巳其雨。

　　　按：卜辞贞问翌日乙巳下雨。本片与本卷第22·8片重复。

16·9：至丁未其雨。

　　　癸卯卜，至丁未不雨。

　　　不易日。

　　　按：卜辞贞问会不会下雨，天气放晴。本片与本卷第22·1片重复。

16·10：甲子卜，㱿贞，雨。
　　按：㱿，武丁早期贞人。甲子贞问有雨。

16·11：贞，[兮、别]弓[射]，允[寇]。
　　贞，翌庚子不雨。雨。
　　⿻（兮、别）弓[射]，允寇。
　　按：⿻，从二八相重，隶作兮，或是分别的"别"字初文。或释作"兆"，非是。卜辞用其本义"别也"。弓，象弓形，吴其昌释作"弹"。严一萍释作"弦"，或释作弢，从弓从攴。本书以为，或是"射"字缺刻矢（箭镞），读作"别射"于文义较顺畅。允寇，允有来寇。

16·12：乙卯卜，王往田，不雨。
　　亡灾。
　　按：卜辞大意是，乙卯占卜，王往某地田猎，不会下雨。

17·1：不雨。今夕雨。
　　□戌卜，贞，今[夕]亡祸。
　　按：本片是本卷第13·1片的重出。参阅该片考释。

17·2：壬子卜，贞，翌日多雨。
　　不征（延）雨。
　　按：卜辞大意是，壬子占卜，贞问翌日多雨，不会连续有雨。

17·3：乙亥卜，贞，丁丑其雨不（否）。
　　按：卜辞大意是，乙亥占卜，贞问丁丑下雨。

17·4：壬申卜，㱿，翌甲戌其雨。
　　壬申卜，㱿，翌甲戌不雨。
　　按：㱿，武丁早期贞人。据卜辞一般辞例，"㱿"之后应该有"贞"字，本片漏写漏刻。卜辞大意是，壬申占卜，贞问翌甲戌有雨，还是不会下雨。

17·5：□酉卜，逐贞，王侯、岁，不遘大雨。
　　按：逐，祖庚时贞人。本片是本卷第12·4片的重出。参阅该片考释。

17·6：癸[□卜]，贞，……祖[丁]……牛。

己亥，贞，祓禾(年)于河，受禾(年)。三。

按：卜辞常见祓年之祭，故知本片之"祓禾"与"祓年"义同，"受禾"与"受年"义同。

17·7：□亥卜，□[贞]，今夕[亡]田(祸)，在🐦(羽)。

今夕雨。

按：🐦，象羽毛形，是"羽"字。据语法关系，在本片中作为地名。

17·8：丁卯[卜]，贞，今夕雨。[之夕]允[雨]。

丁卯卜，贞，今夕雨。之夕允雨。

□□卜，贞，今夕雨。

贞，今夕雨。

按：卜辞大意是，丁卯占卜，贞问今夕有雨，今夕果然有雨。

17·9：贞，弗其及今三月雨。

按：及今，到今。卜辞大意是，贞问到今差不多三个月才下雨。

18·1：乙卯卜，今日🔥(炆)，从雨。[丁]子[巳]。二。

于己未雨。二。

按：🔥，上从双腿交叉的人，下从火，象人被火烤周身出汗形，当是"炆"字，是求雨祭名。叶玉森引《尸子》"汤之救旱也，素车白马布衣，身婴白茅，以身为牲"为证。或释作"焚"，非是。该字《合集》34483作🔥、🔥、🔥，34484作🔥、🔥，34486作🔥，34487作🔥、🔥等形，皆与雨有关，可资参阅。

本片是《合集》34485，拓片字细小且有斑蚀。

18·2：贞，今夕雨。

18·3：……丧，亡灾。

其雨，不雨。

按：丧，田猎地名，在沁阳一带。陈梦家《综述》隶作"噩"，严一萍释文亦然，《合集》皆隶作"丧"，本书亦释作"丧"。

18·4：其雨，不雨。

18·5：庚……。
　　　贞,勿乎望舌方。
　　　贞,翌庚辰不雨。
　　　勿㞢(侑)于匕乙。
　　按：匕乙,即妣乙。妣乙的庙号仅见于我方鼎铭文："祭祖乙妣乙、祖己妣癸……。"据此,则妣乙是祖乙的法定配偶。严一萍说本片是卷三第7·8片重出,经核对,非是,应是卷三第7·9片的重出。

18·6：叀……省……。
　　　今日壬无大雨。

18·7：贞,今[夕]不雨。
　　　贞,翌戊申其雨。
　　　贞,翌戊申不雨。
　　　贞,今己酉步。
　　　尞。

18·8：戊戌……,云,▨(豕)㞢(有)▨(豚)。二告。
　　　己亥卜,今旬雨。(本辞据《合集》12484补,与本卷第24·9片缀合)
　　按：▨,尾巴下垂,象豕之形,是豕,不是犬。▨,从豕,从肉,是"豚"字,小猪。

18·9：贞,□雨,不唯囚(祸)。
　　按：卜辞大意是,贞问某日有雨,不会成为祸。

18·10：癸丑[卜],□贞,今……来……。一。
　　　贞,其[雨]。三。
　　　贞,今日不雨。
　　　其[雨]。
　　按：卜辞贞问今日下雨否,或曰不下雨,或曰下雨。

19·1：执(鞫)伊。
　　　弜(勿)执(鞫)。
　　　兹夕又(有)大雨。

弗及。

按：执，卜辞有拘捕义。或读作"鞫"，有拘捕审讯义。参阅卷三第36·2片考释。伊，从人，从攴，或释作"攸"，是"修"字的初文，饰也。就本辞来看，当是人名，做"执"的宾语，或是成汤及其后的卿士伊尹。今本《竹书纪年》："(太甲)元年辛巳，王即位，居亳，命卿士伊尹。伊尹放太甲于桐，乃自立。""七年，王潜出自桐，杀伊尹，天大雾三日，乃立其子伊陟、伊奋，命复其父之田宅而中分之。"古本《竹书纪年》所记亦同。太甲是成汤的嫡长孙。《史记·殷本纪》所记与《竹书纪年》记太甲执杀伊尹迥异。本辞所记或是太甲七年执杀伊尹事。若是，则卜辞的史料价值不可估量矣。

本片是《合集》28085。

19·2：丁丑卜，争贞，今十一月其雨。
　　　贞，今十一月不其雨。
　　按：争，武丁早期贞人。卜辞贞问今十一月下雨，结果是不会下雨。

19·3：今丁卯不其雨。
　　　勿㞢(侑)于父乙。
　　按：第二辞大意是，不要侑祭父乙。父乙是武丁之父小乙。

19·4：己雨。一。
　　　己雨。一。
　　　庚雨。一、一。
　　按：己、庚，都是日干名。连续两日有雨。

19·5：贞，今夕其雨。
　　按：贞问今夕会下雨么。

19·6：岁，不雨。
　　　……庚……不……。
　　按：贞问岁祭不会下雨。

19·7：贞，今日不其雨。
　　　御子[潜]于[父]乙。
　　按：第二辞"子"下一字上部残，下部从曰，疑是子暜(潜)之残。

19·8：丁丑卜，兑（奚）贞，今日雨。
　　按：兑（奚），隶作兑，是武丁早期贞人。卜辞大意是，丁丑占卜，兑（奚）贞问今日下雨。

19·9：贞，其雨。五月。

20·1：壬戌卜，[贞]，今日不[雨]。
　　　其雨。
　　　□□卜，贞，……霾。
　　按：卜辞大意是，壬戌占卜，贞问今日下雨，还是不下雨。有霾。

20·2：贞，今夕其雨。
　　　贞，今夕不其雨。
　　　贞，……视……河屮……。
　　按：第一辞和第二辞贞问今夕有雨。河，特指黄河。辞残，其义不详。

20·3：甲子、乙丑、丙寅、丁卯、戊辰、己[巳]……。
　　　□□[卜]，贞，征（延）多雨。兹御。
　　按：第一辞是连续六个干支名。丙寅，《合集》38162 释作"雨寅"，误。本片是《合集》38162。

20·4：贞，今夕不其雨征（延）。三。
　　按：卜辞大意是，贞问今晚不会连续下雨。

20·5：贞，今日不雨。
　　　贞，今日其雨。在六月。
　　按：卜辞贞问今日没雨还是下雨。六月。

20·6：乙亥卜，贞，今日不雨。
　　　其雨。
　　　□□卜，贞，……。
　　按：卜辞大意是，乙亥占卜，贞问今日没雨还是下雨。

20·7：戊午卜，今日王……吉。

其雨。

　　按：卜辞大意是，戊午占卜，今日王(有事)，吉利。会下雨。

20·8：癸□[卜],贞,……卯于……牛。
　　其雨。

20·9：辛亥,……兹大[雨]。
　　今日辛,王其田,不遘雨。
　　其遘雨。(以上是本片)
　　王其田,雨。
　　……雨。(以上二辞据《合集》28539 补)
　　按：卜辞大意是,反复贞问王田猎会不会遭雨。

20·10：贞,……不……。
　　贞,其雨。三月。

20·11：不雨。
　　癸亥,贞,子🉐(黄?)亡田(祸)。一。
　　又(有)田(祸)。二。
　　按：🉐,右从黄,左侧所从象棒槌,或是攴,字不识,卜辞是子某人名,或释作子黄。卜辞大意是,贞问子黄无祸忧。

20·12：辛丑卜,贞,今夕霁。兹[御]。
　　□霁。
　　按：霁,义同"霁",雨停曰霁。卜辞大意是,辛丑占卜,贞问今夕雨霁。参阅本卷第14·8片及下文第24·14片考释。

21·1：于……亡……弘吉。
　　不雨,其雨,吉。(以上是本片)
　　不雨。兹用。吉。
　　不雨,吉。(以上二辞据《合集》29857 补)
　　按：卜辞大意是,占卜会不会下雨,下雨,吉。

21·2：庚辰卜,允(奚)贞,今夕亡田(祸)。一。

贞,今夕其雨,七月。
　　按:允(奚),是武丁早期贞人。

21·3:贞,今夕不征(延)雨。
　　……子(巳)……女……。
　　按:第一辞大意是,贞问今夕不会连续下雨。第二辞残,其义不详。

21·4:其莫(暮)于之廼不遘雨,亡[灾]。
　　按:莫,读作"暮"。廼,同"乃"。

21·5:贞,翌庚子其雨。
　　贞,翌庚子不雨。

21·6:贞,今日不其雨。
　　按:贞问今日不会下雨吧。

21·7:庚戌[卜],争贞,不其雨。帝▨(異、戴)。
　　按:争,武丁早期贞人。帝,象花蒂之形,本辞读作天帝之"帝"。▨,从大上举双臂,上似从由,象人头戴帽子形,字残,是"異"(异)字,即"戴"字的初文。据古音学"喻四归定"的理论来看,"異"读作"戴"也是有依据的。帝異之異,据文义和语法关系是表示求雨之祭,是祭祀动词。

21·8:己未卜,辛酉雨。
　　辛允雨。
　　庚……己……。
　　……雨。
　　按:本片是本卷第14·9片的重出。可资参阅。

21·9:贞,翌戊辰其雨。
　　按:贞问次日戊辰会下雨。其反面卜辞是:……告曰……既……。

21·10:唯其雨。
　　贞,……午……酌,尞于夒(兇)。
　　按:兇,本书释作"夒",本是山名,是商人崇拜的自然神之一,所以也是重要的祭祀对象。参阅卷一第49·4片至第50·1片考释。本片是《合集补编》10639左下角的一小块。

21·11：庚辰[卜]，贞，今夕其雨。
　　　　贞，其雨，四月。一。
　　按：第一辞大意是，贞问今夕有雨。第二辞大意是，贞问有雨。四月。

21·12：庚子卜，今日雨。二。
　　　　庚子卜，今日雨。
　　按：本片是本卷第15·2片的重出。可资参阅。

22·1：至丁未其雨。
　　　　癸卯卜，至丁未不雨。
　　　　不易日。
　　按：本片是本卷第16·9片的重出。可资参阅。

22·2：壬辰，㝢(告)雨。
　　　　壬辰，己匕(妣)御。
　　按：㝢，读作"告"，是一种祭仪，祭而告之也。卜辞大意是，壬辰，祭而告之，有雨。第二辞己匕，抑或是妣己之倒，表示于壬辰御祭妣己。

22·3：戊□[卜]，□贞，[今夕]亡[囚(祸)]。
　　　　贞，今夕不雨。
　　　　贞，其雨。
　　按：卜辞大意是，贞问今夕无祸忧，会不会下雨。

22·4：贞，勿……。
　　　　贞，亡其从雨。二月。
　　　　並示五十。(本辞是反面)
　　按：第二辞"从雨"的"从"，学界多所探讨：或曰读作"以"，意为用、凭；或曰读作"踪"(踪)，意谓随、随即(有雨)；或曰读作"纵"，意为急(雨)、骤(雨)(按：此说已被否定)；或曰读作"于"，意为自、自从；或曰读作风调雨顺的"顺"，意为顺雨；或曰意为卜得吉兆义；或以为是氏族的徽识，即从氏；或曰读作"俾"，使也；等等。从本辞全句来看，"亡其"，读作"无其"；"从雨"做"无"的宾语,那么,"从"是用来修饰"雨"的形容词。据此分析,则董作宾"为卜得吉兆也"之说最为贴近"从雨"的意义。结合季节和历法来考虑,殷历建丑,其二月相当于夏历正月,此时属冬季,中原地区雨水少,故卜辞贞问无吉雨吧。若此说成立,"从雨"之义则涣然冰释矣。

22·5：戊子[卜],贞,……来……。
　　贞,今日不雨。
　　贞,其雨。
　　按：卜辞贞问今日有雨。先贞问今日不会下雨,后又贞问会下雨。

22·6：于……☒(呪)……。
　　甲子卜,丁卯不雨。
　　[其]雨。
　　按：☒(呪),左从口,右从兄,隶作呪。或以为"祝"字的异构。本片是《合集》33783。

22·7：癸卯卜,争贞,翊乙亥……。
　　癸卯卜,争贞,翌丙子……。
　　癸卯卜,争贞,翌……[立]中,无凤(风),丙子允无凤(风)。
　　二告。（以上四条卜辞据《合集》13357补）
　　亡(无)凤(风)。小告。
　　㞢(有)凤(风)。二告。（以上是本片）
　　按：争,武丁早期贞人。卜辞贞问是否有风,属于对贞。
　　本片是《合集》13357右上角一小片。

22·8：贞,翌乙巳其雨。
　　按：本片是本卷第16·8片的重出。可资参阅。

22·9：叀☒(阠)。
　　辛不雨。
　　按：☒,左从阜,右从心,隶作阠,卜辞是地名。

22·10：贞,翌庚寅雨。
　　按：卜辞贞问翌日庚寅下雨。

22·11：其祉(延)雨。

其酚岳。

按：酚,严一萍释文照原样临摹,未做考释。酚岳,以酚酒祭太岳山也。

22·12：贞,今日其雨。在六月。

按：本片是本卷第20·5片的重出。可资参阅。

23·1：辛卯[卜,㱿]贞,亡祸。于翌壬[辰]洒雨。

[辛]卯卜,㱿贞,王其🖋(🖋),亡祸。十三月。

按：㱿,祖甲时贞人。洒雨,才下(有)雨。🖋,拓片有斑蚀。上似从中,下从止,隶作㞢,卜辞用作祭名。

本片是《合集》24904。

23·2：壬辰,贞,雨。

23·3：不雨。其雨。

□戌,贞,今日亡[祸]。

按：卜辞贞问不下雨,还是下雨。

23·4：不其雨。

23·5：癸酉卜,亦[雨]。

癸酉雨。

今日雨。

按：癸酉占卜有雨否,今日下雨。

23·6：贞,今夕不雨。

23·7：其遘大风。

不遘风。

……风。

按：卜辞大意是,会遇到大风,不会遇到大风。

23·8：贞,今夕不其雨。

按：贞问,今夕不会下雨。

23·9：不启,其雨。
　　按：启,开启,指天气放晴。

23·10：今日卯其雨。若。
　　按：卜辞大意是,今日卯,会下雨。

23·11：贞,叀[癸]雨,舞……。二月。
　　按：舞,舞祭,求雨之祭。残缺,其义不详。

23·12：贞,今夕雨。

24·1：壬寅卜,其雨。癸允[雨]。
　　按：壬寅占卜有雨,癸日果然有雨。

24·2：癸亥卜,贞,今夕亡囚(祸)。一、二。
　　　癸亥卜,贞,今夕其虫(有)囚(祸)。一、二。
　　　甲子卜,贞,今夕亡囚(祸)。一、二。
　　　甲[子]卜,[贞],今[夕]其虫(有)囚(祸)。一、二。
　　　……亡囚(祸)。一、二。(以上五辞据《合集》16628 补)
　　　乙丑卜,贞,今夕[其]虫(有)(祸)。一、二。
　　　……虫祸。
　　　……凤(风)。三。(以上三辞是本片)
　　按：卜辞大意是,贞问今夕有祸。本片字迹全是反书,与其他拓片不同。

24·3：癸……甲辰……。二告。三。
　　　□寅卜,不雨。三。
　　按：卜辞占卜不会下雨。

24·4：贞,翌丁亥雨。

24·5：……自西,……不雨。

24·6：贞,其雨。二月。

24·7：辛,不雨。其雨。
　　按：辛,某个辛日。

24·8：贞,䑗(舞),雨。二月。一。
　　按：䑗,是"舞"字的异构,舞祭,是求雨的一种仪式。卜辞贞问举行舞祭,会下雨。二月。

24·9：己亥卜,今旬雨。
　　按：今旬,本旬。这是旬中卜问有雨,不是旬末癸日占卜下旬吉凶的。本片与本卷第18·8片缀合,即《合集》12484。

24·10：今日䁖(眉)日丅(不)雨。
　　　　其雨。
　　按：第一辞䁖,是"眉"字,卜辞读作"湄"。湄日,弥日、终日。杨树达曰："湄日者,湄当读弥,弥日谓终日也。"参阅卷三第25·1片考释。丅,是"不"字的倒书。

24·11：不多雨。

24·12：戊子卜,何贞,王舞,叀雨。
　　按：何,武丁时贞人。舞,一种祭祀仪式,属求雨之祭。参阅本卷第12·6片考释。

24·13：辛亥……兹大[雨]。
　　　　今日辛王其田,不遘雨。
　　　　其遘雨。(以上三辞据《合集》28539补)
　　　　壬,王其田,雨。
　　　　……雨。(以上二辞是本片)
　　按：壬,指某个壬日。

24·14：妹霁。
　　按：妹,读作"昧",黎明时分。霁,雨停曰霁。昧霁,指黎明时分雨停。

参阅本卷第 14·8 片考释。

25·1：壬戌卜，亘贞，受……。二告，小告。
　　　□□卜，争贞，帚（妇）妌娩，妫（嘉）。［王占曰］：其唯庚娩，妫。旬辛［丑，妇］妌娩，允妫。二月。（以上是本片，是《合集》14009）
　　　唯庚娩妫。（本辞是该片反面卜辞）
　　按：亘、争，都是武丁早期贞人。妇妌，人名，是武丁法定三配偶之一，即妣戊。妫，读作"嘉"，指生男孩。参阅卷一第53·1片考释。唯庚娩嘉，这是推算妇女预产期及生男生女的卜辞，在庚日生有可能是男孩。结果在二月本旬辛丑（比庚子晚一日）妇妌分娩，果然是男孩。看来早在商代武丁时期人们推算妇女预产期以及推算生男生女还是比较准确的，且重男轻女。

25·2：乙丑卜，古贞，妇妌![字]（鲁）于黍年。
　　　……壬……允……雨。
　　　自![字]（匿）气（乞）。小告。三。小告。（以上三辞是正面）
　　　丙寅卜，古贞，凡多疒（病）。
　　　……凡［多］疒（病）。（以上二辞是反面，据《合集》10132 补）
　　按：古，武丁早期贞人。妇妌，人名，是商王武丁的配偶妣戊。![字]，上从鱼声，下从口，是"鲁"字。或曰读作"旅"，或曰读作"嘏"，有嘉美义。西周金文"鲁休"，是美好的赏赐的意思。妇妌鲁于黍年，或指妇妌善于种黍之年。参阅下文第25·4片考释。"自匿"二字被删。![字]，从二臣相重，隶作匿，卜辞是人名。参阅卷一第40·6片考释。

25·3：乎［田］于……。
　　　贞，妇妌黍，受年。
　　　乎，田于茻。
　　按：第二辞妇妌黍的"黍"，当用为动词种黍。第三辞茻，是田猎地名。

25·4：贞，……。
　　　贞，以牛五十。三。
　　　贞，妇妌黍萑。
　　按：萑，字略残，《说文》艸部："萑，艸多皃。从艸隹声。"卜辞或有茂盛义，指妇妌所种的黍子很茂盛。参阅上文第25·2片考释。

26·1：己亥卜，争贞，壴，屮（侑）于祖囗。

辛丑卜，㱿贞，妇妌乎黍［于］丘商。受［年］。三。

按：争、㱿，都是武丁早期贞人。妇妌，武丁的法定配偶妣戊。丘商，地名，陈梦家谓是今商丘附近（《综述》第 258 页）。黍于丘商，意谓种黍于丘商。

26·2：贞，其［宜］于殷京不（否）。（本辞被删，据《合集》8034 补）

贞，翌辛亥乎妇妌宜于殷京……。（本片）

按：殷京，陈梦家说殷京亦是地名，在商之旧都不远处（《综述》第 266 页）。

26·3：贞，勿乎妇妌伐龙方。

按：龙方，是方国名或氏族名，武丁时期侵犯商王室者。陈梦家说，龙方可能与匈奴有关（《综述》第 283 页）。根据以上几片和本片卜辞来看，妇妌常关注农事，而且能带兵打仗，实属女中之豪杰。看来，巾帼英雄古今不乏其人。

26·4：甲囗［卜］，韦贞，妇妌受黍年。二。

按：韦，武丁早期贞人。卜辞贞问妇妌种黍会获得丰稔么。

26·5：……入五十。

妇妌乞▨（鼀）自卯七，▨（耳）十五。

丁亥……。

按：本辞"妇妌"写作"妇井"，武丁法定配偶之一，即妣戊。▨，拓片有斑蚀，上从雨，下从龟，隶作鼀，龟名。卜辞大意是，妇妌从卯索要鼀龟七，从▨（耳）索要十五。据语法关系，本辞的卯和耳，是地名或方国名。因为殷墟安阳在中原偏北，冬季寒冷，当地不产龟，大多向淮河、长江下游一带的江淮诸方国索取龟和龟板供占卜所用。

本片是《合集》9395。

26·6：甲子卜。二。

囗亥，妇妌毓（后）……。

按：毓，是"育"字的初文，读作君后的"后"。参阅卷一第 15·5 片考释。辞残，其义不详。

26・7：妇井示七屯(纯)，宁，……。

按：本辞"妇妌"写作"妇井"，与以上诸片"妌"字写法不同。示，卜辞指祭祀先祖先王，或指世代直系先王，如六示(上甲至大庚)。七屯(纯)，卜辞指祭祀时要用七头纯色的家畜作牺牲。宁，读作"傧"，傧祭，有导引之义，属于祭祀前的一种仪式。参阅卷一第1・7片考释。

27・1：㞢于……。

㞢于……。

……往……中。

……于来……妇井……。

……勿御妇妌[于]唐。

贞，……唐。

按：本片是《合集》2727反面，拓片蚀剥严重，卜辞不成文句，其义不详。该片正面卜辞是"一、一，小告。二、一、二，小告。一"等数目字。

27・2：……㞢于示……。

……壬㕖(示)于祖囗。

……妇妌……。

按：本片卜辞残缺过甚，几乎不成文句，其义不详。

27・3：韦贞，我黍受[年]。

妇妌受黍[年]。

按：韦，武丁早期贞人。卜辞贞问，我(指商)种黍子会获得丰收；妇妌种黍子会获得丰收。

27・4：贞，妇妌黍，受年。

按：卜辞大意是，贞问妇妌种的黍子会获得丰收。

27・5：贞，勿乎妇妌先……。二。

按：辞残，其义不详。

27・6：贞，勿令妇妌黍，其[受年]。

按：卜辞贞问，不要令妇妌种黍，会获得丰收。

27·7：己丑卜，亘贞，妇姘……不蔑……。二月。

按：己丑，严一萍释文作"己亥"，误。《合集》2737 释文作"乙丑"，亦误。亘，武丁早期贞人。"己丑卜，亘"四字反书。二月。

27·8：帚（妇）▨（娀）……。
　　　帚（妇）▨（娀）……。

按：▨，从女从戈，或是"娀"字。《说文》女部："娀，帝高辛之妃，偰母号也。从女戎声。《诗》曰：'有娀方将。'"妇娀，也当是武丁诸妇之一。辞残，其义不详。

28·1：乙未，妇娀示屯（纯），争。

按：妇娀，是武丁诸妇之一。示，祭祀时所用的牺牲。屯，读作"纯"，要用纯色的家畜作牺牲（贡品）。争，用在辞末，或表示是武丁时贞人争的签收。

本片是卷三第 12·5 片的骨臼。参阅该片。

28·2：癸巳卜，王，年受。
　　　……旬壬，……帚（妇）▨（姪）……（滩）。七月。

按：第一辞王年受，或是"王受年"之倒。第二辞都斜着刻。▨，即《合集》2165 的▨，是"姪"字。《说文》女部："姪，兄之女也。从女至声。"妇姪，当是武丁诸妇之一。"七月"前一字斜着刻且斑蚀较重，不好辨识，或是"滩"字。辞残，其义不详。

28·3：□□卜，贞，旬亡祸，旬豙（虤）。壬申，……执火，帚（妇）▨（姓）子▨（死）。七[月]。

按：豙，或释作虤。刘桓谓从豹，八声，引本辞曰读作变化的"变"。参阅《诂林补编》第 415 页。▨，从女，生声，是"姓"字。妇姓，是女性人名，当是武丁诸妇之一。▨，象人在口（棺廓）中，或释作"死"，或释作"囚"，或释作"因"，读作"殪"，或释作"㠻"，读作"媪"等。参阅《诂林补编》第 25—35 页。本书结合卜辞用例，以为释"死"为是。参阅卷三第 26·1 片考释。卜辞大意是说，妇姓的儿子死了。

28·4：甲子卜，設贞，妇▨（嫘）娩，妨。四月。
　　　□贞，乎皋取骨（肩）任伐氏。

己酉卜,㱿貞,勿乎皋取骨(肩)任伐,弗其氐。

□□[卜],㱿貞,洹其作兹邑,祸。

□□[卜,□]貞,洹弗作兹邑……。

按：㱿,武丁早期貞人。▨,从女,皋声,隶作媟。妇媟,是武丁诸妇之一。皋,卜辞是人名。参阅卷一第3·7片考释。洹,洹水,又名安阳河。兹邑,指洹水之滨的安阳。祸,据陈梦家说此祸指洹水漫患。参阅《综述》第265页。

29·1：貞,戉弗其斩(羁)▨(湔)方。不▨(玄)▨(黿)。

戊戌卜,㱿貞,戉斩(羁)▨(湔)方。

□□卜,㱿貞,乎弜(勿)□湔▨(䏵、边)……。

……㱿貞,妇好史(使)人于眉。

……貞,王曰：亡其疾。

……貞,▨(光)其斩(羁)。

王占：不唯既……。（以上是本片）

[王]占曰：兹二郷,不唯既,唯其不亡,唯克。（据《合集》6568,本辞是反面）

按：戉,方国名。▨,从氿在盘上,罗振玉释作"洗",叶玉森说象洗足于盘形,是"湔"字,本是水名,湔方是方国名。㱿,武丁早期貞人。"湔邊",表示湔方的边境。▨,上从自(鼻子),下略残,从丙,隶作"䏵",是"邊"(边)字的初文。参阅《综述》第516页。妇好,是武丁法定三配偶之一,即妣辛。史,读作"使",派遣、使唤。眉,据语法关系当是地名。▨,上从火,下从坐人,象人头上有火光形,是"光"字。此处疑是氏族名。"隹"下一字残,据残笔《合集》6568反面卜辞来看是"既"字。辞残,其义不详。

29·2：己丑卜,㱿貞,翌庚寅妇好娩。

貞,翌庚寅妇好不其娩。一月。

辛卯卜,▨(品)貞,乎多羌逐▨(兔),获。二告,二告。

按：㱿、品,武丁早期貞人。多羌,指羌俘而为殷王室用于捕猎者。▨,严一萍释作"兔",是也。

29·3：丁酉卜,亏貞,妇好娩,幼(嘉)。王占曰：其唯甲娩,出(有)祟,出(有)□。

戊戌卜,㱿贞,……。

按:㱿,武丁早期贞人。卜辞大意是,丁酉占卜,㱿贞问妇好分娩,是生男孩吗。王占卜说唯甲日生有祸祟,有□。

29·4:□酉卜,㱿贞,妇好豷。二。一、二。

按:豷,本义是母猪,也是方国名,在山西省霍县东北。《合集》21562:"庚辰,令豷唯来豕以龟二,若令。"《合集》21635:"戊申卜,贞,更庚令豷。二。"妇好豷,或是贞问让妇好问问豷国之事,因为妇好能力比较强,既能种黍,又能领兵打仗。

30·1:[甲]午卜,㱿贞,王唯妇好令正(征)夷。

乙未卜,㱿贞,王唯妇好令𨒌(途、挞)[夷]。

今春王弜(勿)途(挞)夷。(本辞据《合集补编》332补)

按:人,读作"夷",即征夷。第一辞大意是,王命妇好率军征夷方。第二辞𨒌,拓片看不清楚,严一萍据他书描作𨒌,疑是"途"字,赵平安读作"挞"。参阅卷一第13·2片考释。拓片作▩,《合集补编》332作▩,下从止。

本片是《合集》6459。

30·2:□戌卜,争贞,妇好见……。

按:争,武丁早期贞人。卜辞后半截残缺,其义不详。

30·3:贞,御妇好于高。二,二告。

□□[卜,贞],其雨。一。

按:高,当指御祭高祖某。

30·4:□□[卜],㱿贞,[妇]好娩,其㚔(嘉),五旬㞢(又)……。

按:㱿,武丁早期贞人。卜辞贞问妇好即将分娩,会生男孩么,五旬又几日生则是男孩。可见重男轻女思想由来久矣。

30·5:□□[卜],贞,翌丙……。

□□[卜],□贞,妇好亡▩(辛、愆)。

□□[卜],亘贞,妇好㞢▩(辛、愆)。(以上三辞是《合集》2659正)

王占曰:㞢▩(辛、愆),吉。(本辞是《合集》2659反)

按：亘，武丁早期贞人。▨，隶作辛。辛，象尖刀形刑具，是"辛"字的初文。本辞贞卜妇好有▨（辛）、亡▨（辛），辛如刘桓所说读作"愆"，过错。参阅卷二第21·9片考释。

30·6：……我囮……妇好……圂弗……。

按：囮，从囗，囗内从爿，或从人从爿（床），陈汉平释作"莊"，或释作"葬"，然而辞残，词义不能确定。圂，从囗从豕，读如"圂"。《说文》囗部："圂，厕也。从囗，象豕在囗中也。会意。"本义是猪圈。下接否定副词"弗"，卜辞当是人名。辞残，其义不详。

30·7：辛□［卜］，贞，……。

　　　　□丑……［妇］好……。

按：辞残，其义不详。

30·8：贞，□甲辰，其出（有）至艰。

　　　　□□［卜］，贞，……。

按：至艰，或表示将有极大的灾难降临。艰，或"来艰"，都表示人为的灾祸降临，如异族入侵等。① 参阅卷三第36·5片考释。

31·1：癸巳卜，□来艰，气（三）至，㱿告曰：土（方）……舌方亦……。（本辞是《合集》6060正面）

　　　　……□日辛丑，夕䨴（晕）。［壬寅］，……我东啚（鄙）哉。（反面）

按：来艰，表示有人为的灾祸降临，如异族入侵等。气，或释作"三"。㱿，人名。参阅本卷第12·5片考释。亦，或读作"夜"，夜至，夜晚来到。䨴，读作"晕"。参阅本卷第6·1片以及卷五第8·1片考释。啚，读作"鄙"，边邑。参阅卷三第38·1片考释。辞残，其义不详。

31·2：甲子卜，宁贞，勿至，翊日……。

　　　　……勿……多……▨（兴）……。

　　　　……其艰。一月。三。

按：宁，武丁早期贞人。▨，像四只手抬起一物，是"興"（兴）字。《说

---

① 叶正渤：《卜辞"来艰"研究》，《殷都学刊》2004年第1期；《叶玉森甲骨学论著整理与研究》，第34页。

文》舁部："兴,起也。从舁从同。同力也。"舁,四只手的象形。辞残,其义不详。

31·3:贞,亡来艰,自西。一、二,二告。
……[允]屮(有)来[艰]。小告。二。
按:第一辞大意是,西边没有敌方入侵。第二辞大意是,果然有敌方入侵。

31·4:贞,亡来艰,自南。三、三。
按:卜辞大意是,不会从南面入侵。

31·5:[□□卜],永贞,旬亡祸,[王]占曰:屮(有)来艰。
丙戌,允屮(有)来艰。佣……。二告。
按:永,武丁早期贞人。佣,从人从冉,是武丁早期贞人名。第一辞大意说,王占卜说有敌方入侵,第二辞果然有敌方入侵。

31·6:……[亡]祸,王占[曰:屮]来艰。六日[允]屮来艰,沚𢦏乎[伐]舌[方]……。
……贞,旬[亡]祸。
按:沚𢦏,是武丁时征伐土方和贡方的一位将军。卜辞大意是,王占卜曰:有敌方入侵。第六天果然有敌方入侵,沚𢦏呼唤(讨伐)贡方。

32·1:……艰,气(迄)至,屮来艰,禽□子妌,□屮(有)□,沚曰……。
二、三。
按:子妌,当是人名。沚,疑是沚𢦏之缺文,是人名。参阅上一片考释。

32·2:……艰。艰自西,……(次围)我。
按:,从次,从围,严一萍读作"二师围"(我)。似应读作"次,围"(我),意为驻扎下来,呈围困我(的状态)。

32·3:艰其屮(有)来齿。
按:齿,本指口齿、牙齿。来齿,谓来犯,犹言来艰。由这几条卜辞亦证明,本书认为来艰指人为的灾祸(敌方入侵),而不是自然产生的灾祸是符合实际的。

32·4：……㞢(有)□来艰。

按："㞢"下一字残半,未知是何字。有来艰,或是"(允)有来艰"之残缺。

32·5：王占曰：其㞢(有)来艰,气(三)至。

　　□□卜,其唯甲㞢(有)至,吉。其唯戊亦不吉。

　　贞,于妣己㞢(侑)。

　　□□卜,不……画……。

按：亦,读作"也"。于妣己㞢,严一萍释文作"于妣己牛",非是。"㞢"字写法与上文两个写法完全相同,不是"牛"字。于妣己㞢,意谓侑祭妣己。

画,或是"子画"的缺文,子画是人名。参阅卷二第24·6片考释。

33·1：[癸]未卜,㱿贞,旬亡田[祸,王占曰：㞢]祟,其又(有)来艰。气(三)[至,七日己丑],允有来艰,自西,震。戈□告曰：舌方围于我奠(郑)。

按：㱿,武丁早期贞人。震,震惊,警也。参阅卷三第1·3片考释。卜辞大意是,王占说有祸忧,将有敌方入侵。到第七天己丑,果然有敌方入侵,从西边来,王室震惊。

严一萍说本片与卷三第40·2片重复。经核对,发现是部分辞句内容近似。参阅卷三第40·2片以及《合集》6057。

33·2：贞,亡来艰,自方。

　　贞,旬亡田(祸)。

　　贞,亡来艰,自方。

按：方,方国名。卜辞大意是,贞问没有来自方的入侵。

33·3：癸未卜,争贞,勿㞢(侑)于□。

　　己丑卜,𠂤贞,若。三。

按：争、𠂤,都是武丁早期贞人。本片与卷六第16·2片重复。

33·4：甲寅卜,㱿贞,我作邑,若。

按：㱿,武丁早期贞人。作邑,建造城邑。本片与卷五第24·3片重复。

33・5：甲申卜，争贞，亚亡不若。十二月。一。

按：争，武丁早期贞人。亚，卜辞中的"亚"，或是职官名，如多亚（武官）。参阅卷三第37・3片考释。

33・6：[王]占曰：……今夕雨，唯若。[之]夕允……己亥……。一。

按：辞残，其义不详。

34・1：贞，我寽（将）自兹邑，若。三，二告。
　　　贞，我勿[寽、将]自[兹邑]。三。

按：寽，或释作"将"。本辞的"将"，或指行进义，犹言出发。《诗经·周颂·敬之》："日就月将，学有缉熙于光明。"马瑞辰注："将，行也。"卜辞大意是，贞问我从兹邑出发，顺利。还是我不从兹邑出发。

34・2：贞，犬登其㞢（侑），不若。七月。
　　　贞，唯丁未酚。

按：第一辞犬登，登疑是人名，职司（负责管理）犬之官名登。

34・3：己巳卜，贞，若。

按：己子（巳），严一萍释文作"丁巳"，误。拓片右上方还有字，字残无法辨识。

34・4：贞，不若。
　　　贞，勿乎。二月。二。

按：不若，不允诺。勿乎，不要呼唤。二月。

34・5：辛卯卜，㱿贞，我勿🈳（巳）🈳（宁），不若。
　　　🈳（巳）宁。五。

按：㱿，武丁早期贞人。🈳，象小蛇之形，释作"巳"，卜辞除了做地支字而外，也表示年祀，或读作祭祀的"祀"，祭名。宁，本辞当是祭名。第一辞我勿巳宁，不若，意当为我不用祭祀，不顺。

严一萍说第二辞是卷六第26・12片，与本片缀合。

本片是《合集》15196，第二辞被《续编》裁掉，《合集》有第二辞"🈳（巳）宁。五。"及第三辞"五，三告。五。"

34·6：庚寅卜。
　　　戊午，肜。
　　　贞，若。
　　　……翌丁……易［日］。
　　按：戊午肜祭，贞问顺利。其余辞残，其义不详。

34·7：贞，唯王帝(禘)人(壬)，又(有)不若。一。
　　按：王帝人(壬)，"人"疑读作迟任的"壬"(任)，是殷旧臣迟任。《尚书·盘庚上》："迟任有言曰：'人惟求旧，器非求旧，惟新。'"迟任是盘庚时的贤臣，故王禘之。不若，不如。

34·8：亘贞，王▨(遣)，若。
　　按：亘，武丁早期贞人。▨，隶作"遣"。或省略下面的口，作▨(见于《合集》5317)。卜辞义为差遣、派遣。若，允诺。

34·9：庚午，子卜，贞，弜(勿)酚于之若。
　　按：子卜，陈梦家称为子组卜辞(《综述》158—161页)。或称"非王卜辞"。林沄《从子卜辞试论商代家族形态》一文研究认为，子是王室的贵族首脑；黄天树撰有《子组卜辞研究》和《关于非王卜辞的一些问题》；彭裕商在《非王卜辞研究》中亦有详细讨论。① 之若，祭祀的重要对象，是商的先祖人名。参阅卷二第30·5片考释。

35·1：丙寅卜，殻贞，其▨(归)。若。
　　按：殻，武丁早期贞人。▨，从帚，𠂤(堆)声，是"歸"(归)字，返回、归来。
　　本片是《合集》16386。

35·2：……若……我又(佑)……。一。
　　　……吾……。五月。
　　按：辞残，其义不详。

---

① 黄天树：《黄天树古文字论集》，学苑出版社，2006年，第82—98页；彭裕商：《述古集》，巴蜀书社，2016年，第26—49页。

35·3：戊辰,贞,无囚(祸)。
　　　戊辰,贞,其徣壴一,又(佑)。若。
　　　[戊]辰,[贞,其]徣壴一,[又若]。
　　按：卜辞大意是,贞问移动或增加一只鼓,允诺。

35·4：□□卜,㗊(品)贞,王狩唐,若。
　　　……舌方其大出。
　　　王占曰：舌方……□辰……。（以上三辞是《合集》10998反面）
　　　□□卜,□[贞],……出不吉……。三[邑]……来自……。
　　　二告,三,小告。（以上二辞据《合集》10998正面补）
　　按：品,武丁早期贞人。唐,此处当是地名。陈梦家说唐是唐叔虞的封地,"唐在河汾之东",在今安邑一带。其余辞残,其义不详。

35·5：乙酉卜,㱿贞,丁宗亡不若。六[月]。
　　　……受[㞢又]。
　　按：㱿,武丁早期贞人。丁宗,宗是宗庙,供奉先王曰丁的神主,称丁宗。所称丁者,或是武丁的祖父祖丁。

35·6：辛未卜,㱿贞,㞢(侑)若。囚(祸)。
　　按：若,疑是殷先祖之若的省略。参阅上页第34·9片考释。

35·7：甲戌卜,王弜(勿)令[ ]([ ],扬)、戠于若。一,三。
　　按：[ ],从卂,从玉,或从戈,隶作[ ],读作颂扬的"扬",卜辞或用做祭名。戠,祭名。若,或是殷先祖之若的省称。
　　本片是《合集》21188。

36·1+36·2：壬子卜,[贞,今夕]自(次),亡[祸,宁]。
　　　癸丑卜,贞,今夕自(次),[亡]猷(祸),[ ][宁、宁]。
　　　甲子卜,贞,今夕自(次),[亡]祸,[ ][宁、宁]。
　　　乙卯卜,[贞],今夕自(次),[亡]祸,宁。
　　　丙辰卜,贞,今夕自(次),[亡]祸,宁。
　　　丁巳卜,贞,今夕自(次),[亡]祸,宁。
　　　□□[卜],贞,[今夕自(次)],亡祸,宁。
　　按：本片与第36·2片是一片,且上下颠倒,释文顺序根据干支做了调整。自,读作师次的"次",军队临时驻扎曰次。☒,《说文》万部:"寍,愿词也。从万皿声。"引申为宁静、安静义。卜辞指今夕师次,无骚扰,安宁。

本片是《合集》36461。

36·3:贞,不其得。其得。
按:卜辞反复贞问能得否到(羌俘)。

36·4:贞,☒(㝅)不其得。小告。
按:☒,拓片有裂纹,左从丬(床形),右从子,隶作㝅。卜辞有子㝅,是人名。参阅《后编考释》第 394 页。不其得,不会俘获到(羌俘)。

36·5:循,不其……。
按:辞残,其义不详。

36·6:翌□□……。
翌丙寅不其启。
按:启,引申指天气由雨转晴,或由阴转晴。
本片是《合集》13128。"《甲骨文合集》材料来源表"将本片与第 38·8 片拓片序号颠倒。

36·7:贞,不其启。
戊戌卜,贞,今夕启,八月。
贞,不其启。
按:卜辞反复贞问天气是否能转晴。本片与卷六第 23·11 片重复。

36·8:癸巳[卜],翌甲[午]启,甲☒(翟、阴)。六月。
……。六月。
按:☒(翟),或作☒、☒,释作"阴",或释作"雾"。本书释作"阴"。本辞"阴"与"启"相对,启是天气开晴的意思,与天气开晴相反则是阴。

36·9+36·11:己丑卜,庚其启,庚不启。
按:这是一片卜骨,一分为二。卜辞大意是,己丑占卜,天气到庚日会由阴转晴,还是不会由阴转晴。

36·10：贞,翌乙亥启。
　　按：卜辞大意是,贞问乙亥天气会由阴转晴。本片与卷六第 24·14 片重复。

36·12：……贞,不既祓。
　　按：辞残,其义不详。

36·13：庚子卜,其祓。
　　按：本片与卷六第 26·6 片重复。

37·1：辛亥卜,㱿贞,弗其斩(翦)。一。
　　按：㱿,武丁早期贞人。斩,读作翦灭的"翦"。

37·2：甲辰卜,争贞,亡囚(祸)。
　　按：争,武丁早期贞人。本片与卷六第 24·15 片重复。

37·3：唯王正(征)。
　　按：正,读作征伐的"征",因为只有王才掌握征伐大权。

37·4：贞,妹(昧)其至。在二月。
　　……来……。
　　按：妹,读作昧爽的"昧",天将明未明之时。至,指敌方入侵、来犯。

37·5：乙丑,贞,亡囚(祸)。

37·6：癸巳,贞,亡囚(祸)。
　　按：严一萍释文遗漏本片,把本片作为第 37·7 片,所以该书第 37 页少 1 片,只有 13 片,应该是 14 片。卜辞大意是,癸巳贞问无祸忧。

37·7：癸亥,贞,旬亡囚(祸)。

37·8：癸丑,贞,亡囚(祸)。

37·9：癸卯,贞,旬亡囚(祸)。

37·10：癸巳卜,贞,旬亡囚(祸)。
　　　　……旬[亡]囚(祸)。
　　　按：本片与本卷第38·6片重复。

37·11：癸巳,贞,[旬]亡[囚(祸)]。
　　　　癸卯,贞,旬亡囚(祸)。
　　　　[癸]丑,……旬……囚(祸)。
　　　按：卜辞连续在三个旬末贞问下旬无祸忧。

37·12：癸未,贞,旬亡囚(祸)。
　　　　……旬……囚(祸)。

37·13：……贞,无……。
　　　　癸卯,贞,旬亡囚(祸)。
　　　　癸丑,贞,旬亡囚(祸)。

37·14：癸卯,贞,旬亡囚(祸)。
　　　　癸丑,贞,旬亡囚(祸)。
　　　　癸亥,贞,旬亡囚(祸)。
　　　　癸酉,贞,旬亡囚(祸)。
　　　　癸未,贞,旬亡囚(祸)。
　　　按：本片连续五旬贞问下旬无祸忧,可见商代晚期(严一萍定本片为第四期)从武乙、文丁时开始的确是不分大小月,每旬十日,每月三旬,共是三十日。
　　　本片是下文第38·4片,多出"癸卯,贞,旬亡祸"一辞。

38·1：癸[卯],贞,[旬]亡[囚(祸)]。
　　　　癸丑,贞,旬亡囚(祸)。
　　　按：卜辞大意是,癸卯贞问旬无祸,癸丑贞问旬无祸。

38·2：癸未,贞,旬亡囚(祸)。
　　　　癸巳,贞,旬亡囚(祸)。

38·3：癸……贞……。

癸丑卜,贞,旬亡囚(祸)。
癸亥卜,贞,旬亡囚(祸)。
癸酉卜,贞,旬亡囚(祸)。
按:本片连续四旬占卜,贞问旬无祸,也足证每旬是十日,每月三旬。

38·4：癸丑,贞,旬亡囚(祸)。
癸亥,贞,旬亡囚(祸)。
癸酉,贞,旬亡囚(祸)。
癸未,贞,旬亡囚(祸)。
按:本片是上文第37·14片第二、三、四、五辞,应缀合为一片。

38·5：癸丑,贞,旬亡囚(祸)。
癸亥,贞,旬亡囚(祸)。

38·6：癸巳,贞,旬亡囚(祸)。
……贞,旬亡囚(祸)。
按:本片是本卷第37·10片的重出。

38·7：癸未,王卜,贞,旬亡囚(祸),在上虞。
癸巳,王卜,[贞],旬亡囚(祸),[在]上虞。
按:本片"上虞"二字略残,《合集》37861"上虞"二字合书,地名,在王征人方沿途,当今河南中东部商丘一带,今河南中东部的虞城或是其故地。

38·8：癸酉,贞,旬亡囚(祸)。
癸未,贞,旬亡囚(祸)。
癸巳,贞,旬[亡]囚(祸)。
按:本片卜辞连续三旬贞问下旬无祸忧。

38·9：癸[酉],贞,[旬]亡[囚(祸)]。
癸未,贞,旬亡囚(祸)。
[癸]巳,贞,旬亡囚(祸)。

38·10：癸酉,贞,旬亡囚(祸)。
癸未,贞,旬亡囚(祸)。

39·1：癸[酉王卜]，贞，[旬亡囚（祸）]，王[占曰：吉]。
　　　　癸未，王卜，贞，旬亡囚（祸）。王占曰：吉。
　　　　[癸]巳，王卜，[贞]，旬亡囚（祸），[王]占曰：吉。

按：本片卜辞大意为，连续三旬王亲自占卜，贞问下旬无祸忧，并且占卜都说吉。

39·2：癸酉，贞，旬亡囚（祸）。
　　　　癸未，贞，旬亡囚（祸）。
　　　　癸巳，贞，旬亡囚（祸）。

39·3：癸[未卜]，贞，[旬]亡[囚（祸）]。
　　　　癸巳卜，贞，旬亡囚（祸）。
　　　　癸卯卜，贞，旬亡囚（祸）。

39·4：癸未，贞，旬亡囚（祸）。
　　　　癸巳，贞，旬亡囚（祸）。

39·5：癸卯，贞，旬亡囚（祸）。
　　　　癸丑，贞，旬亡囚（祸）。
　　　　癸亥，贞，旬亡囚（祸）。
　　　　癸酉，贞，旬亡囚（祸）。
　　　　癸丑，贞，旬亡囚（祸）。
　　　　癸未，贞，[旬]亡囚（祸）。

按：第五辞"癸丑……"，与第六辞"癸未……"，根据干支表不是连续的两旬旬末，可能是刻错干支顺序了，所以这两个干支字有改动的痕迹。本片连续六旬，正好是两个整月（有错），贞问旬无祸，足证商代晚期每旬十日，每月三旬。

本片是《合集》34931。

39·6：癸……旬……。
　　　　癸亥卜，史贞，旬亡囚（祸）。九月。
　　　　癸未卜，贞，旬亡囚（祸）。十二月。

按：这是隔月占卜，贞问旬无祸。商正建丑（夏历十二月），所以，本辞十二月，当是夏历的十一月。且商代晚期实行年终置闰，称十三月。参阅卷一第7·4片"三正"的有关叙说。

39·7：癸……贞,……亡……。
　　　癸亥卜,贞,旬亡囚(祸)。
　　　[癸]巳……。
　　　按：这是隔月占卜,贞问旬无祸。

39·8：癸未,贞,旬亡囚(祸)。三。
　　　癸巳,贞,旬亡囚(祸)。三。

39·9：癸……。三。
　　　癸亥,贞,旬亡囚(祸)。三。
　　　癸巳……。
　　　按：这是隔月占卜,贞问旬无祸。

39·10：癸……争……旬……囚(祸)。
　　　　癸酉卜,贞,旬亡囚(祸)。
　　　　……[旬亡]囚(祸)。
　　　　按：本片与本卷第46·8片重复。

39·11：癸亥,王[卜,贞],旬亡囚(祸)。[王]占曰：[吉]。
　　　　癸酉,王卜,贞,旬亡囚(祸)。王占曰：吉。在正月。
　　　　[癸未],王卜,贞,[旬]亡囚(祸),王占曰：吉,在[囗月]。
　　　　按：本片是王亲自占卜,贞问旬无祸,占卜都说吉。正月,当夏历的十二月。

39·12：癸……。
　　　　癸亥卜,贞,旬亡囚(祸)。

40·1：癸[亥卜],宁[贞],旬亡[囚(祸)]。三,二告。
　　　癸酉卜,贞,旬亡囚(祸)。三。
　　　[癸]未,……宁……亡……。
　　　按：宁,武丁早期贞人。第三辞"癸未……"的刻写顺序与第一辞和第二辞方向相反。

40・2：癸卯卜,贞,旬亡囚(祸)。
　　　　癸亥,㱿贞,[旬]亡囚(祸)。
　　　　按：这是隔月占卜,贞问旬无祸。㱿,武丁早期贞人。

40・3：癸丑卜,贞,旬[亡]囚(祸)。二。
　　　　癸……。

40・4：癸未,贞,旬亡囚(祸)。
　　　　癸巳,贞,旬亡囚(祸)。
　　　　癸卯,贞,旬亡囚(祸)。

40・5：癸巳卜,贞,旬亡祸,十二月。

40・6：贞,旬……。
　　　　癸卯卜,贞,旬亡囚(祸)。
　　　　癸酉卜,贞,旬[亡囚(祸)]。
　　　　……又二。

40・7：癸丑,贞,旬亡祸。
　　　　甲辰卜,易日。乙巳允……。
　　　　按：卜辞大意是,甲辰占卜天气由阴转晴,第二天乙巳果然由阴转晴。

40・8：癸巳卜,贞,旬[亡]囚(祸)。

40・9：丁丑卜,行贞,今夕[亡囚(祸)]。
　　　　戊寅卜,行贞,今夕亡囚(祸)。
　　　　己卯卜,行[贞],今夕[亡]囚(祸)。
　　　　按：行,祖甲时贞人。本片在不同的三日贞问今夕无祸忧,与都在癸日占卜下一旬的吉凶明显不同。

40・10：丙申卜,行贞,王出,亡囚(祸)。
　　　　贞,亡尤(忧)。
　　　　……行……羌甲……囚(祸)。
　　　　按：行,祖甲时贞人。羌甲,是祖乙之子、祖辛之弟,传世文献作沃甲。

本片是卷三第33·12片的下半截。可资参阅。

40·11：丁……贞,……。
　　　　□申卜,行[贞],今夕[亡]囚(祸),三月。
　　　　乙酉卜,行贞,今夕亡囚(祸),四月。
　　　按：行,祖甲时贞人。卜辞于白天占卜,贞问今夕无祸忧。

40·12：己卯卜,行贞,今夕亡囚(祸)。
　　　　……卜,今夕……祸。
　　　按：行,祖甲时贞人。严一萍释文还有"戊寅卜,[行]贞,今夕[亡祸]"一辞,拓片无,未知其所据。

40·13：癸[卯卜,行]贞,[旬亡]囚(祸)。
　　　　癸丑卜,行贞,旬亡囚(祸)。在七月。
　　　　癸亥卜,行贞,旬亡囚(祸)。在七月。
　　　　[癸酉]卜,行贞,[旬]亡[囚(祸)]。在七月。
　　　按：第二辞"癸丑卜",严一萍释文作"癸巳卜",误,拓片是"癸丑卜"。且从所在月份来看,第二、三、四辞都是"在七月",第二辞若按"癸巳卜"计算,则七月岂不有四旬,可见其误属实。行,祖甲时贞人。

41·1：贞,亡尤(忧)。[在]□[月]。
　　　　壬申卜,行贞,王出,亡囚(祸)。
　　　　贞,亡尤(忧)。在二月。
　　　按：行,祖甲时贞人。第一辞拓片月份字不清晰。

41·2：癸[□卜],……。
　　　　癸亥卜,出贞,旬亡囚(祸)。十月。
　　　　□□卜,□贞,[旬]亡[囚(祸)]。□月。
　　　按：出,祖庚时贞人。本片卜辞贞问旬无祸。

41·3：[癸酉卜],王[贞,旬]亡[囚(祸)]。
　　　　癸未卜,王贞,旬亡囚(祸)。
　　　　癸巳卜,王贞,旬亡囚(祸)。
　　　　[癸卯卜],王[贞,旬]亡囚(祸)。

按：第二辞和第三辞是本片，第一辞和第四辞拓片无，据《合集》26479补。

41·4：辛未[卜]，贞，王旬亡囚（祸）。
　　　贞，亡尤。在六月。
　　　按：卜辞贞问王旬无祸。

41·5：癸[未卜]，囗贞，[旬亡囚]乙酉……。一。
　　　癸巳卜，王贞，旬亡囚（祸）。
　　　[癸卯]卜，王[贞，旬]亡囚（祸）。……❋（幼）。在……。
　　　按：辞残，其义不详。

41·6：癸丑卜，王贞，旬亡囚（祸）。
　　　囗囗卜，王[贞]，旬亡囚（祸）。
　　　按：本片卜辞王亲自贞问旬无祸。

41·7：乙酉，贞，王亡囚（祸）。
　　　丁亥，贞，王步自于囗。
　　　按：第一辞贞问王无祸。第二辞贞问王步自于某处。

41·8：甲辰卜，[尹]贞，今夕亡囚（祸）。在[囗月]。
　　　乙巳卜，尹贞，今夕亡囚（祸）。
　　　丙午卜，尹[贞]，今夕[亡]囚（祸）。一。
　　　丁未卜，尹贞，今夕亡囚（祸）。在七月。一。
　　　按：尹，祖甲时贞人。卜辞连续四日贞问今夕无祸忧。

41·9：丁未卜，尹贞，今夕亡囚（祸）。在七月。
　　　戊申卜，尹贞，今夕亡[囚（祸）]。在七月。
　　　[己]酉卜，尹[贞]，今夕[亡]囚（祸）。
　　　按：尹，祖甲时贞人。卜辞大意是，一连数日占卜贞问今夕无祸忧。在七月。

41·10：戊[囗卜]，贞，……。
　　　　贞，亡尤（忧）。二。

戊寅卜,尹贞,王出,亡囚(祸)。(以上三辞是本片,以下二辞被裁掉)

贞,亡尤。在六月。

□□卜,尹贞,亡囚(祸)。

按:严一萍说本片是卷三第 35・7 片的重出,经核对本片少该片的第四辞和第五辞。尹,祖甲时贞人。

本片是《合集》23751。

41・11: 丙午[卜,尹]贞,[今夕]亡囚(祸)。

丁未卜,尹贞,今夕亡囚(祸)。在七月。

按:尹,祖甲时贞人。本片是上文第 41・8 片的第三辞和第四辞。可资参阅。

42・1: 癸[亥]卜,🈁(兄)贞,旬亡囚(祸)。

癸酉卜,兄贞,旬亡囚(祸)。

癸未卜,兄贞,旬亡囚(祸)。

癸巳卜,兄贞,旬亡囚(祸)。

癸卯卜,兄贞,旬亡囚(祸)。

按:贞人🈁或作🈁(兄),严一萍皆隶作"邑",以下几片也同样。"兄"与"邑"字的区别在于:下面都从卩(坐人形),上面所从的是口,则是"兄"字;上面所从的是囗,则是"邑"字。据陈梦家"卜人表",武丁早期有贞人"邑",祖庚时期有贞人"兄",二字的写法略异,所属时代不同,需要细加甄别。

本片是《合集》26633。

42・2: 癸[□卜,兄贞,旬]亡囚(祸)。三。

癸未卜,兄贞,旬亡囚(祸)。二告。

癸未卜,兄贞,旬亡囚(祸)。三。

癸巳[卜],兄[贞,旬]亡[囚(祸)]。

癸酉卜,兄贞,旬亡囚(祸)。

癸丑卜,兄贞,旬亡囚(祸)。

癸亥卜,兄贞,旬亡囚(祸)。

按:本片七条卜辞刻于三处,释文顺序不一定准确,仅供参考,皆贞问旬无祸。兄,祖庚时贞人,或隶作"祝"。

本片是《合集》26654 的上半截,下半截还有七条卜辞,分别是本卷第 42·4 片和第 43·2 片。可资参阅。

42·3：癸丑[卜,兄]贞,[旬]亡[囚(祸)]。
　　　癸丑卜,兄贞,旬亡祸。
　　　[癸]亥[卜],兄[贞],旬[亡囚(祸)]。
　　按：兄,祖庚时贞人。

42·4：癸[囗卜],兄[贞],旬[亡囚(祸)]。
　　　癸巳卜,贞,旬亡囚(祸)。
　　　癸卯卜,贞,旬亡囚(祸)。
　　　癸丑卜,兄贞,旬亡囚(祸)。
　　按：第一辞和第四辞贞人兄,是祖庚时贞人。第二辞和第三辞拓片无贞人名。
　　本片是本卷第 42·2 片的下半截的一部分。见《合集》26654。

42·5：癸巳卜,贞,旬亡囚(祸)。
　　　癸卯卜,贞,旬亡囚(祸)。
　　　癸酉卜,兄贞,旬亡囚(祸)。十月。二告。
　　　癸……二月。
　　　癸丑卜,贞,旬亡[囚(祸)]。二告。
　　按：兄,祖庚时贞人。

43·1：癸[丑卜],兄[贞,旬]亡囚(祸)。
　　　癸亥卜,兄贞,旬亡囚(祸)。七月。
　　　癸酉卜,兄贞,旬亡囚(祸)。八月。
　　　[癸]未卜,[兄]贞,[旬亡]囚(祸)。八月。

43·2：癸亥[卜],兄[贞],旬亡囚(祸)。
　　　癸巳卜,兄贞,旬亡囚(祸)。
　　　癸未卜,兄贞,旬亡囚(祸)。
　　　[癸]亥卜,[兄]贞,[旬亡]囚(祸)。
　　按：兄,祖庚时贞人。下面写作坐人的卩。拓片的干支顺序由下而上。
　　本片是本卷第 42·2 片的下半截的一部分。参阅《合集》26654。

43·3：［丁丑卜,旅］贞,［今夕］亡囚(祸)。
　　　戊寅卜,旅贞,今夕亡囚(祸)。
　　　己卯卜,旅贞,今夕亡囚(祸)。
　　按：旅,祖甲时贞人。卜辞连续三日贞问今夕无祸。

43·4：戊戌［卜,旅贞,今夕］亡［囚(祸)］。
　　　贞,亡尤(忧)。
　　　［戊］戌卜,旅［贞］,今夕［亡］囚(祸)。十二月。
　　按：旅,祖甲时贞人。卜辞大意是,戊戌占卜,旅贞问今夕无祸忧。

43·5：［癸］丑卜,旅［贞］,旬亡囚(祸)。
　　按：旅,祖甲时贞人。卜辞贞问旬无祸。

43·6：丁丑卜,旅［贞］,今夕亡［囚(祸)］。在三月。
　　按：旅,祖甲时贞人。丁丑占卜,旅贞问今夕无囚(祸)。

43·7：癸丑卜,旅贞,旬亡囚(祸)。
　　　癸丑卜,尹贞,旬亡囚(祸)。
　　按：虽是同日占卜,但贞人不同,第一辞的贞人是旅,第二辞的贞人是尹,二人都是祖甲时贞人。更换贞人,是否表示对初次占卜所得到的结果加以确认。

43·8：甲午［卜,旅］贞,［今夕］亡［囚(祸)］。
　　　乙未卜,旅贞,今夕亡囚(祸)。在九月。
　　　□□卜,旅［贞,今］夕［亡囚(祸)］。在□月。
　　按：旅,祖甲时贞人。连续三日占卜,贞问今夕无祸。

43·9：癸亥［卜,贞］,王旬［亡囚(祸)］。
　　　癸酉卜,贞,王旬亡囚(祸)。
　　　癸未卜,贞,王旬亡囚(祸)。
　　按：卜辞大意是,贞问王本旬无祸忧。

43·10：辛［□卜］,贞,今［夕亡囚(祸)］。
　　　癸亥卜,旅贞,今夕亡囚(祸)。四月。

按：旅,祖甲时贞人。卜辞贞问今夕无祸忧。

44・1：癸巳卜,宁贞,旬亡囚(祸)。五月。三。
　　　癸卯卜,宁贞,旬亡囚(祸)。六月。三。
　　　癸丑卜,宁贞,旬亡囚(祸)。六月。三。
　　　癸亥卜,宁贞,旬亡囚(祸)。六月。三。
　　　癸［□卜］,宁［贞］,旬［亡囚(祸)］。三。
　　　癸卯卜,宁贞,旬亡囚(祸)。八月。三。
　　　癸丑卜,宁贞,旬亡囚(祸)。八月。三。
　　　癸亥卜,宁贞,旬亡囚(祸)。八月。三。

按：宁,武丁早期贞人。按月份,左侧卜辞在前刻,右侧卜辞在后刻,但拓片右侧下面的字迹不清晰。由卜辞可知,在武丁早期商王室就开始占卜并贞问旬无祸了,且每月三旬,每旬十日,每月是三十日,武丁以后无大小月之分。

本片是《合集》16679,《补》4924＝《合集》16678+16679。

44・2：癸巳卜,宁贞,旬亡囚(祸)。
　　　癸卯卜,宁贞,旬亡囚(祸)。
　　　癸丑卜,宁贞,旬亡囚(祸)。
　　　癸亥卜,宁贞,旬亡囚(祸)。九月。
　　　癸未卜,贞,旬亡囚(祸)。
　　　□□卜,［贞,旬亡］囚(祸)。

按：宁,武丁早期贞人。卜辞贞问旬无祸。

44・3：王……哉……。
　　　贞,成梵(荣)丁宗。
　　　癸巳卜,贞,旬亡囚(祸)。
　　　癸未卜,宁贞,旬亡囚(祸)。
　　　癸卯卜,宁贞,旬亡囚(祸)。
　　　□寅卜,□贞,我□从单。
　　　贞,我……兹……。
　　　癸亥卜,宁贞,旬亡囚(祸)。
　　　癸□□,宁［贞,旬］亡囚(祸)。
　　　癸酉卜,贞,旬亡囚(祸)。

癸卯卜,宁贞,旬亡囚(祸)。
癸巳卜,宁贞,旬亡囚(祸)。

按：𢦔,或是祭名。第一辞残,其义不详。宁,武丁早期贞人。萘,从林从门,结合金文"荣"字的写法,读作"荣",卜辞疑用作祭名,或是祊祭的本字。丁宗,供奉先王庙号曰丁神主的庙室。

单,是独体象形字。象捕鸟的网,与"畢"(毕)同属䍏器。芈,其形象推弃之器畚箕,而且也象捕鸟之器,推弃之器与捕鸟之器形状略同,只是大小、手把长短有别。卜辞是地名。

本片是《合集》13536 正。见《拼合》126。其反面卜辞是"辛□卜,……。"

45・1：癸酉卜,宁贞,旬亡囚(祸)。十一月。
癸未卜,宁贞,旬亡囚(祸)。十一月。
癸巳卜,宁贞,旬亡囚(祸)。十二月。
癸卯卜,宁贞,旬亡囚(祸)。十二月。
癸丑卜,宁贞,旬亡囚(祸)。十二月。
癸亥卜,宁贞,旬亡囚(祸)。(以上是本片)
癸巳卜,宁贞,旬亡囚(祸)。二月。
癸□[卜,宁贞],旬亡囚(祸)。
癸亥气□。(反面。以上三辞据《合集》16755 补)

按：宁,武丁早期贞人。卜辞贞问旬无祸,且每月三旬,每月是三十日。本片是《合集》16755 正。

45・2：癸巳卜,宁贞,旬[亡囚(祸)]。
癸卯卜,宁贞,旬亡囚(祸)。
癸卯卜,宁贞,旬亡囚(祸)。

按：宁,武丁早期贞人。三辞刻于三处,贞问旬无祸。

45・3：癸[卯卜],宁[贞],旬[亡囚(祸)]。
癸丑卜,宁贞,旬亡囚(祸)。七月。
[癸]亥卜,[宁]贞,[旬]亡囚(祸)。

按：宁,武丁早期贞人。卜辞连续三旬贞问旬无祸。

45・4：癸亥卜,宁贞,旬亡囚(祸)。
癸未卜,宁贞,旬亡囚(祸)。(以上是本片下半截,被裁,据《合集》补)

癸巳卜,宁贞,旬亡囚(祸)。
癸卯卜,宁贞,旬亡囚(祸)。
癸丑卜,宁贞,旬亡囚(祸)。
……旬亡祸。(以上是本片卜辞)
王占曰:屮(有)……。
王占曰:屮(有)祟,媸(艰)。(以上是反面)

按:宁,武丁早期贞人。严一萍释文还有两条残辞,拓片无。本片是《合集》16900正反。

45·5:……贞,[旬]亡[囚(祸)]。三。
癸卯卜,宁贞,旬亡囚(祸)。六[月]。
癸丑卜,争贞,旬亡囚(祸)。八月。三。
[癸]未卜,古贞,旬亡囚(祸)。十月。三。

按:宁、争和古,都是武丁早期贞人。本片是隔月占卜,贞问旬无祸。

45·6:……尤(忧)。
甲申卜,行贞,王侯,夙福,亡囚(祸)。
贞,亡尤(忧)。
囗囗卜,行[贞,亡尤(忧)]。

按:行,祖甲时贞人。侯,侯祭。夙福,是祭名,于早晨行祭。或读作"夙祼"。参阅卷二第11·7片考释。

45·7:戊[囗卜],宁[贞,今]夕止……。
丁酉卜,宁贞,今夕亡囚(祸),阴。
己亥卜,宁贞,今夕亡囚(祸)。
囗囗卜,……今……。

按:阴,是一种天气现象,或释作"霾"。卜辞"霾"和"雾"二字都有(分别参阅本卷第14·8片和本卷第24·14片),写法与"阴"字不同。参阅本卷第36·8片考释。

45·8:癸[酉卜],宁[贞,旬]亡囚(祸)。
癸未卜,宁贞,旬亡囚(祸)。六月,在橐(廊)。
癸巳卜,宁贞,旬亡囚(祸)。六月。
癸卯卜,宁贞,旬亡囚(祸)。六月。

癸丑卜,宁贞,旬亡国(祸)。七月。
癸巳卜,宁贞,旬亡国(祸)。八月。
癸卯卜,宁贞,旬亡国(祸)。八月。
按:宁,武丁早期贞人。橐,读作"廓"。参阅卷一第2·4片考释。
本片是《合集》16689。

46·1:甲寅卜,即贞,王傧,䜣,亡国(祸)。
按:即,祖甲时贞人。䜣,祭名。本片是卷二第13·5片的重出。可资参阅。

46·2:[□□卜],宁[贞],旬[亡]国(祸)。
癸巳卜,宁贞,旬亡国(祸)。八月。
癸丑卜,宁贞,旬[亡国(祸)]。二告。
[癸]亥卜,[宁]贞,旬[亡]国(祸)。
按:宁,武丁早期贞人。卜辞贞问旬无祸。

46·3:癸丑卜,宁贞,旬亡国(祸)。九月。
按:宁,武丁早期贞人。卜辞贞问旬无祸。

46·4:癸巳卜,宁贞,旬亡国(祸)。

46·5:癸丑[卜],古贞,[旬]亡国(祸),□雍出。
癸亥卜,古贞,旬亡国(祸)。十一月。
癸酉卜,古贞,旬亡国(祸)。十一月。
癸未卜,古贞,旬亡国(祸)。十二月。
癸巳卜,古贞,旬亡国(祸)。十二月。
按:古,武丁早期贞人。雝,或读作"雍"。本辞是地名,王国维以为雍在今河南修武县之西。
本片是《合集》16751。

46·6:癸卯卜,㱿贞,旬亡国(祸)。
癸丑卜,㱿贞,旬亡国(祸)。
癸未卜,㱿贞,旬亡国(祸),三日乙酉,王占曰:㞢(有)祟。奠㞢艮(服)。

……贞,……。

癸丑卜,贞,旬亡囚(祸)。(反面,据《合集》补)

按:殸,武丁早期贞人。祟,指妖魔鬼怪作祟祸害人。奠,奠祭。本辞是祭名。艮,读作"服",卜辞用作牺牲名。

本片是《合集》16935 正反。

46·7: 癸□卜,[争]贞,[旬亡囚(祸)]。

癸巳卜,争贞,旬[亡囚(祸)]。

[□□卜],争[贞],旬亡囚(祸)。

按:争,武丁早期贞人。卜辞贞问旬无祸。

46·8: 癸□[卜]争[贞],旬亡[囚(祸)]。

癸酉卜,贞,旬亡囚(祸)。

按:争,武丁早期贞人。本片与本卷第39·12片重复。可资参阅。

46·9: 癸酉卜,争贞,旬亡囚(祸)。

癸未卜,争贞,旬亡囚(祸),王占曰:不吉。

癸卯卜,争贞,旬亡囚(祸)。

按:争,武丁早期贞人。"不吉"的"吉"字残,据文义补。

47·1: 癸丑卜,争贞,旬亡囚(祸)。

癸亥卜,争贞,旬亡囚(祸)。二。

己巳,乇小囲(甲)。二。

癸酉卜,争贞,旬亡囚(祸)。

癸巳卜,争贞,旬亡囚(祸)。

□□[卜],争[贞,旬]亡囚(祸)。

按:争,武丁早期贞人。第三辞祭小甲。其余五条卜辞都是占卜贞问旬无祸。乇,于省吾说用作"磔",剖牲体也,是祭名,亦为用牲之法。参阅卷二第13·5片考释。

本片是《合集》16796。

47·2: 癸丑卜,争贞,旬亡囚(祸)。

癸酉卜,争贞,旬亡囚(祸)。

按:争,武丁早期贞人。两条卜辞都是占卜贞问旬无祸。

47·3：癸酉[卜,争]贞,旬[亡]囚(祸)。
　　　　癸未卜,争贞,旬亡囚(祸)。一月。
　　　　癸囗卜,[争贞],旬[亡囚(祸)]。
　　　　癸卯卜,争贞,[旬]亡[囚(祸)]。
　　　按：争,武丁早期贞人。卜辞贞问旬无祸。

47·4：戊子[卜],矣贞,今[夕]亡囚(祸)。
　　　　丙申卜,矣贞,今夕亡囚(祸)。
　　　按：矣,祖甲时贞人。

47·5：戊子卜,矣贞,今夕亡囚(祸)。四月。
　　　按：矣,祖甲时贞人。本片与本页第8片重复。

47·6：庚子卜,贞,今夕亡囚(祸)。
　　　　辛丑卜,矣贞,今夕亡囚(祸)。八月。
　　　按：矣,祖甲时贞人。卜辞连续二日贞问今夕无祸忧。

47·7：庚辰卜,矣[贞],今夕亡囚(祸)。
　　　按：矣,祖甲时贞人。卜辞贞问今夕无祸忧。

47·8：戊子卜,矣贞,今夕亡囚(祸)。四月。
　　　按：本片是本页第5片的重出。

47·9：癸囗[卜],矣[贞,旬]亡[囚(祸)]。
　　　　癸酉卜,矣贞,旬亡囚(祸)。
　　　　[癸]巳卜,矣[贞],旬亡囚(祸)。十二月。
　　　按：矣,祖甲时贞人。本片卜辞或是隔旬占卜,贞问旬无祸忧。

48·1：辛巳,贞,王[今夕]亡[囚(祸)]。
　　　　癸酉,贞,王今夕亡囚(祸)。
　　　按：本片卜辞贞问王今夕无祸忧。

48·2：癸囗[卜],大[贞,旬]亡(祸)。
　　　　癸未卜,大[贞],旬亡囚(祸)。

癸巳卜,……。
按:大,祖甲时贞人。"大"之下漏刻"贞"字。

48·3:壬辰卜,古贞,亡田(祸)。
□□卜,古贞,[亡]田(祸)。
按:古,武丁早期贞人。本片卜辞贞问无祸忧。

48·4:癸丑卜,古贞,旬亡田(祸)。
按:古,武丁早期贞人。

48·5:丙寅卜,史贞,今夕亡田(祸)。
按:史,武丁晚期贞人。卜辞贞问今夕无祸忧。

48·6:癸丑[卜],㱿贞,旬亡[田(祸)]。
[癸]巳,㱿贞,旬亡田(祸)。
按:㱿,武丁早期贞人。卜辞贞问旬无祸忧。

48·7:癸丑卜,史贞,旬亡田(祸)。十二月。
……[亡]田(祸)。三月。
按:史,武丁晚期贞人。

48·8:癸丑卜,冘贞,旬亡田(祸)。十月。告。
按:冘,廪辛时贞人。

48·9:癸亥[卜],冘[贞,旬]亡[祸]。
癸酉卜,冘贞,旬亡田(祸)。八月。
癸未卜,冘贞,旬亡田(祸)。九月。
按:冘,廪辛时贞人。

48·10:癸巳卜,冘贞,旬亡田(祸)。三。
按:冘,廪辛时贞人。

49·1:癸未卜,内贞,旬亡田(祸)。
按:内,武丁早期贞人。严一萍隶作"史贞",非是。

49・2：癸……三。

癸巳,贞,画亡囚(祸)。三。

按：子画,是人名。参阅本卷第32・5片考释。本片与卷六第15・4片重复。

49・3：己酉卜,旅贞,今夕亡囚(祸)。在二月。

……[亡]囚(祸)。

按：旅,祖甲时贞人。己酉贞问今夕无祸忧。在二月。

49・4：丙寅[卜,逐]贞,[今夕]亡[囚(祸)]。

丁卯卜,逐贞,今夕亡囚(祸)。

[戊]辰卜,逐[贞,今夕]亡囚(祸)。

按：逐,祖庚时贞人。卜辞连续三日贞问今夕是否有灾祸。

49・5：癸亥卜,大[贞,旬]亡[囚(祸)]。

癸卯卜,兄贞,旬亡囚(祸)。

癸丑卜,大贞,旬亡囚(祸)。

癸亥卜,贞,旬亡囚(祸)。

癸亥卜,大贞,旬亡囚(祸)。

癸酉卜,大贞,旬亡囚(祸)。

按：释文顺序根据拓片由下而上隶定。第二辞贞人"兄",是祖庚时贞人,严一萍释文作"大",非是。《合集》隶作"祝"。 (大)与 (兄)写法截然不同,不该混同。大,祖甲时贞人。由此片可以看出,贞人兄到祖甲时仍在供职。第四辞未书贞人名。由于卜辞未书月份,干支显得很乱,既不像按干支顺序每旬占卜,也不像隔旬占卜,未知是何原因。

本片是《合集》26560。

49・6：癸亥卜,[贞],王旬亡[囚(祸)]。

癸酉卜,贞,王旬亡囚(祸)。

[癸未卜],贞,[王旬亡]囚(祸)。

按：本片卜辞贞问王旬无祸忧。

49・7：癸丑卜,贞,王旬亡囚(祸)。

□□卜,贞,[王]旬亡囚(祸)。

按：本片卜辞贞问王旬无祸忧。

卷　　五

1・1：□午,岁祭……,王占[曰]……。

　　□午,▨(夕)晕,辛未……。

　　按：▨,是"月"或"夕"字,本辞读作"夕"。夕晕,今晚月有黄色晕圈。参阅卷四第6・1片考释。

1・2：庚□,[王占]曰：虫(有)祸,……▨(丁)不死,……不▨(虎),其见。二。

　　按：▨(丁),下有羡文＝,仍读作"丁"。▨,象虎形,身上有花纹,是"虎"字。"不虎",或是"不被虎所伤"的意思。或释作"不犬",非是。本辞与《铁云藏龟》第76・3片相同。可资参阅。

　　本片是《合集》17136。

1・3：甲申卜,争贞,㚢弗其以。三。

　　甲申卜,争贞,㚢弗其以。三。

　　不▨(玄)▨(黿)。三。

　　按：争,武丁早期贞人。㚢,此处作人名。参阅卷三第44・10片考释。不▨▨,读作"不玄黿"。参阅卷一第34・2片考释。

1・4：戊寅卜,自贞,▨(陕)弗其以虫(侑)示▨(敄、牧)。二月。一。

　　戊寅卜,自贞,▨(陕)其以虫(侑)示▨(敄、牧)。一。

　　按：自,武丁晚期贞人。▨,第二辞反书作▨,从阜寅声,隶作陚,或隶作从阜从矢的陕,或作从阜夷声的陕。卜辞是人名。黄天树说"陕这个人物的字形有两种：一作▨,一作▨"(《合》10613)。参阅《诂林补编》第345页。▨,从支,羕声。或隶作敄,是"牧"字的异构。刘桓认为敄读作"养",赞成张政烺释作"攘暴"的"攘"的解释,"攘"有攘夺义。参阅《诂林补编》第403页。在本辞中或作人名,是祭祀的对象。

2·1：贞，□帝（禘），唯降隻（禝）。

贞，帝（禘），不唯降禝。一。

按：禝，拓片有蚀斑，不太清晰。从示从隻，隶作禝；或隶作敚，从攴从隹。据文义卜辞疑有天降灾祸义。

本辞是《合集》14171。

2·2：己卯卜，允（奚）贞，命多子族从犬侯凿（璞）周，古王史（事）。五月。三。（本辞是本片）

贞，……。

癸酉。

己卯。

五牛。

贞，弜（勿）乎（呼）归。五月。三。（以上五辞据《合集》6812 补）

按：允（奚），是武丁早期贞人。多子族，是商王室的部族兼军事组织。犬是方国名，犬侯是犬国的君主。凿，从収从辛从玉从箕从岩穴形，象人在山洞里凿取玉石形，叶玉森《说契》释作凿空的"凿"。据刘桓文，唐兰说是"璞"字的省体，读作"扑"。刘钊认为当读作翦伐的"翦"，林沄则认为甲骨文的"璞"不能改读"翦"。参阅《诂林补编》第 512、513 页。本书以为，从字形方面来考察，"凿"字正象人开凿山洞取玉石形，所以叶玉森释"凿"是也。① 周，是方国名。凿周，开通通往周地的道路，就像西汉张骞开通西域之路后世称为凿空一样。参阅《后编考释》第 417 页。古王事，止息王事的意思。参阅卷三第 26·3 片考释。

2·3：贞，不唯……。

□□卜，永贞，令……。

按：永，武丁早期贞人。辞残，其义不详。

2·4：癸巳卜，争贞，旬［亡祸］。甲午，屮（有）▨（闻）曰或史（使）▨（臽）▨（复）。七月。在……艰，不死。

癸卯卜，争贞，旬［亡祸］。

癸丑卜，争贞，旬［亡祸］，五日丁巳，子▨（麇、陷）……。

［癸］亥卜，争贞，旬无［祸］。（以上是本片，是《合集》17078 正面）

---

① 叶正渤：《叶玉森甲骨学论著整理与研究》，线装书局，2008 年，第 93 页。

……媸（艰），其出（有）来齿。

……壬申，夕翌（晕），癸酉，……。（以上是《合集》17078反面）

按：争，武丁早期贞人。▨，从坐人，从耳，右侧一竖是裂纹，不是刻划，是听闻的"闻"字。有闻，有所听闻，有消息传来。▨，字迹有斑蚀，象人在山中，当是"囨"字。卜辞是人名。参阅卷三第26·1片考释。▨，上从房屋等建筑物形，下从夊（足），是"复"字。卜辞或读作"復"，是往返义。

▨（陷），上从鹿头，下部残，严一萍释文作麇，从鹿从井，《合集》17078释文作"阱"，子麇（阱）是人名。参阅卷三第26·1片和第45·2片考释。来齿，或指来犯，犹言来艰。参阅卷四第32·3片考释。翌，《合集释文》释作"向"，句读误，非是，应是"晕"字。参阅卷一第39·3片考释。

3·1：……围我奠（郑），斩（𢦒）四（邑），出……亦（夜）焚［廪］三。

按：奠，读作"郑"，是地名。亦，读作"夜"。廪，或读作林，是地名，具体地望不详。卜辞有"陕廪"和"南廪"，也有单称"廪"的。参阅卷三第14·2片和第40·2片考释。

3·2：壬子卜，宁贞，令戉从舌……。

癸丑卜，𣪘贞，唯▨（魏）乎……。

□□［卜］，𣪘贞，……。

按：宁、𣪘，都是武丁早期贞人。戉、舌，是方国名。其地当与鬼方、舌方邻近，武丁时常与商王室交战者之一。参阅卷一第4·6片考释。▨，从糸，鬼声，隶作魏。卜辞是方国名。

本片是《合集》586，拓片右侧（本卷第9·1片）被裁。

3·3：□申卜，𣪘贞，亘戎唯我▨（冠），其▨（冬）于之。

□□［卜］，贞，亘戎唯……。

按：𣪘，武丁早期贞人。亘戎，卜辞当是氏族名。或释"捍"，于文义不通。▨，象隹（短尾鸟）头上有大冠形，或是凤冠的"冠"字。卜辞"亘戎唯我冠"，犹言亘戎唯我马首是瞻，故下文言"其冬于之"。或说"似有灾咎义"，恐亦未必是。《合集》释文仅描摹字形，未隶定。▨，象丝缕两端打结形，隶作"冬"，本是终了的意思，本辞读作"冬"，冬天。于之，有前往义。

本片是《合集》6944。

3·4：［王］占曰：出（有）祟。

吉,其⩎来艰,王占曰:⩎(有)祟。

按:卜辞大意是,王占卜说有祸祟,大概有来艰。《合集》7153 正有释文。

4·1: 王占曰:唯既。

王占曰:⩎祟,兹敝执夒。

按:卜辞"唯既",或表示某件事情已经结束。敝,引申有破败义。执夒,据《合集》补。卜辞鞫于夒,是祭名。参阅卷一第36·3片考释。夒是山名,是商人崇拜的自然神之一,也是重要的祭祀对象。参阅卷一第49·4片至第50·1片考释。

本片是《合集》6566 反面。《合集》6566 正面是下一片。

4·2+7·7: 壬辰卜,㱿贞,戉斩(翦)湔方。

甲午卜,宁贞,夒其⩎(有)祸。二月。

甲午卜,宁贞,夒亡祸,[王]占曰:(⩎祟。兹……夒……)。

按:宁,武丁早期贞人。戉,方国名。湔方,方国名。夒,是山名和神名。第三辞"王占曰"以下残缺。本片与本卷第7·7片缀合。

本片是《合集》6566 正。参阅第4·1片。

4·3: 丙子卜,宁贞,令皋▨(葬)我于⩎𠂤(有师),骨告不死。十二月。

贞,方至涂,遘[雨]。

按:宁,武丁早期贞人。▨,释作"葬"。参阅《诂林补编》第25—35页。与▨(死)字写法不同。⩎𠂤,读作"有师",师旅临时驻扎曰次,卜辞临时用作地名则读师。第二辞的方,是方国名。涂,是地名。

4·4: 贞,王勿▨(毁)▨(樲)、▨(葪)、牧子,在燕。一。

按:本片见于《后编》卷下第12·12片。▨,从玉从攴,隶作毁,或与治玉有关。从毁字的构形来看,疑与"理"字义同。理,《说文》玉部:"治玉也。"引申指治理一切事物。所以,毁疑也有治的意思,用为动词。▨,上从木,下从邑声,隶作樲。或是从林从邑省的"鬱"字的异体。卜辞是氏族名。▨,隶作"葪",卜辞是氏族名或方国名。牧,卜辞是氏族名。子,爵名,子爵。燕,卜辞中作地名。卜辞大意是,王不要加封樲、葪和牧三个氏族的君主子爵,在燕。燕,或释作"爾"(尔),非是。

本片是《合集》11400。

4·5：壬辰卜，古贞，乎取马于雹以(矣)。三月。一、二，二告。

按：古，武丁早期贞人。雹，方国名，或盛产马。以，本辞读作"矣"。参阅本卷第1·3片考释。

4·6：贞，……▨(媚)……牧。

丁卯卜，贞，令追▨(孼、孽)，业(侑)尹凸(工)。一。

□□卜，宁[贞]，告……食……牛。

戊辰卜，宁贞，王……。一。

……商……屯。

按：宁，武丁早期贞人。▨，象长眉女人形，或是"媚"字，卜辞是人名或地名。牧，氏族名。

追，下从止，上从𠂤(堆)声，卜辞用作祭名。参阅卷一第48·7片考释。▨，隶作"孼"，读作孼贼的"孽"，也是祭名。尹，是职官名。凸，象木工某种工具形，于省吾读作"工"。尹工，当是官尹名工。《合集》5625释文作"父工"，非是。范毓周认为凸(或倒书)，不是"工"字，而是"示"字的或体。参阅卷一第4·3片考释。商，辞残，当指商王室。屯，读作"纯"。

5·1：业其业……。

王占曰……。

王占曰：业(有)祟，业(又)见(来)艰，其唯丙……。

王占曰：业(有)祟。八日庚子戈执羌人，施，业(又)圉二人。

壬辰，亦业来(艰)，自西，……。

按：严一萍说，本片与卷三第40·2片缀合。参阅该片考释。戈，当是人名。执，叶玉森谓是"繫"；刘钊以为同"執"(执)，本义是拘捕罪人；赵平安说是"失"。学界说法不一。参阅《诂林补编》第624和第625页。

施，陈梦家说有"杀"义。参阅卷二第1·5片考释。圉，拘执、拘捕。参阅卷三第40·2片考释。

本片是《合集》584反甲残片。参阅卷三第40·2片以及《合集》584正反。

5·2：壬寅卜，▨(𣥏)贞，乎侯▨(敖)▨(紎、断)。十一月。

按：▨(𣥏)，隶作上从止，下从二竹的𣥏，卜辞是武丁早期贞人。严一萍隶作"止竹"二字，非是。▨，左从攴，右从未声，隶作敖。此处为侯名。▨，左从斤，右从糸，隶作紎，或说是"绝"或"断"字的异构，此处用作动词。

韩江苏认为紒为贡纳物品,是丝织品名。参阅《诂林补编》第615页。

5·3：□□[卜],贞,妇■(共)……,[王]占曰：㞢祟,……其唯庚……。

按：■,从収抬口形物,是"共"字,卜辞妇共是人名。辞残,其义不详。

5·4：壬戌卜,亘贞,㞢(有)疒(疾)齿,唯㞢(有)祸。(本片)

贞,……。

贞,令□侯归。

贞,令□侯归。一。(以上三辞据《合集》13644补)

按：亘,武丁早期贞人。疒(疾)齿,或指牙疼,或指虫牙。

5·5：丙戌卜,大贞,翌丁亥易日。八月。一。(第一辞是本片)

贞,于来丁酉酒大史,易日。

……入……人。(第二、第三辞据《合集》24929补)

按：大,祖甲时贞人。大史,读作"太史",是史官。

5·6：戊午卜,王■(上、尚)祟子辟我。一。

戊午卜,王勿御子辟。一。

于中子祐子辟。一。

侯■(将)来。(本辞是甲尾刻辞)

按：■(上),或读作"尚"。子辟,是王子人名。参阅卷一第41·5片考释。卜辞大意是,王祭祀子辟求其勿来作祟于我。第二辞大意是,王不要御祭子辟。■,左从口形,右从爿(床)声,于省吾谓左从肉,释作"将"。"肉"写作口形朝左下,一般不朝上。卜辞是方国侯名。

本片是《合集》20024。

6·1：癸酉卜,争贞,王■(腹)不安,亡征(延)。

按：争,武丁早期贞人。■,上从身,下从复声,是"腹"字的初文。后来义符"身"改作"肉"(月),遂造"腹"字。腹不安,当是指腹痛,不能随便活动,因曰不安。征,读作"延",有迁延、移动义。

6·2：□子卜,余省,若。吉。

按：余,商王自称。省,省视;或读作"直",余直,不成辞句,非是。

6·3+34·2：庚午，雀执寇……。二、三、四。二告。

……于……虎，马不死，马………。一、二、三。二告。三，二告。

……弗……午……于……。二。

按：拓片字迹很浅且细，有些字难辨识。雀，即子雀，是小乙之子，武丁诸兄弟之一。辞残，其义不详。

本片是《合集》574。

6·4：□亥卜，王白(伯)▨(次)作□耤省，其受㞢又。三、四。

按：▨，象站立的人吐口水形，于省吾释作"次"。《说文》次部："次，慕欲口液也。从欠从水。"是垂涎三尺的"涎"字初文。卜辞是王伯人名。又见于本卷第19·15片及第30·3片。耤，象人手持耒耜挖地形，亦指农事，如耤田(古代天子、诸侯征用民力耕种公田)。

6·5：癸巳卜，乎从眔▨(廌)。六月。二。

……贞，……。

……允……步……事……。

按：第一辞"从"字后省略方国名。▨(廌)，头像虫，有触角，身躯完全线条化，曲尾似蛇，陈剑释作"廌"。参阅《诂林补编》第413页。卜辞是方国名。▨(廌)与卷一第52·1片的▨(罒、蜀)写法不同，不是一个字。

第二辞和第三辞残，其义不详。本片字迹细小且浅，较难辨识。

本片是《合集》4876。

6·6：□戌卜，㞢(侑)嬄姒，御子▨(汰)。

按：嬄姒，是王妃名。参阅卷二第29·2片考释。▨，从亦，下有一点，读作"汰"。子汰，是人名，或早死，是御祭的对象。

本片是《合集》20029。

6·7：□辰卜，贞，弗其及今。十月。

按：卜辞大意是，贞问某事不会到今。十月。本片与卷六第17·3片重复。

6·8：丁未卜，争贞，▨(陵)▨(祸)。

贞，▨(陵)□祸。

按：▨，左从阜，右从妻，隶作陵，《合集释文》摹作▨。卜辞疑是人名。

🅐,字残,或隶作"祸"。卜辞大意或是,贞问陵有祸。

6·9：己酉卜,扵贞,屮(有)疒(疾),🅑(瘢)🅒(禺、虫)出。一。
　　按：扵,武丁早期贞人。🅑,从疒从殳,殳亦声,象人躺在床上腹部动手术形,隶作瘢,是表示腹中有病的字,或隶作"疛",或隶作疫。又见下文第8·1片。施谢捷释作"痍"字的初文,体外伤也。参阅《诂林补编》第752页。🅒,象大头虫形,疑是"禺"字,虫的一种。卜辞大意是,病人腹有疾,有虫排出。

6·10：鲁受黍[年]。二告。二、三。
　　按：鲁,地名,今山东曲阜一带。受黍,与受年义同。

7·1：贞,🅓(咸)□,若,王。
　　　丁[未卜,贞],王🅔(奏)……于祖□。
　　按：🅓,上从戊,下残缺,严一萍释文作"成"。"成"字从戊、口(丁)声,本辞或是"咸"字,咸戊,是商代的贤臣之一。《诂林》曰："在商代祀典中,地位甚为尊崇。"参阅卷一第48·3片考释。
　　🅔(奏),是"奏"字,是奏乐歌舞之祭。参阅卷一第32·4片考释。

7·2：己未卜,□贞,🅕(婼)肩凡(盘)屮(有)疒(疾)。二。
　　按：🅕,上从春(从林屯声),春亦声,下从女,隶作婼。卜辞是女性人名。凡,读作"盘",可能是指婼的肩肘患有疾病。参阅卷三第47·7片考释。

7·3：□子[卜],觳[贞],……乙卯,宜……。
　　　……乙卯……。
　　按：觳,武丁早期贞人。辞残,其义不详。本片与卷六第19·10片重复。

7·4：癸巳卜,令🅖(牧)🅗(郷)。
　　　戊戌卜,🅘(扶)占：妫(嘉)。
　　按：🅖,从羊从攴,当是"牧"字的异构。参阅卷五第1·4片考释。🅗,从二人(旡)相向而坐。严一萍隶作䢿。卜辞或读作"郷"(乡),地名。🅘(扶),武丁晚期贞人。妫,有嘉美意,常指王妃生男孩曰妫(嘉)。

7·5：己酉卜，王后娥娩，允其于壬不（否）。十一月。
　　按：后娥，指王妃。卜辞大意是，占卜王后妃娥果真于下一壬日分娩。

7·6：丁未卜，亘贞，其㞢（有）▨（日）戠。
　　按：亘，武丁早期贞人。▨，从口，上有一横，严一萍释作"日"。日戠，即日冕，日的周边有黄色晕圈。参阅卷一第17·1片和第28·6片考释。

7·7+4·2：壬辰卜，宁贞，戉斩［湔方］。
　　甲午卜，宁贞，光其㞢（有）祸。二月。
　　甲午卜，宁贞，光亡祸，［王］占曰：［㞢祟。兹……光……］。
　　按：参阅本卷第4·2片考释。

7·8：……我受［又］。
　　□□［卜］，㱿贞，［王］占曰：其唯［庚］。
　　按：㱿，武丁早期贞人。辞残，其义不详。

7·9：癸酉卜，古贞，乎㲋从取樜于牧鄙。
　　按：古，武丁早期贞人。㲋，人名。参阅卷三第44·10片。樜，从木，虎声，或是方国名。或隶作从艸虎声的虍。牧，见于本卷第7·4片，是地名。牧鄙，牧的边邑。

8·1+32·1：［王］占曰：㞢祟，七日己巳，▨（甴、甾）死。旬……。
　　［癸卯卜］，争贞，旬亡祸，甲辰，大骤［闻（昏）］凤（风），之夕㬎（晕）。
　　乙巳，▨（瘢）繫［□五］人，五月，在辜（廊）。
　　（以上是本卷第32·1片，骨的正面。是《合集》13362正面）
　　……艰气（三）至，……㞢祟。甲申，月㬎（晕），乙酉……。
　　……奴……亦（夜）围俘……。六月。
　　（以上二辞是第8·1片，骨的反面。是《合集》13362反面）
　　按：大骤风，大昏风，指黄昏时刮大风。因为风雨之辞往往与时间词连用，本辞下文言"之夕㬎（晕）""月㬎（晕）"等语，亦反正骤（闻）应该读作黄昏的"昏"。参阅卷二第20·1片考释。
　　㬎（晕），象豆中气四散之形，是与月有关的一种气象现象，是月晕的"晕"字。农谚曰"日晕雨，月晕风"，与卜辞正合。在不同的语境中，㬎

（㘝）的含义和用法不同。陈梦家早已指出："因武丁卜辞㘝只有两个用法：一为用牲之法，一为夕㘝。"（参阅《综述》第246页）陈说是也。

关于㘝（㘝）字，学界由于对卜辞的断句和理解不同，因而对㘝（㘝）字的解读也不同。彭裕商《殷代日界小议》一文说：

近年裘锡圭先生就此字的解读专门撰有一文，认为此字应释为"皿"，而读为"向"（即繁体"嚮"字），其义相当于《诗·小雅·庭燎》："夜郷（向）晨"之"向"。此观点目前已得到许多学者的赞同，如李学勤先生就在《〈英藏〉月食卜骨及干支日分界》一文中，通过对"甲子夕㘝乙丑"句式的考察，进一步论证了这一观点。我们经过对甲骨文有关辞例的考察，也同意这样的看法。①

黄天树在其《殷代的日界》一文中也持同样的观点，所举例句也有本辞。参阅《黄天树古文字论集》第170、171页。

经查，李学勤所引"甲子夕㘝乙丑"一辞是《合集》376正面，现摘取《合集》释文中相关两句如下：

乙丑卜，㱿鼎（贞）：甲子皿（向）乙丑王梦牧石麋，不唯圂（忧），唯又（祐）。一。

鼎（贞）：甲子皿（向）乙丑王梦牧石麋，不唯圂（忧），唯又（祐）。二月。二。

上引《合集》376正面两辞的释文很明显采纳了把㘝释读为"皿"，读作"向"的意见。《合集》376正面两辞，按本书的理解当释读为：

乙丑卜，㱿贞，甲子㘝（㘝、晕），乙丑王梦牧石麋，不唯圂（祸），唯又（祐）。一。

贞，甲子㘝（㘝、晕），乙丑王梦牧石麋，不唯圂（祸），唯又（祐）。二月。二。

这两辞都是乙丑白天占卜的，辞中讲到昨日甲子黄昏发生的天象㘝（㘝、晕），王梦则是发生在乙丑天未亮之前，所以白天进行占卜，询问牧石麋是否有灾祸。㘝（㘝、晕）是指一种天象，不是表示前一干支日向后一干支日过渡的时间词。

内容和结构相似的句子还有《合集》17396，辞曰：

丙辰卜，宾贞，乙卯㘝（㘝、晕），丙辰王梦，自西……。一。

王占曰："吉，弜（勿）唯圂（祸）。"

---

① 裘锡圭：《释殷虚卜辞中的㘝等字》，香港中文大学中文系《第二届国际中国古文字学研讨会论文集》，1993年；转引自彭裕商《述古集》第424页。

日本学者成家彻郎也认为读作"禋"较为合适。他说"甲骨文中的𢆞字,也应是面向天空祈愿的意思。"曹定云把𢆞释作"敦",一种盛食器。还有其他一些不同说法,兹不赘引。参阅《诂林补编》第 674—685 页。由于学界对卜辞的断句和理解不同,因而对𢆞与夕连用时也有不同的解释。本书虽未采纳以上诸位权威的说法,但仍转录于此,以广见闻。本书坚持采用陈梦家之说,并略做新解,将𢆞(覀)释做"晕"。至于陈梦家说𢆞还作用牲之法,则另当别论。

𤴺,隶作瘕,是表示腹中有病的字,或隶作"疛",或隶作疫。施谢捷释作"痍"字的初文,体外伤也。参阅本卷第 6·9 片考释。𨒋,学界有不同解释,《合集》释作"達"。参阅卷三第 40·2 片考释以及《诂林补编》第 624、6725 页。𢆞,唐兰读作"由",谓象甲胄的"胄"形;或释作"甾"。本辞是人名。臺,读作鄘,是地名。

𢆞,从屮从又,构形理据不明,卜辞是方国名。亦,读作"也"或"夜"。围,围困、包围。俘,有所俘获。

8·2:己未卜,我入□,亡[𡆪(祸)]。
　　　辛□卜,乎……五……。
　　　癸亥卜,𢆞(隹)其凡,唯戎,其……。
　　　……𢆞(隹)……。
　　按:拓片斑蚀较重,刻写混乱,据《合集》注属于师宾间 A 卜辞。第三辞𢆞象鸟形,是"隹"字,读作"唯",严一萍隶作"焉"。第四辞仅剩"隹"字且与第三辞紧靠着,严一萍或是将此字误作第三辞并释作"焉"。
　　本片是《合集》4727。

8·3:弗其取。
　　　弜(勿)马,𢆞(以)在𢆞(易)。
　　按:严一萍释文作"弗其取氐,弜(勿)马……在𢆞"。严一萍把𢆞皆隶作"氐",地名,恐非是。本辞仍应读作"以"。《合集》20631 释文作"弗其。取□马氏才(在)易"。恐亦非是。𢆞,像"子"字,且下有重文号似光影;或释作"易",地名。

8·4:……从望乘,乎往。八月。
　　　勿唯王,自[从望]乘乎往。
　　按:卜辞大意是,呼从望乘前往某地。八月。

8·5：……▨（敦、凿）门，……。七月。

按：▨，从辛从殳，隶作敦。敦门，是凿门的意思。下文第9·2片作▨，很明显从辛从殳，是"凿"字的简体。

8·6：辛酉卜，屮（侑）其▨（豢）三。

……羴……。

按：▨，上部略残，从収奉豕，或隶作豢养的"豢"。卜辞或表示用豢养的猪作侑祭的牺牲。羴，上部略残，从三羊，与《合集》4629片的▨是同字。羊的膻味很大，从三羊，喻其多，则膻味更大。辞残，其义不详。

8·7：▨（大）取▨（陶），射▨（昌）。

按：▨，字上部略残，下从大，或仍是"大"字，人名。▨，左从阜，右从上下二人，或释作"陶"，卜辞是地名。射，表示祭祀的一种仪式，祭名。▨，隶作昌或▨。卜辞是祭祀的对象，是商先公人名。参阅卷一第50·2片考释。

9·1：□巳卜，亐贞，王曰：行▨（寏）寇祟。

□寅卜，韦贞，御子不（丕）。

……御子不（丕）。

按：亐、韦，都是武丁早期贞人。▨，下部似从寅，上部突出矢的大镞，隶作▨。本辞大意是，亐贞问，王曰：行警惕有寇患。子丕，是人名。不，读作"丕"。

本片是《合集》586的右侧，本卷第3·2片是左侧。又见《合集补编》1966。

9·2：[王]占曰：其卫于寅示。

王占曰：其屮（有）▨（敦、凿），其隹丙不（吉），其隹壬亦不（吉）。

按：卫，卜辞或用作动词。参阅卷一第16·1片考释。寅，是人名，即伊尹。寅示，供奉伊尹神主的庙室。

▨（敦），从辛从攴（或殳），是"凿"字的简体。参阅本卷第8·5片考释。于省吾释作天示兆象的"兆"，刘钊亦释作"兆"，谓有祸咎义。参阅《诂林补编》第261页。从字形来看与"兆"字根本不相似。陈剑释作"戠"，谓卜辞"日有戠""月又戠"读作"异"。参阅《诂林补编》第268页。本书以为亦非是。

本片是《合集》6354 反面。其正面还有三条卜辞，如下：

壬辰卜，𣪊贞，今春王循土方，受㞢(有)[又(佑)]。二告。

癸子(巳)卜，𣪊贞，今春王循土方，受㞢(有)[又(佑)]。

辛丑卜，争贞，曰：𢀛方凡皇于土。其𩫖(墉)𤕌(垣)，允其𩫖(墉)。三月。

该三辞是卷三第 10 · 1 片。参阅卷二第 31 · 1 片和卷三第 10 · 1 片考释。

9 · 3：循交方。三。

丁酉卜，争贞，今春王勿黍。三。

[贞，今]春，王[黍于]南，□人于南洮(兆)。三。

按：交方，方国名。争，武丁早期贞人。本辞南洮，是水的南岸的意思。本片是《合集》9519，与《合集》9518 刻辞全同，行款略异，属同辞异版。

9 · 4：戊寅卜，争贞，翌庚辰王受[㞢又]。

按：争，武丁早期贞人。卜辞大意是，王受到(上天的)佑助。

9 · 5：乙未卜，㝊贞，㞢(侑)于王……。

贞，唯犬乎……。一、二、三、亖、五、六。

按：㝊，武丁早期贞人。犬，是方国名。

9 · 6：丁巳卜，……兄麑……各，叀……。

按：干支以下四个字，笔画不清晰。兄，《合集》37469 释作"祝"。麑，或释作鹿子的"麑"字。卜辞兄麑是人名。释文参考《合集》37469。

10 · 1：□□[卜]，贞，旬亡[𡆥(祸)]。

……[自西]，微(徵)，戈[□告曰：𢀛方围于]我奠(郑)。

按：微(徵)，卜辞是地名。参阅卷二第 24 · 1 片考释。戈，人名。奠，读作"郑"，地名。本片与卷三第 40 · 2 片、卷五第 3 · 1 片缀合。参阅卷三第 40 · 2 片考释。

本片是《合集》584 正甲、584 反甲和 584 反乙。

10 · 2：……羌，王占[曰]：□㞢(又)二日癸酉，……十羌系……十丙㞢(又)……。

兹妹京。

按：妹京，即妹邦。《尚书·酒诰》："王若曰：'明大命于妹邦。'"朱骏声《尚书古注便读》注："王，成王也。妹，沫也，水名。沫邦，纣都，当在今河南卫辉府淇县东北。其初武丁迁居之，即《鄘》诗所云'沫乡'，在朝歌西南也。"①卜辞是地名。参阅《后编考释》第366页。

本片与卷二第18·7片缀合，是《合集》1097。

10·3：庚子卜，争贞，翌辛丑易日。
　　　辛丑卜，争贞，翌壬寅易日，壬寅瞿（阴）。
　　　壬寅［卜］，争贞，［翌］癸［卯，易日］。
　　　乙巳［卜］，争［贞］，翌丙午不其易日。

按：争，武丁早期贞人。瞿，读作"阴"。参阅卷四第36·8片考释。

10·4：壬子卜，贞，自今六日⩣（有）至，自湅。一。
　　　贞，费无其工［贡］。

按：费，卜辞是地名；或读作"畢"（毕）。凸，隶作"工"，读作纳贡的"贡"。湅，是水名。姚萱把该字与不从四点水的"束"看作一个字加以考释，认为是宗庙建筑。参阅《诂林补编》第620页。

10·5：甲亦吉，旬⩣（有）……□寅帚（妇娩）。
　　　吉，其娩。

按：亦，读作"也"。卜辞大意是，贞问妇某于某寅日分娩则吉。

10·6：□□［卜，□］贞，余勿乎辜（墉）佚，𢦒（扬）。二。
　　　……酉，既。二。

按：辜，读作"墉"，有筑城义。佚，方国名，河南洛阳马坡是佚侯故地。参阅卷一第8·7片和第9·8片考释。或读作"敖"。𢦒，释作"扬"，卜辞或有打击义。《诗·大雅·公刘》："干戈戚扬，爰方启行。"卜辞大意或是，佚已被打击，勿筑城于彼也。

10·7：□酉［卜］，□贞，𦕓（闻）⩣（有）𠯑（舌）。三。

按：𦕓，像人头两边各有一只耳朵，是听闻的"闻"字。𠯑，象口中吐舌

---

① 朱骏声撰，叶正渤点校：《尚书古注便读》，台湾花木兰文化出版社，2013年，第130页。

形,不过舌尖是分岔的,像蛇的舌头,或借作"蛇",盖上古时期人民少而虫蛇禽兽众。本辞的舌,或是地名,河南荥阳市广武镇小胡村是其故地。①

10·8:□辰卜,亘贞,兔其乎……,[王]占曰:兔其乎来。
　　按:亘,武丁早期贞人。兔,兔方,是方国名。卜辞大意是,王占卜说,呼唤兔方是会来的。

11·1:庚寅卜,凸(品)贞,戠,三千人伐。
　　癸酉卜,㱿贞,翌乙亥不其易日。
　　丁亥卜,宁贞,羌舟启,王▨(次)。
　　按:凸(品),武丁早期贞人。戠,祭名。伐,一种歌舞祭。㱿、宁,都是武丁早期贞人。羌舟,船名,或相当于后世的画舫、龙舟。▨,左从人从口,右从㠯,饶宗颐释作"诣",引《玉篇》训"往也、到也"。卜辞既有"往"字,也有"至"字,故对饶说存疑。本书疑是"次"字的繁构,王次,或指王乘坐在羌舟上。
　　本片是《合集》7345。

11·2:壬申卜,宁贞,自今至于……。
　　按:宁,武丁早期贞人。辞残,其义不详。

11·3:丁卯,帚(妇)□示二屯(纯),岳。
　　按:二屯,读作"二纯",指祭祀用两头纯色的牛作牺牲。岳,太岳山神灵。

11·4:庚子卜,王贞,循,朕允于……。
　　率御。
　　按:本片是王亲自贞问卜辞。辞残,其义不详。
　　率,从幺在四点中,释作"率"。本义是捕鸟网,引申有表率、率领等义。本辞用作范围副词"悉""皆"。

11·5:壬申,邑示三屯(纯),叔(扫)。
　　按:邑示,指位于都邑的宗庙里祭祀。叔,读作打扫的"扫"。据文义卜

---

① 刘一曼:《殷墟考古与甲骨学研究》,云南人民出版社,2019年,第345页。

辞当作祭名。

11·6：己丑卜，㱿，在🈯，虎获。
……子效。
辛卯卜，……。

按：㱿，武丁早期贞人。卜辞疑漏写"贞"字。🈯，上从反向二豕，下从🈯（双手心向外呈攀爬形），于省吾释作"非"，恐非是。或释作"排"，恐亦非是。据语法关系卜辞是地名。虎获，当是获虎的意思。子效，是人名。

11·7：壬寅，帚（妇）豐（丰）示二屯（纯），岳。

按：妇豐（丰），按照辞例是人名，当是豐（丰）国之女嫁于商王者。

12·1：王占曰：㞢（有）祟。八日庚子戈执囗人施㞢（圉）二人。
壬辰，亦㞢（有）来，自西，乎……。

按：戈，人名。施，有"杀"义。参阅卷二第 1·5 片考释。圉，拘执、拘捕。

本片是《合集》584 反甲局部，与卷三第 40·2 片、本卷第 5·1 片等缀合。

12·2：……余从［沚戜］……。
己卯卜，王贞，余勿从沚戜戜。

按：本片是王贞卜辞。沚戜，是武丁时著名的将帅人名。人名沚戜后的"戜"，是祭名。《诂林》第 2015 条按语曰："卜辞'戜'又为人名，'子戜'多见"；"裘锡圭认为卜辞的某些'戜'字当读如'待'，其说可信。"若将本辞人名沚戜后的"戜"读如"待"，则辞义不好理解。

12·3：囗囗［卜］，争贞，……。
囗囗［卜］，囗贞，令壴（鼓），帚（妇）……。
囗囗［卜］，王贞，好娩，……唯甲娩（妫）。

按：争，武丁早期贞人。壴，读作"鼓"。帚，字残，据第三辞疑是"婦"字的残文。

12·4：乙巳，邑示三屯（纯），叔（掃）。

按：卜辞大意是，位于都邑的宗庙里祭祀用三头纯色的家畜做祭品。

叔,释作"掃",卜辞是祭名。参阅本卷第11·5片考释。

12·5: 壬戌卜,[㱿]贞,乎子▨(狱)㞢(侑)于▨(芯),犬。一。
　　　□□[卜],㱿[贞],乎子▨(狱)㞢(侑)于▨(芯),唯犬㞢(又)羊。一。
　　按:▨,拓片字迹略斜,从戈从大,隶作狱,卜辞中子狱是人名。▨,于省吾谓从心,从中,或从木,是"芯"(杺)字。本辞是祭祀的对象,或是人名。

12·6: [我]▨邑。
　　　[我]▨[乍(作)]邑。
　　　我作邑。
　　　我作邑。
　　按:▨、▨,或加▨作▨形。孙诒让释"乍",是"作"字的初文。叶玉森在《说契》中证成其说(《整理与研究》第97页)。曾宪通以为▨象以耒起土形,曰:"以耒起土是'乍'字的本义,引申而为耕作、农作之作。"①乍,或说象缝衣服的针线脚之形。参阅《后编考释》第176页。乍(作),做也,本辞是建筑义;作邑,建筑城邑。

12·7: ▨(巫)子▨(嫔)以。三。
　　　弗其幸(执),三月。
　　　幸(执)。三。
　　按:▨,象老式纺车上工字形绕纱的木制支架,工字形木架上下两横在两个不同平面相互垂直,释作巫师的"巫"。《说文》:"巫,祝也。女能事无形,以舞降神者也。象人两褎舞形。與工同意。古者巫咸初作巫。"《说文》曰"與工同意",尚保存了古义与工有关,谓"象人两褎舞形"则不确。参阅《后编考释》第187—188页。▨,宀下从女从贝,隶作嫔。此处或是人名。以,用以。

本片是《合集》5874。

13·1: 丁巳卜,品贞,翌戊午其……。
　　　癸巳卜,品贞,畵(画)弗其……。
　　按:品,武丁早期贞人。画,即子画,据考证是武丁封于东方的一个儿

────────
① 曾宪通:《古文字与出土文献丛考》,中山大学出版社,2005年,第8页。

子。辞残,其义不详。

13·2:贞,丁畀我涑。
　　　贞,勿肇费。
　　按:丁,当是干支名,不是商的先祖或先父庙号名。畀,是"付予""给予"义。畀我,给我。涑,此处或作地名。参阅本卷第 10·4 片。肇,据方稚松考释,此字刘一曼释作"奉献""给予"义。参阅卷一第 3·2 片。费,地名。

13·3:乙亥卜,亐[贞]……。
　　　壬午卜,亐贞,令……。
　　按:亐,武丁早期贞人。辞残,其义不详。

13·4:□□卜,在□,王田,[往]来亡灾。
　　　□□卜,在□,王田,[往来]亡灾。
　　　□□卜,在□,王田衣,逐亡灾。
　　按:衣,是王田猎地名。本辞大意是,王田猎于衣,追逐野兽无灾祸。

13·5:□□[卜],争贞,子不(丕)每(悔)。
　　　□□卜,争贞,🅶(盇)娩,[妫(嘉)]。
　　按:争,武丁早期贞人。子不,读作子丕,是人名。每,卜辞读作"悔"。
　　🅶,隶作盇。严一萍隶作"孟",与字形不合,或隶作盏。盇是子丕的妻妾人名。第二辞当是指子丕的妻妾盇(盏)分娩,生男孩。

13·6:甲午卜,贞,(在)🅶(獄)天邑(商),🅶(皿)宫衣,[兹夕]亡囚(祸),宁。
　　　[乙丑卜],贞,[在獄天邑商,皿宫,衣],兹[夕亡囚],宁。在九月。
　　按:本片字迹很小。🅶,从二犬,从臣,隶作獄,是地名。据卜辞此地应建有商王的行宫。天邑商,商王室的都城。卜辞地名的商,有称单称商、中商、大邑商、天邑商和丘商五种。陈梦家曾详加考证(《综述》第 258 页)。
　　🅶,象器皿形,是"皿"字,下一字是"宫",皿宫是宫室名。《合集》36542 释作"公(宫)",与字形不合。
　　本片是《合集》36542,《合集补编》11249 中间一截。

13·7：彀贞，今夕[亡囚]
　　　　登人三千，乎[伐吾方]。（本片是正面）
　　　　……允唯我……闻。（本片是反面）
　　按：彀，武丁早期贞人。"夕"字残。"登"字亦残。"三千"，二字合书。本片是《合集》7326 的正面。反面辞残。

14·1：乙亥，贞，今奏韜（鞉）。
　　　　乙□卜，贞，……无……雨。
　　按：奏，象双手共举一物形。参阅本卷第 7·1 片考释。鞉，饶宗颐以为是"鼖"字的初文。《合集》11978 读作"韜"。字同"鼗"，同"鞉"，是一种有木柄的小皮鼓，俗称拨浪鼓。此处作祭名。参阅卷四第 35·10 片考释。第二辞残，其义不详，与贞问天气有关。

14·2：贞，□□业（有）从雨。
　　　　贞，▨（烄），▨（闻、昏）业（有）从雨。
　　　　贞，勿烄，闻（昏）。
　　　　贞，商其▨（败）。
　　　　贞，商不败。
　　按：▨，或作▨（《合集》1131），是"烄"字，求雨祭名。参阅卷四第 18·1 片考释。或读作"焚"，非是。▨，是"闻"字，本辞读作"昏"。"闻"字又见于卷一第 13·5 片，用其本义。
　　▨，从贝在口上，贝亦声，隶作昌，于省吾以为是"败"字的初文。商其败，商不败，是对贞。
　　本片是《合集》1136。

14·3：丁亥卜，[祤]贞，辛……史。
　　　　不▨（毁、倈）。
　　　　庚申卜，▨（祤）贞，乙丑丁▨（毁、倈）。
　　　　▨（毁、倈）。
　　　　□□卜，祤贞，乙丁▨（毁、倈）。
　　按：祤，从二帚，武丁晚期贞人名。▨，左从阜，右从攴击木，象手持棍敲打树上枣、下用器皿接之之形，隶作毁。或是"倈"字的异构，是祭名。

14·4：□午卜，彀贞，今春王循方，帝（禘），受我[又]。

按：殻,武丁早期贞人。卜辞大意是,今春王巡视方,禘祭,受到佑助。

14·5：□□[卜],▨(扶)令▨(贮)……。
丙午卜,▨(扶)令▨(龙)以▨(舊)示▨(朿)▨(岁)。八月。
丁酉卜,扶▨(衛)田。九月。

按：▨,从大,一只手上划一小笔,释作"扶",是武丁晚期贞人名。在本片三辞中扶是办事的主人。▨,是"贮"字,或释作"贾"。本辞当用其本义"贮藏"。参阅卷一第4·5片考释。

▨,不太清晰,像是"龙"字,据语法关系卜辞是人名。▨,从萑在臼上,是新旧的"舊"字。旧示,旧的庙室。▨,像三面带刺的兵器,是"朿"字。黄天树说是宗庙建筑。参阅《黄天树古文字论集》第135页。▨,似斧钺形,上有刻点,本书疑是"岁"字的不规范写法。岁,岁祭,于旧宗庙举行岁祭。

▨,象四足向外形,吴其昌释作守卫的"衛"(卫)字,并对字形演变做了详细分析,其说可从,卜辞是地名。本片是师组小字类卜辞。

14·6：……帚(妇)▨(鼠)子。
按：▨,释作"鼠"。妇鼠是商王武丁王妃人名。关于妇鼠其人活动的时代,参阅《黄天树古文字论集》第12和13页。

14·7：贞,[戉]弗其斩(翦)。
贞,戉斩。
贞,戉弗其斩。
贞,戉斩。
贞,受王。
[贞],戉斩。

按：戉,方国名。卜辞反复贞问是否要斩伐戉,说明对斩伐戉国还是很慎重的。老子曰："兵者,凶器也。圣人不得已而用之。"(《道德经》)古今之道也。

14·8：其至。
戉其㞢(有)工(贡)。
其先行至,自戉。
戉其㞢(有)工(贡)。

其先戊至,自行。

按:工,卜辞疑读作进贡的"贡"。先行,先行走。其先戊至,比戊先自来到。行,疑是方国名。

15·1:庚戌卜,争贞,……。
　　　乙卯卜,争贞,……。

按:争,武丁早期贞人。辞残,其义不详。

15·2:丁卯,王卜,……今日永(道)于囗。在四月。唯来正(征)[人方]。

按:永,是"泳"字的初文。据语法关系卜辞当用作动词,其义不详。或说释作"衍",读作侃侃的"侃",喜乐义。参阅《诂林补编》第572、573页。也有释作道路的"道",读作前导的"导"。参阅《诂林补编》第575—577页。《合集释文》36539释作衍。然于本辞也难讲通。

15·3:囗未卜,韦贞,乎……河,以启。王占曰:[其来之……往见于……亡来]。

按:韦,武丁早期贞人。以启,用来开启。"王占曰"以下严一萍据他书补。

本片是《合集》14647正。反面仅一"若"字。本片与卷一第38·1片重复。

15·4:囗囗卜,争[贞],……奏……至……。

按:争,武丁早期贞人。辞残,其义不详。

15·5:囗丑卜,韦贞,王……。

按:韦,武丁早期贞人。辞残,其义不详。

15·6:贞,乎█(𢦓)入,御史(事)。

按:█,左从弓,右从攴持斤,是"𢦓"字。或释作从弓从殳,隶作𢦓,恐非是。卜辞是人名。

15·7:戊申卜,白(伯)爰降祸。
　　　戊申卜,白(伯)爰降祸。

按:白(伯)爰,是人名。卜辞有爰父壬,当是其人。参阅卷一第29·1

片考释。降祸,谓伯爯在天之灵降下祸祟。

15·8：□□[卜],争贞,王立中。
　　按：争,武丁早期贞人。本片与《合集》7365 同辞异片。中,象箭靶形。王立中,王使人竖立箭靶。
　　本片是《合集》7366。

15·9：[庚]寅[卜,贞],唯束令省,在南㐭(廪、林)。十二月。二。
　　按：束,武丁早期贞人。本辞或说明：不惟史官传达王命,贞人也传达王命。南㐭,读作"南廪",或"南林",地名。

15·10：贞,乎衞(卫)从閃(商)北。
　　　王从。
　　　贞,勿乎卫[从閃北]。
　　　贞,王勿从沚𢦚。
　　按：衞(卫),是人名。閃,释作"商"。本辞又见于本卷第 23·10 片。沚𢦚,武丁时著名武将人名。本片是《合集》7565 正面下半截,上半截还有一辞：
　　　壬寅卜,㱿贞,祓牛……。
　　　甲辰卜,殼。(反面)

15·11：[王]占曰：吉,亦唯㞢祟,率……。
　　按：本片是《合集》16938 反面,其正面还有三条卜辞是：
　　　癸巳卜,亘贞,翌……。
　　　甲申卜,殼贞,……。
　　　甲申卜,□[贞],……。

16·1：癸……。
　　　癸亥……。
　　　□□[卜],奏贞,旬亡[㕢(祸)]。
　　按：奏,据陈梦家"卜人表",他是武丁早期贞人。

16·2：[□□卜],殼贞,王……。
　　　□□卜,殼贞,……。

□□卜,㱿贞,……。

按：㱿,武丁早期贞人。辞残,其义不详。

16·3：丁卯,旻示二屯(纯),自古▨(乞),小叔(掃)。

按：旻,人名,据说是武丁诸妇之一。参阅卷一第7·1片考释。小叔,祭名。参阅本卷第11·5片考释。

16·4：戊寅卜,王贞,……三。

　　　……邑。

按：本片是王贞卜辞,辞残,其义不详。

16·5：壬辰卜,永贞,翌甲午不其易日。

按：永,武丁早期贞人。本片是卷六第15·1片的重出。

16·6：……其𡆥(祸),□旬㞢(又)……申,月㘞(晕),……周允……。

按：卜辞大意是贞问与天气有关。周,是方国名。辞残,其义不详。

16·7：丁丑卜,韦贞,史(使)人于我。二、三。

　　　二告。三。

按：韦,武丁早期贞人。我,本像斧钺类的兵器形,借作人称代词。

16·8：戊午卜,㱿贞,勿乎御羌于九▨,弗其[获]。

按：㱿,武丁早期贞人。御羌,或是用羌俘做王田猎的随从人员。"九"下一字残缺,严一萍隶作▨,上似从册,下从口。卜辞是处所名。本片与卷六第16·5片重复。

17·1：甲寅卜,争贞,我作邑。

　　　丙辰卜,争贞,我作邑。三。

按：争,武丁早期贞人。我作邑,我(商)建造城邑。

17·2：□未[卜],㱿[贞],……。

　　　……王……。

　　　贞,王梦……。

　　　贞,王梦㞢……。

丙[戌卜,㱿贞],……。

按：㱿,武丁早期贞人。辞残,其义不详。

本片是《合集》17264。

17·3：甲辰卜,古贞,疾舌,唯虫祸。

按：古,武丁早期贞人。疾舌,舌头生病。本片与卷六第15·2片重复。

17·4：庚[午],俎(宜)。

己巳卜,叀乙亥。

己巳卜,叀宜,允庚……。二。

□卯卜,戊辰㱽(启)。

按：俎,读作宜祭的"宜",荐肉祭也。参阅卷一第1·2片考释。本片卜辞刻写有些凌乱,不太好通读,释文仅供参考。

本片是《合集》33971。

17·5：壬戌卜,亘贞,甶其虫(有)▨(围)。

癸亥卜,亘贞,王虫(侑),以壴,▨(颐)。

按：亘,武丁早期贞人。甶,方国名。▨,双足向囗(城邑形),是包围的"围"字。▨,左似从耳,右从臣,像是"颐"字。卜辞大意或是,王侑祭,用鼓乐取悦于神灵。

本片是《合集》7629正面,其反面卜辞是：妇妌示十纯,宾。

17·6：……妟允……。

……永获。二。

按：妟,卜辞是人名,武丁诸妇之一。该字《合集》10845释作"媢"(允)。永,是武丁时贞人名。

17·7：[戊]寅卜,乎弜(勿)□甲申虫(侑)女父▨(雈)。一,一。

[戊]寅卜,乎▨(▨)虫(侑)女。二,二告。

按：▨(雈),本象长眉鸟形,卜辞当是女父的人名,是侑祭的对象。▨(▨),一长一短两竖,构形不明。卜辞是人名。严一萍释作"弜",恐非是。

17·8：癸巳卜,㱿贞,史(使)人于甶,其虫曰：三……。一。

按：殽,武丁早期贞人。史,读作使唤的"使",派遣。后半截辞残,其义不详。本片与卷六第16·8片重复。

18·1：乙亥卜,㞢(有)祸。二告。
　　按：卜辞大意是,贞问有祸害。

18·2：乙丑卜,[□贞],御(妇)好……子……。二。
　　按：妇好,是武丁法定三配偶之一,即妣辛。辞残,其义不详。

18·3：……王……唯今乙……死,隹……。
　　按：辞残,其义不详。本片与卷六第17·4片重复。

18·4：贞,隹翌……不……。
　　　　正(征)……▨……。
　　按：▨,字略残,或释作橐囊的"橐"。卜辞残,或是地名。

18·5：己未[卜],□贞,……取……。
　　　　□辰卜,宁[贞],王……▨(出)……。
　　按：宁,武丁早期贞人。▨,字残,疑是"出"字之残。辞残,其义不详。

18·6：□午[卜],□贞,妇好允见,㞢(有)▨(瞽)。一。
　　按：妇好,是武丁法定三配偶之一,即妣辛。▨,上从目,下所从残缺,据本卷第20·1片下从人,或释作瞽瞍的"瞽",瞎子曰瞽,或指眼生病。

18·7：……▨(蓺、凤)。
　　　　……在▨(竝),告又(有)毕(擒)。
　　按：▨,象坐人手持草木形,是树蓺的"蓺"字。沈培说是表示时间的"凤"字。参阅卷二第11·7片考释。▨,象二人侧面并立形,在人的腿部有二横划把二人连起来,是"竝"(并)字的异构,据语法关系卜辞是地名。卜辞大意是,在竝这个地方,报告说有所捕获。

18·8：□□卜,王贞,[勿]蔑令人□丙午至于庚戌,曰：方其围,朕御。
　　按：方,是方国名。围,围困。朕御的"御",恐是御驾亲征的意思。

18·9：上甲……，臺（墉）……其……。
　　丁卯卜，弗亦……朕……。
　　按：上甲，是商的先祖名，字或作甴。上甲，名微，是商先祖契的七世孙，商开国君主成汤的六世祖，在卜辞中的地位显赫。参阅卷一第2·4片考释。臺，读作"廓"，地名。臺也用作动词，是筑城的意思。二辞均残甚，其义不详。

18·10：癸卯［卜］，[贞人名]（冎）贞，［旬］亡［囚］（祸）。在……。一。
　　□□卜，[贞人名]（冎）［贞，旬］亡［囚（祸）］。在十一月。
　　按：[贞人名]，祖甲时贞人名，陈梦家《综述》"卜人表"隶作"冎"（第206页）。《合集》都隶作"肩"。本片与卷六第14·10片重复。

18·11：乙卯［卜］，……匡征（延）。
　　丙辰卜，……曰辰。三月。
　　按：第一辞匡，或反书，隶作匨。卜辞是人名或方国名。参阅卷三第43·2片。本片与卷六第25·1片重复。

19·1：□亥卜，贞，[字]（干）其受。一。
　　……元……人……。
　　按：[字]，象盾牌形，隶作"干"或"冊"。卜辞是地名。《诗·大雅·公刘》："弓矢斯张，干戈戚扬。"干：盾；戈：戟；戚：斧；扬：钺。

19·2：□申卜，……沚戓……唯……。二。
　　按：沚戓，是武丁时著名武将人名。辞残，其义不详。

19·3：告芻……。
　　……［告］芻。十一月。
　　按：芻荛，本指割草打柴，即刈草，引申指割草打柴的人，也引申指放牧家畜。本辞"告芻"，当指放牧家畜。

19·4：［丙］寅［卜］，出贞，翌丁卯㲋血韜（鞱），之日……。
　　按：出，祖庚时贞人。㲋，杨泽生释作欂（䖂），以血涂抹器身罅隙也。参阅卷二第28·4片考释。血，以血欂（䖂）鼓。姚萱把"㲋血[字]（韜、鞱）"中的"血"隶作"益"，恐非是。参阅《诂林补编》第932页。韜，同"鼗"，同

"鼗",是一种有木柄的小皮鼓,俗称拨浪鼓。参阅卷三第35·10片考释。

19·5:□丑卜,宁贞,今十三月🔲(赒)至。

按:宁,武丁早期贞人。今十三月,属于年终置闰。🔲,或作🔲,从贝,从丩,丩亦声,或释作"赒"。据下文第23·2片,赒是方国名,其地当在产龟的江淮一带。又见于本卷第22·5片和第23·2片等。

19·6:□□卜,王……追戎,弗其获围,弗及方。

按:戎,是氏族名。卜辞大意是,王令追戎,没有能够包围,没有到达方。方,戎方之一(《综述》第272页)。本片与卷六第19·7片重复。

19·7:□巳卜,敄贞,王徍🔲(雚、观)🔲(邕)。三月。

按:敄,武丁早期贞人。🔲,象鸱鸺(猫头鹰)形,隶作"雚",读作观看的"觀",犹视察。🔲,凵里面的笔画不清晰,或释作"酉",疑是"邕"字。

19·8:丁酉[卜,贞],执,弗其以🔲(妵)。

按:🔲,左从女,右从主,隶作"妵"。卜辞是女性人名。

19·9:贞,翌丁酉不其易日。

按:卜辞大意是,贞问翌日丁酉天气不会由阴转晴吧。

19·10:贞,其虫(有)🔲(灾)。一。

按:🔲,或作🔲,象洪水泛滥形,是水灾的"灾"字。引申指其他灾害。

19·11:……🔲(承)。十月。二。

按:🔲,从矣(坐人形)从収,象双手奉人形,或是承受的"承"字异构。卜辞单词只字,不知其义。

本片是《合集》18778正面,其反面卜辞是"妇井(妌)示……"。

19·12:□丑卜,敄贞,……月亜(晕),丁丑雨……

按:敄,武丁早期贞人。亜,是"晕"字,月晕雨,故下文曰丁丑雨。

19·13:贞,己亥亜(晕),庚子[雨]。二告。

按：贞问己亥月晕,故庚子下文缺字当是"雨"。参阅上一片卜辞考释。

19·14：……妼(嘉)。三月。
按：嘉,是美好义,卜辞指生男孩。参阅卷一第53·1片考释。

19·15：辛巳卜,[王]帚(妇)不戎于🧍(次)。三。
按：帚,读作"妇"。🧍,或反书作🧍,象站立的人吐口水形,隶作"次",是垂涎三尺的"涎"字初文。据本卷第6·4片,卜辞是王伯人名。本辞大意是,王妇不参与王伯次的军队。

20·1：……吉,四日丙……,瞽业(有)施。
按：《合集》16160读作"瞽",卜辞当是人名。参阅上文第18·6片考释。施,陈梦家说是"杀"义。参阅卷二第1·5片及本卷第12·1片考释。

20·2：……取三十邑,……彭龙。小告。
按：彭龙,饶宗颐谓彭是大彭,即彭城(今徐州),龙是鲁邑,两者相迩。取,拓片有斑蚀,严一萍释文未释,空缺。饶宗颐举本辞为例亦有"取"字。

20·3：[甲辰]贞,翌乙巳,其祀,亡祸。
按：卜辞大意是,贞问翌日乙巳举行祭祀,无祸忧。

20·4：允获,人🧔(而)……。
按：🧔(而),本义是胡须。《说文》："而,颊毛也。象毛之形。《周礼》曰:'作其鳞之而。'"《段注》："而,须也。象形。各本作颊毛也、象毛之形。今正。颊毛者、须部所谓颔须之类耳。《礼运·正义》引《说文》曰:而,须也。须谓颐下之毛。象形字也。"或释作"聝",《说文》首部："聝,军战断耳也。春秋传曰:'以为俘聝。'"割取俘虏之耳献功曰聝。辞残,其义不详,当是"而"字。

20·5：癸未,亜(禋)示十凷(品)。
按：拓片刻划较浅,且有斑蚀。亜,读作"禋",即禋祀。十品,当是指祭品的数量和种类。

20·6：□□卜,方贞,……凡。三。

按：㝬，武丁早期贞人。辞残，其义不详。

20·7：丙寅，妇晏示五屯（纯），叔（掃）。

按：晏，卜辞是人名，据说是武丁诸妇之一。叔，释作"掃"。据文义卜辞是祭名。本辞内容与本卷第11·5片和第12·4片等大抵相同，可资参阅。

20·8：辛酉［卜］，韦贞，㞢曰匕（妣）……。

……羊，癸未。

按：韦，武丁早期贞人。辞残，其义不详。

20·9：□戌，羌徙（陟）七屯（纯）。叔（掃）。

按：徙，从彳从二止，二止（足）尖的方向一朝上，一朝下，或说是防卫的"衞"字。本文疑是"陟"字的异构。《说文》阜部："陟，登也。从阜从步。"此字从彳，从步，表示动作；陟从阜从步，表示登高，其造字指向略异。

本片与卷六第16·3片重复。

20·10：甲［子卜］，……我……。

丁卯卜，▨（角）其▨（夾）。

庚午卜，▨（角）其▨（夾）。

按：第二辞▨，像牛角形，是"角"字，卜辞或是人名。▨（夾），从大（站立的人），腋下从一人，当是"夾"（夹）字。《说文》大部："夾，持也，从大，夾二人。"此字亦（腋）下从一人，当是"夾"字之省。卜辞当用其本义"持也"。

本片与卷六第17·8片重复。

20·11：丁酉，子□示六屯（纯），小叔（掃）。

按：子□，当是人名。小掃，犹小祭或少祭。参阅本页第5片和第7片考释。

本片与卷六第18·6片重复。

20·12：……沚馘……。

乙未卜，馘。

王从沚馘。

按：馘，武丁早期贞人。沚馘，武丁时著名将帅人名。本片与卷六第20·7片重复。

21·1：丙辰卜,贞,弗其得羌。

□□卜,贞,……其乎……商人。

按：第一辞大意是,贞问不会捕获到羌俘。第二辞残甚,其义不详。

21·2：其……。

辛……。二。

于辛卯王令费……。二。

己……。二。

按：辞残,其义不详。

21·3：丙辰[卜],……。

丁卯卜,王🖿（听）,唯㞢（有）祸。

按：🖿,从耳,从口,象竖耳在听人言语。本片与本卷第22·6片重复。

21·4：甲戌,易日。

乙亥,易日。

……黄……祟。

按：辞残,其义不详。本片与卷六第21·1片重复。

21·5：勿取。

贞,先其㞢……。

按：辞残,其义不详。本片与卷六第18·8片重复。

21·6：丙辰卜,王贞,余㞢（有）梦,唯壬,永,余……。十月。

……子……㞢……。

按：辞简,其义不详。本片与卷六第22·1片重复。

21·7：内。🖿（🖿）斩。

按：🖿,左侧似从横着的我（斧钺形）,右从攴,还有水滴,构形理据不明。卜辞中作方国名。斩,读作翦。

21·8：庚辰卜,内🖿（贞）,其㞢（有）遘。

……贞,……。

按：内，武丁早期贞人。▨，据辞例推测，当是"贞"字的不规范写法。贞人内的卜辞不多见。或隶作"卩"，非是。本片与卷六第22·4片重复。

21·9：贞，乎……▨（亼）……。

贞，王勿从望乘。

贞，乎収皀（次）。

按：▨，像"今"字头，读作"亼"。辞残，其义不详。収，疑读作拱卫的"拱"，是军旅驻扎的一种方式。皀，读作师次的"次"，军队临时驻扎曰次。

21·10：庚……丙……，不……。

甲子卜，贞，……不……入人□……。

按："入人"，严一萍释文摹写作▨，当是两个字。也许是"六人"二字。辞残，其义不详。本片与卷六第22·14片重复。

22·1：□□[卜]，争[贞]，其鼓于……。

贞，弗其立……。

……令……归。

按：争，武丁早期贞人。鼓，是击鼓以祭的一种仪式。第三辞"……令……归"二字在拓片上部，字残，严一萍释文皆漏释。

22·2：庚子卜，争贞，令▨（貪）取玉于龠。

……古（盬）王史（事）。（本辞被删除）

按：争，武丁早期贞人。▨，从亼从贝，隶作貪。或隶作贪腐的"贪"。此处作人名。玉，象串玉片之形，是"玉"字。龠，是地名或方国名。拓片右侧一辞"古王事"被删除。

22·3：□酉[卜，□贞]，令告上紻侯凿（璞）周。二、三。

按：紻，是紻侯人名。凿周，开通通往周的道路。参阅卷五第2·2片考释。

本片是《合集》6819。

22·4：□午卜，㱿贞，勿令望[乘]……。

按：㱿，武丁早期贞人。辞残，其义不详。

22·5：丁亥,气(乞、三)自▨(雩)十屯(纯),▨(赋)。兑(奚)。

按：▨,上从雨,下从于声,是"雩",即"雩"字。雩,即"雩"字,求雨之祭。▨,释作"赋"。据第19·5片卜辞或是方国名。参阅上文第19·5片考释。奚,此处为武丁早期贞人。参阅卷五第2·2片考释。卜辞大意是,从赋索取十头祭祀用的纯色牛,由贞人奚签收。

22·6：丙辰[卜],……。
　　丁卯卜,王▨(听),唯虫祸。
按：本片是本卷第21·3片的重出。参阅该片考释。

22·7：癸丑卜,宁贞,[妇]▨(嬠)……。一。
按：宁,武丁早期贞人。▨,左从女,右从桑声,隶作嬠。或反书作▨,右从女。卜辞妇嬠是人名。后半截辞残,其义不详。本片与卷六第26·9片重复。

22·8：□酉卜,逐其古王事。匄……。
按：逐,祖庚时贞人。匄,乞也,孤辞只字,其义不详。本片与卷六第22·13片重复。

22·9：□□卜,争[贞],……兴……虫……。
　　□□[卜],争[贞],……其……。
按：争,武丁早期贞人。兴,起也,象两人用手抬起一物形。两辞均残,其义不详。

22·10：……兹邑,不唯帝曰……。
按：帝,上帝、天帝。辞残,其义不详。

22·11：壬戌卜,……。
按：辞残,其义不详。

23·1：[□□卜],争贞,王往出……。
　　[辛]卯卜,㱿贞,沚馘禹册,王从……。
　　乙未卜,㱿贞,王[占曰：吉,其去]。
按：争、㱿,都是武丁早期贞人。沚馘,武丁时征土方和贡方的将帅人名。禼册,读作"称册",举册,祭祀时供奉典册的一种仪式。参阅卷三第5·5片考释。"王占曰"以下是第30·7片反面。

23·2:壬辰[卜],□贞,……赎[其以]龟。
　　按:赎,卜辞是方国名。龟,或是进贡龟板。若是,则赎当在产龟的江淮一带。参阅本卷第19·5片考释。

23·3:贞,王[往于]兹辜(廊),亡[祸]。
　　按:辜,读作"廊",方国名。卜辞大意是,贞问王前往廊,无祸忧。

23·4:……乙……□申,戌……舌方……。
　　……方……。
　　按:辞残,其义不详。

23·5:贞,……。
　　……秄黍。二告。
　　按:秄,或以为是"刈"字初文,据卜辞内容来看有收割义。秄黍,当指收割黍。参阅卷二第5·1片考释。

23·6:己亥卜,㝛贞,㞢(有)▨(闻),允其……。二。
　　按:㝛,武丁早期贞人。▨,从卪,从耳,黄德宽谓"像人抚耳仔细聆听之状",①是"闻"字,与从耳从口的"闻"字写法略异。辞残,其义不详。

23·7:贞,……。
　　辛未卜,贞,唯翌癸酉令方帚(归)。
　　……之日……丧▨(鵗)十㞢(又)一。
　　按:方,方国名。帚,读作回归的"归"。▨(鵗),从隹,夷声,是"鵗"字,读作"鹈",即鹈鹕,是一种像雁一样的大水鸟。或隶作"雉",非是。

23·8:贞,勿使人于甬。一月。一。
　　[不▨]▨。二。
　　按:甬,方国名。第一辞大意是,不要派人去甬。一月。

---

① 黄德宽:《古汉字发展论》,商务印书馆,2014年,第80页。

23・9：辛未，雩示二屯（纯），▨（果）。

按：雩，求雨之祭。参阅本卷第 22・5 片考释。▨，上似从果，下从山，卜辞是地名。陈梦家读作"果京"。参阅《综述》第 267 页"果京"。陈说恐非是，字不识。又见于下文第 24・1 片。

23・10：贞，乎衞（卫）从▨（冏、商）北。

　　　　王从。

按：衞（卫），卜辞是人名。▨（冏）释作"商"，是地名。严一萍释文漏释"王从"二字。第一辞已见于本卷第 15・10 片。可资参阅。

24・1：癸……。

　　　　贞，乎收在▨（果）[人]。

　　　　贞，乎收在▨（果）人。

　　　　[贞]，其屮去，受，十月。

按：收，是"登"字的省形，卜辞指征召果地的人员充当兵员。▨，陈梦家读作"果京"。卜辞是地名。参阅上文第 23・9 片考释。

　　　　本片是《合集》8070。

24・2：贞，我弗其获执。

按：严一萍说，本片是卷三第 42・1 片以及本卷第 30・15 片的重出。参阅卷三第 42・1 片考释。

24・3：甲寅卜，㱿贞，我作邑，若。

按：㱿，武丁早期贞人。本片是卷四第 33・4 片的重出。参阅该片考释。

24・4：乙未卜，专贞，今日雨。

按：专，是武丁晚期贞人。今日下雨。

24・5：贞，勿乎貯壴，罕。一。

按：貯壴，或是收藏鼓的意思。壴，是"鼓"字的初文。卜辞大意是，不要吩咐收藏鼓，祭祀用。本片正面刻辞是：勿……咸戊……告……。

24・6：□戌卜，翌日辛不……，吉。

按：辞残，其义不详。

24·7：贞，不唯多介祸。
　　　丁巳。
　　按：多介，"介"指介胄之士，武官之称；多介，与多马、多射、多亚、多犬等同样，也是职官名。参阅卷一第20·8片考释。

24·8：贞，今二月师般（盘）至。
　　　贞，不唯冉施。
　　按：师般，人名。参阅卷一第29·3片考释。冉（冄），方国名。本书作者据《姓氏考略》和《姓氏寻源》等资料所载，周文王第十子冉季载，封于冉（一作聃，故城在今山东省菏泽市定陶县冉堌镇一带），春秋时国灭，子孙以国为氏。据甲骨文，当是先有地名冉，周文王第十子冉季载被封于冉后，遂名冉季载，而不是先有冉季载后有冉这个地名或方国名。今山东省菏泽市定陶县冉堌镇是其故地，位于定陶、曹县、成武三县交汇处。参阅《后编考释》第231页，及卷六第8·13片考释。卜辞大意是，贞问不要再杀冉。

24·9：辛巳……。
　　　其每（悔），弜（勿）田。
　　　……田。
　　按：每，本辞疑读作后悔的"悔"。田，田猎。

24·10：于河，▯（寻），蔡（祓）。
　　　……叀……▯（寻），［蔡（祓）］。
　　按：▯，释作"寻"，卜辞是祭名。林小安把▯释作"逆"，迎也，谓象人伸出双手铺席，正为迎请宾客入席就坐状。参阅《诂林补编》第279页。李学勤说释"寻"是正确的，"寻"在卜辞中主要是训"重"、训"用"、训"就"三义。参阅《诂林补编》第280—282页。

24·11：壬辰［卜］，□贞，翌……业（侑）于兄□。
　　　庚子卜，……。
　　按：辞残，其义不详。

25·1：己亥卜，殻贞，……。

己亥卜,㱿贞,……。

庚子[卜]……。

己酉卜,莆贞,……。

贞,方……。二告。

不[○][○]。

按:㱿,武丁早期贞人。莆,读作"箙",是武丁早期贞人名。辞残,其义不详。不[○][○],读作"不玄黿"。参阅卷一第34·2片考释。

25·4: 丁酉卜,[○](唝)贞,翌戊戌……。

按:唝,是廪辛时贞人名。参阅卷一第40·4片考释。辞残,其义不详。

25·3: 允唯我闻。

按:闻,听闻、上闻。卜辞大意或是,果然听说我如何。辞简,其义不详。

25·4: □□卜,王贞,旬[亡灾]。在五月。

按:这是王贞卜辞,贞问下旬无灾祸。在五月。

25·5: □□卜,㱿贞,……御帚(妇)□于沃甲。

按:㱿,武丁早期贞人。辞残,其义不详。

25·6: □□卜,亐贞,……唯䵼。二。

按:亐,武丁早期贞人。䵼,卜辞当是与稼穑有关的农事名。或释作"稼",其形不似,其义或是。参阅本卷第30·8片。

25·7: 己酉,[○](参)示十屯(纯)。

按:严一萍说,本片是卷一第3·2片的背面,即《合集》15515反。[○],上从三口(是星的象形),下从立人,是"参"(参)字,是星宿名。《合集》释文作"嵒",非是。本书认为,[○]当是参星的"参"字初文。该字又见于《合集》1096,作[○],上从三口,下从立人。西周金文"参"字作[○](五祀卫鼎)、[○](大克鼎)、[○](大盂鼎)、[○](曶鼎)等,皆从甲骨文[○],金文增彡,彡像星的光影,其实是斜着排列的三颗星,即参宿一、二、三。卜辞是祭祀的对象,本辞当是表示祭祀参星。参星属西方白虎七宿(奎、娄、胃、昴、毕、觜、参),夜晚出现于东方,人们能够看到。本辞是商人祭祀星宿之一例。

刘桓说该字从 [字形] 从刀,是"喿"字,三口表示众口,盖指树上众鸟的鸣叫。其说非是。参阅《诂林补编》第 228 页。赵平安说它确是"參"字早期的写法,字形结构和早期金文"參"一样,象人戴簪之形。参阅《诂林补编》第 229 页。

25·8:癸丑卜,贞,方其出。一月。一。
　　按:卜辞大意是,贞问方会出动来犯。"一月"二字被裁掉。

25·9:□寅卜,宁贞,令多马羌衘(御)方……。二告。
　　按:宁,武丁早期贞人。多马,职官名,负责管理王室马匹的官。多马羌,或是指被俘获的羌俘让他们负责养马之事,同时兼充兵员。衘,是防御的"御"字字形的繁构。方,是方国名。辞残,其义不详。

25·10:贞,施(杀)牛。
　　　　勿……允……。
　　按:施牛,杀牛也。本片反面卜辞是:"己巳卜,亘[贞]……"。

25·11:自匿五十屯(纯)。
　　按:匿,从上下二臣相重,卜辞是人名。据卜辞文义是祭祀的对象。参阅卷一第 40·6 片以及卷四第 25·2 片考释。

26·1:己卯卜,贞,斦从卬(邜)葬羴。
　　按:斦,据《龙龛手鉴》音"引"。卜辞是人名。卬,从卩弋声,或隶作"邜",卜辞是人名。商代青铜器有二祀邜其卣和四祀邜其卣。参阅《邜其卣三器铭文与晚殷历法研究》。①　葬,从人在棺廓中。参阅本卷第 4·3 片考释。羴,从三羊,后世写作"羶、膻",本辞疑用作地名,即葬于羴。

26·2:贞,弗斩[基方]。三。
　　　　其[斩] [字形](基方)。
　　　　子[商]弗[其]斩[基]方。
　　　　己卯卜,[㱿贞]……。

---

①　叶正渤:《邜其卣三器铭文与晚殷历法研究》,《故宫博物院刊》2001 年第 6 期。

按：囗，从土，其声，隶作"基"。基方，方国名，郭沫若疑即箕子所封邑之箕。郭说或是。箕子，帝文丁之子，帝乙之弟，商纣之叔父，官太师，封于箕(今山西晋城市陵川县棋子山)。箕子于商末周初出奔朝鲜，为朝鲜人始祖。今本《竹书纪年》："王囚箕子，杀王子比干，微子出奔。"《论语·微子》："微子去之，箕子为之奴，比干谏而死，殷有三仁焉。"

周忠兵说，"由此可见囗字并非从'土'从'其'的'基'字，而是从丄(牡)从其，在甲骨文中为何字还待考"。参阅《诂林补编》第686页。

26·3：囗般卫于褒。二月。

按：囗般，疑是"师般"二字的阙文。褒，从衣，衛声，隶作褒。此处疑是地名或方国名。

本片是《合集》18742。

26·4：壬子卜，旅贞，王其徃……。

按：旅，祖甲时贞人。辞残，不知王徃何处。

26·5：辛未卜，[旅]贞，唯吉，舞。

囗贞，唯吉，[舞]。一。

按：旅，祖甲时贞人。舞，舞乐之祭。

26·6：贞，旬业(有)不囗(治)，业(有)尤(忧)。

按：囗，从二糸相联。或读作"亂"(乱)，治也。"乱"属于正反同词，一是紊乱义，一是治理义。本片卜辞似读作"治"。

26·7：贞，业(侑)囗(毳)于娥。

贞，业(侑)毳于娥。

按：囗，祭名，指用毳作牺牲祭祀娥。娥，是祭祀的重要对象人名。据陈梦家说是商上甲以前的重要先祖，女性，是人格神(《综述》第361页)。

本片与卷六第10·8片重复。

本片是《合集》14784。

26·8：少(小)囗(牝)子白不白。

按：囗，字迹不太清晰，从马从匕，《合集》释文隶作馲，当是"牝"字的类别字。卜辞或是贞问母马驹白不白。

本片是《合集》3411。

26·9：贞,勿令在北吾奴人。
　　按：北吾,应是地名,或是指位于北方的贡方。奴人,读作"登人",征召人员充当兵员。卜辞大意是,贞问不要在北吾征召人员充当兵员。

26·10：乎先于戎。
　　　　贞,勿乎。
　　　　……黍。
　　按：戎,卜辞是氏族名。参阅卷三第4·2片等考释。

26·11：丙申卜,巫御,不御。五月。
　　　　◌（裹）。
　　按：◌,从衣,内从大,隶作裹,或隶作内从火。孤辞只字,或是祭名。

26·12：贞,勿唯从……。
　　　　贞,王勿从望[乘……]。
　　按：辞残,其义不详。

27·1：唯庚娩,幼（嘉）。
　　按：卜辞占卜庚日生育是男孩。

27·2：甲申卜,殻贞,勿乎妇姘以夷（舞）先于戎。二告。三。
　　按：殻,武丁早期贞人。妇姘,武丁法定三配偶之一,即妣辛。舞,本辞或指舞姿,意指妇姘的舞姿比戎狹美。本片与卷三第4·2片缀合。内容与卷三第4·2片、第26·2片以及卷五第26·10片相同或相关,可资参阅。

27·3：□戌卜,亘贞,出……。
　　按：亘,武丁早期贞人。辞残,其义不详。

27·4：……[汕]戠禹[册]。
　　按：汕戠,武丁时著名将帅人名。禹册,读作"称册",举册,祭祀时供奉典册的一种仪式。参阅卷三第5·5片考释。

27·5：［不］▨（鼉），其衞（巡）。

按：▨，象有两个长触角的水虫形，隶作"鼉"。《说文》黽部："鼉，水虫。似蜥易，长大。从黽單声。"卜辞作氏族名。衞，《合集》释文读作"防"，当读作巡视的"巡"。

本片是《合集》7405反面。其正面一辞是"……沚馘丹"。

27·6：沚馘伐巴。

按：沚馘，武丁时著名将帅人名。巴，是氏族名或方国名。又见于卷六第7·10片。赵平安《从"舁"字的释读谈到甲骨文的"巴方"》一文从可靠的战国文字资料出发，通过破译"舁"字的结构，追溯源头，认为甲骨文▨是"揖"的初文，根据▨在甲骨文地理网络中的位置和"揖"的读音，认为▨可能就是《左传》宣公十五年的稷，春秋属于晋地，在今山西省稷山县境内。①

本片是《合集》6469正面，其反面一辞是：囗酉卜，殻贞，……。

27·7：乙丑，贞，……祓▨（交、尪）。

乙丑，贞，叀奚令祓▨（交、尪）。

按：奚，武丁早期贞人名。▨，象人双腿交叉形，是"交"字，或读作"尪"，腿伸不直曰"尪"，亦曰"跛"。卜辞是人名，是被祭的对象。

27·8：丙申卜，喜贞，……。

囗囗卜，矣［贞］，今夕［亡祸］。

按：喜和矣，都是祖甲时贞人。卜辞大意是，贞问今夕无祸忧。

27·9：勿▨（鳥）▨（友）凡若。

按：▨，上从自，下从鱼，隶作鳥。卜辞是人名，用在副词"勿"后活用作动词，意为"勿以▨……"。▨，左从又，右从尤，是"友"字的异体。凡，或是人名甘盘之省称。若，允也。▨，如果读作"自鱼"二字，全辞则为"勿自鱼友凡若"，似也通顺。

27·10：贞，勿……日……。

贞，唯彊（强）令。

……勿……彊（强）……令。

---

① 赵平安：《从"舁"字的释读谈到甲骨文的"巴方"》，《文献》2019年第5期，第62—75页。

按：弖，《合集》3079释作"强"。据卷四第34·5片子强是商王子人名。

本片与卷六第23·3片重复。

27·11：癸丑，贞，甲寅酚，翌日自甲不（否）。

卓。勿幸。

按：卓，象日出朝霞四射形，或是《说文》释作"日出軋軋""軋"字的初文。勿幸，无执。本片是卷二第6·5片的重出，文字略有出入。可资参阅。

27·12：□□卜，即贞，尹于及。四月。

按：即，祖甲时贞人。尹，此处作动词，治也。及，卜辞当是地名。

本片与卷六第26·5片重复。

28·1：癸丑卜，其用祈。

按：用，颂也。祈，是祭祀的对象，疑是殷先祖人名。参阅卷一第52·3片考释。本片与卷六第23·1片重复。

28·2：辛卯卜，王贞，弜（勿）其斩（蓟）方。

按：这是王贞卜辞。方，方国名。本片与卷六第21·12片重复。

28·3：□未卜，𠂤贞，呼视戎。

按：𠂤，武丁早期贞人。视，视察、巡视。戎，是氏族名。

28·4：□巳卜，矣[贞]，勿苜启□薂，又（有）囚（祸）。一。

按：矣，祖甲时贞人。苜，读作"蔑"。勿蔑，犹言勿怠慢。参阅卷一第15·1片考释。薂，像植木于土上，是"薂"字的省形，缺字，其义不明。

28·5：弜（勿）去[黎]于之若。

按：黎，或隶作昏，读作舌，据卜辞辞例当是祭名。之若，是祭祀的对象，是商的先祖人名。参阅卷二第30·5片考释。本片与卷六第25·10片重复。

28·6：贞，弗其幸（执）。

其[执]。

按：幸,读作拘执的"執"(执)。这是对贞,贞问是拘执,还是不拘执。

28·7：甲申[卜],贞,令□敲子……。

按：敲子,疑是武丁时沚敲之子。辞残,其义不详。

28·8：弜(勿)舌方。三。

癸未卜,方从寻。三。

弜(勿)从。三。

按：舌、方,都是方国名。寻,是祭名或用牲之法。参阅卷五第24·10片考释。

28·9：□□[卜],韦贞,率不……。

按：韦,武丁早期贞人。率,副词,全、皆。辞残,其义不详。

28·10：壬□卜,宁贞,帝(禘)。

贞,不其。

[贞],。(以上三辞是本片)

贞,不其。

贞,帚(婦)好。(以上二辞据《合集》17252补)

按：宁,武丁早期贞人。帝,读作"禘",禘祭,祭名。![字],《合集》释文释作"龙",非是。![字],隶作羸,是蠃虫"蠃"字的初文。卜辞读作羸弱的"羸",属于一种病态,俗称软骨病,该病是由体内严重缺钙引起的。卜辞反复贞问"妇好羸""不其羸",可证"羸"是一种病态。参阅卷一第31·5片和第39·4片考释。![字],若释作"龙",则上列卜辞"妇好龙""不其龙""龙",以及卷一第39·4片"(妇鼠子)允有龙",该作何理解？可见释"龙"非是。

本片是《铁云藏龟》第109·3片,与卷六第25·6片重复。

28·11：壬子卜,古贞,匕(妣)已克往𢦏。

□□卜,争[贞],……。

按：古,武丁早期贞人。妣己,仲丁之配偶和中宗祖乙之配偶皆有称妣己者,或是指离武丁时期最近中宗的配偶妣己。往,或释作"逃"或"逸",于卜辞文义难以解释,非是。𢦏,地名。见于卷一第46·7片。与卷五第29·16片的"𢦏"或是同字,但𢦏是人名。见于卷三第26·3片。

28·12：己丑,㕣贞,王乎,隹又(有)咎。
　　　　己丑,㕣贞,唯其又(有)囚(祸)。
　　按：㕣,祖甲时贞人。咎,有灾祸义。本片与卷六第 20·4 片重复。
本片是《合集》26186。

29·1：□□卜,古贞,……我田,屮(有)来……。
　　按：古,武丁早期贞人。辞残,其义不详。该片反面刻辞是"王往田,不
雨"。甲桥刻辞是"……来三十",或是指某地进贡龟甲三十片。

29·2：贞,王勿往省□于臺(廊)。
　　　　□卯卜,古贞,婦姘田,不其 ▨(雀)。五。(本辞据《合集》9610 补)
　　按：臺,读作"廊",地名。▨(雀),当是"隻"字,读作捕获的"获"。

29·3：……好…… ▨(泉)……。
　　按：▨,象水从泉眼流出形,卜辞是地名,或释作冊"渊"。渊和泉,是
同类事物,字同形。

29·4：贞,王勿从沚䦆。
　　　　贞,王勿去湅。
　　按：沚䦆,武丁时著名将帅人名。湅,是地名。参阅本卷第 10·4 片
考释。

29·5：贞,方其臺(墉),视何。一。
　　　　壬辰卜,贞,方其臺(墉),视何。三。
　　按：方,方国名。臺,读作"墉",筑城。视何,何是地名。本片上部还有
内容相同的一辞"贞,方其臺(墉),视何",即第二辞。拓片被删。
　　本片是卷六第 20·6 片的重出。

29·6：丙辰卜,㚔求我[宜]。
　　按：㚔,与匚当是同一个字,卜辞是方国名。参阅卷三第 43·2 片。
求,乞求。

29·7：……屮(有) ▨(凿),其唯庚……。
　　按：▨,隶作敖。《诂林》按语曰"当释作'凿',卜辞为用牲之法,进而

引申为祭名。又为灾咎之义。"参阅卷五第8·5片和第9·2片考释。

29·8：……自正(征)猶(猷)。
按：猶，即"猷"，氏族名。叶玉森说是犬戎之一，在今陕西省一带。参阅卷三第13·4片考释。

29·9：……贞，……。
　　　乙未卜，曰弜(勿)来。
　　　丙子……麋……日……。
按：辞残，其义不详。

29·10：贞，赒，不其龟。
按：赒，据卷五第22·5片，当是位于江淮一带方国名，卜辞中或是指赒没有按时进贡龟版。参阅卷五第19·5片考释。严一萍说，本片可与第23·2片缀合。

29·11：贞，舌方违，[率伐……]
按：辞残，其义不详。

29·12：癸未……。一。
　　　□卯卜，王勿令夫受若。一。
按：夫，是人名。勿令夫受若，卜辞大意或是，王不要令夫接受允诺。

29·13：庚子，……由。二。
按：辞残，其义不详。

29·14：□戌卜，喜[贞]，[今]丁亥，丁……。一。
按：喜，祖甲时贞人。辞残，其义不详。本片与卷六第24·10片重复。

29·15：贞，勿乎……登……。一。
按：辞残，其义不详。

29·16：贞，旨古王史(事)。(本辞是本片)
　　　丙午卜，方贞，旨弗其古王史(事)。一。

贞,叀韃乎往于微(徵)。

三、一,二告。二、一,二告。一。(以上三辞据《合集》5478 正补)

按:旨,根据陈梦家的考证是方国名,即《尚书大传》"文王伐耆"的耆,在商之西(《综述》第 296 页)。本辞大意是,贞问旨勤于王事。

严一萍说,本片与卷三第 26·2 片缀合。核之该片,内容毫无关系,而与卷三第 26·3 片相关,恐是看错页码。

第二辞宁,武丁早期贞人。本辞大意是,旨不会勤于王事。第三辞韃,从束韋声,是人名。参阅卷三第 28·11 片考释。微(徵),是地名。参阅卷二第 24·1 片及卷三第 26·3 片考释。

29·17:□酉[卜],贞,亡🖻(?)。

按:🖻,象跪坐的人伸展两胳膊形,字不识。卜辞中作名词,为宾语。

30·1:戊子卜,殻贞,凸(骨)凡(盘)㞢(有)[疾]。

按:殻,武丁早期贞人。凸凡,读作"骨盘"。卜辞大意是,贞骨盘有疾病。

30·2:□□[卜],大[贞,王宾],龠,亡囚(祸)。十二月。

按:大,祖甲时贞人。龠,用竹管编成的一种吹奏乐器,卜辞当是奏管乐以祭的意思,是一种祭祀仪式。

30·3:□寅卜,王贞,次,丙……宅,㞢(有)狩。

按:这是王贞卜辞。次,是"涎"字的初文。据本卷第 6·4 片,此处是王伯人名。参阅本卷第 6·4 片及第 19·15 片考释。辞残,其义不详。

30·4:贞,……。

贞,王梦,亡其来。

按:卜辞大意是,王做梦,大概不会来。

30·5:戊戌卜,今一月失(佚)……哉。

按:失,读作"佚",方国名。参阅卷一第 8·7 片、第 9·8 片及本卷第 10·6 片考释。

30·6:癸巳……廼乎……。

丁……。

按：癸巳，严一萍释文作"乙巳"，误。辞残，其义不详。

30·7：王占曰：吉，其去。

按：本片与本卷第23·1片缀合，可资参阅。

30·8：不唯䎉（稼）。

按：䎉，或读作"稼"。指与田里生长的庄稼有关的农事。参阅本卷第25·6片考释。

30·9：……作洹，唯屮（㞢，勿隹洹，隹屮㞢，灾）。

按：严一萍据他片补入括号中的文字。经检核，是《合集》7854反，释文是"……乍（作）洹，唯屮（有）㞢（祝）；马（勿）唯洹，唯屮（有）㞢（耤）"。洹，水名，即洹水，位于殷都安阳附近。㞢，左侧不知所从，右侧从卩，或释作祝祷的"祝"。㞢，上面像个人，下面从巛（灾），或隶作耤田的"耤"。参阅《诂林补编》第44、45页刘钊的考释。卜辞大意是，因洹水泛滥，询问该治理，于是祝祷；不要治理洹水，只开垦种地。

30·10：贞，余闻舌……。

按：舌，字略残，据形补。余闻舌，辞残，其义不详，或是地名。

30·11：马，……㞢（驲）马，……亡省。（竖读）

按：㞢，从彳，从马，隶作驲。《合集》36990释文未释。辞残，其义不详。

30·12：丁酉卜，令豖征㫃，斩（翦）。三。

按：豖，是武丁时期一员武将人名。参阅卷三第46·3片。该字又见于卷六第19·5片。㫃，或谓象帽子形，于省吾释作"㫃"。卜辞是方国名，㫃是商王室征伐的对象。又见于卷六第24·8片。

30·13：庚寅卜，箙贞，……屖。三。

按：箙，武丁早期贞人。屖，从尸（侧立的人形），从小或少，叶玉森读作"屎"，是与农事有关的字。或释作"沙"，李家浩读作"徙"，或说通"选"。卜辞有"徙田"，可读作"选田"。参阅《诂林补编》第2页。辞残，其义不详。参阅卷六第21·10片考释。

30·14：贞,……弗……夫……。
乙亥卜,勿令雀乎□出。

按：雀,人名,即子雀,是小乙之子,武丁的兄弟行。参阅卷四第11·1片考释。卜辞大意是,勿令雀呼某出。

30·15：贞,我弗其获执。

按：严一萍说本片是本卷第24·2片以及卷三第42·1片的重出。可资参阅。

30·16：贞,……䐁……。

按：䐁,上从肉,下从鼎,是䐁字。本是一种大鼎,卜辞或用作祭名。辞残,其义不详。

31·1：……辜(墉)卫。
〔庚〕申卜,㱿贞,大丁乎王辜(墉)卫。
……旬亡囚(祸)。
……〔旬亡〕囚(祸)。己巳雨。一月。
庚申……。

按：㱿,武丁早期贞人。大丁,《史记》作"太丁"。此王应是武丁。因此,本辞的"乎"(呼)是贞人的托词,而非实指。辜,读作"墉",筑城。墉卫,筑卫,或指加固城池的意思。参阅卷一第16·1片考释。

31·2：癸未,丙戌,己丑,庚寅。
贞,唯兕令。
壬子。五月。

按：兕,犀牛。唯兕令,或是"唯令兕",意为只捕捉兕。辞简,其义不详。

31·3：丁未卜。
戊申卜。
贞,行古王史(事)。
行古〔王事〕。
贞,唯戉……。
贞,㝱(異)及㝱(寏)微(徵)。

贞,無(舞),虫(有)雨。

[贞],唯……。

按:行,人名。■,像人举双手,上有口形物,是"異"(异)字,也即"戴"字,参阅卷四第21·7片。卜辞是人名。■,从舁在宀下,隶作寍,疑是"舁"字的繁构,卜辞也用作人名。微(徵),地名。参阅卷二第24·1片和卷三第26·3片考释。第七辞首字"贞",严一萍释文误释作"庚"。無,读作"舞",雩祭,是求雨之祭。参阅卷一第33·5片考释。拓片左侧边字残。第八辞残,其义不详。

本片是《合集》5455。

31·4: 癸卯,王[卜,贞,酻],湄日,自上甲……。在五月,唯……。

按:湄日,终日。参阅卷三第25·1片考释。辞残,其义不详。

本片是《合集补编》第10944片。全辞释文如下:

癸未,王卜,贞,酻,湄日,自上甲至于多毓(后),衣,亡祸。在五月,唯王四祀。

31·5: 贞,王唯侯告,从。六月。

按:侯,因未书侯名,故不知是哪位诸侯国的侯。辞简,其义不详。

31·6: 叀今……,大吉。

……于又(有)■(祸),叀今……吉。

按:■,或是帝乙、帝辛时的祸忧字,即他辞的■字。辞残,其义不详。

31·7: 乙□卜,……。

丁卯卜,贞,■(周)其虫(有)囚(祸)。

按:■(周),本是稠密的"稠"字,读作"周"。后加口,遂造"周"字,是方国名。陈梦家说:"公刘之豳以及周在今山西南部之新绛、稷山、河津、万泉、荣河一带,当大河之东,汾水之南、盐池西北的涑水流域。"(《综述》第292页)陈梦家又说"卜辞惟于伐周称璞,而武丁以后不见有关周的记载"。本辞"贞,周其有祸",或是指商将璞周。

31·8: 癸卯卜,[殻]、奏贞,无囚(祸)。二告。

按:殻、奏,武丁早期贞人名。孙海波说是殻、奏共贞。奏,或隶作

"舌",与字形不类。古文字考释,同一个字形学术界往往有多种不同的解释,说明某种解释只是一种探索,未必是确诂,也即未必符合造字的所谓本义,故尚未成定论。这种情况下,东汉许慎的《说文解字》就是通向未释字的津梁,尽管《说文》的解释未必完全正确。所以,熟悉《说文》是研究古文字的前提,至少要经常查阅。

31·9:□□卜,贞,其屮(有)尤(忧)。十月。一。
　　按:卜辞大意是,贞问十月有祸忧。

32·1:[癸卯卜,争贞,旬亡祸,甲辰]大骤(昏)凤(风),之夕晕。乙巳,瘕执[□五]人。五月。在臺(廊)。
　　[王]占曰:屮祟,七日己巳子🕯(由)死。旬……。(正面)
　　……艰,气(三)至,屮(有)祟。甲申,夕晕,乙酉,……。
　　……钗……亦围俘,六月。(以上二辞是反面)
　　按:本片是本卷第8·1片的正面。参阅本卷第8·1片考释。本片是《合集》13362的正反面。

32·2:……舌方……丙不吉,其……九旬屮(又)一日丁……三日庚戌……。
　　按:辞残,其义不详。

32·3:癸卯,……取娩……[王]占曰:……。
　　按:取,或是一种祭祀仪式。辞残,其义不详。

32·4:□□[卜],殻贞,旬亡囚(祸)。[王]占曰:屮(有)祟,其屮(有)来艰。四日丙戌[允有来艰]。
　　按:殻,武丁早期贞人。卜辞大意是,贞问旬无祸忧。王占卜说有祟,会有来艰。四日丙戌果然有来艰。

33·1:……伐,王出。三。
　　贞,王出。三。
　　庚子卜,宁贞,……不……。小告。
　　不🕯🍀。三。
　　按:宁,武丁早期贞人。辞简且残,其义不详。

33·2：贞，亦……，[王]占曰：其唯己，辛，兄丁。一。
　　按：辞残，其义不详。

33·3：……王往逐。……往，唯王……，伲……。
　　按：伲，人名。参阅本卷第1·3片考释。辞残，其义不详。
　　《合集》10631拓片略残，不如《续编》。

33·4：囗寅卜，㱿贞，今日我其狩🅢（㿿）。
　　　丙戌卜，古贞，燎于岳。
　　按：㱿、古，都是武丁早期贞人。第一辞🅢，未知所像，严一萍释文作"孟"，或隶作㿿，或隶作盇，本辞是狩猎地名。第二辞末字残缺，像是"岳"字，卜辞是燎祭的对象。

33·5：……旬……犬……虎……。
　　按：辞残，其义不详，或与田猎有关。

33·6：贞，不……，㿄（嬴）。二。
　　　贞，不唯虩，唯……。
　　　[贞]，不……。
　　按：㿄，是蠃虫"蠃"字初文。卜辞中读作羸弱的"羸"，属于一种病态。参阅卷五第28·10片考释。虩，从虎从匕，匕亦声，是"牝"字的异构，意为母虎；或释作"虐"。《诂林》第1673条按语曰"裘锡圭释'虐'可从。然……惟此辞仍当是虩，为捕获之兽名，当是'牝虎'合文。"
　　本片是《合集》17946正面。其反面是：囗囗卜，疛。若。

34·1：囗囗[卜]，㱿[贞]，令望乘先归。九月。六。
　　按：㱿，武丁早期贞人。卜辞大意是，令望乘先返回。九月。

34·2：弗……午……于……。二。
　　　庚午，雀幸（执）寇。二告。三、三、三。
　　　……于……虎，马不死。马……。二、三、三、二告。
　　按：本片卜辞从右向左读，分三横行，行中夹有数目字。雀，子雀，是小乙之子，武丁诸兄弟之一。
　　本片与本卷第6·3片缀合，缀合后是《合集》574。

34·3：癸亥卜，殸贞，勿蔑施羌。

　　按：勿蔑，不要轻易。施羌，杀羌俘。参阅卷二第1·5片考释。

34·4：庚寅卜，宁贞，嚞妃亡不若。

　　　　䵼。三。

　　按：宁，武丁早期贞人。嚞妃，当是武丁王妃名。亡不若，无不顺。《合集》2869正面另一处还有个"䵼"字，《续编》被删除。反面是"于父甲御"，"于父庚御"二辞。

34·5：庚辰卜，争贞，黍于▨（廘）。

　　　　……黍于▨（廘）。

　　按：争，武丁早期贞人。▨，隶作廘。疑是"龐"（庞）字的繁构，卜辞中作地名。两个地名是同字，严一萍第二辞释作麐，从鹿，吝声，非是。

　　本片是《合集》9538。

34·6：贞，不唯父乙祸。

　　　　……不雨。

　　按：卜辞大意是，贞得不仅父乙作祟降祸。

35·1：贞，汕戠禹（偶）[册]。三。

　　按：汕戠，武丁时将帅人名。禹（偶）册，举册。参阅卷三第5·5片考释。

35·2：贞，戉其乎来。五。

　　　　……来……。

　　按：戉，方国名。卜辞大意是，贞问招呼戉能来。第二辞残，其义不详。

35·3：……获麋二百，……在襄。

　　按：麋，似鹿非鹿，是鹿的一种，混言之曰麋鹿。襄，卜辞是田猎地名。

35·4：□□卜，亘贞，乎……。

　　　　□□卜，殸贞，乎……。

　　按：亘、殸，都是武丁早期贞人。辞残，其义不详。

35·5：庚辰卜，㱿贞，王臺(墉)缶于[罒]。(本辞是《合集》6864 正面)
　　　……罒。二月。(反面)
　　按：㱿，武丁早期贞人。臺，读作"墉"，此处是筑城的意思。缶，地名。罒(蜀)，据该片反面"……蜀。二月"补，是方国名。参阅卷一第 52·1 片考释。

35·6：贞，今十一月先不其得。
　　按：先，疑是人名。

35·7：贞，圉戉。二月。
　　按：圉，有拘役义。参阅本卷第 5·1 片考释。戉，方国名。

35·8：贞，王勿伐。
　　　贞，王勿伐。
　　按：卜辞大意是，贞问王不要征伐。征伐哪个方国，卜辞未书。

卷　　六

1·1：癸酉卜，[䘏]贞，王旬亡㞢（祸）。
　　　癸未卜，䘏（䘏）贞，王旬亡㞢（祸）。
　　　[癸巳]卜，䘏贞，王旬亡㞢（祸）。
　　　按：䘏，隶作䘏，是帝乙、帝辛时贞人。卜辞大意是，䘏贞问王旬无祸。㞢（祸），是第五期，也即帝乙、帝辛时期的写法。

1·2：癸亥，王[卜，贞]，旬亡[祸，王]占曰：……。在□月。
　　　癸酉，王卜，贞，旬亡祸，王占曰：大吉。在十月又一。
　　　按：这是王卜卜辞。卜辞大意是，贞问王旬无祸，王占曰大吉。在十一月。

1·3：癸[卯卜]，贞，[王旬]亡[祸]。
　　　癸丑卜，贞，王旬亡祸。在八月。
　　　癸亥卜，贞，王旬亡祸。在八月。
　　　[癸酉]卜，贞，[王]旬[亡祸]。在□月。
　　　按：卜辞分别于四个癸日贞问王旬无祸，分别在某月和八月。

1·4：癸丑，[王卜]，贞，旬[亡祸]，王[占曰]：吉。在五[月]。
　　　癸亥，王卜，贞，旬亡祸，王占曰：大吉。在六月。
　　　按：卜辞大意是，贞问王旬无祸，王占卜说大吉，分别在五月和六月。

1·5：癸丑[卜，黄]贞，[王旬亡祸]。
　　　癸亥卜，黄贞，王旬亡祸。
　　　癸酉卜，在攸，黄贞，王旬亡祸。
　　　按：拓片字迹很小，较难辨识。黄，是帝乙、帝辛时贞人。攸，林义光说是"修"字之古文，象人手持物作装饰形。卜辞是地名。陈梦家认为地名攸在今安徽永城的南部,宿县之西北(《综述》第306页)。

本片是《合集》36823。

1·6:癸卯,[王卜],在▨(血),[贞,旬亡祸]。
　　癸丑,王卜,在▨(彭),贞,旬亡祸。
　　[癸亥,王卜],在▨(师),[贞,旬]亡[祸]。
　　按:▨,字下部略残,从皿,从▨,象器皿中有血块形,是"血"字。卜辞中表示祭祀的场所,是庙室之名,称血室。▨,左从壴,右从彡,是"彭"字。严一萍隶作澎,非是。此处为祭祀的场所名。叶玉森以为是"禜"(祊)字,庙门内。卜辞大意是,在庙室内举行祭祀,贞问旬无祸。第三辞▨,缺刻横划,从自束声,读作"师",军旅临时驻扎之所。

1·7:癸[未,王卜],贞,[旬亡祸],在□。
　　癸巳,王卜,贞,旬亡祸,在▨(反)。
　　癸卯,王卜,贞,旬亡祸,在▨(麇)。三。
　　癸丑,王卜,贞,旬亡祸。二。
　　按:▨(反),从又,从厂,厂亦声,或读作"阪",地名。▨,下从林,上从庚声,隶作麇,地名。

1·8:癸巳[卜],永[贞],王[旬亡]祸。
　　癸酉卜,永贞,王旬[亡祸]。在九[月]。
　　……▨(偻)……。
　　按:永,帝乙、帝辛时贞人。陈梦家"卜人表"隶作"派",严一萍释文隶作"泳"。▨,笔画不清晰,似人手持绳索或丝缕形,隶作"偻"。或是"幼"字。

本片是《合集》37867。本片还有其他几条卜辞,略。

1·9:癸卯,王卜,贞,旬亡祸。在十月又一。
　　□□卜,……祸。

1·10:癸[丑卜,贞],王[旬亡祸]。在[□月],彡(肜)。
　　癸酉卜,贞,王旬亡祸。在[□月]。

2·1:癸[酉卜],贞,[王旬]亡[祸]。二。

癸未卜,贞,王旬亡祸。二。

癸[巳卜],贞,[王旬]亡[祸]。二。

癸卯卜,贞,王旬亡祸。二。

癸[丑卜],贞,王[旬]亡[祸]。

癸亥卜,贞,王旬亡祸。

按:从癸酉到癸亥,正好是六旬,两个整月,共六十日,说明商代晚期一个月的确是三旬,共三十日。

本片是《合集》39044。

2·2:癸巳卜,贞,王旬亡祸。

癸丑卜,贞,王旬亡祸。

癸[酉卜],贞,[王旬]亡[祸]。

癸巳卜,贞,王旬亡祸。一。

癸丑[卜],贞,王[旬]亡[祸]。

[癸酉]卜,[贞,王]旬[亡]祸。

按:本片是隔旬占卜一次,贞问王旬无祸。

本片是《合集》39039。

2·3:癸酉卜,贞,王旬亡祸。

癸巳卜,贞,王旬亡祸。

癸丑卜,贞,王旬亡祸。

2·4:癸巳卜,贞,王旬亡祸。

癸卯卜,贞,王旬亡祸。

癸亥卜,[贞],王旬[亡]祸。

2·5:癸卯[卜,贞],王旬[亡祸]。二。

癸卯卜,贞,王旬亡祸。二。

癸卯卜,贞,王旬亡祸。二。

癸亥卜,贞,王旬亡祸。二。

癸未卜,贞,王旬亡祸。

癸……,贞,王[旬]亡[祸]。

按:本片癸卯反复贞问王旬无祸。

2·6：癸酉卜,贞,[王]旬亡祸。
　　　癸巳卜,贞,[王]旬亡祸。
　　　癸丑卜,贞,王旬亡祸。
　　按：本片是隔旬贞问王旬无祸的卜辞。

2·7：[癸未]卜,[贞,王]旬亡祸。
　　　癸卯卜,贞,王旬亡祸。
　　　癸亥卜,贞,王旬亡祸。
　　　癸未卜,贞,王旬亡祸。
　　　[□□]卜,贞,[王]旬[亡]祸。

2·8：癸巳,王[卜,贞],旬[亡祸]。
　　　癸卯,王卜,贞,旬亡祸。
　　　[癸丑],王卜,[贞],旬亡祸。
　　按：本片是王卜辞,贞问旬无祸。

3·1：癸亥卜,贞,王旬亡祸。
　　　癸未[卜],贞,王[旬亡祸]。
　　　癸卯[卜],贞,王[旬亡祸]。
　　　癸[亥卜,贞,王旬]亡[祸]。
　　按：本片是隔旬贞问王旬无祸的卜辞。

3·2：癸卯[卜,贞],王旬[亡]祸。
　　　癸卯卜,贞,王旬亡祸。
　　　癸未[卜,贞,王旬亡祸]。
　　　癸未卜,贞,王旬亡祸。
　　　癸巳[卜,贞],王旬[亡祸]。
　　按：这是反复贞问王旬无祸的卜辞。

3·3：癸[卯卜],贞,[王今夕]亡祸。
　　　乙巳[卜,贞],王[今夕]亡祸。
　　　丁未卜,[贞],王[今夕]亡[祸]。
　　　己酉卜,贞,王今夕亡祸。
　　按：本片是贞卜王今夕无祸的卜辞,故占卜之日不一定在旬末。

3·4：癸卯,[王卜],贞,旬[亡祸]。
　　癸丑,王卜,贞,旬亡祸。
　　癸亥,王卜,贞,旬亡祸。
　　癸酉,王卜,贞,旬亡祸。
　　……[亡]祸。
　　按：这是王亲自贞问旬无祸的卜辞。

3·5：癸巳卜,贞,王旬亡祸。

3·6：[癸]亥卜,派[贞],王旬[亡]祸。
　　□□卜,永[贞],王旬[亡]祸。
　　按：永,帝乙、帝辛时贞人。这是贞问王旬无祸的卜辞。

3·7：癸未[卜],贞,王[旬]亡[祸]。
　　癸卯卜,贞,王旬亡祸。
　　□□卜,贞,王旬亡祸。
　　按：这是贞问王旬无祸的卜辞。

3·8：癸未[卜,贞],王[旬亡祸]。
　　□□卜,[贞],王旬[亡祸]。
　　[癸]卯卜,[贞],王旬亡祸。
　　癸亥[卜],贞,王旬亡祸。

3·9：癸[丑卜,贞],[王旬亡祸]。
　　癸亥卜,贞,王旬亡祸。
　　癸酉卜,贞,王旬亡祸。
　　癸未卜,贞,王旬亡祸。
　　[□□卜],贞,[王旬无]祸。
　　按：这是贞问王旬无祸的卜辞。

3·10：癸巳,王卜,贞,旬亡祸,王占曰：吉。
　　按：这是王贞问旬无祸的卜辞,且王占得本旬吉。

4·1：癸卯卜,贞,王旬亡祸。

癸亥卜,贞,王旬亡祸。
癸未卜。
癸亥卜,贞,王旬亡祸。

4·2:［癸］卯卜,在□［贞］,王［旬］亡祸。
　　□□卜,……王旬［亡］祸。
　　按:这是在某处贞问王旬无祸的卜辞。

4·3:癸卯［卜］,贞,王［旬］亡祸。
　　癸亥［卜］,贞,王［旬］亡祸。
　　按:这是隔旬贞问王旬无祸的卜辞。

4·4:癸卯,王卜,［贞］,旬亡祸。［在］五月。
　　癸丑,王卜,贞,旬亡祸。
　　癸亥,王卜,贞,旬亡祸。
　　按:这是每旬王占卜、贞问旬无祸的卜辞。

4·5:癸亥卜,贞,王旬亡祸。

4·6:癸巳卜,贞,王旬亡祸。在九月。
　　癸卯卜,贞,王旬亡祸。
　　［癸］丑卜,贞,［王］旬王祸。

4·7:癸巳［卜,贞］,王旬［亡祸］。
　　癸卯卜,贞,王旬亡祸。
　　癸丑卜,贞,王旬亡祸。

4·8:癸卯卜,贞,［王］旬亡祸。

4·9:癸［巳部,贞,王］旬［亡祸］。
　　癸卯卜,贞,王旬亡祸。
　　癸丑卜,贞,王旬亡祸。
　　［癸］亥卜,贞,［王］旬亡祸。

5·1：癸亥[卜,贞],王旬[亡祸]。
　　癸酉卜,贞,王旬亡祸。
　　癸未卜,贞,王旬亡祸。

5·2：癸亥[卜],□贞,[王旬]亡[祸。在七月]。甲戌,[翌日]大甲。
　　癸丑卜,□贞,王旬亡祸。在八月。甲寅,翌日……。
　　按：贞人名不清晰,严一萍释文摹作 ，《合集》37867 释文作"永"。这是贞问王旬无祸,翌日祭大甲的卜辞。《合集》37867 共有 6 条卜辞,可资参阅。

5·3：癸[丑,王卜],贞,[旬亡祸]。
　　癸亥卜,贞,王旬亡祸。
　　癸酉,王卜,贞,旬亡祸。
　　[癸]未,王卜,[贞],旬亡祸。
　　按：本片卜辞癸亥是贞人所卜,从癸酉开始是商王亲自占卜,贞问本旬无祸忧。可见商代晚期占卜时卜问的人是可以更换的,甚至王也可以亲自卜问。

5·4：[癸]酉卜,[贞],王旬亡祸。
　　癸巳卜,贞,王旬亡祸。
　　按：这是贞问王旬无祸的卜辞。

5·5：癸[卯卜],贞,[王旬]亡[祸]。
　　癸丑卜,贞,王旬亡祸。
　　癸亥卜,贞,王旬亡祸。
　　癸酉卜,贞,王旬亡祸。
　　按：这是每旬贞问王旬无祸的卜辞。

5·6：癸亥卜,贞,[王]旬亡祸。
　　[□□卜,在]辜(廊),[贞],王[旬亡]祸。
　　按：辜(埔),仅剩下半部,是"辜"字,读作"廊",是地名。

5·7：癸卯卜,贞,王旬亡祸。
　　癸丑卜,贞,王旬亡祸。

　　　　□□[卜],贞,[王旬亡]祸。
　　　　按:这是贞问王旬无祸的卜辞。

5·8:　□□[卜],贞,……王……。
　　　　癸未,王卜,贞,旬亡祸。王占曰:吉。
　　　　癸巳,王卜,贞,旬亡祸。王占曰:吉。
　　　　……祸。……吉。
　　　　按:这是贞问王旬无祸的卜辞,且王占曰吉。

5·9:　癸巳[卜,贞],王旬[亡祸]。在七月。
　　　　癸卯卜,贞,王旬亡祸。
　　　　癸丑卜,贞,王旬亡祸。
　　　　□□[卜],贞,[王旬亡]祸。
　　　　按:这是每旬贞问王旬无祸的卜辞。

5·10:　癸巳,王卜,旬亡祸。
　　　　[癸卯],王卜,[旬]亡祸。
　　　　按:这是王卜卜辞,询问旬无祸。

5·11:　癸巳,[王卜],贞,旬亡祸。
　　　　癸卯,王卜,贞,旬亡祸。
　　　　癸丑,王卜,贞,旬亡祸。

5·12:　癸巳卜,贞,王旬亡祸。
　　　　[癸]卯卜,贞,[王]旬亡祸。
　　　　按:这是贞问王旬无祸的卜辞。

6·1:　癸酉,[王卜,贞],旬亡[祸]。
　　　　癸未,王卜,贞,旬亡祸。
　　　　[癸巳],王卜,[贞,旬亡]祸。
　　　　按:这是王卜卜辞,贞问旬无祸。

6·2:　癸亥卜,[贞],王旬亡[祸]。三。
　　　　癸酉卜,贞,王旬亡祸。三。

按：这是每旬贞问旬无祸的卜辞。

6·3：癸丑卜,贞,王旬亡祸。
　　　癸亥卜,贞,王旬亡祸。
　　按：这是贞问王旬无祸的卜辞。

6·4：癸未,[王卜],贞,[旬亡祸]。
　　　癸巳,王卜,贞,旬亡祸。
　　　[癸卯],王卜,[贞,旬]亡祸。
　　按：这是王卜卜辞,贞问旬无祸。

6·5：丙戌卜,贞,王今夕亡祸。
　　　戊子卜,贞,王今夕亡祸。
　　　庚寅卜,贞,王今夕亡祸。
　　　壬辰卜,贞,王今夕亡祸。
　　按：这是贞问王今夕无祸的卜辞,故占卜之日不在旬末的癸日。

6·6：庚申卜,贞,王今夕亡祸。
　　　壬戌卜,贞,王今夕亡祸。
　　　甲子卜,贞,王今夕亡祸。
　　　丙寅卜,贞,王今夕亡祸。
　　　戊辰卜,贞,王今夕亡祸。
　　　庚午卜,贞,王今夕亡祸。

6·7：丁酉卜,贞,王今夕亡祸。
　　　戊戌卜,贞,王今夕亡祸。
　　　己亥卜,贞,王今夕亡祸。
　　　壬寅卜,贞,王今夕亡祸。

6·8：癸酉[卜],贞,……。
　　　乙亥[卜],贞,……。
　　　□□卜,在上虞,贞,今[夕]亡祸。
　　　[己]卯卜,在……贞,王[今]夕亡祸。
　　　[辛]巳卜,在……王……。

按：上虞,地名,在王征人方沿途,今河南东部商丘一带,虞城或是其故地。

6·9：丙戌卜,贞,王今夕亡祸。
　　　丁亥卜,贞,王今夕亡祸。
　　　按：这是贞问王今夕无祸的卜辞。

6·10：乙酉卜,[贞],王今[夕亡]祸。
　　　丁亥卜,[贞],王今[夕]亡[祸]。
　　　己丑卜,贞,王今夕亡祸。
　　　按：这是贞问王今夕无祸的卜辞,隔日占卜一次。

6·11：乙亥卜,贞,王今夕亡祸。
　　　……王今夕亡祸。
　　　按：这是贞问王今夕无祸的卜辞。

6·12：丁未[卜],贞,[王今夕]亡[祸]。
　　　己酉卜,贞,王今夕亡祸。
　　　按：这是贞问王今夕无祸的卜辞,也是隔日占卜一次。

7·1：□卯卜,㱿贞,犬徣(延)其㞢(有)犯(牝)。
　　　□□卜,㱿贞,犬徣(延)亡犯(牝)。(以上二辞是卷二第24·4片)
　　　□□卜,㱿贞,王次于曾,酒乎毕(擒)㘡(井)[方]。
　　　按：严一萍说,本片与卷二第24·4片缀合。可资参阅。
　　　㱿,是武丁早期贞人。次,军队临时驻扎宿营曰次。曾,地名,是军队驻扎之所。毕,读作"擒"。《合集》6536隶作敱(敢),非是。㘡,构形不明,陈梦家释作"井",㘡方是方国名。陈梦家说："今山西河津县(的耿国),可能就是卜辞的井方。"(《综述》第288页)参阅卷二第12·4片考释。《合集》6536隶作"𩰚",与字形不合。

7·2：帝孜(嗣)兹邑。
　　　唯岳。
　　　按：孜,鲁宾先释作"嗣",承继也。本辞帝孜(嗣)兹邑,帝接续、承继此邑也。

7・3：乙酉……。
　　　贞，唯用罙。
　　　丁酉卜，三。
　　　丙午卜，其用龟。
　　按：第二辞的"罙"，只能解释作祭名，作宾语，不能作为连接词"暨、及"解释。第四辞"其用龟"，当是指第二辞的"用罙"这种祭祀仪式要用龟。

7・4：甲申[卜，贞]，武[祖乙宗]，其[牢]。
　　　丙戌卜，贞，文武宗，其牢。
　　　癸亥卜。一。
　　按：武[祖]乙，庚丁之子。文武，即文丁；文武宗，供奉文丁神主的庙室。

7・5：戉弗其斩。
　　　戉亡其犯。
　　　□申卜，[古贞]，……。
　　按：戉，方国名。犯，此处或用作方国名。

7・6：弗斩。
　　　[王]占曰：吉。……不肯（蔑）哉，……廼丁，……十祀。
　　按：辞残，其义不详。

7・7：[癸]亥[卜，□]贞，旬亡[祸]，……鼠……侯……。
　　按：鼠，严一萍隶作虎，或隶作豕。此处为氏族首领人名。辞残，其义不详。

7・8：□酉卜，其亦雨，弜（勿）墉（墉）。三、四、二。
　　按：本片刻辞行款凌乱，释文结合一般辞例而释。卜辞大意是，某日占卜，那日也下雨，不修筑城池。

7・9：贞，乎犬兹于京。二。
　　按：犬，氏族名。兹，象手抓起丝缕形，或隶作絑，卜辞中作祭名。参阅卷一第3・2片考释。京，地名。

7·10：□戓唯帚（归）□伐 🜂（巴）方，……又。

按：🜂 或 🜂，前之学者释作"巴"。赵平安认为甲骨文 🜂 是"揖"的初文，🜂 可能就是《左传》宣公十五年的稷，春秋属于晋地，在今山西省稷山县境内。实际与巴无关。① 参阅卷五第27·6片考释。

据《合集》6479片正面卜辞是妇好从沚𢦒伐巴方。本辞残，其义不详。

7·11：癸未卜，旅贞，令[子]族凿周，古王事。

按：旅，祖甲时贞人。子族，氏族子弟。凿周，开通通往周的道路。参阅卷三第26·3片和卷五第2·2片考释。

7·12：癸未卜，王贞，🜂（畏）梦，余勿御。

按：这是王贞卜辞。🜂，象鬼持杖形，鬼亦声，隶作畏惧的"畏"。
本片是《合集》17442。

8·1：戊寅卜，古贞，逐……。

按：古，武丁早期贞人。辞残，其义不详。本片是卷二第27·5片的重出。

8·2：……牛……俎（宜），亡……追……。

按：辞残，其义不详。

8·3：贞，……其……。
贞，不其循，三月。
按：辞残，其义不详。

8·4：□□卜，王，侯……弗若……循。
壬寅[卜]，……王……吉……叀……。一、二。
按：辞残，其义不详。

8·5：今来岁，我不其受[年]。
□□[卜]，殻[贞]，……王……。
按：殻，武丁早期贞人。第二辞残，其义不详。

---

① 赵平安：《从"𦣞"字的释读谈到甲骨文的"巴方"》，《文献》2019年第5期，第62—75页。

8·6：□□[卜]，□[贞，舌方]出，不佳咎我，在囧（祸）。
　　按：有祸忧义的"咎"，与囧（祸）相对。

8·7：贞，今一月目鲁于……。
　　　贞，□亡疒（疾）。
　　　……疒（疾）。二月。
　　按：目鲁，未知何义。
　　本片是《合集》13621。

8·8：贞，其雨。
　　　……兕。
　　按：兕，孤辞只字，或表示猎获的犀牛。
　　本片是《合集》10446。

8·9：戊寅卜，贞，今日亡来艰。
　　　今日雨。
　　按：第一辞大意是，贞问今日没有敌方来犯吧。今日下雨。

8·10：丁未卜，即贞，今日无来艰。
　　　……雨。
　　按：即，祖甲时贞人。卜辞大意是，贞问今日没有敌方来犯。（今日）雨。

8·11：贞，亡祸。
　　按：卜辞贞问无祸忧。

8·12：……马不死。二。
　　按：辞残，卜辞或是指马生病但不会死。

8·13：辛□[卜]，争贞，……冉归。三。
　　　……邑……。
　　按：争，武丁早期贞人。冉，方国名，今山东省菏泽市定陶县冉堌镇是其故地。参阅卷五第24·8片考释。

9·1：壬寅卜，古贞，御于高匕（妣）□。

　　壬寅卜，古贞，勿蔑于示，御。一。

　　按：古，武丁早期贞人。本辞大意是说，祭祀要庄重严肃。

9·2：乙亥卜，□[贞]，……十三月。雨。

　　贞，弗……。

　　按：第一辞十三月，说明该年是年终置闰。第二辞残，其义不详。

9·3：戊戌，羌🈳（降）示七屯（纯），小叔（掃）。

　　按：🈳，右从彳，左从夊从止，抑或是"降"字异构。示，祭也。叔，读作"掃"（扫）字。据文义是祭名。参阅卷五第11·5片考释。

9·4：戊申，帚（妇）息示二屯（纯），永。

　　按：息，从自从八，象气从鼻孔呼出形，本义是气息。妇息，是人名，息是方国名，或是息国之女嫁给商王室者。据徐少华《息国铜器及其历史地理分析》一文考证，商代息国在今河南信阳市息县西南，淮水北岸，姬姓。①1979年4月起，在河南省罗山县莽张乡天湖村后李村发现了商代墓地，有商代晚期墓葬22座，共出土商代青铜器219件，其中有铭文铜器40件，有"息"字铭文共26件。② 永，武丁早期贞人。

9·5：甲戌卜，彀贞，我勿将自兹邑，彀、丂巳（已）作。三。

　　按：彀、丂，武丁早期贞人。将，叶玉森读作戕害的"戕"。

9·6：壬辰卜，方其辜（埔），视何[尤]。一。

　　贞，方其辜（埔）视何。三。

　　按：方，方国名。辜（埔），本辞或有筑城的意思。何，是地名。参阅卷五第29·5片。

9·7：庚子，乎束人从🈳（？）。弜（勿）从。

　　甲辰，……句来……。

---

① 徐少华：《息国铜器及其历史地理分析》，《江汉考古》1992年第2期。
② 信阳地区文管会、罗山县文化馆：《河南罗山县蟒张商代墓地第一次发掘简报》，《考古》1981年第2期；《罗山县蟒张后李商周墓地第二次发掘简报》，《中原文物》1981年第4期。

按：束，黄天树说是宗庙建筑。参阅《黄天树古文字论集》第135页。本辞"束人"或指管理宗庙之人。▨，象人站在酉形器皿上之形，或是从匕从酉，是"旨"字的异构，卜辞是方国名。根据陈梦家的考证，旨即《尚书大传》"文王伐耆"的耆，在商之西（《综述》第296页）。参阅卷三第9·6片。

匃，或作"匄"，乞求。参阅卷一第11·1片考释。辞残，其义不详。

9·8：□□卜，王[贞]，取雀[于]臺（廊）。
　　□丑卜，[贞]，……雀[亡]……祸。
按：雀，人名，即子雀，是小乙之子，武丁兄弟行。辞残，其义不详。

10·1：贞，……。
　　贞，……其死。
　　□弜（勿）循。二。
　　……告。
按：辞残，其义不详。

10·2：癸丑卜，兄贞，旬亡囗（祸）。三。
按：贞人"兄"，卩（坐人形）上所从是口，而非口，严一萍隶作"邑"，恐非是。兄，祖庚时贞人，邑是武丁早期贞人。《合集》皆隶作"祝"。

10·3：庚午卜，韦贞，乎师般……坐（又）五于……。一。
按：韦，武丁早期贞人。师般，人名。参阅卷一第29·3片考释。辞残，其义不详。

10·4：己酉卜，宁贞，今日王其步公，▨（见）雨，[亡]灾。一月。在□。
　　□丑卜，古[贞]，……史（使）人[于]▨（娒）。
　　□□卜，……。
按：宁、古，都是武丁早期贞人。公，字下略残，象重八之形。公象山谷的豁口形，即"谷"字的初文。卜辞中作地名。▨，左从女，右从又持中（花草），象手持花草往女性头上戴之形，隶作娒。字不识，据语法关系卜辞是地名。

本片是《合集》12500。

10·5：……河寨（祓），叀丁。

至日酌,……。

其桒(祓)年于河,䄛(薪),受年。

按：䄛,从宀,下从新,隶作薪。卜辞是祭名。

10・6：贞,……。

贞,其猱(夒)舌……。

按：猱,或释作"夒"。其猱舌,贞问猱的舌头怎样了。

本片是《合集》15154,其反面是"……妇姘(示)……"。

10・7：其田,叀盧。

按：盧,是田猎地名。

10・8：贞,㞢(侑)嶽于娥。

按：本片是卷五第26・7片的重出。可资参阅。

10・9：叀滴䲕(鱻)[以]。

按：滴,或读作"漳",水名,即漳水。䲕,左从妥,右从鱼,隶作鱻,此处或是人名。或隶作左从鱼,右从罔声的鰯,疑是人名。辞简,其义不详。

10・10：乙巳,陕示屯(纯)二,岳。

按：陕,或释作从阜从矢的陕,或从阜夷声的陕。此处为行祭者人名。黄天树说："陕这个人物的字形有两种：一作陕,一作陕。"(《合》10613)参阅《诂林补编》第345页,以及卷五第1・4片考释。本片是本卷第12・6片的骨臼刻辞。可资参阅。

11・1：乙丑卜,殻贞,王听,唯囚(祸),不……于唐。一。

按：殻,武丁早期贞人。唐,指成唐,即成汤。辞残,其义不详。

11・2：辛卯卜,……及㞢……豝。十月。若。

……王贮以𢎥(文)。一月。

按：豝,小猪。文,方国名,其俘亦谓之𢎥或(倒𢎥)。据此,则第二辞或可理解为,王喜欢贮藏𢎥(文)国产的品物。

11・3：乙未卜,[贞],王翌丁酉酌,伐,易日,丁明,阴,大食。

按：阴，与明相对。参阅卷四第36·8片考释。

大食，或是指日全食天象。全辞皆与天气天象有关。因有日食天象，人们不了解起因，故用伐祭以驱之。笔者少年时（20世纪50年代中期），家乡苏北仍有当出现日食或月食时人们敲锣鸣土枪以惊之的习俗。传说日或月被天狗吃了，鸣枪或敲锣惊之使吐出。其实当日、月和地球三者处于一条空间直线时，才会发生日食或月食。日食正常情况下只出现在农历的初一，月食正常情况下只出现在农历的十五晚上，间或有推迟一日的现象，那是由于历法的缘故。本书不细加赘述。

11·4：己未卜，亘贞，不酋（告）。
按：亘，武丁早期贞人。酋，释作"告"，祭而告之。参阅卷一第28·5片考释。

11·5：戊戌卜，……今一月失（佚）……斩。
按：失，严一萍释作"先"，非是。或读作"敖"，亦未必是。赵平安释作"失"，读作"佚"，卜辞中作方国名。参阅卷一第8·7片及卷五第10·6片考释。本片是卷五第30·5片的重出。可资参阅。

11·6：癸酉卜，……。
……甲岁，叀王󰀀（祝）。
按：󰀀，从示，从兄，象人面向祭台祝祷形，是"祝"字。卜辞"祝"和"兄"的写法有别。

11·7：[□□卜]，旅[贞]，……其又（侑）于……，唯羊。
按：旅，祖甲时贞人。辞残，其义不详。

11·8：壬戌卜，王贞，弜（勿）㞢（侑）其豛。
丁卯，……。
按：这是王贞卜辞。第一辞大意是，王贞问用小猪作祭品。

12·1：贞，勿乎以攸……。
戊寅[卜]，贞，乎□大……。
按：第一辞"攸"，拓片有斑蚀，不太清楚。这当是较早写法的"攸"（啟）字。参阅本卷下文第27·1片下面加口的"啟"（启）字。严一萍释文作"贞,勿乎氏户",不成文辞,非是。第二辞干支拓片是"戊寅",严一萍释作"丙寅",亦非是。辞残,其义不详。

本片是《合集》17665正。

12·2：己丑卜,今出羌,屮(有)获,围。七月。二。二告。
　　今……屮……围。
　　按：出羌,或表示释放羌俘参与打猎。有获,有所捕获。围,或是围猎的意思。内蒙古草原上把打猎叫围猎,20世纪60年代秋冬之际还经常围猎。七月,殷历七月,相当于夏历的八月,正是野兽膘肥体胖时,正适宜围猎。

12·3：戊戌卜,其戎。
　　按：其戎,或是将有戎事发生。辞简,其义不详。

12·4：□亥卜,宁贞,旬[亡]囚(祸),一日虩。甲子……。
　　按：宁,武丁时贞人。参阅卷二第28·4片以及卷四第28·3片考释。

12·5：……凿其用于福。
　　……不更又(有)凿,用福。
　　按：释文据拓片实际字数隶定,比严一萍释文少几个字。福祭,以酒祭也。或隶作"裸"。《合集》25909释文有误。

12·6：丙午卜,韦贞,得。
　　辛亥卜,[古贞],叔(登)射。二告。
　　按：韦、古,都是武丁早期贞人。叔射,读作"登射",或是征召射手的意思。该片骨臼刻辞是："乙巳,陕示屯(纯)二,岳。"是本卷第10·10片。

12·7：庚寅,贞,萃(祓)。
　　庚寅,贞,萃(祓)。
　　□未贞,毕(擒)……。
　　……贞,毕(擒)……。
　　按：辞残,其义不详。

12·8：丙辰卜,□贞,翌……萃,唯……。

贞,于入自日。

……叀(唯)来……方乎。

按:第二辞"于入,自日",疑指从日出那边入。第一、三辞残,其义不详。

13·1:[王]占曰:……艰,丙其虫(有)来不(否),……丁未祓。

按:拓片斑蚀较重,难以辨识,释文仅供参考。卜辞大意是,王占卜,贞问有来艰,丙日有来艰否。丁未举行祓祭。

13·2:丁丑[卜],乍虫……征(延)……鬼……戠……衣……[允]循。

按:辞残,不成文句,几乎无法释读。鬼,或指鬼方,氏族名。戠,或是祭名。衣,卜辞读作"殷",殷祭,大合祭也。

13·3:庚□卜,設贞,乎取……。

按:設,武丁早期贞人。乎取,辞残,其义不详。

13·4:……及……母。

贞,……牛。一。

勿……。一。

按:辞残,其义不详。

13·5:甲……沚戠,……方其……,方其……。

按:严一萍补背面刻辞:"虫商"二字。沚戠,武丁时著名将帅。方,方国名。辞残,其义不详。

13·6:己亥……酋。

按:酋,是氏族名或方国名。参阅卷二第29·3片考释。

13·7:……戎……土于……成彔(麓),……若。

……乎……。

按:彔,卜辞读作山麓的"麓"。参阅卷四第7·1片考释。于省吾释作"㞢",谓是师字初文,卜辞读作"次",指被祭神主的位次。辞残,其义不详。该片背面刻辞是:"隹……殷(寻),甴……"。

13·8：乙酉卜，彻贞，我亡作❐(口)。

按：彻，陈梦家"卜人表"是武丁晚期贞人名，或释作"衍"。严一萍释文定本片为第四期卜辞。❐左右两竖上部都略微出些头，象人的口形，是"口"字，不是正方形的"丁"字。黄天树说：有学者指出，商代甲、金文中的有些"口"字应读释为"曰"，意思与"谓""命"相近（《黄天树古文字论集》第77页）。

本片是《合集》21615。

13·9：丁卯，❐(洧)其……。

按：❐，上从水，下从又，可隶作"洧"，是水名。《说文》水部："洧，出颍川阳城山，东南入颍。从水有声。"卜辞或是方国名。

本片是《合集》18771。

13·10：贞，❐(掰)❐(辛、辛)，唯疾。

按：❐，拓片不清晰，或是掰手的"掰"字初文。❐(辛)，是"辛"字的初文。卜辞或是指，将用辛（尖刀）施行手术，因其有疾病。

13·11：奴[人]于庞。

按：奴，读作登人的"登"，征召人员。庞，从龙在宀下，是"庞"字。卜辞是地名。《合集》7283："甲申卜，㱿贞，乎（呼）帚（婦）好先奴人于庞。"也有地名曰庞，地望不详，据文义推测当是殷的属国。

13·12：□□[卜]，争贞，王作邑，帝（禘），[若]。

按：争，武丁早期贞人。作邑，建造城邑。

13·13：乙□卜，宁。
　　　贞，勿乎从引（弘）。

按：宁，武丁早期贞人。引，当隶作"弘"，据语法关系卜辞是人名。

14·1：……史(使)气(乞)赋骨三。

按：卜辞大意是，使人向赋索求占卜用的骨片三块。赋，方国名，在江淮。

14·2：……旬，己亥，闻(昏)风。

按：闻,读作"昏"。严一萍读作"骤",《合集》13365 释文读作"撇"。于省吾说,大骤风,即大暴风。卷五第 8·1 片有"之夕䨻（晕）""月䨻（晕）"等语,反证"闻"应读作黄昏的"昏"。参阅卷五第 8·1 片考释。

14·3：其正（征）,叀㪍（寻）。

按：正,读作征伐的"征"。㪍,隶作"寻"。卜辞是方国名,当是此次征伐的对象国。林小安把 ▯ 释作"逆",迎也,谓像人伸出双手铺席,正为迎请宾客入席就坐状。参阅卷五第 24·10 片考释。

14·4：□□卜,䔒……。
　　　□□卜,䔒……。二。

按：䔒（箙）,卜辞是武丁早期贞人名。辞残,其义不详。

14·5：辛丑,余卜,㐱幸（执）父希。

按：余,武丁晚期贞人。㐱,"服"的字初文。卜辞读作"报",报祭。参阅卷一第 38·6 片考释。幸,卜辞读作拘执的"执"。参阅卷二第 6·5 片考释。父希,二字合书,是人名。

本片是《合集》21708 左侧一辞,其右侧还有数条卜辞。可参阅黄天树《拼合集》025。

14·6：贞……。
　　　贞,乎王族䍩㝎（府）又……。
　　　乎比（从）。

按：王族,指殷王室的宗族成员组成的军队。㝎,即"府"字（《综述》第 496 页）。卜辞当是方国名。辞残,其义不详。

14·7：贞,用牛一。
　　　……今夕亡𡆥（祸）。

按：卜辞贞问祭祀用一头牛作牺牲,又贞问今夕无祸忧。

14·8：辛未卜,唯……。
　　　庚辰……。

按：辞残,其义不详。

14·9：……不……。

辛□，不永（衍）。

小告。

按：泳，或释作"衍"，读作"侃"，喜乐义。不侃，表示不喜乐。参阅《诂林补编》第572、573页。

14·10：癸卯……，彔贞，亡[囚（祸）]。在……。

□□卜，彔……。十一月。

按：彔，祖甲时贞人名。本片是卷五第18·10片的重出。可资参阅。

14·11：贞，勿……舌……。

按：舌，方国名。据《合集》5542，本片卜辞是："贞，弜（勿）史（使）人[于]舌。一月。一。（不玄）黽。二。"辞残，其义不详。

14·12：贞，唯子画往……。

按：子画，是人名。参阅卷四第32·5片考释。辞残，其义不详。

15·1：壬辰卜，永贞，翌甲午不其易日。一。

按：永，武丁早期贞人。本片是卷五第16·5片的重出。可资参阅。

15·2：甲辰卜，古贞，疾舌，唯㞢（有）祸。

按：古，武丁早期贞人。疾舌，舌头生病。本片是卷五第17·3片的重出。

15·3：癸巳[卜，㱿贞]，……。

壬寅卜，㱿贞，唯囚（祸）。三。

按：㱿，武丁早期贞人。卜辞大意是，贞问将有祸忧。

15·4：癸……。三。

癸巳，贞，画，亡囚（祸）。三。

按：画，即子画，人名。参阅卷四第32·5片考释。本片是卷四第49·2片的重出。可资参阅。

15·5：癸巳卜，㱿[贞]，亚往田于……，往来亡灾。一。

田,其于[翌]亚……。一。

按:顷,是廪辛时贞人。亚,职官名。辞残,其义不详。

15·6:丁未卜,王贞,今日徃于田。

贞,乎费酚昌,骨,尞三牛。

按:这是王贞卜辞。卜辞大意是,王贞问今日前往打猎,燃柴之祭用三牛。

15·7:□子卜,争[贞],勿告。一。[叀]羊。二。小告。

贞……登……。

按:争,武丁早期贞人。辞残,其义不详。本片是卷二第21·7片的重出。可资参阅。

15·8:丁未卜,亘贞,王▨(闻),不唯囚(祸)。

按:亘,武丁早期贞人。▨,于省吾释作听闻的"听"。本书释作"闻"。

16·1:丙子卜,永贞,自今至于庚辰其雨。

己卯卜,▨(品)贞,翌庚辰易日。

……贞,……。

按:永、▨(品),都是武丁早期贞人。本片是卷四第11·3片的重出。

16·2:癸未卜,争贞,勿业(侑)于□。

己丑卜,宁贞,若。三。

按:争、宁,都是武丁早期贞人。本片是卷四第33·3片的重出。可资参阅。

16·3:戊,羌彶(陟),七屯(纯)。叔(掃)。

按:彶,疑是"徒"字的异构。本片是卷五第20·9片的重出。可资参阅。

16·4:丁未卜,亘贞,今日乎步。一。

按:亘,武丁早期贞人。步,吴其昌以为是祭名。参阅《诂林》第0801条。乎步,招呼人举行步祭。

16·5：戊午卜，㱿贞，勿乎御羌于九⌂，弗其……。

按：㱿，武丁早期贞人。⌂，处所名。本片是卷五第16·8片的重出。可资参阅。

16·6：贞，唯翌……告于［王］亥，雨。一。

贞，勿🀄（訊）。一。

按：亥，严一萍释文补做"王亥"。王亥是商先祖上甲微之父。《竹书纪年》有记载。参阅卷一第2·1片考释。🀄，左上从口，右从女，隶作"訊"，读作讯问的"讯"。

16·7：丁巳卜，㱿贞，王唯沚聝从伐土［方］。

按：㱿，武丁早期贞人。卜辞大意是，王从沚聝征伐土方。

16·8：癸巳卜，㱿贞，史（使）人于畓，其㞢（有）曰：三……。

按：㱿，武丁早期贞人。史，读作使唤的"使"，派遣。于，有前往的意思。畓，方国名。辞残，其义不详。本片是卷五第17·8片的重出。

17·1：甲午，贞，其令多尹作王寝。二。

勿黍。一。

按：拓片右下方还有"勿黍"两个残字。多尹，指众职官，犹如《尚书》中的多士。作，指建造。王寝，王的寝宫。

17·2：丙［□卜］，贞，翌……其俎（宜），……祸……夕……。

按：辞残，其义不详。背面刻辞是：……弜（勿）乎（呼）……收……牛……。

17·3：□辰卜，贞，弗其及今。十月。

按：本片是卷五第6·7片的重出。可资参阅。

17·4：……王……隹……今乙……死，隹……。

按：本片是卷五第18·3片的重出。可资参阅。

17·5：贞，令费……羌……百人……用。

……用。

按：拓片左上角还有两个残字,难以辨识。辞残,其义不详。

本片是《合集》1041。

17·6：其……立(?)……。

　　　贞,今春王弜(勿)奴(登)人正(征)……。

　　　□□卜,㱿贞,翌乙……。

　　按：㱿,武丁早期贞人。卜辞与征召人员征人方有关,辞残,其义不详。

17·7：[丙]子卜,犾[贞,今夕亡祸]。

　　　丁丑卜,犾贞,今夕亡囚(祸)。

　　　□□[卜],犾[贞,今]夕[亡]囚(祸)。

　　按：犾,陈梦家隶作"涿",是祖甲时贞人。卜辞大意是,贞问今夕亡祸。

17·8：甲[子卜],……我……。

　　　丁卯卜,▨(角)其▨(夹)。

　　　庚午卜,▨(角)其▨(夹)。

　　按：本片是卷五第20·10片的重出。可资参阅。

18·1：……旬,……丁卯,允坐(有)来自……乎来……。

　　按：辞残,大意与来艰(人祸)有关。

18·2：己巳,▨(妟、晏)示一屯(纯)。㱿。

　　按：本片是骨臼刻辞。▨(妟),下从女,上像其长发,疑是"晏"字。卜辞是人名,据说是武丁诸妇之一。参阅卷一第7·1片考释。㱿,武丁早期贞人,出现于辞末或是贞人的署名。

本片是《合集》17631。

18·3：……自[今]六日[戊]申,子商……。

　　按：子商,人名,是小乙之子,与子渔、武丁是兄弟。《释文稿》说是武丁诸子之一,非是。参阅卷一第28·5片考释。辞残,其义不详。

18·4：……若。爻。三。

　　　……若。二。

　　按：辞残,其义不详。

18·5：壬辰卜，㱿贞，翌癸巳……。
　　按：㱿，武丁早期贞人。辞残，其义不详。

18·6：丁酉，子[商]……示六屯(纯)，小叙(掃)。
　　按：本片是卷五第20·11片的重出。可资参阅。

18·7：……五日……不吉，……吉。
　　按：辞残，其义不详。

18·8：勿取。
　　贞，先其㞢(侑)。
　　按：本片是卷五第21·5片的重出。可资参阅。

18·9：贞，祝岳。
　　贞，祝河。
　　[贞]，祝岳。
　　按：卜辞大意是，贞问祝祀河与岳。
　　本片是《合集》14478。

19·1：己亥[卜，贞]，翌……王……。
　　己亥[卜]，贞，翌……王……。
　　按：辞残，其义不详。

19·2：勿乎🖾(苟)自彔。
　　……三月。
　　按：🖾，像田野里长着的苟麻及果实，或是"苟"字。卜辞是人名。彔，读作山麓的"麓"，卜辞是地名。参阅卷四第7·1片考释。

19·3：沚其戎，羴。
　　按：沚，方国名。戎，是氏族名。羴，今字作"羶"或"膻"。卜辞大意是，沚是戎狄，身上有膻味。

19·4：癸□[卜]，贞，……受……。
　　六爻且(祖)，自夒(夔)🖾(庸)至于新……，九……。

按：六爻，严一萍释文作"人爻"，误。夒，是"夒"字，卜辞有高祖夒，是商的先祖名，即帝喾，名夋，是商先祖契之父。参阅卷一第1·1片考释。▨，上从庚，下从凡，隶作庚。张桂光采用李孝定"盘庚"合文的说法，并作补充说明。参阅《诂林补编》第710页。新，地名。见卷二第16·4片。

本片是《合集》15665。《合集》释文有误。

19·5：己酉[卜]，贞，王循于中商。一。

己[酉卜]，贞，[王]弜（勿）[循]于中商。一。

……贞，……豙不其获。

□□卜，贞，……其获。

按：中商，陈梦家推测可能在今安阳（《综述》第258页）。豙，是武丁时期一员武将人名。参阅卷三第46·3片及卷五第30·12片。第一辞和第二辞贞问王视察中商，还是不视察中商。第三辞和第四辞贞问豙无所捕获，还是有所捕获。

19·6：……弗梓（刈）……夭……。

……四豕……。二、三。

按：梓，是"刈"字初文。辞残，其义不详。豕，本义指猪的双脚被绊，行走艰难的样子，本辞或借作"豕"。

本片是《合集》18400。

19·7：□酉卜，王……追戎，弗其获围，弗及方。

按：卜辞大意是，王令追戎，没有能够包围，没有到达方。本片是卷五第19·6片的重出。可资参阅。

19·8：□亥卜，宁[贞]，……勿眔，……日，九月。

按：宁，武丁早期贞人。眔，本辞的"眔"用在副词"勿"后作动词，当是祭名，并非是连接词。参阅本卷第7·3片考释。

19·9：乙亥，邑示二屯（纯），小叔（扫）。

按：卜辞大意是，于都邑的宗庙里祭祀，要用纯色的家畜作牺牲。参阅本卷第11·5片和第12·4片等的考释。

19·10：□子[卜]，殼[贞]，……乙卯，宜。

……乙卯……。

按：㱿，武丁早期贞人。本片是卷五第 7·3 片的重出。可资参阅。

19·11：□戌卜，翌□狩▨（陷）。三。

按：▨，是陷阱的"陷"字。

本片是《合集》18685。

19·12：贞，宗……交……且……中。三。

□□[卜]，争贞，……▨（熹）。

按：争，武丁早期贞人。▨，上从壴，下从火，隶作"熹"，读作"饎"。卜辞或是祭名。辞残，其义不详。

20·1：己丑卜，贞，贮。二。

庚寅卜，贞，旬亡……。五月。一。

按：贮，指贮藏于仓储。第二辞"旬"下一字笔画和斑蚀混淆不清，严一萍释作"且"。"旬且"，不合辞例且难以理解，当是"旬亡[灾、祸]"之意。

20·2：贞，立▨（？）史（事）。

按：▨，象器皿向下喷水形，不知是何字。卜辞或作人名。

20·3：庚子。

……又湄日▨（畴）……[王]受又（佑）。

按：▨，拓片不清晰。隶作畴，疑是田畴的"畴"字初文。或读作"祷"，祭名。本书以为或是。

本片是《合集》30640。

20·4：己丑，㠯贞，王乎，唯又（有）咎。

己丑，㠯贞，唯其又（有）囚（祸）。

按：㠯，祖甲时贞人。本片是卷五第 28·12 片的重出。可资参阅。

20·5：己……。

于生月乙巳祓。

翌丙祓，[兹]用。

按：生月，陈梦家在有关"卜辞中的月名"一段文字里列举了两个专有月名,没有论及"生月"(《综述》第 228 页)。但他曾说是下月的意思。参阅《诂林》第 1381 条。"生月"二字有时分书,如本辞;有时合书,如卷一第 2·4 片和第 6·7 片等。参阅卷六第 26·7 片。

20·6：贞,方其辜(墉),视何。
　　按：本片上部还有内容相同的一辞"贞,方其辜(墉),视何",拓片被删。本片是卷五第 29·5 片的重出,与本卷第 9·6 片亦同。可资参阅。

20·7：乙未卜,殻……。
　　　……王从沚戡……。
　　按：殻,武丁早期贞人。本片是卷五第 20·12 片的重出。可资参阅。

20·8：己亥卜,贞,……。
　　　☒(非)☒(鸣)。
　　　……又。吉。用。
　　按：☒,于省吾释作"非"。本书以为本辞或作副词,修饰下文动词"鸣"。☒,从鸟从口,是"鸣"字。第三辞在"非鸣"之上,辞残,其义不详。

20·9：弜(勿)田,亡每(悔)。
　　　叀盂田,亡灾。
　　　亡灾。
　　按：本片是卷三第 33·10 片的重出。可资参阅。

20·10：叀☒(美)奏。
　　　叀(惠)☒(祡、祓)奏。
　　　叀商☒(奏)。
　　按：☒,从羊大,是"美"字。☒,象有很多根须的草木形,或释作神祇的"祇",当是"祡"字。☒,隶作"奏"。本书以为,叀美奏、叀祓奏和叀商奏,当是指三种不同的歌舞仪式。

20·11：庚子卜,贞,兇☒(叹、夬)于……。
　　　弜(勿)巳……。
　　按：☒,从口从又,当隶作"夬"。赵平安把☒(叹)释作"夬",陈剑认为字形表示的本义是用手持取、引取一物,结合读音,认为它应该是"搴"

"擊"共同的表义初文。参阅卷一第 39·2 片考释。本辞用作动词,因为后面有介宾短语作补语。惜本片两辞均残,其义不详。

20·12:其至……宣,叀(尋、歸)……。
　　　　受又。
　　按:辞残,其义不详。

21·1:甲戌,易日。
　　　　乙亥,易日。
　　　　……黄……祟……。
　　按:本片是卷五第 21·4 片的重出。可资参阅。

21·2:……兔……酌……羌。
　　　　……哉……。
　　按:辞残,其义不详。

21·3:其……。
　　　　弜(勿)❋(祭)。
　　　　叀辟臣❋(祭)。
　　　　叀多❋(母)祭。
　　按:❋,上从肉,下从収,象双手捧肉形,是"祭"字的异构,省略示(祭台)。卜辞是祭名。辟臣,宠臣。多母,犹言众母。
　　本片是《合集》27604。

21·4:贞,御子央甆于娥。
　　　　屮(有)[来]艰。
　　按:子央,是王子人名。参阅卷二第 7·5 片考释。

21·5:己丑卜,出贞,❋(寿)日其❋(敊)丁牢。
　　　　□□卜,……。
　　按:出,祖庚时贞人。❋,从川,河川的两侧似从夕,疑当是"寿"字。寿日,或指生日、祝寿之日。❋,《合集》释文隶作"柰",注曰"缺刻横划"。当是"敊"字。卜辞中作祭名,燃柴祭也。丁,当指武丁。
　　本片是《合集》23614。

21·6：……牢，又(侑)奭，岁……。一。

按：奭，是君王配偶的专用字。参阅卷一第 3·1 片和卷一第 4·4 片考释。

21·7：叀今夕叙。

于翌日莫(暮)，吉。

按：叙，是祭名，也是一种祭祀仪式，燃柴祭也。

21·8：丁酉卜，贞，叀用罙。（本辞被删）

丙午卜，其用龟。

□□[卜]，贞，……不……。

按：本辞的"罙"似作名词，或是祭名，而不是用作连词。用龟，或是用龟甲占卜，或是用龟甲作牺牲的意思。"不"字右侧还有一个残字，未知是何字。

21·9：唯廿祀，用，王受[又]。

用，十祀。

按：本片是卷二第 31·7 片的重出。可资参阅。

21·10：己亥卜，大贞，乎般屄屮(有)衞。

……乎……（兮）。

……（厶）。

按：大，祖甲时贞人。乎般屄，般当是人名，是"呼"的对象。屄，叶玉森读作"屎"，是与农事有关的字，或释作"选"。屄(选)屮(有)衞，或是指选择强干的人员充实守卫。参阅卷五第 30·13 片考释。

，是"兮"字。卜辞或是地名。参阅卷三第 27·5 片考释。辞残，其义不详。，拓片有斑蚀，且字迹不清晰，像"厶"字，在"兮"字之上，当是另一残辞。但《合集》23666 释文未释字。

本片是《合集》23666。

21·11：壬辰卜，……。

弜(勿)射。

……伊傧。

按：伊，是人名。尹傧，尹担任傧相，祭祀时负责导引王和宾客。

21·12：辛卯卜，王贞，王弜(勿)其斩方。

按：这是王贞卜辞。本片是卷五第28·2片的重出。可资参阅。

22·1：丙辰卜，王贞，余虫(有)梦，唯囚(祸)，永，余……。

……子……虫……。

按：本片是卷五第21·6片的重出。可资参阅。

22·2：辛□[卜]，贞，……其陟……。

不启。

甲戌……。一。

按：陟，本义是登高。辞残，其义不详。

22·3：贞，其虫(有)〾(灾)。一。

按：灾害的"灾"，本象河道堵塞、洪水泛滥形。引申指其他灾害、灾祸。

22·4：庚子卜，内🀄(贞)，其虫(有)遘。

……贞……。

按：内，武丁早期贞人。🀄，该字构形不明，据辞例推测当是"贞"字的不规范写法。本片是卷五第21·8片的重出。可资参阅。

22·5：癸酉[卜]，……🀄(妥)允伐，获🀄(矢)。

按：🀄，从爪从女，是"妥"字。此处或是方国名。🀄，象人侧倾头形，是"矢"字。此处是氏族名。

22·6：丁……。

……听䖒……，

……听……。

按：䖒，是"阳甲"的专用字。辞残，其义不详。

22·7：其水。二。

不水。一。

乙□，贞，……。

按：辞简且残，其义不详。

22·8：用▨（灵龟）。

　　［壬］寅……示敄……朕……示九……。

　　按：▨，上是"霝"字，下是"龟"字，是"霝龟"二字的合书，或读作"灵龟"。辞简且残，其义不详。

22·9：贞，▨（以）……。

　　贞，费弗其▨（以）。

　　按：在同一片甲骨上，两个"以"字的写法左右方向相反，第一辞写作▨，第二辞写作▨，说明那时文字的书写很不规范，完全取决于史官的书写习惯。辞简，其义不详。该片反面卜辞是："癸亥卜，争"；"癸未卜，永"。争和永，都是武丁早期贞人。

22·10：甲子，贞，王从沚馘。在七月。（本辞是本片）

　　辛□，贞，……。

　　癸……王从（沚馘）。

　　辛巳，贞，王从沚馘。

　　又（有）［祸］。二。（以上四辞骨片断裂为另片，据《合集》33107 补）

　　按：甲子的"子"写作▨，下面框内多一横，通常的写法则无一横。七月的▨（七），通常写作"十"，本片蒙上文▨（在）字误作▨，与▨（在）字写法相同，属笔下误。

22·11：其振……。

　　贞，其……。

　　……唯……。

　　按：振，班师而归曰振旅。参阅本卷第1·3片考释。辞残，其义不详。

22·12：己丑卜，庚其改（启）。

　　庚不改（启）。二。

　　不……。

　　按：第一辞被裁，据《合集》33973 补。第二辞和第三辞是本片。本片是卷四第36·2片的重出。可资参阅。

22·13：□酉卜，逐其古王事。匀……。

　　按：逐，祖庚时贞人。本片是卷五第22·8片的重出。可资参阅。

22·14：庚……内……不……。
　　　　甲子卜,贞,……六人,不……。
　　　按：辞残,其义不详。本片是卷五第21·10片的重出。可资参阅。

22·15：辛巳卜,王往田,亡灾。
　　　　辛□……岳。
　　　按：拓片无贞人名,严一萍释文隶作"岳",然陈梦家"卜人表"贞人无"岳"其人,疑严一萍误把第二辞的残字"岳"当作贞人名。第二辞岳,下部残缺,据字的上部来看是"岳"字。

22·16：勿……。
　　　　贞,王🈶(珻)言□庚若。
　　　按：拓片斑蚀较重,笔画和斑蚀混在一起,有些字难以辨清笔画,严一萍释文有漏字,本释文亦仅供参考。🈶,从玉(王),从每(女)有头饰,释作"珻"。辞残,其义不详。

23·1：癸丑卜,其用祈。
　　　按：祈,据卷一第52·3片卜辞是祭祀的对象,疑是殷祖先人名。参阅卷一第52·3片考释。本片是卷五第28·1片的重出。可资参阅。

23·2：贞,唯王往。
　　　　翌乙未易日。
　　　按：卜辞大意是,王往田猎,翌日天气由阴放晴。

23·3：贞,勿……。
　　　　贞,唯弜(强)令……。
　　　　……勿……弜(强)……。
　　　按：弜,释作"强",卜辞是人名。辞残,其义不详。本片是卷五第27·10片的重出。可资参阅。

23·4：贞,勿在……。
　　　　贞,勿乎告……。
　　　按：辞残,其义不详。本片反面甲桥刻辞是：……自□。殷。
甲桥刻辞是记录某地进贡龟甲,殷是贞人签收的签名。殷是武丁早期贞人。

23・5：丙……。

弜(勿)▨(秦)宗。

按：▨,是"秦"字。秦宗,位于秦地的宗庙,供奉先祖神主的庙室。本句卜辞在副词"勿"之后省略或漏刻了祭祀类的动词谓语。

23・6：贞,翌乙卯勿眚(蔑)虫(侑)于唐。

按：本辞大意是,侑祭成唐要庄重严肃,勿怠慢。

23・7：丁未[卜],古贞,虫(有)得。

……曰……。

按：古,武丁早期贞人。第二辞残,其义不详。

23・8：己酉……获……。二。

己酉,▨(子)卜,自正(征)▨(?)我。一。

按：第一辞残,其义不详。第二辞▨(子),是贞人名,严一萍定本片为第四期卜辞,然陈梦家"卜人表"第四期无贞人名"子",唯武丁晚期贞人有名子者。▨,斑蚀过重,看不清笔画,未知是何字。《合集释文》21736 亦未隶定。

23・9：于来▨(刚)。

不雨。

按：▨,从刀,冈声,是"剛"(刚)字。卜辞或用作祭名。

23・10：□戌卜,宁贞,虫(有)梦,王▨(秉)▨(祈)。

按：宁,武丁早期贞人。▨,从又持禾,是"秉"字,持也。▨,从上下二束,或二来,郭沫若、张亚初释为"祈"字的初文。王秉祈,其义不详,或与解梦有关。以上二字严一萍释文描摹原形,未作隶定。

23・11：贞,不其改(启)。

戊戌卜,贞,今夕改(启)。八月。

贞,不其改(启)。

按：卜辞反复贞问天气是否开晴。本片是卷四第36・7片的重出。可资参阅。

23·12：……乎(呼)。

　　　　贞,勿唯王往。

　　　　贞,叀(唯)王往伐舌方。

　　　　贞,乎多臣伐舌方。

　　　　贞,叀(唯)王往伐舌。

　　按：多臣,陈梦家说"乃是殷王国之臣,可能是'臣'与'小臣'的多数称谓,犹《酒诰》之'诸臣'。"参阅卷三第6·3片考释。本片是卷三第8·6片的重出。可资参阅。

24·1：勿……南……。

　　　　□卯卜,王其获……。

　　按：本片是卷三第42·4片的重出。可资参阅。

24·2：其御,受……。

　　　　弜(勿)巳御。

　　按：卜辞大意是,不用在某个巳日御祭。

24·3：贞,获▨(臀)。

　　按：▨,从口,从殷,隶作臀。卜辞是人名或地名。本片与卷一第29·2片缀合,可资参阅。

24·4：亡不若,▨(洮,兆)。

　　按：▨(洮),《合集》释文和詹鄞鑫皆释作"兆",水岸。参阅卷一第53·3片考释。本辞当有一个表示东西南北方位的词,或缺。

24·5：己卯卜,令巴……受夫……于宋。

　　按："巴"字残,严一萍隶作"巴",或是赵平安释作"挦"字初文的那个字。参阅卷五第27·6片考释。宋,本辞中是地名。辞残,其义不详。

24·6：……百在▨(橐)▨(盧)。（本辞是反面）

　　　　贞,勿尞。十二月。（本辞是正面）

　　按："百"上一字残。▨,从束,但中间一竖不贯通,有一横,不是"束"字,或读作橐囊的"橐"。▨,上似方形器皿,下像其两(四)尖足,是"盧"字的初文。橐盧,据语法关系卜辞是地名。

本片是《合集》8186 正、反。

24・7：癸卯[卜]，□贞，王……日，亡尤（忧）。
　　……尤。
　　按：辞残，其义不详。

24・8：余循🅰（苢），唯……。
　　按：🅰，于省吾隶作"苢"。卜辞中作方国名，苢曾经是商王室征伐的对象。参阅卷五第 30・12 片考释。本辞记商王巡视苢，据此推测，此时苢当已被商王室所征服。

24・9：帚（妇）羊示十屯（纯）。
　　按：卜辞大意是，妇某用十头纯色的家畜作牺牲祭祀。

24・10：□戌卜，喜[贞]，丁亥，丁……。一。
　　按：喜，祖甲时贞人。辞残，其义不详。本片是卷五第 29・14 片的重出。

24・11：辛卯卜，燎于岳。
　　按：卜辞大意是，辛卯占卜燎祭太岳山。

24・12：贞，弗其幸（执）。
　　按：卜辞大意是，贞问不会被拘执吧。

24・13：……🅱（魅），……辛。二。
　　按：🅱，是"克永"二字的合书，隶作魅。卷三第 40・2 片🅲（敁、敝）🅱（魅），《合集》11446 释文注曰"车辕断裂之专字"。辞残，其义不详。

24・14：贞，翌乙亥改（启）。
　　按：本片是卷四第 36・10 片的重出。可资参阅。

24・15：甲辰卜，争贞，亡祸。
　　按：争，武丁早期贞人。本片是卷四第 37・2 片的重出。可资参阅。

24·16：……兹……好……小贮，……舌。
　　按：好，疑是妇好的省称，武丁诸妇之一。舌，上从午，下从口，疑是"缶"字的异构，此处作人名。据他辞"舌子""侯舌"推测，当是武丁诸子之一。辞残，其义不详。

25·1：丙辰卜，……曰辰。三月。
　　　　乙卯［卜］，……匚征（延）。
　　按：匚，此处作方国名。参阅卷三第43·2片。本片是卷五第18·11片的重出。可资参阅。

25·2：王贞，祖乙，……▨弗……衛。
　　按：▨，上半残缺，严一萍释文作"朕"，似可从。本片是卷一第16·1片的重出。可资参阅。

25·3：壬午，贞，商。
　　　　肇。
　　按：肇，孤辞只字，其义不详。
　　本片是《合集》21970。

25·4：□亥卜，兄贞，……龏……。
　　按：兄，祖庚时贞人。龏，或是人名龏姒之阙文。参阅卷二第16·4片考释。
　　本片是《合集》26630下半截，上半截还有几条卜辞，可资参阅。

25·5：叀伐。
　　　　叀甲戌伐，又（有）斩。
　　按：卜辞记载与征伐、翦灭有关的战事。

25·6：壬□卜，宁贞，帝（禘）。
　　　　贞，不其▨（蠃、蠃）。
　　　　［贞］，▨（蠃、蠃）。（以上三辞是本片）
　　　　贞，不其▨（蠃、蠃）。
　　　　贞，帚（婦）好▨（蠃、蠃）。（以上二辞据《合集》17252补）
　　按：宁，武丁早期贞人。▨，释作蠃，是蠃虫"蠃"字的初文。卜辞读作羸弱的"羸",属于一种病态,即软骨病。参阅卷一第 31·5 片以及卷一第 39·4 片考释。本片是卷五第 28·10 片的重出。可资参阅。▉,或释作"龙",非是。

25·7：令望乘。
　　　　从望乘。
　　　　戉获羌。
　　按：本片是卷三第 42·5 片的重出。可资参阅。

25·8：贞,▉(兢),弗▉(败)。
　　　　……失(佚)。
　　按：▉,象戴有头饰的二人并走形,是"兢"字。或释作"竝",本书以为于卜辞文义也讲得通。▉,从贝在口上,贝亦声,于省吾释作"败、退"之初文,意为败也、坏也。第二辞失,读作"佚",是方国名,也是侯名。参阅卷一第 8·7 片及卷五第 10·6 片考释。辞残,其义不详。

25·9：庚□[卜],即[贞]……子……。
　　　　贞,牝。八月。
　　按：即,祖甲时贞人。本片是卷二第 22·8 片的重出。可资参阅。

25·10：弜(勿)去黎于之若。
　　按：本片是卷五第 28·5 片的重出。可资参阅。

25·11：[丁未卜],争贞,执卓(杙)(唯乎执戈择)。
　　按：争,武丁早期贞人。卓,或释作"弋",像橛杙形,即"杙"字。或说读作"代",恐非是。

26·1：癸卯卜,贞,雀其又(有)祸。(本辞据《合集补编》6917 补)
　　　　癸卯卜,鼎(贞),雀宅哭,亡祸。
　　按：第二辞"鼎",读作"贞"。雀,人名,即子雀。宅,用作动词,宅居。哭,读如"㘇",卜辞是地名。

26·2：[癸]酉卜,[贞],翌乙[亥]屮(侑)▉(匸)于丁,十。
　　按：▉,读作"匸",即"匰"(dān)字。本是供奉神主的石制器具,又曰石祊、神龛。匸,卜辞读作"报",报祭,是祭名。参阅卷二第6·7片考释。

26·3: 庚□……。
　　　庚寅,贞,……。
　　　皿至豕。
　　按: 皿,卜辞简短,其义不详。
　　本片是《合集》21917。

26·4: 于来庚……。三。一。
　　按: 辞残,其义不详。

26·5: □□卜,即贞,尹于及。四月。
　　按: 即,祖甲时贞人。本片是卷五第27·12片的重出。可资参阅。

26·6: 庚子卜,其祋。
　　按: 本片是卷四第36·13片的重出。可资参阅。

26·7: 庚申卜,今秉月又(有)史(事)。
　　按: 秉,卜辞是月名。参阅卷一第6·7片考释。

26·8: 年卜。
　　　疒(病)卜。
　　　孼(孽)。
　　按: 第一辞年卜,或是指卜问年景的。第二辞病卜,或是卜问疾病状况的。第三辞孼,读作"孽",卜辞有灾祸义。参阅卷一第3·1片考释。

26·9: 癸丑卜,宁贞,[帚(妇)]嬘……。一。
　　按: 宁,武丁早期贞人。妇嬘,是人名。本片是卷五第22·7片的重出。可资参阅。

26·10: 自……友……邕……。
　　　　……邕……。
　　按: 友,从二又(手)相叠,是"友"字,严一萍隶作"双",非是。辞残,其义不详。本片是《合集》22486。

26·11：王……乘……受……。
　　按：辞残，其义不详。

26·12：……巳宗。……月。五。
　　按：严一萍说本片与卷四第34·5片"辛卯卜，殻贞，我勿巳（以）宁，不若"缀合。其实本片"巳"下一字是"宗"字，不是卷四第34·5片的"宁"字，二者辞例虽同，但不能缀合。读者可参看原拓片。拓片左上还有个"月"字。

26·13：癸卯［卜］，大贞，翌乙巳，庚……其曰……。七月。
　　按：大，祖甲时贞人。辞残，其义不详。

26·14：鱼。
　　按：本片仅刻一"鱼"字。辞简，其义不详。

27·1：戊申，晏示一屯（纯），宁。（本辞是《合集》17633骨臼刻辞）
　　　戊申卜，宁贞，屮保囗啟。一，二告。二。（本辞是《合集》17633）
　　按：晏，卜辞是人名，据说是武丁诸妇之一。参阅卷一第7·1片考释。宁，武丁早期贞人名，本处当是贞人签收时的署名。参阅卷四第34·5片"宁"字的用例。
　　第二辞据《合集》17633补。"啟"（启）上一字残缺，未知是何字。本片的"啟"，下面有口，与本卷第12·1片下面无口的"啟"字略异，据彭裕商研究，加口的应是晚造的字。彭裕商说："啟字，武丁时期如宾、自、子等各组及祖庚祖甲时出组均作啟，何组及无名组加日作晵，……。无名组也偶尔有作啟的，很少见，当是承历组而来的，如……。黄组也作晵。而历组则与一二期相同，作啟，无一例外。"①在该文中彭裕商还论及风、雨、河、上甲、贞等字。兹不赘引。

27·2：乙囗［卜］，贞，……。
　　　丙戌卜，争贞，不莫（艱）。三。
　　按：争，武丁早期贞人。不莫，读作"不艱（艰）"，指不会降灾祸。

---

① 彭裕商：《述古集·也论历组卜辞的时代》，巴蜀书社，2016年，第16页。为便于书写，原书所引甲骨文经本文隶定。详阅彭老师的书。

27·3：乙丑，█（黄）。二。

按：█，从交从口，当是"黄"字，人名。或释作"寅"。

27·4：其█（祷），四。

按：█，稍微放大些可看清，从弔，从糸。本书以为，据字形或是"祷"字的初文。从糸与从衣意义相关。《说文》衣部："祷，棺中缣里。从衣、弔。读若雕。"弔亦声。卜辞用作动词，或与葬死者有关。

本片是《合集》18463正面。

27·5：[王占曰]：吉，曰魯。

按：魯，有嘉美义，或通假作"旅"，嘉也。据《合集》10134其正面还有三条卜辞：

□□卜，殻贞，……。
□□卜，殻贞，……。
□□[卜]，殻贞，……。

27·6：贞，其……翌日……。二。

庚戌卜，啇贞，亚其往宫，往来亡灾。

[辛]亥卜，啇贞，今日亚其……函。

按：本片字都缺刻横画，根据字形补齐释文如上。啇，是廪辛时贞人。宫，根据语法关系是处所名，宗庙建筑。亚其，根据语法关系是人名。亚是职官名，陈梦家说一般指武官。函，象箭函（箭箙）形，王国维释作"函"。卜辞是地名。

27·7：……叀今……，大吉。

按：辞残，其义不详。

27·8：戊寅卜，王。

戊辰卜，王。

[戊]辰卜，[王]。

按：卜辞"王"后无下文，按辞例"王"之后应该有下文，疑是习刻，故未刻完，但有些似乎也记事。以下多片也是如此，据考证此等现象皆是第二期卜辞。

27·9：辛丑卜，[王]。在二月。
　　　　辛丑卜，王。
　　　　辛丑卜，王。
　　　　[辛]丑卜，王。
　　　按：在辛丑同一天占卜四次，王欲何为，皆无下文，或是习刻。

27·10：庚申卜，囗贞，王。
　　　　壬午卜，王。
　　　　囗囗[卜]，旅[贞]，……宜……。
　　　按：旅，祖甲时贞人。

28·1：戊[子卜]，……王。
　　　　戊子卜，王。
　　　　[戊子]卜，[王]。

28·2：甲寅卜，王。
　　　　甲寅卜，王。
　　　　[乙]卯卜，王。

28·3：辛未[卜]，王。
　　　　辛未卜，王。
　　　　[壬]申卜，[王]。

28·4：癸丑[卜]，王，吉。
　　　　癸丑卜，王。
　　　　[癸丑]卜，[王]。

28·5：戊午……。
　　　　戊午卜，王。
　　　　[戊午]卜，王。

28·6：辛卯[卜，王]。
　　　　辛卯卜，王。
　　　　[辛]卯卜，王。

28·7：戊[寅卜],王。
戊寅卜,王。
戊寅卜,王。
戊寅卜,王。

28·8：庚午卜,王。
庚午卜,王。
庚午卜,王。
……王。

28·9：丁[亥卜,王]。
丁亥卜,王。
丁亥卜,王。
[丁亥]卜,王。

29·1：甲午卜,王。在三月。
[甲]午卜,[王]。

29·2：丙寅卜,[王]。
丙寅卜,王。
丙寅卜,王。
丙寅卜,行贞,岁,唯叙。
按：行,祖甲时贞人。

29·3：甲申[卜],王。
甲申卜,王。
既 ![] (飤)。
按：![],隶作飤,或隶作"餗",白玉峥隶作从皀从殳的"殷"字,或是飤字的异构,进献黍食之祭曰"飤"。参阅卷三第29·3片考释。陈剑认为该字当从"史"声。参阅《诂林补编》第670页。

29·4：甲申卜,王。
□□卜,王。

29·5:癸巳[卜,王]。

　　　癸巳卜,王。

　　　[癸巳]卜,王。

　　按:本辞或是习刻,且过于简略,其义不详。

参考文献

白于蓝：《〈殷墟甲骨刻辞摹释总集〉校订》，福建人民出版社，2004年。
曹锦炎、沈建华编著：《甲骨文校释总集》，上海辞书出版社，2006年。
陈梦家：《殷虚卜辞综述》，中华书局，1992年。
池田茉莉：《殷虚书契后编释文稿》，广岛大学文学部中国哲学研究室1964年油印本，又见《甲骨文献集成》第九册，四川大学出版社，2001年。
丁山：《甲骨文所见氏族及其制度》，中华书局，1998年。
郭沫若：《卜辞通纂》，中国社会科学出版社，1983年。
郭沫若主编，胡厚宣总编辑，中国社会科学院历史研究所《甲骨文合集》编辑工作组集体编辑：《甲骨文合集》，中华书局，1978—1982年。
何景成编撰：《甲骨文字诂林补编》，中华书局，2017年。
胡厚宣主编：《甲骨文合集释文》，中国社会科学出版社，1999年。
刘一曼：《殷墟考古与甲骨学研究》，云南人民出版社，2019年。
刘钊、冯克坚主编：《甲骨文常用字字典》，中华书局，2019年。
罗振玉：《殷虚书契考释（三种）》，中华书局，2006年。
罗振玉、罗福颐：《殷虚书契五种》，中华书局，2015年。
彭邦炯、谢济、马季凡编著：《甲骨文合集补编》，语文出版社，1999年。
王国维：《观堂集林》，中华书局，1984年。
严一萍：《殷虚书契续编研究》，艺文印书馆，1978年。
叶正渤：《〈殷虚书契后编〉考释》，商务印书馆，2019年。
于省吾主编：《甲骨文字诂林》，中华书局，1996年。
中国科学院考古研究所：《甲骨文编》，中华书局，1965年。

附录　商先公先王及配偶世系表

（约公元前 16—前 11 世纪）

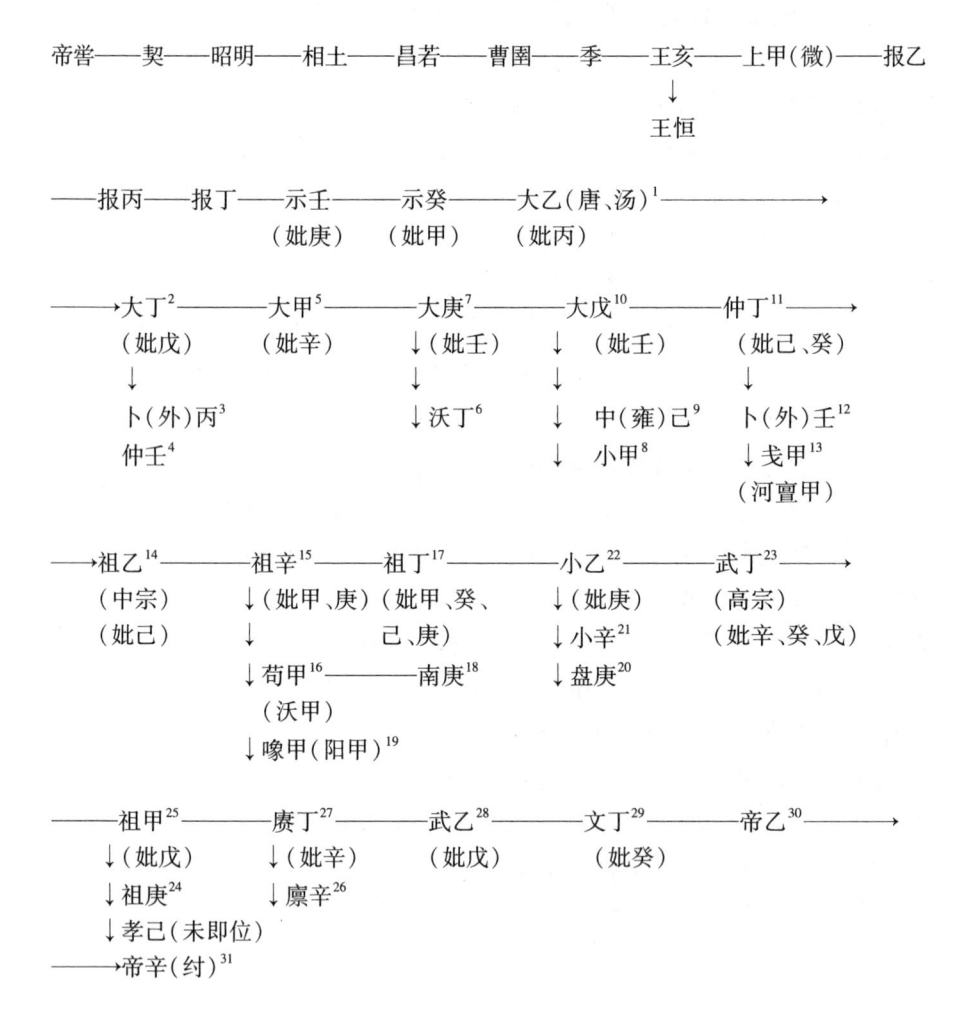

帝喾——契——昭明——相土——昌若——曹圉——季——王亥——上甲（微）——报乙
　　　　　　　　　　　　　　　　　　　　　↓
　　　　　　　　　　　　　　　　　　　　　王恒

——报丙——报丁——示壬——示癸——大乙（唐、汤）[1]——→
　　　　　　　　　（妣庚）　（妣甲）　（妣丙）

——大丁[2]————大甲[5]————大庚[7]————大戊[10]————仲丁[11]——→
　（妣戊）　　（妣辛）　↓（妣壬）　↓（妣壬）　（妣己、癸）
　↓　　　　　↓　　　　↓　　　　↓　　　　　↓
　卜（外）丙[3]　↓沃丁[6]　↓中（雍）己[9]　卜（外）壬[12]
　仲壬[4]　　　　　　　↓小甲[8]　↓戋甲[13]
　　　　　　　　　　　　　　　　　（河亶甲）

——祖乙[14]————祖辛[15]————祖丁[17]————小乙[22]————武丁[23]——→
　（中宗）　↓（妣甲、庚）（妣甲、癸、　↓（妣庚）　（高宗）
　（妣己）　↓　　　　　　己、庚）　　↓小辛[21]　（妣辛、癸、戊）
　　　　　　↓荀甲[16]————南庚[18]　↓盘庚[20]
　　　　　　（沃甲）
　　　　　　↓喙甲（阳甲）[19]

——祖甲[25]————庚丁[27]————武乙[28]————文丁[29]————帝乙[30]——→
　↓（妣戊）　↓（妣辛）　（妣戊）　（妣癸）
　↓祖庚[24]　↓廪辛[26]
　↓孝己（未即位）
　——→帝辛（纣）[31]

说明：横线表示父子关系，竖线表示兄弟关系；括号中的名称是文献典籍的旧称，自大乙（成唐）后的数字是世系序号；孝己未享国，故未编号；至帝辛共 17 世 31 王，商共享国 640 年；王下括号中妣某是配偶王妃，有一王数配偶者，也一并列出。

图书在版编目(CIP)数据

《殷虚书契续编》考释 / 叶正渤著. —上海：上海古籍出版社，2023.12
ISBN 978-7-5732-0970-2

Ⅰ.①殷… Ⅱ.①叶… Ⅲ.①甲骨文—研究 Ⅳ.①K877.14

中国国家版本馆 CIP 数据核字(2023)第 229952 号

《殷虚书契续编》考释
叶正渤 著
上海古籍出版社出版发行
(上海市闵行区号景路 159 弄 1－5 号 A 座 5F　邮政编码 201101)
(1) 网址：www.guji.com.cn
(2) E-mail: guji1@guji.com.cn
(3) 易文网网址：www.ewen.co
商务印书馆上海印刷有限公司印刷
开本 700×1000　1/16　印张 24.5　插页 4　字数 423,000
2023 年 12 月第 1 版　2023 年 12 月第 1 次印刷
ISBN 978－7－5732－0970－2
K·3519　定价：98.00 元
如有质量问题，请与承印公司联系